근대 일본의 문화사 8 : 1935~1955년 2

감정・기억・전쟁

저자

나리타 류이치成田龍一 | 1951년생 일본여자대학日本女子大学 교수

해리 하르투니언 Harry Harootunian | 뉴욕대학교New York University 교수

오우치 히로카즈大內裕和 | 1967년생 마쓰야마대학松山大学 조교수

무타 가즈에牟田和惠 | 1956년생 고난여자대학甲南女子大学 교수

토마스 라마르 Thomas LaMarre | 맥길대학교McGill University 교수

캐롤 글럭 Carol Gluck | 컬럼비아대학교Columbia University 교수

다카시 후지타니 Takashi Fujitani | 캘리포니아대학교 샌디에이고캠퍼스University of California, San Diego 교수

도베 히데아키戸邉秀明 | 1974년생 와세다대학早稲田大学 대학원

가와무라 미나토川村湊 | 1951년생 호세이대학法政大学 교수

역자

정실비鄭실비, Silbi Jeong | 도쿄대학東京大学 총합문화연구과 박사과정

최정옥崔貞玉, Jung-ok Choi | 고려대학교 중어중문학과 박사

서승희徐承希, Seunghee, Seo | 이화여자대학교 국어국문학과 박사

이경미李慶美, Kyengmi Lee | 서울대학교 정치외교학부 외교학전공 박사과정 수료

이종호李鍾護, Jongho Yi | 성균관대학교 국어국문학과 박사과정 수료

양승모梁勝模, Seungmo Yang | 인천대학교 국어국문학과 박사과정 수료

전지니全지니, Jee-nee Jun | 이화여자대학교 국어국문학과 박사

임미진林美眞, Mijin Lim | 서울대학교 국어국문학과 박사과정 수료

근대 일본의 문화사 8:1935~1955년 2

감정·기억·전쟁

초판 인쇄 2014년 8월 21일 **초판 발행** 2014년 9월 1일
지은이 나리타 류이치 외
옮긴이 정실비 최정옥 서승희 이경미 이종호 양승모 전지니 임미진
펴낸이 박성모 **펴낸곳** 소명출판 **출판등록** 제13-522호
주소 서울시 서초구 서초중앙로6길 15(란빌딩 1층)
전화 02-585-7840 **팩스** 02-585-7848 **전자우편** somyong@korea.com **홈페이지** www.somyong.co.kr

값 28,000원

ⓒ 소명출판, 2014

ISBN 979-11-85877-20-4 94910
ISBN 978-89-5626-540-7 (세트)

근대 일본의 문화사 8 : 1935~1955년 2

감정 · 기억 · 전쟁

Emotion · Memory · War

나리타 류이치 외 지음
정실비, 최정옥, 서승희, 이경미, 이종호, 양승모, 전지니, 임미진 옮김

소명출판

KANJO · KIOKU · SENSOU 1935-1955 NEN 2
Iwanami koza : Kindai Nihon no bunkashi, vol.8
edited by Ryuichi Narita
ⓒ 2002 by Iwanami Shoten, Publishers
Originally published in Japanese by Iwanami Shoten, Publishers, Tokyo, 2002.
This Korean language edition published in 2014
by Somyong Publishing Co., Seoul
by arrangement with the Proprietor c/o Iwanami Shoten, Publishers, Tokyo

◆ **일러두기**

1. 번역을 위한 텍스트는 이와나미岩波서점에서 2002년에 발행한 『岩波講座, 近代日本の文化史 8 感情·記憶·戰爭 1935~55年 2』이며, 이 책의 편집위원은 고모리 요이치小森陽一, 사카이 나오키酒井直樹, 시마조노 스스무島薗進, 지노 카오리千野香織, 나리타 류이치成田龍一, 요시미 슌야吉見俊哉이다.

2. 저자의 원주와 역자의 주는 모두 각주를 사용하되, 역자의 주는 【역주】 표시를 하였다.

3. 단행본과 신문, 잡지는 『 』, 논문·시는 「 」, 영화·연극·노래 등은 〈 〉를 사용하였다. 다만 본 글의 특성상 사진제목이나 그림제목이 많은 경우, 이해하기 쉽도록 따로 《 》로 표시하였다. 또 원문을 인용한 경우는 " "를, 강조의 경우는 ' '를 사용하였다.

4. 표기법
   • 일본어 인명 및 지명의 한글표기는 원칙적으로 『외래어 표기법』(1986년 문교부 고시)에 따랐다. 따라서 어두에 격음을 쓰지 않았으며, 장음표기도 하지 않았다.
   • 일본의 인명 및 지명 등의 고유명사는 각 장마다 처음 나오는 경우에 한하여 한글 다음에 한자나 일본어를 넣어 병기하고 그 다음부터는 한글만을 표기하였다.
   • 역자의 판단에 따라 이미 익숙해진 명사와 고유명사나 일본어 발음 그대로를 살리는 것이 좋다고 여겨진 경우에는 일본어 발음대로 쓰는 것을 원칙으로 하였다. 예를 들면, 『東京日日新聞』의 경우 『도쿄니치니치신문』이라고 표기했다.

20세기 마지막 사반세기 동안, 근대 역사와 문화를 재검토하는 일이 세계적으로 이루어졌으며, 그에 관한 서사 방식 또한 새롭게 모색되어왔다. 일본에서도 1980년대 이후 그와 같은 과정이 눈부시게 전개되었다.

'역사'의 개념 자체를 다양한 개인과 사회 집단의 역학관계 안에서 구성된 담론으로 새로이 파악하고, '역사'에 관한 지식들이 근대의 권력관계를 둘러싼 투쟁의 장 속에 배치되어 있음을 깨달았다. 또한 '문화'의 개념도 제각기 처한 역사적·사회적·정치적 맥락 속에서 만들어지며 강요당하고, 강요당하면서 만들어지는 투쟁의 장으로 재인식되었고, 실체적인 가치로서가 아니라 오히려 새로운 물음을 던지는 장으로서 재발견되었다. 그런 까닭에 우리가 '역사'와 '문화' 속에서 어떠한 주체로 구성되었는가를 문제 삼지 않을 수 없다.

이러한 비판적 실천은 근대 학문 분야나 지식을 둘러싼 모든 영역에서 전개되고 있다. 비판적 실천이야말로 근대적으로 제도화된 학문 분야를 근본적으로 비판하면서 자유로운 재편성을 모색하는 일이다.

3

우리가 지향하는 것은 종래 의미의 '근대사'도 '문화사'도 아니다. 각각의 학문 분야에서 탈영역적인 질문을 던지고 경계를 초월하여 공유할 수 있는 새로운 서사의 지평을 창출하는 일이다. 이를 위해 우리는 '문화'라는 창을 통하여 근대 일본을 재검토할 것이다. 근대 일본의 문화를, 끝없는 항쟁과 조정調整, 전략과 전술의 충돌과 교차 속에서 경계가 계속 변화하는 영역, 불안정하고 유동적인 그래서 동적인 매력을 가진 영역으로 보고자 한다. 근대 일본의 역사는 과거 사건들의 집적이나 현재의 시점에서 재구성된 서사가 아니다. 그것은 현재를 살아가는 것과 과거를 재정의하는 것의 사이를 계속 왕복하고 횡단하는 운동이다.

근대의 학문 분야들이 은폐해온 역사와 문화의 정치성을 밝히기 위해 이 책에서는 '일본'의 근대를 문제 삼고 있다. 하지만 여러 나라의 연구자들에게 특별히 집필을 부탁했다. 그들의 글을 통해 세계 여러 지역에서 진행되고 있는 비판적인 지식의 새로운 흐름을 두루 살필 것이다. 동시에 이제까지 제각기 속해있던 학문 분야에서 빠져나와, 근대 일본의 역사와 문화에 관한 지적 담론의 경계를 돌파하고자 한다.

고모리 요이치 　小森陽一
사카이 나오키 　酒井直樹
시마조노 스스무 　島薗進
지노 카오리 　千野香織
나리타 류이치 　成田龍一
요시미 슌야 　吉見俊哉

이 책은 이와나미 서점에서 발행한 『岩波講座, 近代日本の文化史 8 感情·記憶·戰爭 1935~55年 2』를 번역한 것이다. 다소 긴 제목이지만, '1935'와 '55'라는 숫자가 나란히 배치되어 물결표로 연결되어 있는 부분에 우선 주목해볼 필요가 있다. 그 숫자들이 이 책의 개성 있는 출발을 알리는 신호탄이기 때문이다. '1940년대 연구'나 '1950년대 연구' 등 십 년 단위의 시기 설정에 근거한 연구나 전전, 전시, 전후라는 시대 구분에 기초한 연구는 각 시대의 모습을 구체적으로 조명할 수 있다는 장점이 있으나, 역사를 단절적으로 인식하게 만든다는 한계도 지니고 있다. 이 책의 1935~55년이라는 시기설정은 그러한 한계를 넘어서보기 위한 시도다. 총력전론이라는 틀은 이 20년에 걸친 시기를 연속적으로 사유하게끔 도와주는 효과적인 방법론으로 기능한다. 각각의 필자들은 총력전체제 아래에서 감정과 기억이 어떻게 동원되고, 형성되고, 변화하는지를 고유한 방법론과 충실한 자료를 통해 탐구해나간다. 또한 이 틀에 국민국가론이라는 틀이 더해지면서, '국민'이라는 주체의 형성과정에서 '전쟁'이 어떻게 주체의 '감정'과

5

'기억'에 관여하는지 입체적인 추적이 가능해진다.

이 책은 총설, 제1부 감정의 동원, 제2부 기억의 전쟁의 세 부분으로 구성되어 있다. 나리타 류이치의 총설은 '패전'까지가 아니라 '점령기'까지 시야에 넣어서 전쟁과 젠더의 문제를 다루고 있는 글로서, 이 책 전체의 방향성을 명확하게 보여주는 그야말로 '총설'의 역할을 하고 있다. 나리타 류이치는 여성이라는 주체가 전쟁과 맺는 관계를 살피면서 전시의 주체가 전후의 주체로 도야하는 과정에서 변한 것과 변하지 않은 것을 날카롭게 지적한다. 그 과정에서 필자는 젠더를 남성중심주의, 근대주의, 일본주의와의 긴장관계 속에 놓고 역동적이고 입체적인 탐색을 수행한다.

제1부는 해리 하르투니언의 글인 「민중을 형상화하다」로 시작된다. 해리 하르투니언은 야나기타 구니오의 민속학 프로젝트가 민중을 어떠한 주체로 형상화해나갔는지를 살펴나간다. 특히 야나기타 구니오가 민속학이라는 새로운 과학을 구축하면서 자본주의 및 내셔널리즘과 어떠한 관계를 맺어나갔는지에 주목하고, 그 미묘한 양립의 풍경을 탐색해나간다. 오우치 히로카즈의 「국민교육의 시대」는 초기 국민국가시대와는 다른 총력전 이후의 새로운 국민교육의 시대를 검토한 글이다. 이 글은 전시동원체제와 교육과학의 관련, 전시기 교육제도와 전후 교육제도의 연속성을 읽어내고자 한 시도를 담고 있다. 뒤이어 무타 가즈에의 「여성과 권력」은 전중에서 전후에 이르기까지 이루어진 여성운동을 검토하며 여성운동이 전쟁협력으로부터 민주화와 반전평화운동으로 양극단을 오가는 것처럼 보이지만, 일관되게 스스로를 '국민'으로 위치 짓고 여성의 지위를 향상시키려 했다는 것을 밝혀낸다.

한편 토마스 라마르의 「제국과 국민 사이」는 전후의 와카비평이 어떻게 9세기 와카의 출현을 근대 일본국가 형성과 결부지었는지, 어떻게 국어를 고전시와 융합시켰는지를 살펴나간다. 토마스 라마르는 현재의 와카비평을 지배하고 있는 안정된 이항대립 대신 복잡한 이론과 다양한 담론을 탐색하는 방법을 찾는 것이 급선무라고 주장한다. 토마스 라마르의 이 주장은 사실 이 책을 관통하고 있는 주장이기도 할 것이다. 전쟁 이전과 전쟁 이후, 남성과 여성, 협력과 자립, 민속과 근대, 전쟁과 민주화 등 얼핏 대립되는 것처럼 보이는 요소들이 어떻게 접속되는지를 구명하기 위해 이 책이 움직이고 있으며, 그 과정에서 안정성 대신 불안정성이, 단순함 대신 복잡성이 환대받고 있기 때문이다.

2부에 실린 네 편의 글에서도 불안정성과 복잡성을 기꺼이 찾아나서는 학문적 태도를 만나볼 수 있다. 캐롤 글럭의 「기억의 작용」은 '위안부'문제를 둘러싼 문제를 '일본'에 국한하지 않고 '세계'라는 좀 더 넓은 범주 속에서 다루고 있다. 필자는 공공의 기억이 어떻게 작용하고 어디에 자리하고 있는지를 물으면서 '위안부'에 대한 기억이 트랜스내셔널한 기억의 일부가 되어가는 과정을 추적한다. 다카시 후지타니의 「전시하의 인종주의」는 미국과 일본이 총력전 상황과 근대 자본주의적 국민국가 공통의 논리에 의해 결과적으로 식민지 피지배자와 소수자에 대해 매우 유사한 정책을 전개했다는 사실을 치밀하게 입증해 나간 글이다. 그는 일본과 미국의 유사성을 궁극적인 동일성으로 환원하지 않고 '비교가능성'이라는 말을 통해 긴장감 있게 고찰해나간다. 도베 히데아키의 「오키나와, 굴절하는 자립」은 오키나와인의 주체화 문제를 총력전 시기의 '문화의 동원'과 관련시키며 탐구해나간 글이다. 궁핍과 차별에 시달리던 오키나와가 총력전 안에서 자신들의 새로운 활동영역을 창조하고자 했던 '굴절된 시도'를 다차원적으로 분석하고 있다.

이 책의 마지막에 위치하고 있는 가와무라 미나토의 「쿵쾅쿵쾅과 번쩍 쾅」은 '건설의 망치소리'와 '원자폭탄 소리'를 제목에서부터 제시하여 눈길을 끈다. 가와무라 미나토는 "전후 일본은 '부흥'해야만 했던가? '부흥'이 반드시 필요했던가?"라는 도발적인 질문을 제기하며 글을 풀어나간다. 그는 원폭 피해에 대한 원망이 부흥의 정신으로 발현되는 과정을 추적해가면서 '아직' 일본인의 마음을 점령하고 있는 '부흥'정신에 대한 문제제기까지 수행하고 있다.

되짚어보면 가와무라 미나토의 글뿐만 아니라 다른 글들 역시 '아직' 일본인의 마음을 점령하고 있는 문제들에 대해서 발언하고 있다. 전쟁, 젠더, 내셔널리즘 등등 필자들이 제기한 문제는 '아직'도 여전히 일본을, 아니 세계를 고뇌하게 하고 있다. 그러므로 역자들은 이 9편의 글을 한국의 독자들과 함께 읽으며 문제의식을 공유하고 답을 고민하고자 한다. 또한 이 책은 올해 출간된 『근대 일본의 문화사 7 ─총력전하의 앎과 제도』의 다음 편이기도 하다. 두 책을 함께 읽으며 지식과 제도, 감정과 기억의 문제를 통해 총력전하의 물질적·정신적 삶의 양태를 재구해보는 것도 좋을 듯하다.

사실 이 9편의 글이 하나로 묶여 일본에서 출간된 것은 2002년이었다. 그로부터 여섯 해가 지난 뒤, 역자들은 원서를 함께 읽어 나가며 문제의식을 공유했다. 그때 우리는 우리의 공부가 어떤 식으로 매듭지어질지 정확히 알지 못했다. 그리고 그로부터 여섯 해가 지나서야 그 공부가 번역이라는 형태로 매듭지어졌다. 다소 늦게 독자에게 도착한 책이지만, 늦게라도 도착할 가치가 있는 책이라고 믿는다. 어디선가 오래된 문서를 뒤적이며 과거를 탐구하고 미래를 고민하고 있을 사람들에게, 이 책이 작지만 날카로운 열쇠가 되길 바란다.

2014년 8월
역자의 한 사람으로서
정실비

9

| 차례 |

10

여성과 '권력'
전쟁협력에서 민주화와 평화로

제국과 국민 사이
전후 와카비평에서의 제국의 그림자와 국민적 반동

———{ 제2부 **기억의 전쟁** }———

기억의 작용
세계 속의 '위안부'

12

전시하의 인종주의
제2차 세계대전기의 '조선 출신 일본국민'과 '일본계 미국인'

13

| 총 설 |

전쟁과 젠더

전쟁과 젠더

치노 가오리千野香織 씨에게[*]

나리타 류이치成田竜一

1. 들어가며

1970년대부터 지금에 이르기까지 '전쟁과 젠더'를 둘러싸고 많은
논쟁과 언급이 있었다. 이에 대해서 졸고 「모국의 여자들母の國の女たち」
(山之內靖 외편, 『總力戰と現代化』, 柏書房, 1995)에서 1990년 무렵까지의 연구
를 개관했는데, 범박하게 말하면 1980년대까지는 총력전하 이른바 15
년 전쟁 시기에 실시된 여성의 전시동원 문제가 논해졌다. 그리고 전
시체제에 여성을 동원하려고 기획했던 여성지도자들의 '책임'을 둘러
싸고 논점이 형성되었는데, 이치카와 후사에市川房枝, 야마다카 시게리

---

[*] 이 글은 정실비 · 최정옥이 번역하였다.

山高しげり, 오쿠 무메오奧むめお, 다카요시 도미高良とみ, 하니 세쓰코羽仁說子 등 이전의 시민적 여성운동 지도자들을 주요 대상으로 삼아 그들의 행동을 비판적으로 추적한 연구가 나왔다.[1] 이치카와와 야마다카 등은 1920년대부터 여성참정권을 비롯한 여성의 사회진출을 도모하며 여러 가지 운동을 지도해왔다. 그러나 1931년 '만주'사변을 계기로 그녀들은 '국책'에 협력하게 되었고, 이후 대정익찬회 중앙협의회를 비롯하여 총동원체제 안에서 여성의 힘을 드러내고, 그것을 통해서 여성의 권리를 획득하려고 했다. 1980년대의 연구는 이러한 '여권'의 확립을 목표로 한 여성지도자들에게 초점을 맞추어 그들이 전시체제에 '가담'했던 일의 의미를 고찰했다.

이것을 제1의 조류라고 한다면 제2의 조류는 여성의 독자성을 강조한 논자論著에 주목하여 전시의 젠더를 고찰하려는 시도다. 주로 다뤄진 대상은 다카무레 이츠에高群逸枝였는데,[2] 그녀가 여성성을 강조하는 입장에서 전시체제에 익찬했던 사실이 지적되었다. 다카무레는 여성 '억압'의 원인을 가부장제에서 찾았으며, 1938년에 간행된 『모계제 연구母系制の硏究』에서 '피의 귀일歸一'을 주장하고 여성 해방의 희구가 '혈연국가' 일본에로의 여성의 협력, 즉 '일본주의'로서 논해지고

---

1 鈴木裕子, 『フェミニズムと戰爭』, マルジュ社, 1986; 西川祐子, 「戰爭への傾斜と翼贊の婦人」, 여성사종합연구회 편, 『日本女性史 第5卷－現代』, 東京大學出版會, 1990(후에 西川祐子, 『近代國家と家族モデル』, 吉川弘文館, 2000에 수록); 永原和子, 「女性はなぜ戰爭に協力したか」, 藤原彰 외편, 『日本近代史の虛像と實像』제3권, 大月書店, 1989 등. 또한 내가 정리한 바에 따르면 나의 논의에 대한 니시카와 유코의 비판이 있다. 나는 고발／추인, 생활／운동 각각에서 인식과 대상과 관련된 대립축을 작성해서 연구를 개관했는데, 니시카와는 "다른 사람의 일로서의 '고발'의 반대항목은 오히려 자기일로서의 '반성'이어야 하지 않은가"라고 비판했다. 이는 총력전 시기에는 '외부'가 상실되고 모든 '여성'이 국민으로서 전시체제에 참여했다는 것을 '추인'이 아닌 '반성alternative'의 개념으로 파악하려고 하는 취지에서의 비판이다. 이 글은 그것을 받아들여 수정했다. 西川祐子, 같은 책, 2000.

2 鹿野政直・堀野淸子, 『高群逸枝』, 朝日新聞社, 1977; 西川祐子, 『森の家の巫女－高群逸枝』, 新潮社, 1982 등.

있었던 것을 비판적으로 검토했다.

두 연구 조류는 전시상황 안에서 각각 '여권'주의와 '여성'주의의 주장을 추려내서 검토했다. '여권'주의도 '여성'주의도 둘 다 전시체제에 참가하여, 서로 협력하고 서로 보완하면서 전시동원체제를 형성해왔다(논자마다 대상이 다르거나 강조점은 달랐지만). 니시카와 유코西川祐子는 다카무레와 요시오카 야요이吉岡弥生를 한 쌍對으로 삼아서 '여성'주의와 '여권'주의, 다시 말하면 근대의 원리에 철저하려 했던 요시오카와 근대를 초극하려 했던 다카무레 둘 다가 전시사상의 요소였음을 보여주고 있다.[3]

여기에서는 ① '여성'이라는 주체는 '전쟁'과 어떠한 관계인가, ② 남성원리가 지배하는 가운데 여성은 전시체제에로의 참가와 협력을 어떻게 선택하는가, ③ 남녀 불평등을 만들어낸 '근대'에 대한 비판은 어디에 근거를 두고 있는가, ④ '근대' 비판과 '일본'주의를 어떠한 관계에서 고찰하는가가 주요 논점으로 다뤄진다. 대체로 역사학의 영역 즉 여성사의 측면에서 이뤄진 연구의 경우, 사료발굴을 통한 고찰이 주를 이뤘다. 다시 말해 1970, 80년대에는 전시 여성들의 발언이 전후 간행된 저작이나 전집에서 제외되거나 자전에서도 간략하게 다뤄졌던 일이 많았기 때문이다. 예를 들어 스즈키 유코는 논고 속에서 사료를 많이 인용하는데 그것에 관해서 전시의 여성들의 발언이 "일반적으로 다루기 어렵게 되어있는 사정"을 이유로 들고 있다.[4]

---

3   가노 마사나오鹿野政直도 이치카와 후사에와 다카무레 이츠에에 대해서 논하고 있다. 「フェミニズム下の婦人運動」, 家永三郎 교수 도쿄교육대학 퇴임기념논집 간행위원회 편, 『近代日本の國家と思想』, 三省堂, 1979. 또한 이러한 지도자들 외에 전시기의 일반 여성에 대한 고찰도 이루어졌는데, 국방부인회나 대일본부인회를 대상으로 '총후'의 여성들의 가해자성加害者性을 지적하는 연구도 이루어졌다. 藤井忠俊, 『國防婦人會』, 岩波書店, 1985; 千野陽一, 『近代日本婦人敎育史』, ドメス出版, 1997; 加納實紀代, 『女たちの銃後』, 筑摩書房, 1987 등.

4   鈴木裕子, 앞의 책, 1986.

1990년대, 특히 1995년 이후 '전쟁과 젠더' 관련 논의는 니시카와 유코의 『근대국가와 가족모델近代國家と家族モデル』을 비롯하여 와카쿠와 미도리若桑みどり의 『전쟁이 만드는 여성상戰爭がつくる女性像』(筑摩書房, 1995), 우에노 치즈코上野千鶴子의 『내셔널리즘과 젠더ナショナリズムとジェンダー』(青土社, 1998)나 일본의 전쟁책임자료센터에서 엮은 『심포지엄ー내셔널리즘과 '위안부' 문제シンポジウムーナショナリズムと'慰安婦'問題』(青木書店, 1998) 등, 1970, 80년대의 연구와는 다른 논점들이 제출되었다. 또 전前 '종군위안부'의 증언이 계기가 되어 '종군위안부'에 대해 기술하지 않았던(기술할 수 없었던) 이제까지의 역사기술과 역사인식에 대한 '반성'이 이루어져 '전쟁과 젠더'의 문제설정을 되묻고, 새로운 역사의식에 기초한 고찰이 시도되었다. 2000년 12월, 일본에서 개최된 여성국제전범법정은 이러한 문제의식의 하나의 집약점이며 실천이었다.

두 가지를 지적해두자. 하나는 1990년대의 연구가 전시여성에 대한 역사적 고찰의 평가기준을 둘러싸고 논쟁을 불러 일으켰다는 점이다. 종래 전시기를 논할 때 전제되었던 것은 이 시기가 일탈의 시기이며 비합리가 지배한 시기였다는 인식이었다. 그러나 우에노는 '해석 패러다임'의 변화를 지적하며 종래 "역사의 진공지대에 발판을 두는 듯한 초월적인 판단기준"을 비판하고, 전시체제와 젠더를 고찰하는 방법상의 문제를 제출했다. 즉 전시의 여성들을 '사변적' '초월적'으로 평가하고 논평하는 것이 가능한지를 묻고, 그것은 "역사가로서는 부당한 '단죄'"가 아닐까라고 비판했다. 또한 니시카와는 1982년에 집필했던 논고 「전쟁에의 경사와 익찬의 부인戰爭への傾斜と翼贊の婦人」과 연관선상에서 그 자신을 하나의 텍스트로 삼아 '비판적으로 다시 읽는 시도'를 행하며, 결의문의 '용어와 문체의 분석'을 방법으로 한 고찰을 2000년에 제출했다.[5]

다른 하나는 총력전론과 국민국가론의 틀이 '전쟁과 젠더'를 고찰하는데 적용되어 논의의 지평이 확장되었다는 점이다. 전시 여성을 둘러싼 1990년대의 고찰은 이 관점에서 볼 때 ①여성의 '국민화'에 주목하고, ②제국/식민지의 관점을 넣어서 ③전시뿐만 아니라 전후 책임까지 묻고 있다. 그러나 이 세 가지 논점을 어떻게 관련지을 것인가에 대해서는 간혹 대립된 의견이나 논쟁이 나타나기도 했다. 즉 '국민'을 어떻게 문제화하고 '식민지'의 내셔널리즘을 어떻게 평가하고 '근대'와 전시를 어떻게 인식할 것인가를 둘러싸고 차이와 대립이 나타났던 것이다. 나아가 1990년대에 들어서면서부터는 '전쟁과 젠더'를 둘러싸고 역사학에서보다는 사회학, 철학, 문학 연구 혹은 여성학 등의 관점에서 이루어진 발언이 눈에 띄는데, 이것은 '여성사' 연구와 '젠더' 연구와의 차이도 표면화시켰다. 우에노의 「역사학과 페미니즘歷史學とフェミニズム」은 1990년대의 이런 상황 속에서 쓰여진 논고인데,[6] 그 서두는 "일본여성사와 페미니즘의 만남은 불행한 것이었다"는 문장으로 시작된다.

1990년대의 연구는 역사상歷史像의 관점에서 말하자면, 전시가 사회가 재편성되어가던 변화의 시기라는 점에 재차 주의를 촉구하고, 전후와의 '연속'성을 중시하며, 전시에 이루어진 근대화(=현대화)의 진행을 지적했다고 정리할 수 있다. 전시의 책임을 묻지 않은 채 전후가 개시되었고, '전쟁'을 논할 때 전시에서 완결짓는 것이 아니라 전후의 이른바 전후책임을 시야에 넣는 역사상이 추구되어, 전시/전후 쌍방을 사정射程에 넣는 경향이 출현한 것이다. 근년에 존 다워John Dower

21

5 　西川祐子, 「反戰決議から皇軍感謝決議まで」, 『近代國家と家族モデル』, 吉川弘文館, 2000에 수록.
6 　朝尾直弘 외, 『岩波講座 日本通史 別卷1─歷史意識の現在』, 岩波書店, 1995.

의 『패배를 껴안고敗北を抱きしめて』(상·하, 岩波書店, 2001)는 '천황제 민주주의'라는 개념을 사용해서 전전과 전후의 연속과 단절에 주목하여 역사를 그려보였다. 총력전에 대한 논의도 동일한 문제의식하에서 전전 / 전후의 '신neo 연속설'을 명확히 내세웠다.

이리하여 논점은 '전쟁' 시기를 정하는 문제와 그 역사적 위치 짓기, '전쟁과 젠더'를 둘러싼 문제구성 그 자체에 대한 재검토라고 할 수 있다. ① 총력전과 국민국가—여성의 '국민화'를 둘러싼 문제계열, ② 식민지와 전후책임을 시야에 넣어서 전시를 문제화하는 구상, 그리고 ③ 전시의 남성상 및 그것과의 연관선상에서 여성상을 문제로 삼는 작업. 본고는 바로 이것을 과제로 설정하고 총력전 시기의 젠더를 축으로 한 역사상을 그려보고자 한다. 이는 이제까지 전시의 젠더가 패전까지를 범위로 해서 그려졌던 것과는 달리 점령기까지 시야에 넣어 전후책임 문제까지 포함해서 전시 / 전후의 역사상을 그려 보려는 시도다.[7]

2. 전시의 젠더

1) '여성'주의와 '여권'주의

전시에는 '일본국민'으로서의 자각(=주체)이 강조되고 사람들은 '일본국민'으로서 동원된다. 이때 ① 여성성과 남성성이 강조된다. ② 특

---

[7] 다만 식민지 여성에 관해서는 논점을 제시하는 데에서 그칠 수밖에 없었다.

히 '부인'과 '소국민'이 지명되어 '국민'으로서의 자각이 촉구되고, ③
잡지 등의 매개를 통한 캠페인과 지역이나 학교, 군대 등에서의 실천
으로 국민화의 위력이 발휘되어 간다. 종래의 연구가 '국민'적 동원이
신민·황민으로서의 동원이었다는 점에 역점을 두고 '일본' 전시체제
의 특수성을 지적하고 해명하는 것을 과제로 삼았다면, 근년의 연구
는 '동원'을 해명하는 일에 관심을 둔다.

  '여성'의 국민화에 대해서는 전시동원체제에 참가한 '여성'들의 두
가지 주체화 코스, 즉 '여성'주의와 '여권'주의가 다시 고찰될 필요가
있다. 이에 대한 고찰에서 우에노 치즈코가 전시동원에 두 가지 유형
이 있다고 서술한 것은 시사적이다. 우에노는 '총동원'과 '성별 영역지
정'과의 '딜레마'를 '해결'하기 위해 고안된 것(여성병사까지 채용하는 아메
리카에서 대표적이다)으로 '참가형'과 (여성 징병은 생각하지 않는 일본이나 독일
과 같은) '분리형'을 들고 있다.[8] 우에노는 이것을 국가정책의 차원에서
고찰하고 있다. 그러나 정책적으로는 분리형인 일본에도 분리형과 참
가형의 사상과 운동이 있었고, 이것들이 상호보완하면서 전시체제를
만들었다. 마찬가지로 '여성'주의와 '여권'주의도 쌍방이 보완하며 대
등하게 '여성'의 전시체제 참가를 이뤄냈다고 생각할 수 있다.

  이것은 전시 여성의 동원 문제가 정책과 운동 차원에서의 수행이
었음과 동시에, 사상의 문제이기도 했음을 말해준다. '여성'주의 논객
인 다카무레의 논리를 『여성 2600년사女性二千六百年史』(厚生閣, 1940)에서
추적해보자. 다카무레는 "다만 건국 2600년이라는 이 역사적인 거국
적 축전을 계기로 여성사 내지 여성의 문제에 대해서 지식인의 관심
을 끌어내고, 또한 동성同性의 분투自奮를 촉구하는 데 일조할 수 있기

23

---

8   上野千鶴子, 『ナショナリズムとジェンダー』, 靑土社, 1998.

를 바라며 붓을 들었다"고 문제의식을 말하고, 고대에서 근대·현대에 이르기까지의 여성의 역사를 통사적이고 개괄적으로 설명했다. '동성의 분투'를 촉구하기 위해서라고 쓰고 있듯이, 『여성 2600년사』에서는 '남녀동권론'이라는 항목을 두었고, '현대' 부분에서는 치안경찰법 제5조에 따른 여성의 정치참가금지를 거론하고, 『청탑靑鞜』이 여성을 자각하게 하고 '부인 문제'를 의식하게 했다고 평가하며 소개하고 있다.

그런데 다카무레는 이 저작을 '아마테라스 오미카미天照大神'에 대한 설명으로 시작했다. "황공하옵게도 나라의 조상님으로서 아마테라스 오미카미를 받들고 있다는 것은 사가史家가 특필特筆하고 있듯이 일본 여성으로서 하나의 커다란 영광인 것은 물론이다. 후세의 남존여비라는 말은 고대 일본의 관점에서 보자면 아무런 의미가 없다," "여성은 국가적, 혹은 사회적 활동이 그렇듯이 고대 일본에서는 여러 가지 면에서 생각해보아도 아마도 성별에 따른 교양의 정도나 그 내용에 큰 차이는 없었을 것이라고 생각한다."

다카무레는 『여성 2600년사』에서 건국의 두 유형으로 '정복'과 '포용'을 들고, "일본의 건국은 말할 필요도 없이 후자後者"이며, "이러한 피의 융합에 공헌하고 국가의 수립통제에 숨은 기여를 하고 있는 것은 여성이다"라고 하면서 '일본'의 기원을 이상화한다. "남녀가 긴밀하게 협력했던" 고대에는 "여성의 능력이 우수하게 발현"되었으나, 그 후 여성의 능력은 '저하'하여 오히려 사회의 "악을 조장하기"에 이르렀고, 에도시대를 거쳐 메이지유신에 의해 "여성의 지반은 극도로 황폐해져" 능력의 개화開花를 보지도 못한 채 오늘날에 이르렀다고 한다. 그리고 다소 어색한 감이 있지만 그녀는 이 글을, "소화 12년 일지日支사변이 일어난 이후로 여성에게도 새로운 과제가 부여되어 함께 비상시를 살아내려고 하고 있다. 여성의 역사도 여기에서 전환기를 맞이하리라고 생각한다"라는 문장으로 끝맺는다.

『여성 2600년사』는 일본의 특수성과 여성의 가능성을 결부하면서, 그것이 '고대'에는 실현되었지만 시대가 지나면서 저하되었고, 특히 에도기 = '근대', 유신기 = '현대'에 저하되었지만 전쟁에 의해 새롭게 전개될 가능성을 가지게 되었다는 인식을 보여준다.

한편, '여권'주의의 논자로 이타가키 나오코板垣直子를 들 수 있다. 문예비평가로서 이미 유명했던 이타가키는 다카무레와 마찬가지로 전쟁에서 새로운 전기轉機를 보았으니, '문예계'의 "거의 무궤도적이라고 할 만한 호황"은 끝을 맺고 "민족의 커다란 이상을 향하여 나아간다"는 인식을 보여 주었다.[9] 1937년 이후, 문학의 '일종의 황금시대'를 논한 『사변하의 문학事変下の文學』(第一書房, 1941)을 살펴보자. 『사변하의 문학』은 '전쟁문학', '농민문학', '대륙문학', '생산문학' 혹은 '식민지문학'처럼 오로지 소재와 제재에 착목하여 문학을 분류하고 소개하는 저작이다. 개개의 작품을 소개하는 데 많은 페이지가 할애되어 있고 간략하게 서술되어 있는 총론에 논리가 복잡하게 얽혀있다. 이타가키는 일본문학은 한발씩 '외국적 수준'을 목표로 나아가고 있다고 말하고, 그 내용을 다음과 같이 설명한다. '서양근대'의 도입이 획기적인 계기가 되어 일본문학의 '전통'에 대한 비판이 이뤄졌다. 그러나 그것은 철저하지 않았다. 일본문학은 '근대성'을 결여하고 있다. 그러나 이러한 상황은 '사변'에 의해 해결되고 "갑작스레 찬란한 꽃을 피웠다."

이타가키가 우선적으로 비판의 대상으로 삼은 것은 '사소설私小說'이었다. '사소설'은 "최근까지는 일본문학의 정통"이었으나 '무사상', '무

---

9   板垣直子, 『現代日本の戰爭文學』, 六興商會出版部, 1943.

이상'이며, "풍부한 객관적 인생을 표현하는 수단으로서는 적합하지 않다." 이타가키는 "서양문학사상의 영향"을 축으로 '일본문학'을 그 이전과 이후로 나누었는데, 그 이전의 일본문학은 '객관성'은 물론 '주관성'도 부족하고 '문학의 형태'가 일상생활이나 일상적인 감정에서 '분리'되지 않았다고 봤다. 이것은 '민족의 성향' '민족의 특성'에 부합하지만, 이타가키는 유럽의 자연주의와 사실주의에 의해 그 '전통'이 지켜지기 어려워진다고 말했다. 그러나 자연주의 그 자체는 '혁신'이면서도 '피상적'이고 '일면적'이었기 때문에 '전통'은 극복되지 않고 오히려 자연주의 그 자체가 '전통'에 안주하고 있다고 진단을 내렸다.

이렇게 이타가키는 철저하게 '서양'과 '근대'를 가치의 기축으로 삼고 있는데, 그 점에서 '일본문학'이 '만주'와 '조선'의 문학보다 "발달해 있다"고 말했다. 또한 이타가키는 '여성작가'에 대해서는 엄격했다. "만약 기성 여성작가가 저널리즘에서 뛰어난 남성작가와 거의 대등한 지위를 어떤 시기에 가지고 있다고 해도, 예술가로서의 가치까지 유사하다는 일은, 많은 경우 있을 수 없다." 이때 '근대'주의는 '여권'주의와 한 세트를 이루는데, 작품 평가의 축은 '근대'가 될 수밖에 없다. 그녀는 여성의 작품은 남성이 만든 가치로 파악하고, 여성작가는 남성작가와 어깨를 나란히 할 만큼 '작품 그 자체의 역량'을 배양해야 한다고 했으며 거기에서 여성작가의 역량을 보았다. 그리고 "여성 전반의 수준이 좀 더 향상되고 사회도 마찬가지로 나아지고 생활양식도 좋아진다면 여성작가 중에서도 좀 더 건실한 사람들이 나올 것"이라고 봤다.

여성이 놓인 환경이 전쟁을 계기로 전환된다는 인식은 여성들 자신에 의해 널리 공유되었지만, 거기에는 일본의 특수성과 여성의 지위를 연결해서 파악하는 사고방식이 있었다. 그리고 거기에는 그것을 순접으로 결합하여 긍정할 것인지(다카무레), 역접으로 파악하여 부정할 것인지(이타가키)의 차이가 있었다. 그러나 전시체제는 그러한 차이를 껴안고, 양자를 상보적인 관계에 놓아서 여성의 동원을 실천하고 있었다고 할 수 있다.

2) 여성의 '국민화'와 성역할 분담

전시의 동원조직이며, 여성의 '국민화'를 도모한 대일본부인회大日本婦人會 이사장인 가와니시 지츠조川西實三는 가정교육의 중요성을 주장하고, 이를 위해서 "우선 부인 자신이 이 대동아를 지도해나가는 데 적절한 국민이 되어, 국민교육에서 그런 식으로 해나가는 것이 필요합니다"라고 서술하고 있다.[10] 가와니시는 대일본부인회의 정관定款을 설명하고 수신修身, 가정, 그리고 국가라는 차원을 기술하며 '국책을 철저히 맡는 기관國策徹底請負機關'으로서 대일본부인회를 설명한다. 이 점에 대해서 「대일본부인회강령해설」(『日本婦人』 제1권 제3호, 1943.1)은 "사회봉사와 가정봉사는 국가봉사로 귀일함으로써 의미도 지니고 가치도 지닙니다"라고 쓰며, 더욱 국가적 차원(=여성의 국민화)을 강조하는 형태로 서술한다. 여성은 총력전에 주체적으로 참여하도록 요청받았다. 즉 총력전에서 역할과 분담을 기대받는 여성상이 요구되었던 것이다. 여성은 '총후'에 배정되어 가정을 지키고, 동시에 사회와 국가에 참여하여 전쟁을 그 위치에서 지탱하는 역할을 요구받았던 것이다. 이러한 양상은 이미 치노 요이치千野陽一의 『근대 일본부인교육사近代日

27

---

10 阿部靜枝와의 대담, 「對談 總力戰と新婦人會」, 『婦人朝日』, 1942.4.

本婦人教育史』, 후지이 다다토시藤井忠俊의 『국방부인회國防婦人會』, 가노 미키요加納實紀代의 『여자들의 '총후'女たちの'銃後'』 등에 의해 밝혀졌고, 나 역시 이에 대해 몇 개의 논문을 쓴 적이 있다.[11] 또한 와카쿠와 미도리若桑みどり는 『전쟁이 만든 여성상戰爭がつくる女性像』에서 그림을 통해서 이 것을 시각적으로 나타내 보였다. 이러한 논문을 참조하면서 전시의 여성상을 고찰해보자.

　　외교관인 구루스 사부로來栖三郎는 잡지 『주부의 벗主婦の友』에서 "생 활의 부자유는 한 가족一家의 중심인 주부의 공부와 노력으로 극복할 수밖에 없습니다", "가정은 전시 활동력의 기지이며, 그 기지를 확실 히 지키는 것이 결전하 부인의 최대의 책무"라고 말하고(1943.2), 여성 을 무엇보다도 '가정'의 생활담당자로서 위치 지었다. 이때 여성에게 는 ①'어머니'로서의 역할이 강조되고, 동시에 ②'주부'로서 생활을 궁리하고 가사 일체를 지혜롭게 실천하는 일이 요청되었다. 그리고 나아가 종래의 성역할 분담을 기준으로 삼아 전시에도 그 역할을 다 하도록 하며, ③'열등노동력'(니콜 가브리엘)으로서 가정 외에도 동원되 었다. 전시의 여성은 세 가지 국면을 지니는데, ①'어머니'에 관해서 는 모자보호법, 임산부 수첩, 다자녀를 둔 어머니에 대한 표창이나 '군 국의 어머니' 제창 등의 사건 등이 다뤄져서 많이 언급되어왔다.[12] '미 망인'에 대해서조차 "끝까지 받드는 아내의 모습에서 이번에는 끝까 지 받드는 어머니의 모습이 된다면, 모든 문제를 해결할 수 있다"고 말 하고, "예의범절을 가르칠 의무와 책임을 혼자 짊어진 어머니로서 무

11　成田龍一, 「母の國の女たち」, 山之內靖 외편, 『總力戰と現代化』, 柏書房, 1995; 成田龍一, 「市民の動向」·「配給生活と空襲」, 『横浜市史』 제1권(상·하), 요코하마시, 1993·1996 등.

12　加納實紀代, 『女たちの'銃後'』(筑摩書房, 1987), インパクト出版會, 1995; 鹿野政直, 『戰前家の思想』, 創文社, 1983 등.

엇이든 아이들 중심으로 생각해주길 바란다"라고 하면서 어머니임을 강조하고 아이를 방패로 삼는 듯한 관점에서 논해지고 있다.[13]

②여성이 독자인 잡지는 '주부'에게 주부 역할을 제시하고 요구하는 거점이 되었다. 그중 1916년에 창간되어 여성들을 격려하고 생활상의 지식을 제공하여 여성들에게 '주부'로서의 역할을 교시해온 잡지 『주부의 벗』은 전시가 되자 그 각오와 결의를 밝혔다. 주부로서 생활을 궁리하도록 촉구하고 생활 실천의 지혜를 제공함으로써 전시를 자각시키는 것이다. 『주부의 벗』에서는 생활의 틀잡기, 다시 말해 '결전' 생활, '특공'생활, 생활의 '결전'체제, 혹은 '공습하'의 생활 등과 같은 틀을 잡고자 했다. 이 잡지는 틀이 잡힌 생활을 자각하도록 촉구하고, 틀 잡힌 생활을 실천할 것을 요구하는 내용을 매 호 게재했다.

많은 기사 중에서 한 가지 예를 들어서 보자면, 야노 츠네오矢野常雄는 「1억 특공의 생활一億特攻の生活」(『主婦の友』, 1945.4)에서 "지금까지 말할 수는 있어도 실행할 수 없었던 것을 모조리 실행한다. 이것이 1억 특공의 생활"이라는 격문을 띄우고, 가정생활에 있어서 궁리하고 노력하는 주부가 '기대되는' 여성상이라는 주장을 전면적으로 전개했다. "매일 밤낮으로 직장에서 감투敢鬪하는 여러분에게 일하기 좋은 작업복을 소개하겠습니다"라고 시작되는 「꿰매기 쉽고 움직이기 좋은 여자 작업복 만드는 법縫ひ易く働きよい女子作業服一揃ひの作り方」(大妻コタか, 『主婦の友』, 1945.3)이라는 글은, '재료', '형지型紙와 옷감 마름질하는 법', '겉옷 바느질법'을 구체적으로 거론하고, '남녀 전투모용戰鬪帽用 방공수포防共垂布 만드는 법' '통학용 방공용 아이들 작업복 앞치마 만드는 법'[14] 등도 소개하고 있다.

---

13 宮城タマヨ의 발언. 「婦人を囲んで 未亡人の生活建設相談會」, 『主婦の友』, 1943.2.
14 『主婦の友』, 1945.3.

29

이 잡지는 식생활에 대해서도 소개했는데, 츠츠이 마사유키筒井政行의 「공습하의 식생활空襲下の食生活」(1945.2)은 "취사는 극단적으로 간소하게", "음식물을 바닥내지 말 것"이라는 수칙(주의사항)과 함께 '카레죽', '산촌식山家風 볶음밥', '즉석 샐러드' 등의 조리법을 기술했다. 또한 츠츠이는 「공습하의 비상 밥 짓기空襲下の非常炊飯」(1945.1)에서 '부뚜막' 만드는 법부터 '공동비상식 3종류'인 '참깨밥', '된장죽', '주먹밥' 만드는 방법을 가르쳐 주었다. 이러한 실용적인 기사는 「잡초의 활용雜草の活用」, 「잡곡의 효과적인 사용법雜穀の效果的な使い方」 등에서 「결전 식생활의 공부決戰食生活の工夫」(1945.4)에까지 이르는데, 그 외에도 실용적인 기사가 많다. 「적탄하敵彈下 겨울 임산부와 젖먹이와 어린이 방호敵彈下 冬の妊産婦と乳幼兒防護」(1945.1)는 임부나 젖먹이와 어린이의 소개疏開를 도모하고, 출산용 '방공실防空室'을 준비하고, 퇴피退避참호는 여름까지도 추우니 조심하도록 주의를 촉구하는 내용을 담고 있다.

그러나 『주부의 벗』에서 이러한 전시생활의 틀잡기에 대한 기사를 제외하면, 예를 들어 말하자면 출산 용품(배급 탈지면, 가제, 정자형으로 꿰매어 만든 붕대, 수건, 기름종이, 신문지, 비누, 화장지 등)이나 신생아 용품(배내옷, 기저귀 등)을 준비하도록 하는 등, 이제까지의 출산기사와 내용은 별반 다르지 않다. 「공습하 임부의 마음가짐空襲下妊婦の心得」(森山豊, 1945.4)에서도 공습 때에는 '조산아'가 많아진다고 지적하는데 "유산과 조산의 징후를 빨리 알아채라", "임부는 빨리 병원에 가라"고 주의를 주고 있지만, 이것은 평상시와 다르지 않다. 생활의 틀이라고 다시 의미가 부여되었지만, 실용성에서 보자면 변화가 없었다. '평상시'의 여성에 대한 언사가 틀 잡기에 더해져서 '전시' 여성에 대한 요구가 된 것이다.

국면 ③인 여성의 노동에 대해서 살펴보자면, 여성잡지는 일하는 여성상을 누차 소개하고 있다. "복종심이 풍부하고 단순한 일에도 금방 싫증을 내지 않으며 책임감이 왕성하고 손재주가 좋다. 이러한 훌륭한 근로태도를 지닌 여자가 전력 증강에 직결 되어 왔다는 것에 실로 마음 든든하다."[15] 여성잡지의 그라비어(사진 등의 인쇄에 쓰이는 요판 인쇄법, 혹은 인쇄물)에는 일일이 셀 수 없을 정도로 많은 양의 기사, 즉 일하는 여성이나 직장에 관한 르포르타주가 기고되었다. 『부인공론婦人公論』, 1941년 11월호에는 "노동에 대한 정열"이라는 타이틀로 「여자 선반공女子旋盤工」(內藤黎) 등 3편의 "일하는 여성의 수기"가 실렸다.

이렇게 여성에게 성역할이 분담된 까닭은 전쟁(=전투) 때문이었다. 전투를 중심으로 전지 / 총후라는 구분을 만들고, 남성에게 전지, 여성에게 총후를 담당하도록 한다는 것을 전제로 할당과 분담이 이루어졌다. 그런데 여기서 남성 / 여성이 주 / 종 관계로 역할 분담하는 측면이 변하지 않았음을 쉽게 간파할 수 있다. '정의正義의 전사'와 그의 좋은 '반려'(와카쿠와는 이러한 여성의 위치를 '치어리더'라고 표현하고 있다)라는 관계가 제시되었다. 이런 관계 위에서 '어머니', '주부' 그리고 '노동자'라는 세 가지 국면이 제시되었는데, ①과 ②는 대체로 병립적이었다. 『주부의 벗』 1945년 6월에서는 권두언을 「승리의 어머니와 아내勝利の母と妻」라는 제목으로, "이 대전쟁을 지금까지 싸워낼 수 있었던 것도 바로 일본의 어머니, 일본의 아내가 있기 때문이다", "일본의 어머니와 일본의 아내의 공적은 이미 크다"고 쓰고 있다. ②와 ③의 관점에서 「가정과 직장을 양립시키는 길家庭と職場を両立させる道」(大浜英子, 『主婦之友』, 1940.5) 등이 왕성하게 다뤄졌는데, ①과 ③은 직접적으로는 관련되지 않은 채 다만 근로여성의 '모성보호'가 논해지는 데에서 그치고 있다.

31

15　栗原悅藏, 「生産特別攻撃隊」, 『主婦之友』, 1945.2.

이러한 세 국면의 역할을 통해서 '싸우는' 것과 '받드는' 것이 여성에게 요구되었음을 알 수 있다. 『주부의 벗』, 1943년 3월호 그라비어는 "싸우는 부인의 생활" 특집으로, '군도軍刀', '기구氣球', '군함깃발軍艦旗', '혈청血淸'을 만드는 '부인부대'에 관한 기사를 게재하여 '부인의 힘'을 보여주었다. 또한 같은 호에서 평론가 미야기 다마요宮城タマヨ는 「받드는 부인의 모습捧げつくす婦人の姿」을 기고하여 "진정한 일본부인"에게는 "다만 끝까지 받드는 여자의 정신과 끝까지 섬기는 여자의 모습만 있어야 한다"며, "부엌에, 집에, 남편에게, 부모에게, 아이들에게 끝까지 봉사하는 여성의 모습"이 "여성의 본체"라고 서술한다. '군국의 어머니'라는 국면에서는 여성(어머니)이 아들을 전쟁(=천황)에 '바치는' 데까지 나아갔다. 여성잡지에 게재된 '군국의 어머니' 방문기에는 이 말이 자주 사용되고 있다. 『주부의 벗』, 1945년 1월호에 게재된 '군국의 어머니'에 관한 기사에는 "두 아이를 대동아전쟁에 바치고 여섯 손자 양육으로 계속해서 땅과 싸운다"라는 부제가 덧붙여져 있고, 같은 해 4월호의 「강철심장부대 마쓰이 소좌 어머니의 수기鐵心隊松井小佐の母の手記」(松井豊)에는 "천황에게 모조리 바친다"는 제목이 붙어있다. '싸운다'와 '바친다'라는 일견 상반되어 보이는 두 자세가 여성에게 요구되었고, 그 행위는 "천황에게 모조리 바치는"(宮城) 일로서 가치를 부여받았다. '남자다운' 일에 참가해 '여자다운' 미덕을 보이도록 요구받아, '수동성'과 '공격성'(Claudia Koonz)이 전시 여성상으로서 추구되었던 것이다.

바꿔 말하면 전시의 여성 동원은 남성의 논리에 참가하도록 요구하고('싸운다') 남성을 따르도록 하는 것('바친다')인데, 이러한 동원은 남성이 주도하는 젠더 질서를 변경하는 것이 아니라 오히려 그것을 강화하려는 것임이 명백하다.

게다가 남성의 저류에 흐르는 여성혐오가 때때로 분출하는 장면도 보인다. 야스다 겐사부로安田源四郎는 「이 본성을 보라! 악독한 미국여자この本性を見よ！毒獸アメリカ女」(『主婦之友』, 1945.1)에서 "음란, 혹박酷薄, 악역惡逆, 비도非道, 이 모든 말로도 형용할 수 없는 악독한 짐승인 미국여자!"라고 열거하면서 썼는데, 이는 선정적이고 극단적인 의견이라서 고찰할만한 가치도 없는 듯 보이지만, 한편으로 '미국여자'에 대한 비난(=공포)과 함께 여성 일반에 대한 혐오(=공포)를 표출하는 데에서 남성의 저의를 엿볼 수 있다. 이것은 여성을 남성사회에 참여시키고 싸움에 참가시킬 때 남성이 지니는 공포의 발현이다. 야스다는 미국여성이 '물질욕과 성욕'에 몰두하고 있고 "음란이든가 퇴폐라든가 하는 실로 어떤 말"로도 할 수 없는 "동물 그 자체인 생활"을 하고 있으며 또한 그것을 이상으로 삼고 있다고, 독설을 퍼붓듯이 말한다. 이 글의 모티프는 "타산적이고 물질적이며 향락적"인 여성에 의해 미국 사회의 토대가 만들어지고 좌지우지되어 왔다는 것이다. 이 글에는 전시에 여성이 주체화(=국민화)되면서 일어나는 사건에 대한 남성의 두려움과 무서움이 여실히 드러나 있다.

이러한 여성의 주체화(=국민화)는 사적인 것의 공적화公的化라는 사태를 수반한다. 가령 공동취사가 장려된 것을 예로 들 수 있다. 『주부의 벗』(1945.5)은 공동취사는 연료가 적게 들고 수고를 덜 수 있어서 경제적인데도 좀처럼 실행되지 않았는데 전시인 지금이야말로 공동취사가 실천되어야 한다면서, 구체적 실천의 예를 소개하고 있다. 또한 "겐친지루와 사쿠라메시けんちん汁と櫻飯",[16] "라이스 카레와 참깨요리

---

16 【역주】우엉·당근·표고·무 등을 채쳐서 으깬 두부와 함께 기름에 볶아 조미한 음식을 끓인 맑은 장국과 간장과 술을 넣어 지은 밥.

胡麻和え", [17] "두부 비지와 다키코미炊き込み" [18] 등의 '공동취사요리' 식단도 예를 들어 말한다. 그라비어에서도 「필승의 식생활, 싸우는 공동취사必勝の食生活 戦ふ共同炊事」라는 제목으로 하루에 총 3천 명의 식사를 공동으로 취사한다는 치바현千葉縣 초시시銚子市의 공동취사장을 소개하고 있다. 이것은 지금까지 가족단위로 실천되어 왔던 식사라는 '사적 영역'에 공적 가치를 부여하고, 공동취사를 통해 식사를 '공적 영역'으로 전화轉化시키려고 한 시도였음을 알 수 있다.

사적인 것을 공적으로 만드는 것은 이제까지 사적인 것이라고 여겨져 여성이 담당해왔던 영역을 공적인 것으로 간주함으로써, 여성의 공적 참가(사회참여)를 창출하려고하는 시도다. 그러나 이것은 지금의 젠더 편성을 모방하는 것이지, 지금의 젠더 질서를 바꾸려는 것이 아니다. 전장에서 부상을 입은 병사를 치료하면서 '내지'로 되돌려 보내는 임무를 가진 '병원선病院船'의 간호부들을 예로 검토해보자. 그녀들은 '종군'하여 전장에 나갔지만 (전투가 아닌) '간호'를 하면서 '전쟁터'의 주변에 위치하고 있었다. 전쟁터에 나갔지만 전투는 하지 않은 채 병사를 간호하는 것. 일본 적십자사의 간호부였다가 징용되어 병원선에 탔던 체험을 묘사한 다이고쿠 야스코大嶽康子의 『병원선病院船』(女子文苑社, 1939)에 따르면, 다이고쿠는 강한 사명감을 지니고 부상당한 병사들을 극진히 간호한다. 그녀는 "환자에게는 자애로운 어머니처럼 인간애"를 가지고 임했으며, 상처 입은 전장의 주인공인 병사를 간호하는 것을 자신의 임무로 삼았다. 간호라는 사적으로 친밀한 행위가 『병원선』에서는 공적이고 사회적인 행위로 여겨졌다. 간호를 행하는 다이고쿠는 자신을 사회참여를 실천하는 인물이라고 자인自認

17 【역주】 야채 등을 참깨, 설탕, 간장 등으로 맛을 내어 무친 요리.
18 【역주】 생선, 고기, 채소 등을 넣어 지은 밥.

하고 있었다. 게다가 다이고쿠 자신이 사회에 참여하고 있다는 인지는 『병원선』에 붙여진 일본적십자사 부사장이나 선배 남성작가의 「서문」에 의해서 이루어진다. 이러한 점에서도 전시의 젠더 편성은 종래의 젠더 질서와 동일했다.

다시 말해 다이고쿠 등 병원선에 승선한 간호부는 전장에서 '간호'를 행하고 의사의 작업을 보조·분담한다는 점에서 이중으로 종속적인 위치에 놓인다. 중심을 이루어 주도하는 병사와 의사의 주변에 간호부가 위치하여 "가정에서의 여자들의 역할"(Elshtain)을 담당한다. 본래는 사적이어야 할 행위가 사회화됨으로써 다이고쿠 등의 행위는 사회참여로 인지되며, 상처 입은 신체를 '자애로운 어머니'처럼 구조하고 치료하고 간호하고 위로하는 행위가 수행되는 것이다. 전시에는 '간호'를 비롯하여 '출산'과 '육아'에서 '위령'과 '장송葬送'에 이르는 신체의 모든 과정과 그것이 영위되는 공간인 '가정'에 국가가 개입하여 사적인 행위에 사회적인 의미를 부여한다. 이에 공 / 사의 구분 자체와 그것의 내용을 바꿔버리는 일이 일어난다. 여성은 이 과정에 주체적으로 관여할 뿐만 아니라, 또 국가가 그것을 공인함으로써 스스로의 행위가 흡사 사회참가인양 착각하고 마는 것이다.

이때 주의해야 하는 것은, 이러한 종군간호부의 이면에는 그것과 짝을 이루는 '종군위안부'가 존재한다는 사실이다. 주변에서도 주 / 종, 혹은 표면 / 이면의 존재가 형성되고, 서열화가 이루어진다. 소비가 사회화되고 가사家事가 협동화＝사회화되는 공 / 사의 편성변화가 진행되는 가운데, 전시의 젠더 영역에서는 사적인 것이 공적인 것이 되는 과정을 한층 더 추진하는 거점으로서 '신체'가 타깃이 되었다.

전시에 벌어지는 젠더의 강화는 공 / 사 영역의 선긋기를 뒤흔들고 재정의하는 작업과 겹쳐져 수행되는데, 이런 사태는 또한 전시의 젠

35

더 질서나 그 편성을 위태롭게 만드는 요인을 야기한다는 점에도 주목해두자. 남성 / 여성, 전장 / 총후의 안정된(?) 비대칭적인 관계가 흔들리고, 남성성이나 여성성의 자명성이 소실되고 성역할분담이 종래대로 수행될 수 없는 국면이 여기저기에서 생겨나는 것이다. 그러한 균열의 하나로서, 여성 / 남성의 주체화와 그 내포(역할분담)를 설득시키는 일을 행하는 잡지 등의 문체를 보면, 문체가 점차 감정적으로 되거나 선정적으로까지 되는 것을 볼 수 있다. 여성성 / 남성성의 구분이 흔들리는 모습을 보이기 때문에 목청을 돋우게 되고 같은 말을 반복하게 되며 또한 의미가 공허해지는 것이다. 성역할의 분담을 강조한 주체화(=동원)를 통해서 전쟁을 수행하는 공동성共同性을 만들려고 하지만, 성역할분담의 무근거성이 드러나고 쓸데없이 감정을 소모하게 되는 사태에 이르는 것이다. 젠더 질서를 모방하는 과정은 동시에 균열을 만드는 과정이기도 한 것이다.

36

3) '병사'와 '산업전사' – 전시의 남성상

전시의 '여성'을 둘러싼 논의가 활발했던 것에 비해 '남성'이라는 주체가 전쟁에 어떻게 관여했는지에 관한 연구는 그 수가 압도적으로 적다. 요시미 요시아키吉見義明의 『풀뿌리 파시즘草の根のファシズム』(東京大學出版會, 1987)이나 오하마 데츠야大浜徹也의 『천황의 군대天皇の軍隊』(教育社, 1978) 등의 선구적인 업적을 제외하면, 거의 논의되지 않았다고 해도 과언이 아니다.

병사들의 경험을 분석한 군대 연구나 전쟁문학 연구 등에서는 모두 '남성'을 자명한 전제로 삼고 있었다. 특히 1970년 이후에는 '총후'

를 고찰하는 데에 관심이 집중되어 있어서 '남성'이 문제시될 때도 '남성'은 '국민' 일반 속에 해소되어 논의되었다. 따라서 남성성이 화제가 되는 일은 없었다. 또한 남성성은 젠더 관계에서 우위에 있기 때문에 투명화되었고 직접적으로 논의되는 일이 없었던 것이다. 역사적·실천적으로도 연구적·분석적으로도 성적 존재로 초점이 맞춰진 것은 젠더 관계에서 열위에 있는 '부인'과 '소국민'이었다.[19]

병사들이 쓴 종군기나 수기 등 많은 체험기가 동시대와 전후에 출판되었음에도 불구하고, 그에 대한 역사적인 분석은 빈약한 상황이다. 근년에 출판된 후지이 다다토시藤井忠俊의 『병사들의 전쟁兵たちの戰爭』(朝日新聞社, 2000)은 병사들의 경험이 중일전쟁기와 아시아 태평양전쟁기에 서로 달랐다는 등 많은 논점을 제공하고 있다. 여기서 우리는 이제야 겨우 '남성'의 전쟁체험을 역사적으로 분석하는 작업을 시작할 수 있게 된 셈이다. 또한 근년에 남성사男性史에 대한 제창이 촉구되고 있는 상황에서 병사의 남성성에 대한 관심도 제고되었다. 남성사 영역에서 병사에 대한 고찰은 적합한 테마이다. 그리고 외국에서도 이런 분야에 대한 연구도 적지 않게 이뤄지고 있다고 한다.[20]

우선 전시의 남성상부터 고찰해보자. 후지이 다다토시의 『병사들의 전쟁』은 군대에서 '기대되는 병사상'의 추이를 좇고 있다. 후지이에 의하면, 일본군대 창설기의 「군기軍紀」는 '경례敬禮·복종', '탈주방

---

19 소국민에 대해서는 山中恒, 『ボクラ小國民』시리즈(전5책·보권·외전全五冊·補卷·外伝, 辺境社·勁草書房, 1974~1980·1981·1995)가 대표적이다. 방대한 자료를 통해 논의하고 있는 것이 특징이다.
20 예를 들어 토마스 퀴네Thomas Kühne 편, 『男の歷史』(星乃治彦 역, 柏書房, 1997)에는 「애국적으로 싸우는 남성다움」(카렌 하게만), 「병사, 국가 공민公民으로서의 남성다움」(우테 프레펠트), 「전우의식과 남성다움」(토마스 퀴네)이 수록되어 있다.

지', '소극적이지 않을 것'(「풍기風紀」)이었는데, 여기서 '소극적이지 않을 것'은 '용감함'에의 요구로 바뀌었으며, 다른 한편 복종이 강조되면서 '절대적인 복종'으로 나아갔다고 한다. 「군인칙유軍人勅諭」에는 군인정신으로 '충절', '예의', '무용武勇', '신의', '소질質素'이라는 다섯 가지 덕목이 쓰여 있는데, 그중에서도 충절을 중시하여 "군인정신의 중핵으로 삼고 있다."[21] 1941년에 나온 「전진훈戰陣訓」에는 '경신敬神', '효도', '경례 거동擧措', '전우도戰友道', '솔선궁행率先躬行', '책임', '사생관死生觀', '명성이 더럽혀지는 것을 두려워함', '질박質實하고 강건함', '청렴결백'(「본훈本訓 其の二」) 등이 쓰여 있다. 후지이는 「전진훈」에는 '강기숙정綱紀肅正'을 목적으로 한 것과 「군인칙유」를 '대신하거나' 혹은 '보완하는' 요소가 있음을 지적하고, 「전진훈」은 군대 내부에 그다지 침투하지 않았다고 논하고 있다.

전시의 남성상은 동시대적으로는 범람하고 있었다. 문자 그대로 무수히 다양한 형태를 취하면서 즉 주장主張의 형태이거나 도상圖像의 형태로, 혹은 그것들 속의 단편으로 제기되면서 남성역할이 말해지고 있었다. 그러나 그러한 남성상을 정리하여 통일된 남성상을 제시하고 분석하는 시도는 이제까지 이루어지지 않았기 때문에 여기에서는 잡지를 택하여 그 안의 남성상을 찾는 방법을 취하도록 한다.

그런데 잡지도 전시기에는 분화되어 있어서 남성상을 집약하는 작업도 쉽지 않다. 후쿠시마 쥬로福島鑄郎(『戰後雜誌發掘』, 日本エディタースクール出版部, 1972)에 의하면, 전시에 나온 잡지는 1,962개(1943년부터 1944년에 걸쳐서 실시된 출판업계 정리 작업企業整備 이후에는 996개)이지만, 이 중에 남성지로 묶을만한 분류기준을 찾을 수 없다. 후쿠시마는 『출판홍보

---

21 병영 내에서 '복종의 습성화'가 변하지 않은 채, '진충보국'을 강조하기에 이르렀다는 것이 후지이의 주장이다.

出版弘報』에 의거해, '시국잡지'(7개), '국방군사잡지'(30개), '화보보도잡지'(10개), '종합잡지'(2개), '국민대중잡지'(3개), '부인잡지'(4개), '청년잡지'(6개), '소국민잡지'(5개)를 거론하는데(이 수치는 모두 기업을 정비한 후의 것이다. 다만 후쿠시마의 『전후잡지의 주변戰後雜誌の周辺』(筑摩書房, 1987)에는 숫자에 차이가 있다), 이 시기에는 남성을 포함해서 '국민'을 말할 때 남성성은 자명한 사항이었기에, 새삼스럽게 남성성을 명시하고 대상으로 삼은 잡지들은 없었다.

예를 들어 『신청년新若人』, 『청년靑年』이나 『시국일본時局日本』, 『청년독매靑年讀賣』 등은 청년으로서의 남성상을 제시하고, 1944년 5월에 창간된 『젊은 벚꽃若櫻』, 『해군海軍』은 각각 육군과 해군을 위한 잡지로서 육군성과 해군성의 '특별지도'를 받아 "일본의 청소년이 한 명도 남김없이 정강精强한 자가 되기를 염원"(『후지富士』, 1944.5의 광고. 『킹キング』은 1943년 4월에 『후지』로 타이틀을 바꾸었고 다시 1946년 1월부터 『킹』이라는 이름으로 1957년 12월까지 간행되었다)하는, "고귀한 군인정신으로 가득 찬 기사물을 가득 싣는滿載" 잡지이다. 따라서 전시의 남성상을 찾기 위해 어떤 잡지를 선택했을 때, 이미 그 시점에서 결론적인 남성상이 예상되고 결정되기에 남성상을 집약적으로 조감해서 제시하는 잡지들은 없었고, 또한 남성 자체를 대상으로 자각적으로 논하는 일도 이루어지지 않았다.[22]

이러한 것을 고려하면서 여기에서는 1926년에 창간된 잡지 『킹』[23]

22 남성에 대한 도상으로 예를 들어 '전쟁기록화'(1943년부터 1945년까지의 사건을 그린 153매의 유채화)가 있다. 그러나 와카쿠와는 이것이 일반적이지는 않다고 한다. 또한 소국민의 읽을거리에는 기대되는 남성상이 가득 투영되어 제시되었다. 야마나카 미네타로山中峯太郎나 다가와 스이호田川水泡, 미나미요 이치로南洋一郎의 작품은 이러한 관점에서 분석할 수 있을 것이다.
23 『킹』의 창간에 대해서는 山野晴雄・成田龍一, 「民衆文化とナショナリズム」(『講座日本歷史－近代3』, 東京大學出版會, 1985)를 참조하길 바란다. 또한 이 글을 탈고한 후에 佐藤卓己, 『キ

을 선택하여, 그 안에서 남성상을 찾고자 한다. 『킹』은 발행부수가 200만부가 넘어 이 시기 가장 일반적인 잡지였기 때문이다. 『킹』은 창간 이래 '국민'을 대상 독자로 삼고 출판을 통하여 '국민'의 성숙을 도모한 잡지로, 전시기에도 '국민'으로서의 자각을 활발히 설득하고 '시국'에 관심을 지니고 '국책'에 협력하도록 권했다. 예를 들어 '킹 편집부'의 이름으로 나온 어떤 「사설社說」(1941.6)은 "국력은 급격히 증대되고 있다"는 제목을 붙이고 '저축'을 촉구하고 있다.

그렇다면 『킹』은 '국민'을 설득시키면서 '남성'상을 어떻게 제시하고 있었던 것일까. 전시기에는 당연한 것이지만 『킹』에 있어서 기대된 남성상은 '병사'와 '산업전사'로 결정結晶되어 있다. '병사'에 대해서는 ① 전장에서의 수기(나중에는 종군기가 등장한다), ②'군신軍神' 등의 방문기, ③여러 가지 병사에 관련된 시설을 방문한 기록이나 지도자들의 발언, ④시국에 대한 해설이나 군사지식, 즉 군사적인 지식이나 전쟁에 관련된 지식을 내용으로 한 기사로 구성되어 있다. 각각을 살펴보자.

먼저 ①의 수기를 보자. 오이 에이유大井英雄의 「초석礎石」(1941.7)은 "군의 오카와 소위의 수기에서大川軍医少尉の手記より"라는 부제가 달린 작품으로, "이 충렬忠烈, 이 지성至誠! 눈물 없이 읽을 수 없는 진중陣中의 비장한 실화"라고 설명이 붙어있다. 이 글에는 부하에게 그의 어머니가 병사病死했다고 알릴 수 없었던 대장의 심정과 그것을 알아차린 부하와의 교정交情이 그려져 있다. 전장에 있어서의 대장 / 부하의 교류가 어머니 / 아들의 인연과 겹쳐져 이야기되는 '수기'이다. 중일전쟁기에는 이러한 전장에서의 전우의식이 그려지는 일이 많았는데,[24] 전장

ングの時代』(岩波書店, 2002)라는, 본격적으로 『킹』을 연구한 서적이 최초로 간행되었다.
24 그러한 대표작으로는 히노 아시헤이火野葦平의 이른바 병사兵隊 3부작이 있다. 이 작품에 대해서는 成田龍一, 『歷史』はいかに語られるか』(日本放送出版協會, 2002)에서 검토했다.

이라는 '전쟁'의 중심장소에서 주인공의 역할을 짊어진 남성 주체를 그려내고 있다. 한 명 한 명의 남성은 병사로서 부여받은 역할을 자각함과 동시에 함께 그 임무를 수행하고 공동성共同性을 서로 인식하기 때문에, '남성다움'의 감정이 눈물과 함께 그려지고 있는 것이다.

비슷한 수기인 「하와이 공습기ハワイ空襲記」(1942.5)는 "다행히 남자로 태어나 이 영광스러운 임무를 맡을 수 있었으니, 나의 행복에 가슴은 이루 다 말할 수 없는 감격으로 가득 찼다"고 국가적 사업에 참가할 수 있었음을 죽 늘어놓고 있다. 남자＝공公＝국가의 연쇄를 드러내 전투와 결합시켜서 "국가의 안위는 이 한 번의 행동一擧에 있고, 만약 이 호기好機를 헛되이 하는 일이 있다면, 그 죄는 죽어도 부족하다"고 하여 공적 영역에서의 공적 임무, 즉 전투를 수행하는 남성으로서의 '자각'을 드러내고 있다.

또한 1942년 6월호의 『킹』은 해군보도반원의 견장을 단 야마오카 소하치山岡莊八가 '렉싱턴Lexington'을 격침했던 잠수함 승조원의 수기(「海底戰記」)를 소개하고 있고, 9월호는 해군보도반원인 후쿠유 유타카福湯豊의 「알류샨 공략전기アリューシャン攻略戰記」를 싣고 있다. 다음 10월호에는 작가인 니와 후미오丹羽文雄(자격은 위와 마찬가지로 해군보도반)에 의한 「솔로몬 해전종군기ソロモン海戰從軍記」가 게재되는 등 연거푸 종군기가 실렸다. 대부분은 전과戰果를 올린 양상을 현장이나 개인에 밀착해서 상세하게 써나간다는 자세로 독자에게 전국戰局의 세부細部 상황을 전하는 것이었다. 당사자가 아니라 문필을 전문으로 하는 작가에 의한 기술이었고, 나아가 『킹』 특파원인 미야모토 다비토宮本旅人의 「다섯 명의 공병五人の工兵」(1942.10)은 전장에서의 대장과 부하, 병사들끼리의 우정(전우애를 서술하고 있다)을 그리고 있다. "대장님! 어서 후퇴하십시오", "이봐, 이시다石田 병장인가! 나는 여기서 죽는다", "무슨 말씀이십니까!",

"부하를 이렇게 두고 이대로 후퇴하리라고 생각하는가!", "대장님!"

남성들의 공동체가 따스하게 그려지는 한편, 그 공동체가 국가와 연결되어 있음으로 인해 가치가 있다고 여겨지는 기술이다. 남성은 공동체와 국가를 위해 몸 바치도록 기대받고 있었고, 그것이 노골적으로 기술되어 있는 것이다. 여기에 여성이 배제되어 있는 것은 물론이다. 여성을 배제한 남성만의 공동성에 의해 스스로의 행위가 공적인 것으로 여겨지고 동시에 상호위무의 공동성을 이루고 있는 것이다.

②의 방문기는 어떠할까. 『킹』은 1941년 12월 8일 하와이 진주만에서 '특별공격대'로 활동한 아홉 군신軍神을 다루는데, 특파원을 파견해서 각각의 가정 및 에타지마江田島의 해군병학교, 구레吳의 잠수학교를 방문하고, "이만한 용사는 어떤 가정에서 태어나 어떤 환경에서 자란 것일까"를 르포르타주로 써서 보고하고 있다.[25] 무네타 히로시棟田博의 「군신 가토 소장軍神加藤小將」(1942.9)은 격추왕이라고 불린 비행사인 가토 다테오加藤建夫의 어린 시절부터의 생애를 에피소드를 섞어서 그려내는데, 전투기를 타려면 "정신이 숭고한 진충보국盡忠報國의 정성으로 불타오르는 것이 필요할 뿐만 아니라, 두뇌는 어디까지나 명석하고 치밀해야 한다. 성격은 어디까지나 침착하고 대담해야 한다. 신체는 어디까지나 강건하고 민첩해야 한다"고 기록하고, 군신을 소재로 남성에게 요청되는 가치를 열거하고 있다.

정신의 숭고함, 신체의 튼튼함이 합쳐져 냉정하고 대담한 성격이 가치화되었다. 이것들의 외연은 '평상시'에도 남성성의 가치로 여겨졌던 것으로, 전시에 한정된 것은 아니었다. 다만 그 내용은 시간이 지남에 따라 선정적이거나 열광적으로 되었다. 「신풍기神風記」(山岡莊

25　清閑寺健,「軍神の家々」,『キング』, 1942.5.

八, 1945.1)에서 요구된 내용은 '충렬'이며, "티끌 하나 없는 청순무구한 신령스런 독수리神鷲들"이 부여하는 '감동과 용기'가 기록되어 있다. 대장의 '충용忠勇', '의열義烈', '순충純忠', '지성至誠'의 명령이 대원의 '심경이자 풍격'이며, ('신령스런 독수리'라고 기록된) 그들은 '자기 개인의 공적' 나위는 문제로 삼지 않은 채, 어느 누가 보지 않더라도 누구에게도 알려지지 않더라도 좋다, "다만 천황을 위하여 총후 일억 동포를 위해서" 눈앞의 '적'을 쏠 뿐이다. 이것을 야마오카는 "신국神州의 백성"이 지닌 '신성神性'으로 해석하고 있다.

남성에게 기대하는 성질, 성격, 인격이 모두 '군신軍神'들에게 투영되어 있는데, 이는 (여성잡지에 그려져 요구된) 여성상에 비해서 다원적이다.

방문기사인 ③에서는 지도자의 열의와 학생生徒과의 관계성 속에서 남성상이 그려진다. 아카가와 부스케赤川武助의 「용맹스런 비행사를 키운 열혈 훈도를 방문하다荒鷲百人を育てた熱血訓導を訪ふ」(『富士』=『キング』, 1943.12)는 오츠시大津 육군소년비행병학교 학교장의 "오늘의, 격렬한 전국戰局을 비춰, 한 대라도 많은 비행기, 한 사람이라도 많은 비행사를 국가는 절대적으로 요청한다"라는 말을 소개하고, 지도자와 학생이 함께 국가의 요청에 응답하는 사명감과 책임감을 지니고 있는 것에 주목했다. 그리고 열혈 훈도에 의해 '소극'적이고 '퇴영'적이며 '자유주의 개인주의'에 휩쓸려있던 청년들의 주체성이 환기되어 '주동적'이 된 미야자키현宮崎縣의 국민학교를 예로 들어 소개하고 있다. 『후지富士』의 같은 호에는 '육군소년병을 지원합시다'라는 호소의 안내도 나와 있다. 또한 해군비행예과연습생에 대해서 해군소장日暮豊年은 '깨끗하고 예의 바름'과 '민첩敏速한 행동'을 요구하고, 또한 교관의 '깊은 애정과 책임감'을 언급하고 있다.[26]

그리고 ④ 군사지식에 관해서 살펴보자면, 『킹』은 전쟁이 전개되

43

는 상황에 맞춰서 중국대륙에서부터 태평양의 전쟁터까지 초점을 맞춰서 여러 가지 기사를 게재했다. 호소가와 다츠히코細川辰彦의 「군용비행기의 상식軍用飛行機の常識」(1942.9)은 22가지 질문, 가령 "전투기에는 어떤 종류가 있습니까?", "전투기의 특징은 무엇입니까" 등을 묻고, 그에 대한 설명을 덧붙인다. 그리고 하는 말, "오늘날 일본국민으로서 이 중 10문제 이상은 반드시 만점 답을 하시기를 바랍니다." '일본'의 '남성'이라면 일본군과 일본군이 진격하는 모습, 공격한 지역에 관한 여러 가지 지식이 필요하다면서, 과달카날Guadalcanal, 말레이Malay, 수마트라Sumatra, 뉴기니아New Guinea, 라바울Rabaul 혹은 인도나 간도 등 지역에 대해서도 다양하게 설명하고 있다. 하지만 시간이 지나면서 "제1선 장병의 고생을 생각하고 싶다"[27]라는 등으로, 구체성을 결여한 채 추상적이고 감정적이 되어, 병사들의 '용기와 인내'를 평가하게 만드는 '적'에 대한 비난을 두드러지게 드러냈다.

이렇듯 『킹』에 실린 기사에서 남성상을 추출해볼 때, 강조되고 있는 것은 아래에 깔려서 보이지 않는 존재에 빛을 비추는 것이다. 「육군 소년비행병 화보陸軍少年飛行兵畫報」(1941.10)는 그들이 훈련하는 모습을 찍은 사진과 함께 그들의 활약상을 보여주는데, 이와 더불어 "그 빛나는 승리의 뒤에는 묵묵히 자기의 임무를 수행하고 있는 정비원이 있음을 간과해서는 안 된다"고 쓰고 있다. 그리고 소년비행병에게 정비훈련을 가르치는 시설로서 도코로자와所澤에 있는 항공정비학교를 소개하고 있다. 뒤편에 있는 존재에 주의를 촉구하면서도 중심 / 주변의 질서가 결코 침식당하지 않도록 중심 / 주변의 각각의 역할과 그 분담을 확인시켜준다. 「소년병에 대해 이야기하는 좌담회少年兵を語

---

26 「帝國海軍かくて强し」, 『富士』, 1944.5.
27 小柳次一, 「北千島第一線」, 『富士』, 1943.12.

る座談會」(1941.12)에서도 정비와 통신은 "즉각적으로 화려하게 공로가 드러나는" 일은 없다고 쓰면서, 그늘에 있는 존재인 정비병과 통신병에 대해서도 인식을 가지도록 호소하고 있다. 후에 1944년 8월 『후지』에 실린 히노 후지요시日野藤吉의 「정비원은 이렇게 싸운다整備員はか〈戰ふ」는, 라바울의 정비원이 '자부심'과 '책임감'을 가지고 '유쾌'하게 임무를 다하고 있는 모습을 전하고 있는 글이다.

『킹』의 권두에 놓인 도해圖解 시리즈에서도 같은 주장을 찾을 수 있다. 「포병은 어떻게 활약하는가砲兵は如何に活躍するか」(1942.5)에서 "포병은 항상 다른 병종兵種을 도와주는, 이른바 부인의 역할을 맡습니다. 각 병종이 화려하게 전투를 하는 것 뒤에서 포병이 활동하고 있다는 것을 잊어서는 안 됩니다"라고 쓰고는 '포병의 임무'에 대해서 설명을 한다. 부상병傷病兵을 끊임없이 언급하는 것도 이러한 것과 맞닿아있다. 마루야마 요시지丸山義二의 「상이군인 도쿄요양소傷痍軍人 東京療養所」(1942.10)는 "모두 23, 24세에서 30세 전후의 젊은 사람들이다. 대륙과 남양에서 목숨 걸고 싸운 젊은 병사들의 이 병환! 그 심중을 헤아려 보면, 우리들의 가슴은 무언가에 찔린 듯 아팠다"라고 쓰고 있다. "국가가 얼마나 상이용사들에 대해서 극진한 간호를 하고 있는지, 그리고 상이용사들이 얼마나 만족하고 그 요양생활을 계속하여 재기봉공再起奉公을 목표로 정진하고 있는지"를 보고하고, "우리 국민의 깊고 큰 감사의 마음을 아픈 상이용사에게 바치는 한편 하루 빨리 완쾌를 빈다"고 적고 있다. '건강'한 병사 / '상이' 병사라는 비대칭적인 관계가 기술되고, 역할이나 상태로서 중심 / 주변의 임무와 존재가 기술되고 있는 것이다. 그렇기 때문에 자주 젠더에 관련된 비유로 사용되었다. 게다가 반드시 대칭항에서 우위의 측으로부터의 '배려'가 설명되고 있다.

마찬가지로 일본군의 주변에 위치하는 '타민족' '일본'군 병사에 대

45

해서도 언급하고 있는데, 1943년 10월 『후지』는 우치야마 다케시內山武司의 「병사가 말하는 남해최전선兵の語る南海最前線」을 실어서 '다카사고高砂 의용대'의 '분전奮戰'에 대해서 언급하고 있다. 또한 1941년 12월에는 조선육군병 지원자 훈련소를 방문한 히나츠 에이타로日夏英太郎의 「반도의 병사半島の兵隊さん」가 실렸는데, 이 글은 "당국의 열렬한 지도와 반도동포의 애국심"을 칭송하고 있다. 현재의 질서가 부서지지 않도록, 군이 비대칭적인 관계를 언급하고 있다. 『킹』의 기사에서 보자면, 현재 남성상의 특징으로 '젊음'과 '강함'을 강조하는 것 외에도 남성상을 '어머니'와 연결시켜 '가족'을 제시하는 모습을 볼 수 있다. 즉 남성성을 말함에 있어서 젠더에 관련된 메타포를 많이 사용하고 있는 것이 눈에 띈다. 천황은 물론이고 '어머니'와 연결시켜서 '일본'을 보고 있는 것이다. 무네타 히로시棟田博는 「젊은 철사자의 정신若き鐵獅子の精神」(1942.6)에서 스스로를 '젊음', '젊은 힘', '젊은 피'라고 하고, "대장님은 마치 아버님 같다"고 가족적인 심정을 집어넣어 가족의 비유를 그대로 사용하고 있다. 마츠나가 겐야松永健哉도 츠치우라土浦해군항공대를 방문하여 "이 부대 전체가 하나의 가정입니다. 그 정신으로 모든 제도나 교육도 행합니다"라고 소개하고 있다.[28] 또한 '군신'을 소개할 때에는 반드시라고 해도 좋을 정도로 그 어머니를 언급하는데, 어머니와 관련된 기사가 다수 『킹』에 실렸다(가령 하시모토 사나에橋本早苗의 「어머니의 손가락母の指」(1943.11)을 들 수 있다. 이로 볼 때 이 호가 전장戰場 = 전선戰線에 보내지는 것을 예상할 수 있다). 남성상은 '남성'만으로 완결되지 않고 '여성'과의 관계에서 논해졌으며, 전시의 여성상과 남성상이 각각의 성역할을 담보한 채로 서로 통하고 있었음을 알 수 있다.

---

28 「大空の道場」, 『キング』, 1942.5.

1942, 43년 무렵에는 '산업전사'로서의 남성상도 이야기되었다.[29] 운노海野十三, 야마오카 소하치, 무네타 히로시 등의 작가는 모범공장을 방문하여 좌담회를 열었는데,[30] 그들은 그다지 알려져 있지 않은 공장이나 광산의 모습을 전하고자 했다. 특히 '이윤추구가 목적'이었던 "낡은 형태의 공장"에서 "국가를 위해서 일한다는 기풍氣風"이 있는 "지금의 공장"에 찬사를 보내고(竹田敏彦), "어떤 공장이라도 공장 직원 제군諸君이 대단히 강인한 신념으로 일"하고 있는데, 그 모습이 마치 '전장'과 같은 양상이라고 말한다(海野). "어버이 같은 따뜻한 마음親心"을 가진 공장주가 소개되고(山岡), 사장과 간부도 징용공徵用工도 모두가 '국민'으로서의 자각을 지니고 생산에 종사하게 되었다면서, "일본인의 본질적인 힘"에 대한 찬사가 구가되고 있다(기자). 또한 주변의 노동력인 '반도인'도 언급하며 그들과의 '감격적인 교류'를 이야기하기도 했다(棟田). 병사에 대해서 논해졌던 것이 그대로 산업전사에게도 적용되는 것을 볼 수 있다. 여전히 남성상에서는 공통적인 언급이 이뤄지는 것을 엿볼 수 있다.

　　동시에 산업전사를 언급할 경우에는 생산현장에서 벌어진 여러 가지 시도, 노력, 공부가 얼마나 성의誠意를 가지고 진행되었는지를 이야기하고, 또한 '공원혼工員魂'을 찬미했다. 허름한 푸른 작업복을 입은 사장을 만나고 훌륭한 공장시설과 완비된 후생시설에 대한 보고가 이어지고, 노동자工員가 즐겁게 일하고 있고 또한 그들의 '일에 대한 열의'가 대단하다는 사장의 말을 소개하는 기사[31]가 이어졌다. 또한 '생산봉사'를 행하여 생산을 '배가'시킨 공장을 방문한 기록도 실렸는

29　『킹』이 산업전사의 동향에 관심을 둔 것은 『킹』이 '생산을 주제로 한 소설'을 모집했던 것을 통해 알 수 있다(1944.8).
30　「戰ふ模範工場を訪ねた作家の座談會」, 『キング』, 1943.4.
31　鹿島孝二, 「三南造船所に熱血社長を訪ふ」, 『富士』, 1943.6.

47

데,[32] 이 기사는 "생산전사가 휘두르는 망치는 그대로 전선前線의 지혈 망치"라고 쓰고, '군대생활'에서 본보기를 취해서 '연성鍊成'을 행하고 '국가의 산업전사'로서의 자부심, 자각과 단결심을 환기하는데 힘을 쓴 공장을 소개하고 있다. 이는 이윤에 민감한 정신을 버리고 '지성至誠 봉사'에 기초한 공장의 운영을 평가한 것이었다. 전시에는 '노동'이 아니라 '생산' 개념에서 설명되고 해석되었으며, 경영자와 종업원의 협조와 융화가 촉구되었다. 다만 여성잡지에서 다양하게 소개되었던 여성노동에 대한 언급이 『킹』에서는 거의 발견되지 않는다.

경영의 측면에 그치지 않고, 「징병에 응한 전사의 좌담회應徵戰士の座談會」(1943.11)도 이루어졌다. 한 참가자는 "제국의 신민臣民이 국가가 요청하는 업무에 소환되어 일한다"라는 발언을 남겼다. 또 다른 사람은 "직접 국가에 도움이 되는 일을 할 수 있다"고 감격을 감추지 않았으며, 혹자는 "좋은 동료, 위대한 지도자"가 있어서 근무환경이 정말 훌륭했다고 이야기했다. 그리고 여기에서도 조선반도 출신의 '산업전사'에 대한 언급이 나타났다.[33]

---

32 山岡, 「愛の製鋼所」, 『富士』, 1943.11.

33 兒玉實, 「産業戰士の手記」, 『富士』, 1943.6.
지금까지의 논의는 일본 '내지'의 남성상 / 여성상에 대한 논의이며, 제국 내의 젠더에 대한 고찰이었다. 그런데 식민지에 대해서는 어떻게 논의되었을까. 전시의 『주부의 벗』도, 『킹』도 '대동아공영권'의 청년들의 주장을 언급하곤 했지만 이러한 논점을 거의 찾을 수 없다. 전후에도 식민지 연구에서의 젠더에 대한 관심이 낮았다. 식민지의 양상을 시야에 넣고서 '전쟁과 젠더'를 고찰한다는 것은, 제국의 페미니즘의 관점에서 논한다는 것이며, 여성운동 지도자의 대對 식민지관 등을 논의의 입구로 삼는다는 것이다. 그런데 이러한 문제의식조차 이제야 겨우 생겨나고 있는 실정이다. 鈴木裕子, 『フェミニズムと朝鮮』, 明石書店, 1994; 米田佐代子, 「帝國'女性のユートピア構想とアジア認識」, 『歷史評論』 624호, 2002.4 등. 식민지에서의 '일본인'의 동향이나 식민지에서의 문학활동 등에 대한 연구도 이루어지기 시작했다. 川村湊, 『異鄕の昭和文學』, 岩波書店, 1990; 垂水千惠, 『台湾の日本語文學』, 五柳書院, 1995 등. 이 연구서의 논점은 다시 말하자면 '일본'이 비대칭적인 관계를 동반하면서 구체화되어 가는 국면을 찾는 것이다. 연구자는 이 비대칭적인 관계가 제국 / 식민지, 남성 / 여성, 나아가 계층이라는 변수를 지니고 복잡하게 형성되는 과정을 추구하고 있다.

3. '전후'의 젠더

1) '국민'의 재편성

(1) 민주주의와 '여성'

갖가지 제약을 가졌던 전시戰時가 패전과 더불어 종언하자마자, 전쟁을 수행하기 위해서 씌워졌던 속박에서 벗어나면서 언론은 일거에 분출했다. 앞에서 거론한 후쿠시마 쥬로福島鑄郎에 의하면, 패전했을 무렵 300개에 불과한 출판사가 1946년 4월에는 1,953개로 늘어났고, 1945년 8월부터 12월까지의 몇 달 동안 창간되거나 복간된 잡지가 170개를 웃돌았다.[34] 이렇듯 전후 이 시기에는 잡지가 다수 생겨났다. 그 가운데에서도 여성을 대상으로 한 잡지가 많았는데, 후쿠시마에 따르면 1946년에 발행된 여성잡지는 114개에 이를 뿐만 아니라, 이런 잡지들을 통해서 전후의 민주주의적 여성상이 주장되었다. '전후'의 젠더를 탐색하기 위해서는 먼저 이런 여성잡지를 살피는 작업이 필요하다.

1947년 2월에 창간된 잡지 『부인의 세기婦人の世紀』는 "여성이 올바르게 살아가는 방법을 탐구하고자 태어났다"[35]고 쓰고 있다. 우치야마에 의하면, 여성이 "힘과 싸우는 단 하나의 길"은 바름을 지키는 '신념'이고, 신념은 바름을 향한 '지식'에서 생겨난다. 그러나 여성들은 이 바름을 향한 '지식'에서 배제되고 소외되어 "복종의 오랜 어두운 역사" 속에 있었다. 이것을 끊는 일이 여성을 "행복하게 만드는 유일한 길"이자, "사랑하는 조국 일본"을 구하는 길과 통한다고 우치야마

---

34 福島鑄郎, 『戰後雜誌發掘』(日本エディタースクール出版部, 1972), 洋泉社, 1985.
35 內山基, 「編輯後記」, 『婦人の世紀』제1호, 1947.2.

는 주장하고 있다. 이러한 문제의식을 가진 『부인의 세기』는 「가족제
도와 부인의 위치家族制度と婦人の位置」(제1호), 「부인과 연애婦人と戀愛」(제2호,
1947.5), 「정치와 부인의 생활政治と婦人の生活」(제3호, 1947.9), 「새로운 결혼
의 윤리新しき結婚の倫理」(제4호, 1947.11), 「일하는 부인의 문제働く婦人の問題」
(제7호, 1948.10), 「현대 매춘부의 생태現代賣笑婦の生態」(제8호, 1949.1), 「애정
과 정조의 문제愛情と貞操の問題」(제9호, 1949.5), 「산아제한과 애정의 윤리産
兒制限と愛情の倫理」(제10호, 1949.8) 등 특집을 마련했다. 잡지에 실린 특집
기사들은 여성을 억압하고 있는 원흉으로써 '집'을 지목하고, 그것을
'연애'나 '결혼'을 검토함으로써 변화시키고자 했고, 거기에 존재하는
'애정과 정조'를 물었다. 또한 '매매춘'이나 '산아제한'과 같은 문제로
눈을 돌려, 여성을 에워싼 환경으로써의 '정치'나 '노동'을 논하는 자
세를 보이고 있는데, 이와 관련된 특집은 '전후'가 문제화하고자 했던
여성 문제의 거점을 훌륭하게 열거하고 있다.

　　전후를 대표하는 많은 다른 여성잡지도 이와 같은 자세로 마찬가
지의 문제를 다루었다. 지금 다른 한 예를 들어보자. 1947년 7월에 창
간된 잡지 『부인婦人』은 정치적인 논설과 함께 육아와 식생활 등에 관
련된 실용기사를 합해서 게재하는 스타일을 취했다. 창간호에는 오
자키 미키오尾崎行雄와 하니 세쓰코羽仁說子의 대담 「여성 해방을 향한
길女性解放への道」에 맞추어 히로세廣瀨興의 「어린아이 키우는 방법 달력
赤ちやんの育て方カレンダー」이나 「즐겁게 빵 먹기パン食を樂しく」와 같은 실용기
사가 실려 있다. 그리고 이 두 기사는 "헌법상으로 점점 여성도 해방
되었습니다만, 여성들이 매일 의식주에만 급급하게 쫓기는 현상에서
는 진정한 해방은 어렵다"라는 하니의 말로 끝나고 있다. 여성이 생
활이나 소비를 담당한다는 성별 역할 분담에서 자유롭지는 않지만,
생활이나 소비의 번잡함을 합리화하고 간략화하자는 주장이었다. 여

성의 실질적인 해방은 "부엌에서의 해방"으로, 이것은 "활자로 인쇄된 자유해방"에 그치지 않는다. "우선 부엌일을 즐겁게 해나가고, 주부主婦에게 단정한 옷차림이나 교양, 육아나 오락의 시간과 여유를 부여하는 것이 일본 민주화의 근본과제"로, "가정의 주부를 호스트로 만드는 부엌정치"를 요구한 것이다.[36]

전후 민주주의가 지목했던 여성상을 보면, 일본의 여성은 "봉건적인 것"에 억압당해 왔다는 인식이 있다. 잡지 『여성전망女性展望』(1946.8)은 "새로운 교양"을 특집으로 기사를 실었는데, 그중 오카 후사오岡邦雄는 '새로운' 교양의 의미와 필요를 역설하면서 그때까지의 일본의 '봉건적인' 교양을 비판하고 여성들에게 "오래된 '교양'에서 자신을 눈처럼 세정하고자 할 것"을 바랐다.[37] 또한 도쿠나가 나오키德永直는, 여성은 "봉건적인 세간의 습관"으로 '향학심'이 견제되어 있다고 비난했다.[38]

혹자는 잡지 『여성女性』(1946.6)에 게재된 「새로운 시대의 여성에게 드리는 말新しき時代の女性に贈る言語」(蜷川虎三)에서, "새로운 시대를 만들며 신시대를 살아가는 일본의 여성에게 있어서 사회적 교양이야말로 가장 근본적인 힘"이라고 말하고, 그때까지의 "개인적 내지는 가정적"이어서 "지극히 소극적이고 또한 봉건적"이었던 교양을 비판하면서 여성에게 새로운 교양을 가지라고 말했다. 민주주의의 대극對極에 "봉건적인 것"을 두고, "봉건적인 것"을 배제함으로써 새로운 일본을 바라고, 거기에 여성을 참가시키려고 했던 것이다. 「여성해방과 가문女性解放と家」(『女性展望』, 1946.8)도 "일본의 가족제도"를 비판하며 여성에게 '용기'와 '자각'을 가지라고 말하면서 그렇게 함으로써 "봉건적이고 고통

---

36 跡見英二, 「主婦は何を求めているか?」, 『婦人』, 1947.8.
37 岡邦雄, 「新しき教養」, 『女性展望』, 1946.8.
38 德永直, 「女性と勉强」, 『女性展望』, 1946.8.

스럽고 잘못된, 지금까지 관행으로 해온 관습"을 배제할 수 있다고 봤다(勝目テル, 石田アヤ). 이것은 「개인주의의 철저個人主義の徹底」(大河內一男)라는 글에서 주장한 여성의 주체화를 왕성하게 촉진하는 것이었다.

『여성전망』은 1947년 10월에 '연애'를 특집으로 했다. 특집에 실린 사카니시 시호坂西志保의 「연애에 대해서戀愛について」는 "연애를 인간의 상태常態"로 보면서, 연애를 '이상태異常態'로 보는 일본의 그때까지의 양상을 비판했다. 그는 개인을 확립한 상태 위에서 연애를 장려하고, 연애를 결혼과 관련짓고자 했다. 그리고 그것은 "남녀가 자유롭게 교제할 수 있고, 냉정한 경험이 있는 사람들이 항상 주의해서 지켜보고, 지도해 주는 사회"에 의해서 가능하다고 봤다. 여기에서도 표적이 되고 있는 것은 옛날의 '가문家'이었다. '가문'이 개인을 '속박'하고 '압도'하고 있다는 인식을 드러내면서, "인격의 가치"를 존중하고 이것을 기반으로 "이성異性과 교제해야" 한다고 봤던 것이다.

이렇게 전후 여성잡지는 전후 민주주의의 여성상으로서 데모크라시의 대극에 봉건제를 두고, 데모크라시를 신체화한 것으로 연애를 권장하고, 여성에게 '새로운' 교양을 구하라는 메시지를 던지고 있다. '여성'이라는 '주체'의 (재)도야陶冶와 '이성'과의 관계 변화를 요청하고, 근대가족(가정)을 이상형으로 삼는 담론을 생산해갔던 것이다. 『여성의 세기』 제4호(1947.11)에 실린 「새로운 결혼 좌담회新しき結婚座談會」는 "일본의 새로운 문화가 태어나기 위한 첫 번째 기초는 남과 여의 바른 위치 짓기에서 나온다"(內山基)라고 잘라 말하고 있다.

하나 더 전후에 나온 여성잡지의 특징은 여성이 남성을 맞대놓고 논하고 있다는 점이다. 『부인의 세기』 제6호(1948.6)는 "현대남성의 성격"을 특집으로 내걸었다. 그중에서 아츠키 다카厚木たか는 「새로운 '남성다움'의 창조新しい'男らしさ'の創造」에서 다음과 같이 주장했다. 남성은 여성에 대해서 가지고 있는 "구래의 기준"을 남김없이 버리고, "지금까지의 '남성다움', 그것은 '남자는 힘이다'라는 한 구절이면 그만이다"라고 단언하고는, "새로운 '여성다움'이 요청되고 있는 것처럼, 새로운 '남성다움'의 창조를 향해서 탐구하지 않으면 안 된다." 또한 같은 호의 좌담회 「봉건성을 파괴하기 위해서封建性を破るために」(佐多稲子, 帶刀貞代, 神崎淸, 內山基 참가)에서 우치야마는, 그때까지 여성은 많이 논해져 왔지만 "남성의 성격을 특별하게 다뤄서 생각했던 적은 적다"고 말하며, "특히 남성 속에 있는 봉건성"을 다루고 싶다고 말하고 있다. 이들은 자신의 각자 경험을 말하면서 "집안／가문의 암울함, 말하자면 근대적인 밝음이라고는 전혀 없는 봉건성"(帶刀)을 지적하고, "남성은 자신도 모르는 사이에 여성을 상당히 괴롭히고 있다"(佐多)며 남성을 비판하고 있다. 봉건성은 사회나 제도 안에 있으며 또한 여성도 봉건성에 깊이 침식당해 있지만, 남성에 대한 엄격한 비판도 끊이지 않았다. 즉 "자신의 부인을 인간으로 파악한다랄까, 인간으로서 상대한다는 식의 분위기는, 여전히 적다", "여기에서 남성의 봉건성을 문제로 하지 않으면 어떻게 될까"(帶刀). '남성'을 비판하는 논의 속에서 취급되고 있는 것은 '여성'의 주체화 임무와 그것에 기반을 둔 남녀 관계성의 변화의 필요성이었다.

잡지 『부인춘추婦人春秋』(제1권 제2호, 1946.4)의 「'남성'을 말하는 좌담회'男性'を語る座談會」는 기자, 정치가, 작가, 여배우, 성악가 6명의 여성이 '친구로서의 남성'과 '남편으로서의 남성'에 대해서 논하는 좌담회다. 좌담회에서 나온 발언, "여성이 일초라도 빨리, 요컨대 남성을 앞지르면 건방진"(井上まつ子) 것으로 보는 것을 비판하고, "데모크라시의 사회에서는 남녀 쌍방의 모임을 만들어서, 상호 도와주지 않으면 안 된다"(村岡花子)는 구절 등을 볼 때, 남성에 대해서 말하고 남성에 대한 요구를 제기하는 좌담회임을 알 수 있다. 이때의 좌담회에서는 '일본의

남성'으로서 논의가 이뤄졌는데, 이를 반증하듯 "일본의 남성은 약한 자, 저항력이 없는 자의 기를 살리는 일 따위는 예상외로 적다"(吉屋信子), "일본의 남성이 좀 더 여성에 대해서 친절하게 대해준다면 …… 이라는 생각을 합니다"(井上)라는 발언이 등장했다. 그리고 '일본의 남성'과 '주둔군進駐軍'을 대비하며 "미국의 군인은 일본의 남성보다 친절한 점이 있지요"(井上)라고 말하고, 나아가 "일반적으로 주둔군의 군인을 보고 일본의 남성과 대조하는, 그런 일도 잘 알고 있지요"(村岡)라는 발언까지 나와 있을 정도다. 여성들이 자신감을 갖고 다시금 자기표현을 시작하고, 남성들에게 요구하고, 또한 '일본의 남성'을 '외국'의 남성과 비교하는 일 등은 필시 '일본의 남성'에게 충격을 주었을 것이다. 특히 '주둔군'과 '일본의 남성'이 '일본의 여성'에 의해서 비교 당한다는 사실은, ① '일본'의 여성이 '외국'의 남성 측에 붙었다는 것, ② 그래서 '외국'의 남성에게 자국의 여성을 뺏겼다는 의식이 된다. '일본의 남성'에게 있어서 이것은 이중의 굴욕으로 느껴졌을 것이다.[39]

그러나 여성잡지에 등장한 여성들의 발언은 젠더 질서를 바꿀 수 있는 문제설정을 담으면서도 그것을 바꿀 수 없었고, 모처럼의 문제제기조차도 '민주주의(혹은 '봉건제'에 대한 반대)'라는 개괄적인 단어로밖에 가질 수 없었던 것도 사실일 것이다. '일본의 남성'이 도마 위에 올려져 미국의 남성과 비교당하고, '일본'의 남성 / 여성 간의 관계가 크게 동요했음에도 불구하고, '남성' 그 자체를 질문하고 남성 / 여성의 젠더 질서 그 자체를 질문하는 국면은 없었다.

또한 여성잡지의 기사들은 여성이 생활을 담당한다는 성별 역할 분

---

39 여성잡지에서 이른바 카스토리 잡지에 이르기까지, '정조'가 왕성하게 다뤄지고 논의되었던 까닭은 이렇게 주장하고 비교하는 여성들에 대한 남성들의 공포가 그 밑바탕에 있을 것이다.

담을 문제화하는 것이 아니라 즉 '부엌으로부터의 여성의 해방'이 아니라, 여성이 생활을 담당하고 의식주를 담당하는 것을 전제로 한 위에서 생활 영역을 정치화하여 공적인 논의의 논점으로 삼는다는 문제설정을 갖고 있다. 생활의 영역이 정치화되고 문제화되는 것은 확실히 공 / 사 영역에 그어진 경계선이 동요하는 일이고 또한 젠더 질서를 묻는 단서가 된다. 하지만 단지 이런 문제설정이라면 이미 1920년대 후반부터 있었던 사회운동의 전개에서도 또한 전시하에서도 논의된 적이 있었다. 이로 볼 때 전시 총동원체제 속에서 방향이 규정된 것을 전후 여성잡지가 데모크라시의 가치화와 서로 겹쳐서 주장했던 것으로 파악할 수 있다. 전후 민주주의에서 여성잡지에 등장한 주장들은 남성 / 여성을 공적 영역 / 사적 영역에 대응시킨 다음에, 공적 영역에 여성들이 참가하고 사적 영역을 정치화(공적 영역화)하고자 하는 것이었다. 여기에는 젠더 편성에 대한 의심을 찾을 수 없다.

전시에 전시생활의 각오와 실천 및 노력을 역설하는 데 바빴던 잡지『주부의 벗』은 패전 후에는 전후 생활의 틀을 제시하고, 여성들을 대상으로 미국을 모델로 삼은 민주주의를 계몽하는 일에 주력했다. 또 배급생활에서 어떻게 식단을 짤 것인가 하는 실천적인 지식을 제공했으며, 아동복의 종이본紙型을 제공하는 등으로 지면誌面 꾸리기에 열중했다. 『주부의 벗』은 여성의 성별 역할과 (남성으로부터) 계몽당한 존재라는 여성상을 예전 그대로 아무런 의심도 없이 전제로 삼고 있고, 그것을 바탕으로 전후 민주주의를 만들어내고자 했다. 더구나 여성잡지에서는 점령, 식민지, 전쟁책임이 정면에서 논해지는 일이 없었고, 종종 여성 스스로가 자신이 갖고 있는 봉건성에 논쟁의 창끝을 돌리는 기사가 게재되곤 했을 정도다.

그렇다면 이러한 여성잡지의 담론은 '전후' 여성들의 새로운 지향

55

과 사고를 충분하게 표현할 수 있을까. '전후'에는 내무성이나 군부의 검열을 대신해서 점령군GHQ/SCAP에 의한 검열이 있었으므로, 표현에 제약이 있을 수밖에 없었다. 그리고 무엇보다도 새로운 사태나 현상 속에서 여성들의 생각에 대응하는 언어가 여성잡지에는 아직 싹 틀 수 없었던 것으로 보인다. 많은 여성잡지 속의 여성들의 담론에서 여성들이 사건이나 사태를 잘 드러낼 합당한 언어를 찾지 못해서 답답해하는 기분을 느낄 수 있다. 표현된 문자를 그대로 보자면 패전 후의 여성들의 생각을 더듬어 찾아갈 수 없다. 전시와 마찬가지로 전후에도 기술記述된 언어의 배후를 읽어낼 필요가 있는 것이다. 그리고 거기에는 전후 젠더를 따르는 것이 아니라, 젠더 질서에 균열을 내는 사고와 지향이 존재하고 있었다.

(2) 젠더 질서

패전은 '국민' 혹은 '일본인'으로서의 통합에 균열과 분열을 낳았고, 이곳저곳에서 단절선이 그어졌다. 전시에는 강제적으로 '국민'의 틀에 끼워졌지만, 그 틀이 깨어지자 '국민'이라고 여겨져 왔던 사람들 사이의 균열과 분열이 표면화되었던 것이다. 이곳저곳에서 균열을 볼 수 있는데, 크게는 구종주국 / 구식민지의 차이에서부터 남성 / 여성, 재앙을 당한 자 / 재앙을 당하지 않은 자, 본토 주재자 / 본토로 되돌아온 자, 전사자를 낸 가족 / 전사자를 내지 않은 가족, 구식민지인 / 일본인, 어른 / 아이와 같은 제국 / 식민지의 관계, 성별, 계층, 체험의 차이, 지역, 세대, 심정과 사상 등, 전시와 전후의 상황적 차이가 모든 관계에서 '국민'의 틀에 균열을 낳은 것이다.

하지만 분열과 균열이 생긴 것은 그 내용적인 측면이지, '국민'이라는 개념(외연) 그 자체는 상처 입지 않았다. 그래서 전후 민주주의의

일반적인 시책은 전시의 옛 '국민' 개념을 비판 검토하고, 새롭게 '전후의 국민'을 새로 만들려는 것이었다. 앞에서 거론된 잡지 『부인의 세기』에 실린 「좌담회 해방된 연애座談會 解放された戀愛」(제2호, 1947.5)에도, "새로운 일본이 만들어지기 위해서는 가장 먼저 기본적인 문제로 여성이 변하지 않으면 여성이 훌륭하게 키워지지 않으면 일본은 건전한 발달을 달성할 수 없을 것"(內山)이라며, 좋은 '국민'으로서의 여성을 호소하고 있는 발언을 찾을 수 있다. 『주부의 벗』(1946.1)의 권두언 「새로운 희망의 생활新しき希望の生活」(石川武美)은 다음과 같이 쓰고 있다.

오랫동안 무리한 전쟁을 지속해서 싸워왔고, 그 결과로 철저하게 패배했지만 패전국 일본에도 국가로서 얼마든지 희망은 당연히 있다. 각각의 직장에서도 그렇다. 가정에는 가정으로서의 그것이 있을 것이다. 제각각의 모든 것에도 그것이 있을 것이다.

위의 인용은 예전대로 국가 / 가정 / 개인이라는 서열에서 이야기가 진행되고 있지만, 희망으로 일어서는 "일본과 일본국민의 태도"를 주어로 삼고 있다. 그리고 다음 달의 권두언 「어린아이를 속이지 않는 인간에게子供を騙されぬ人間に」는 '일본인'이 '경멸'당하고 있는 까닭을 단순하게 패배 때문이라고 보지 않고, "독립적 사상"을 갖고 있지 않기 때문이라고 말하고, "일본국민에게서 독립적인 사상이 사라지는 것"을 근심하고 있다(1946.2). 이것은 국민화의 프로젝트를 다시금 전후의 상황에서도 지속하고자 하는 표명에 다름 아니고, "일본인인 한, 지금은 누구나 불행하다", "일본인이라는 이유로 나라와 더불어 괴롭게 지내지만, 이것은 명예이기도 하고 기쁨이기도 한 것은 아닐까"라고까지 쓰고 있다.[40] '일본인'을 정의내리지 않고 자명한 것으로 간주

한 다음, 국민화의 재 지향을 꾀하면서 이와 관련해서 발언을 행하고 있는 것이다.

또한 여성의 지도자들은 가령 이치카와 후사에는 '신일본의 여성新日本の婦人'이라는 칼럼에서, (당시에) "여성의 힘이 가장 전력화戰力化되었던 곳으로 소련이 제일이고," 그 뒤를 미국, 영국, 독일 그리고 '충칭重慶'이 뒤따르고, 그 뒤를 이어 "일본은 최하위"라고 쓰고 있다.[41] 이치카와에게는 '여성'의 재교육이 패전 / 전후라는 사태에서도 여전히 문제였으므로, 그는 여성을 국민화하는 프로젝트를 이어갔던 것이다.

그런데 사태를 복잡하게 만든 것은 패전과 동반해서 등장한 점령이었다. 오사카부大阪府의 어느 여성은, "우리는 전쟁에서 패한 국민"으로서 시간이 지남에 따라서 점차적으로 패전의 감개가 깊어지지만, "우리 여성들의 사상마저 패전국의 비참한 것으로 만들고 싶지 않다"고 말하며, "주둔군과 우리 젊은 여성들의 모습"에 쓴 소리를 하고 있다. "주둔군 병사와 교제하지 말라는 말은 아니지만, 그들과 친하게 지내면서도 일본여성으로서의 자부심은 보여주시기 바랍니다."[42] 이와 같은 상황은, 미국이라는 시선하에서 '국민'과 '일본여성'이 의식되고 있으며 패전에 의해 균열되고 분열된 '국민'과 '일본'이 다시금 아이덴티티의 거점이 되고 있음을 보여준다.

이렇게 보자면 전후에도 '국민'이나 '일본' 여성이라는 개념 자체는 불식되지 않았다. 이것을 다른 관점에서 말하자면, '근대'의 우위는 의심받지 않은 채였고 또한 전후에도 계속해서 근대의 이념이 추구되는 사태가 초래됐다는 말이다. '근대'가 주도하는 국민화는 패전을

40　石川武美, 「陽氣の生活」, 『主婦の友』, 1946.4.
41　「自主的な行動を」, 『朝日新聞』, 1945.8.20.
42　'목소리声' 칼럼, 『朝日新聞』, 1945.11.9. '목소리' 칼럼에서 딴 인용은 원칙적으로 朝日新聞社 편, 『聲』 제1권, 朝日新聞社, 1984에 따른다.

거쳤음에도 불구하고 그 구조가 바뀌지 않았던 것이다. 즉 여성은 '국민'화의 대상으로 불렸을 뿐만 아니라 주체로서의 힘을 발휘하도록 논해졌던 것이다.

이러한 '국민화'는 (의연하게도) '남성'이 기준이 되는 일이기도 하고, 여성들로 하여금 자신의 '무지'를 점점 더 격하게 말하게 할 뿐만 아니라 남성에 의한 계몽을 스스로 구하는 목소리까지 내게 할 정도였다. 『아사히신문』의 '목소리' 칼럼에는 근대의 가치를 수용한 여성이 참정권이나 남녀공학에 높은 가치를 매겼기 때문에 스스로를 '비하'하는 투서가 적지 않았다. 가령 "우리 젊은 여성은 정치적으로 이제는 결코 무관심하지 않습니다", "어리석음을 다시는 반복하지 않겠다고 마음으로 맹세하고 있습니다"라는 나라현奈良縣의 한 여성은 선거의 입후보자나 변사辯士가 말하듯 "우선 무지한 우리를 어떻게 하면 정치를 이해시키고, 좋은 선거를 만들 수 있을까를 생각해주셔야 합니다"(1946.4.4)라고 했다. 또한 '남녀동권男女同權'을 가슴에 담고 '남자대학'에 입학한 도쿄도東京都의 한 여성 '학생'은 "여성의 세계보다 훨씬 시야가 넓어진 것"에 감동하면서, 여성에게 신경을 쓰는 남성에 대해서 그런 남성들의 보호와 주의를 받아야 할 정도로 "그만큼 여성은 지능이 발달 향상되어 있지 않다"고 쓰고 있다.[43]

여성들이 자기주장을 펴고 있는 광경은 '목소리' 칼럼에서도 (여성잡지와 마찬가지로) 다수 살필 수 있다. 칼럼에는 가령 '며느리'가 '시어머니'에게 "지금까지의 시어머님 밑이라면 여성은 향상될 수 없습니다"라면서 정면으로 자신들의 요구를 밝히는 글이 실렸다. 이것은 그때까지는 볼 수조차 없었던 행동이자 주장이었으며, 패전／전후가

---

43 『朝日新聞』, 1946.9.5.

아니고서는 할 수 없는 발언이었다. 투서자는 효고현兵庫縣의 한 "진지한 여성"으로, 그녀는 시어머니에게 "과학 일본의 건설"과 "평화로운 밝은 일본 재건"을 향해서 '노력'하자는 말로 글을 끝맺고 있다. 그녀의 이런 적극적인 요구는 전후를 담당할 주체로서의 발언이라고 할 수 있다.[44] 그런데 이 발언은 경험적 앎을 과학적 지식으로 비판하는 것이기도 한데, 가령 밥을 지을 때 쌀을 세게 씻어 하룻밤 동안 불려 놓으면 "비타민 B도 C도 없어지고 말지요"라는 발언은 시어머니를 향한 이의 신청이다. 이러한 근대적인 앎에 의한 대항은, 일찍이 다카무레 이츠에가 고투했던 '근대'와의 항쟁이 너무나도 간단하게 내팽개쳐지고 '근대'가 노골적으로 주장되고 있음을 보여준다.[45] 전시체제를 담당했던 것은 '근대'의 추진파와 '근대의 초극'파였다. 전시에 이들은 서로를 보완하고 있었지만, 패전／전후가 되자 '근대의 초극'파만 사상捨象되고 '근대'의 프로젝트는 (재)가동되었다. 이러한 경위로는 근대가 품고 있었던 남성 우위의 사상을 문제화할 수 없고, 남성／여성의 젠더의 비대칭성을 묻는 일도 불가능했다.

물론 '근대'의 찬미에 대한 질문과 근대의 젠더 질서에 대한 회의적인 주장이 없었던 것은 아니다. 이하라 우사부로伊原宇三郎는 다소의 야유를 담아 「신도쿄 스케치북新東京スケッチブック」(『주부의 벗』, 1946.3)에서 "이번 패전에서 일본 남성은 여성에 대해서 충분히 체면을 구기고 말았다"고 말하고, 남성은 "모두 무기력해져 썩고" 있고, "만약 여성 측에 포츠담선언과 같은 것이 있다고 한다면 쉽게 수용되어도 좋다고 생각할 것이다"라고 말하고 있다. 최초의 여성 국회의원에 당선된 다케우치竹內茂代(일본자유당)는 자신이 당선된 까닭을 "지금까지 남성들

44 『朝日新聞』, 1946.3.15.
45 교양이 여성잡지에서 주장되었던 것은 이러한 '근대'주의의 표현일 것이다.

이 정치를 독점해 온 결과로 대단히 나쁘게 되었다. 이것을 되돌릴 자는 여성이라는 의식" 덕분이라고 봤다. 안도 하츠安藤はつ(일본평화당)는 "지금까지 우리는 남성들에게 기만당해왔다"라는 "할머니의 한 말씀"을 소개하고 있다.[46] 여기에는 패전이 '남성'에 의해서 만들어졌다는 생각이 '여성'을 대항적으로 내세우는 것으로 드러나고 또한 여기에서 남성 / 여성에 관한 담론에 새로운 지평이 덧붙여지고 있는 모습을 볼 수 있다.

1946년 1월 1일에 『아사히신문』에 실린 다카무레의 말(목소리聲 칼럼 「日本の美點」)은 그러한 내용을 집약적으로 표현하고 있다. "남성들만의 세계에 진보는 있습니다만, 사랑이 부족합니다. 그렇기에 지금 세상은 크게 방향을 전환하여 우리 여성들의 모성母心과 예지를 가미한 남녀조화의 아름다운 문화시대로 다시 돌아가고자 합니다"라고 말하고 있다. 다카무레는 "남성의 봉건적인 성격은 '가정'에서 배양되고 있다"라고 진단하고, 여기에서 '가정'의 '혁신'을 끄집어내며 여성의 시점에서부터 '평화주의'와 '민주주의'에 상관하자고 말하고 있다. 작가인 스미이 스에住井すゑ도 "오늘부터 남성들이 부당한 야망을 향해 투쟁을 전개시키지 말 것을 절절히 희망한다"[47]고 말하고 있다. 그녀 역시 남성 주도의 변혁에 대해서 비판하고 있는 것이다. 다카무레와 스미이는, 전시에 이르기까지 일본의 근대를 이끌어 왔던 것이 '남성'이었다는 점에 새삼스레 주의를 촉구하고, 근대와 마찬가지로 여전히 남성이 주도하는 전후 변혁에 대해서도 비판하는 자세를 취했다. 이들의 언급은 근대 / 전후의 젠더 편성에 쇄기를 박은 발언이자, 전시의 사색을 기반으로 해서 전후 변혁을 향하는 방향에 위화감을 느

61

---

46 「生活の政治」, 『主婦の友』, 1946.9.
47 '聲' 칼럼 「女性の立場より」, 『朝日新聞』, 1945.12.25. 서명은 '住井すゑ子'라고 되어 있다.

긴 자들의 기분을 표현했던 것이라고 말할 수 있다.

그러나 스미이는 "여성의 경우, 그 책임은 전적으로 그 약함, 그 무력함에서 배태되고" 있고, "여성은 결코 이 전쟁에 무비판적이지 않았고", "사람과 사람이 피로써 싸우는 일에 모성은 절대로 반대한다"고 쓰고 있다. 여기에서 그녀가 전시 여성들의 전쟁 참여에 눈을 감고 있는 것을 발견할 수 있다. 이렇게 자신들의 책임까지도 모호하게 만드는 언사는 설득력을 잃었다고 할 수 있다. 다카무레도 마찬가지였다. "내면의 갈등"이 있었음에도 불구하고,[48] 다카무레는 자신의 책임을 전혀 언급하지 않았던 것이다. 1945년에서 1946년경, 그녀는 여성성을 작으나마 유력한 수단으로 삼아 근대와 남성을 비판하는 시각을 갖고 있었지만, 전시의 자기와의 연속을 말할 수 없었다. 뿐만 아니라 그녀는 '여성'에 의해서 전후 = 근대 = 남성의 주도를 비판할 가능성을 빼앗기고 말았다. 당시의 상황 인식에서 보자면, 천황제를 일본의 특수한 제도로 파악하는 한에 있어서 천황제와 단절하기 위해서는 근대주의와 손을 잡는 것이 필요했다는 점도 그 이유의 하나로 들 수 있다.[49]

따라서 전후의 지배적인 논조는 근대(=남성)가 주도하고 거기에 가치의 기준을 구하는 식의 논의였다. 대상으로 거론된 것은 여전히 '여성'과 '자식'이었지, 남성은 '국민'으로서 성性을 갖지 않는 존재로 취급되어 논해졌다. 그래서 그전보다도 더 남성성은 희박하게 되었고 투명해져 갔다. 이러한 의미에서 패전을 경유해 전후가 되었다지만 종래의 젠더 질서는 변하지 않았다고 말할 수 있다.[50]

---

[48] 鹿野, 堀場, 『高群逸枝』.

[49] 물론 근대주의의 측에서도 보편적인 근대(=서양근대)에 비해서, 일본 근대는 왜곡이나 뒤처짐을 보이고 있다고 주장되고 있고, 그 표현으로써 천황제가 거론된다. 근대주의의 문맥에서도 일본의 특수성이 논의되는 일이 된다.

[50] 이 점에 대해서 成田龍一, 「敗戰後の市民生活」(『橫濱市史 Ⅱ－通史編』 제2권(하), 요코하

2) 소환된 '근대'

　잡지 『주부의 벗』은 거의 매호마다 점령군 장교에게 원고를 구하고, 좌담회를 열어 '미국'의 양상을 알리고자 했다. 관련 기사로 「미국 여자부대 장교 좌담회, 가정과 사회교육アメリカ女子部隊將校の座談會 家政と社會教育」(1936.1), 에드워드 크레프트 「민주주의를 가정에서 어떻게 키울까民主主義を家庭でどう育てるか」(1936.2), 「리드 중좌를 모시고, 미국의 여성 교육 좌담회リード中佐を囲んで アメリカ娘教育座談會」(1936.2), 「학교교육에서 민주주의를 어떻게 키울까, 다이크 대장과 나눈 일문일답民主主義を學校教育でどう育てるかダイク代將と一問一答」(1936.3), 이브 알렉산더 「정치와 부인政治と婦人」(1936.3), 「미국 예술가 좌담회アメリカ藝術家の座談會」(1936.5), 「미국의 근로교육 좌담회アメリカの勞動教育 座談會」(1936.5), 「미국의 가정 잡지 레이디스 홈 저널 잡지 주필 로라 루우 브룩스만 여사와 본지 기자의 일문일답アメリカの家庭雜誌レデイス・ホーム・ジャーナル誌主筆 ローラ・ルウ・ブルックマン女史と一本誌記者の一問一答」(1936.6), 「미국의 남녀교제 미군 장교의 좌담회アメリカの男女交際 米軍將校の座談會」(1936.6)가 있다. 특히 1946년 상반기에는 매호라고 할 수 있을 정도로 미국의 사정을 담은 기사가 게재되어 있다.

　당사자인 미국인에게 민주주의에 대해서 말하게 만들고, 그것을 본보기로 해서 민주주의를 사고하는 스타일을 취했는데, 여기에서 강조되고 있는 것은 "사회의 여러 가지 사건들에 부딪혀서 스스로 생각하고, 스스로 판단하고, 스스로 처리하고, 그리고 그것에 책임을 갖는 것이지요. 사물과 사건을 당해 모든 것에서 자주적이라는 거지요"[51]라는 사고다. 즉 잡지는 민주주의가 이념인 이상, 그것이 일상

63

마시, 2000)에서도 다루었다.
51　「民主主義を學校教育でどう育てるか」, 『主婦の友』, 1936.3.

의 국면에서 어떤 구체상을 띠고 나타나는지를 탐색하는데, 그것을 가정교육, 학교교육, 연애와 남녀교제에 관심을 가지면서 찾고 있다.

그러나 이러한 기사나 좌담회에서 미국／일본이라는 선이 그어지고, 그 선으로 인해 각각 '미국'과 '일본'이 실체화되고, 그 위에서 양자의 비대칭적인 관계가 보여진다. 가령 네 명의 여성 장교를 초대한 좌담회(「家庭の社會教育」)를 보자. '기자'는 처음부터 "우리 일본인은 '실력', '근로', '공公'이라는 것에 대해서 유감스럽지만 철저하게 생각해본 적이 없었음을 깊이 반성합니다"라고 잘라 말하고 있다. '실력'주의가 아니라 '근로'를 존중하는 일이 적어서 '공덕심公德心'도 옅어지고 있다며, 모든 것에서 비판적인 언사로 '일본'을 파악하고 있다. 그렇기 때문에 민주주의나 자유주의를 '진정으로' 이해해야 할 필요가 있다고 보고 있다. 그런데 여기에는 미국에는 민주주의가 뿌리를 내리고 있고, 그 본보기를 가진 미국을 선생으로 삼아 배운다는 자세가 전제되어 있다.

> 기자 : "(일본에서는－필자 주) 근로에 대해서 어떻게 생각하느냐 하면, 근로를 노예적이고 수인囚人적으로 생각했지요."
>
> 존즈 중위 : "미국과는 반대인 것 같습니다."

여기에는 민주주의에 더 높은 가치를 둔 다음에 그것의 구체화를 꾀하는데, 즉 가정생활이나 일생생활 속에서 민주화의 실천을 모색한다는 생각 자체는 전적으로 정당한 문제의식과 절대적인 가치로 삼은 미국과 대비해서 일본은 그것이 결락되어 있음을 말하고 있다. 여기에는 미국의 가치를 그대로 긍정하는 한편, 미국에게 가르침을 받는다는 관계가 동거하고 있다. 다른 말로 하자면 민주주의를 학습하고자 할 때, 미국／일본의 비대칭적인 관계가 창출되고 마는 것이다. 이는 민주주의를 요소로 한 젠더 관계의 창출이라고 말할 수 있지만, 전후 상황에서 쉽게 반론하기 힘든 비대칭적인 관계의 동시진행이라고 할 수 있다.

더구나 "일본에서는 아이들을 어떠한 경우에도 온전하게 한 몫을 하는 자로 취급하지 않습니다." "미국의 숙녀는 남성과 완전하게 동등한 사회인으로 서있다고 합니다"[52]와 같은 발언이 여러 번 나오고 있는 것으로 볼 때, 화자가 '일본'이나 '미국'을 그대로 대표한다는 것에 대해서 조금의 회의도 찾아볼 수 없다. 출석자가 거론한 사례가 그대로 '미국'의 사례가 되고, 좌담회의 화자들이 '일본'과 '미국'을 도맡아 받아들여 각각의 '국가'('국민')를 체현하고, '국가'('국민')를 실재화하고 있다. 그리하여 이야기는 "여러 가지 말씀 잘 들었습니다. 일본의 경우를 깊이 반성하고 있습니다"라고 말하기에 이른 것이다.

무릇 점령과 같은 사태는 정복하는/정복당하는 관계로 비대칭적이기 때문에, 종종 성적인 비유를 가지고 표현되어 설명되는 일이 많다. 또한 성적인 현상에서 '점령'의 상태가 응축되어 있음을 발견할 수 있는데, 존 다워는 『패배를 껴안고』에서 이것을 하나의 역사적인 모습으로 그리고 있다. 다워는 '창부', '암거래 시장', '카스토리문화'에 주목했는데, 그는 섹슈얼리티의 영역에서 '미국의 남성'과 '일본의 남성' 및 '일본의 여성'과의 상호 관계를 고찰했다. 그는 "성이 정복자와 패배자를 연결지었다"면서 '팡팡'이나 '온리'에서 삼자의 긴장하는 젠더 관계를 찾았고, '카스토리 잡지'에서 '일본 남성'과 '미국(서양)의 여성'과의 관계를 찾아갔다. 전후(=점령)의 젠더가 집약적으로 현상하는

---

52 宮城タマコ의 발언. 「リード中佐を囲んでアメリカ娘敎育座談會」, 『主婦の友』, 1936.2.

국면을 섹슈얼리티의 영역에 조준을 맞춘 다위의 저작에 대해서는 나의 서평(『年報 日本現代史』 제8호, 2002)을 참조하기 바란다. 여기에서는 카스토리 잡지를 통해서 전후 젠더를 고찰하고자 한다.

카스토리 잡지[53]라고 불리는 잡지들이 융성하고 거기에 에너지가 소비되었던 일을 통사적으로 서술한 것을 제외하고, 거의 유일하다고 말해도 좋을 정도로 본격적으로 분석을 하고 있는 서적으로 야마모토 아키라山本明의 『카스토리 잡지 연구カストリ雜誌研究』(출판뉴스사, 1976)를 들 수 있다. 야마모토는 카스토리 잡지를 '성풍속잡지'로 보면서 카스토리 잡지가 갖고 있는 에너지를 논하고 있다. 야마모토가 "모던한 밝은 에로를 넉넉하게" 담았다고 간주한 『리베라루りべらる』 잡지를 보자.[54]

『리베라루』는 다양한 기사를 통해서 '여배우', '댄서', '여학생', '불량소녀', '모델'과 같은 여성들을 논했는데, 특히 '밤의 여성'과 '미망인'을 즐겨 다루었다. 『리베라루』는 여성을 빈번하게 다루었는데, 여성을 직업이나 위치에 따라 자의적으로 분할하고 거기에 각각 성적인 의미(=관심)를 담아내었다.

가령 "여배우를 결정하는 것은 육체적인 조건이고, 그 품질稟質이다"[55]라고 말하고, "화려한 의상에 몸을 감싼" 댄서는 "어젯밤의 땀과 남성의 향기를 떨치지 못하고 강하게 머금은 채"로 있고,[56] "정말이지, 여학생은 이른바 흰 백합과도 같구나, 라는 형용이 잘 맞아떨어지는 청순한 존재일까. 나는 거꾸로 여학생 속에서 만족을 모르는 호기심이

---

53 【역주】 저속한 기사를 주로 한 잡지로, 쌀이나 감자로 빚은 막소주는 질이 나빠 3홉 정도 만 마셔도 취해 떨어져나간다는 데서 3호 정도로 폐간된다는 뜻을 포함한 말.
54 야마모토에 의하면, 『리베라루』는 협의의 카스토리 잡지에서 벗어난 것이라고 할 수 있다.
55 吉川涉, 「現代女優氣質」, 『りべらる』, 1946.8.
56 影浦憲, 「都會の處女」, 『りべらる』, 1947.1.

태동하는 것을 본다"[57]라는 표현에서, 여성에 대해 성적인 관심을 노골적으로 언급하고 있다. '여배우'나 '댄서'처럼 남성의 시선에 노출된 직업이나 '여학생'처럼 본래적으로는 성적인 시선과 아무 관련도 없는 존재가 모두 성적인 존재로 환원되어 성적인 시선과 관심을 받고 있다. 『리베라루』는 이러한 성적인 것에 대한 관심을 기조로 하고 있다.

그중에서도 성적인 시선을 강하게 받은 자들은 '팡팡'이라고 불린 '매춘부'와 시대적인 이유로 많이 탄생되었던 '(전쟁) 미망인'이었다. 「어둠의 여성과의 대화闇の女性との對話」(1946.10)에서 기자인 마츠다 스스무町田進는, "습관적으로 음탕한 기분에 빠지는 것은 아닙니까?"라거나 "이른바 착실한 생활의 고로苦勞를 견디는 힘이 약해진 게 아닙니까?"라고 거듭해서 말을 붙이며, '어둠의 여성'과 '보통 사람' 간의 차이를 왈가왈부하고자 했다. 또한 마츠다는 '미망인'에게도 "성의 고뇌라는 것을 느끼십니까?"라고 물으면서 노골적으로 그들을 성적인 대상으로 삼고 있다.[58] 이런 질문에 대해서 '미망인' 측은 사회가 자신들을 "마치 미망인만이 특별한 인간이고, 특별한 도덕하에서 생활하지 않으면 안 된다"는 것처럼 보고 있다고 항의하고 있다.[59]

따라서 『리베라루』에서 주제화되고 있는 것은, 성적인 것이 현상하는 장소로서의 '여성미'의 매력이고, 남성과 여성의 성적인 관계인 '연애'이고, 여성들의 성에 주목한 '풍속'이다. 성매매를 구실로 여성을 유혹해서 살해한 고헤이小平 사건(1947)이 '색욕살인' 사건으로 다뤄

---

57 町田進, 「色香を賣る女」, 『りべらる』, 1948.5.
58 町田進, 「未亡人と青年との對話」, 『りべらる』, 1947.2.
59 이것은 의도하지 않은 채로 기록된 균열이다. 「不良少女との對話」(1947.11~12)에서는 더 확실하게 '불량소녀'가 마츠다의 질문에 이의를 제기하고, 거꾸로 질문을 행하는 기술이 나온다. 그리고 마츠다는 "남성으로서, 직접 그런 것을 듣는 것은 기분 나빠요"라고 하는 말을 던지고 있는 것이다.

지고, '젊은 여성의 나체 교사絞殺 사핵死骸 사건'이 있었던 사원 경내를 취재한 르포르타주가 "젊은 여성의 나체 교살"이었던 까닭으로 사람들의 관심을 불러 일으켰다.[60]

주목해야 할 것은, 여성미를 논하든 연애론을 논하든 정신적인 사항에서 그치지 않고 신체적인 측면을 아울러 언급하고 있다는 점이다. 마츠노 다케시松野武의 『현대미모론現代美貌論』(1947)은 '운명의 광휘'를 "육체와 정신이 일치한 형태로 가장 고양된 자세"라고 논하고, 니시무라 이사쿠西村伊作는 연애를 말하기를 "생물학적인 성욕과 우아한 정신적 연애를 구별하지 않고 하나로 고찰하고," "정신적인 사랑, 정신만의 사랑이라고 부르는 것은 없다. 사랑은 마음만을 사랑하는 것이 아니라, 중요한 것은 육체를 사랑하는 것이다. 신체에 접촉하고 싶다는 것이 핵심이다"라고 신체의 측면에 비중을 두고 논의를 펼치고 있다.[61]

이러한 것과 연관해서 『리베라루』는 키스에 관한 기사를 많이 실었다. 그중 「여성과 입술女性と唇」(小山祝, 1946.11)은 "여성의 매력은 입술에 의해 그 생명을 갖는다"라고 말하고, "웃음을 파는 여인들의 상징이 새빨갛게 칠해진 입술이라는 점에서 생각해봐도 남자의 마음을 빼앗는데 입술은 커다란 역할을 한다"라고 봤다. 남성의 마음을 '본능적으로' 두근거리게 하는 '유방의 비밀'[62]도 논해졌다.

여성들을 성적인 것을 잣대로 분할선을 긋는 일도 행해졌다. 마츠다 스스무의 「밤의 여성 해부도夜の女の解剖圖」(1948.3)는, '어둠의 여인'을 "윤기 없는 피부, 그리고 수치를 잃은 육체. 그녀는 매일 생활의 양식을 얻기 위해서 진정한 애정과 꿈을 잃었다"고 쓰고, 신체(피부의 윤기)

---

60 吉川渉, 「芝山内探訪記」, 『りべらる』, 1947.2.
61 西村伊作, 「戀愛上手」, 1946.11.
62 小山祝, 「乳房の秘密」, 『りべらる』, 1946.11.

와 정신(수치심과 애정)에서 '밤의 여인'과 '건전한堅氣' 직업에 종사하는 여성을 구분한다. 이와 더불어 '밤의 여인'은 성적 대상이기 때문에 '건실한' 여성 아래에 위치 짓고 있다. 『리베라루』는 여성을 타자화하고 단편화하고, 그렇게 하면서 성적인 것의 영역을 발견하고 남성중심의 시선을 투여해 갔다. 잡지에 실린 논설, 에세이나 좌담회 그리고 르포르타주나 칼럼, 소설 및 그 소개, 나아가 삽화와 카드로 여성을 향한 성적 관심과 언급을 일층 강하게 전개시켰다. 또한 『리베라루』에 실린 삽화 가운데 여성의 나체를 그린 삽화ⁿᵈ가 차지하는 역할은 컸을 뿐만 아니라, 그 수도 많았다.

이러한 『리베라루』에서 보여진 여성상은 남성의 욕망이 투영된 여성상이고, 여성을 비주체적일 뿐만 아니라 남성의 손길을 기다리는 존재로 그린 점은 이전의 여성상과 다르지 않았다. '유혹당하거나' '방황하는' 여성상이나 '타락'하고 '전락轉落한' 여성상, 나아가 "남녀의 성적인 행동의 실수"로 "미숙한 실수若いあやまち"[63]가 말해졌지, 주체적으로 새로운 가치를 체현하는 여성상은 찾아볼 수 없었다. 또한 기쿠치 간菊池寬이 참석한 「위기에 선 여성危機に立つ女性」(1948.3) 좌담회에는 '미망인', '유부녀', '처녀', '게이샤'가 참가했다. 이들은 각각의 '정조'에 대해서 논했다. 하지만 '정조'가 도마 위에 올려졌다고는 해도, 여성상의 관점에서 보자면 그다지 새로울 것이 없었다.

단지 여기서 유의해야 할 것은 신체에 초점이 맞춰짐으로써 다양한 신체가 '육체'로 논해지고, "성적 에너지야말로 모든 생활 에너지의 근원"[64]으로 여겨졌으며, "연애에서는 육체적인 성행위가 즉각적으로 결혼이라든가 출산 등의 문제로 반드시 결부되어 있는 것이 정

---

63 西村伊作, 『りべらる』, 1947.1.
64 糸井猛彦, 「健全なる肉體」, 『りべらる』, 1946.9.

69

상"[65]이라고 주장되고 있다. 성적인 것과 신체('육체')가 세트로 인식되고, 그것을 기저로 삼아 논의가 제공되고 있다.[66]

그렇다고는 해도 이 신체에 대한 주목을 깊이 파고들어가 고찰할 경우, 신체에 대한 주목이 젠더 편성을 과연 혁신할 수 있었던가는 의문이다. 『리베라루』 등에서 다룬 전후 신체를 둘러싼 논의는, ① 공적인 신체를 사적인 '육체'로 탈환하고자 했고, ② '육체'에 주었던 의미 부여를 박탈하려는 시도로서 독해할 수 있다. 『리베라루』에도 등장한, '육체문학'의 대표자로 간주된 다무라 다이지로田村泰次郎의 논의에서 단적으로 드러나 있듯이, '육체'라는 것에 의한 (신체의) 자기 소유 의식과 거기에서 작동하는 권력의 배제가 의도되어 있고, '육체'가 공적인 신체로 여겨지는 것을 거절하는, 다시 말해 의미의 박탈을 요구하는 일이 일어나고 있다. 이 신체관은 그러나 여전히 여성의 신체만을 대상으로 끈질기게 논할 뿐, 남성이 여성의 신체를 이렇게 저렇게 논한다는 구도는 조금도 바뀌지 않았다. 그러하니 근대의 젠더 질서를 바꾸지 못했다고 말할 수 있다.

이러한 관점에서 보자면, '육체'에 기반을 두어 여성을 다양하게 논한 『리베라루』의 논의가 전후의 여성상과 젠더를 구체적이고 추상적인 차원에서 소거시키고 있다는 점에 주목할 수 있다. 그것은 첫째, 여성잡지에서 전개되고 있었던, 주장하는 여성들이 소거되어 있다는

---

65 西村伊作, 「現代女學生の戀愛觀と貞操觀」, 『りべらる』, 1947.11~12.
66 다무라 다이지로의 『肉體の門』이 평판을 얻고, '육체의 문학'이 선전된 시기이기도 했다. 그러나 다무라의 논의도 뒤에 보듯이, 근대의 프로젝트에 다름 아니었다. 「肉體が人間である」(1947, 게재 잡지는 미상)에서, 다무라는 "우리들은 지금에서야 자신의 육체 이외의 어떠한 것도 믿지 않는다. 육체만이 진실이다"라고 반복해서 말하고 있다. 다무라는 "육체를 잊은 '사상'"이 전시戰時의 폭주暴走에 대한 얼마간의 '억압'도 '저항'도 될 수 없었으므로, "인간의 어떠한 생각도, 육체를 기반으로 하지 않으면, 의지할 수 없다"라고 열정적으로 주장했다. "육체를 기반으로 하지 않은 '사상'의 뭐라고 말할 수 없을 정도의 취약함", 그리고 다무라는 이 괴리를 '일본민족', '일본인'의 '사상'의 존재방식(취약함)으로 논하고 있다.

점, 둘째 '미국'이 멀리 있어서, 흡사 '점령'이 없는 것처럼 세계가 제시되어 있다는 점이다. 확실히 『리베라루』에는 할리우드 영화나 여배우 소개, 서양 여성을 그린 조그만 삽화ᴱᵈ 따위가 게재되어 있다. 그러나 『리베라루』는 '여성'을 논의의 대상으로 삼았지만 '일본'의 여성이나 '미국'의 여성으로서 고찰되는 일은 없었으며, '미국의 남성'을 논하는 일은 신중하게 회피되어 있었다. 카스토리 잡지에도 대체로 점령이 소거되어 있듯, 이는 『리베라루』에 한정된 일은 아니었다. 『카스토리 잡지 연구』에 의하면, 점령과 관련된 언급은 일절 보이지 않고, 권말卷末 역작力作인 「카스토리 대중오락잡지연표 해설」(山本明, 田吹日出碩 편)에도 점령 관련 사항을 찾을 수 없다. 따라서 『리베라루』는 남성중심의 세계를 그리고 있으며, 여기에는 젠더의 갈등이 소거되어 있다(제3). 확실히 카스토리 잡지의 표지나 삽화에 많이 그려진 서양 여성의 나체는, 미국(서양) / 일본의 비대칭성이 남성 / 여성의 관계와 엮여져, '일본의 남성'이 '미국의 남성'과 함께 '미국(서양)의 여성'의 나체를 보는 구도를 만들어내고 있다. 그러나 그것을 보충하는 담론은 카스토리 잡지나 『리베라루』에서 찾아보기 힘들다.

이렇게 연애의 배후에 육체와 성욕이 있음을 강조하는 『리베라루』의 세계는, 1920년대에 전개되었던 섹슈얼리티 논의와 서술을 반복한 것에 지나지 않는다.[67] 이는 전후 민주주의라는 환경 속에서 고전적인 근대를 재고하는 논설이고, 근대의 부활(혹은 재귀再歸)의 주장으로, 이른바 1940년대 후반의 '현대'에 '근대'의 주장을 소환해왔던 것이다.

1920년대 모더니즘에 관한 논의는 1930년대에 들어와서는 분기를 보이는데, 한편에서는 '근대'주의를 다른 한편에서는 '근대의 초극'을

---

67 成田龍一, 「性の跳梁」(脇田晴子・스잔 한네 편, 『ジェンダーの日本史』상, 東京大學出版會, 1994)을 참고하길 바람

71

향했다. '전후'에는 후자의 방향과 모색을 소거한 채, 근대를 다시 묻는 작업이 행해졌고, 그 와중에 '근대'주의가 제창되었다. 『리베라루』에 실린 한 글에서 니시무라 이사쿠는 연애를 "육체와 정신과의 양면의 성적 만족"을 구하는 것으로 간주한 뒤, "연애는 인간에게 주어진 커다란 은혜"라면서, 쉽게 하는 연애는 어렵게 하는 연애보다 "정당한 인간미"를 갖고 있는 '정상'인데 비해서, 어렵게 하는 연애는 "거의 전부가 구시대적인 것으로, 마음이 괴롭다"고 봤다. 또 그는 "신시대의 젊은 여성은 명랑하게" 쉽게 연애하는 전자의 타입[68]이라고 봤다. 이렇게 논리의 수준에서 보자면 『리베라루』는 앞에서 검토한 여성잡지와 비슷하다. 즉 여성잡지도 카스토리 잡지도 '전후'에 기대된 여성상을 지지하는 인식으로서 '근대'의 재귀를 제창하고, 근대의 젠더 질서를 기저로 해서 주장하고 있었던 것이다.

전후 민주주의의 여성상은 남성 / 여성의 이항대립을 전제로 일단 양자를 본질주의적으로 구분한 다음, 하위의 항목이자 주변에 위치지어진 여성을 타자화해서 양자의 관계를 묻는다는 문제를 설정했다. 전시의 '여성'주의가 이항대립을 내부에서 비판해 붕괴시킨 논의를 전개했을 때 천황제와 조화할 수 있었음을 알고 있는 사람의 입장에서 보자면, 이항대립에 기반을 둔 문제설정은 신선하고 건전한 자세였던 것이다. 또한 공적 영역 / 사적 영역의 재편성 속에서 사적 영역의 사회화(=공적 영역화)가 전시체제와 병행해서 추진되었던 것을 비판했던 사람들의 입장에서는, 개인의 주체성에 기반을 둔 사적 영역의 강조야말로 전시체제를 비판할 수 있는 가능성의 방향으로 보였을 것이다.

68　西村伊作,「戀愛し易い女, し難い女」,『りべらる』, 1948. 1.

4. 결론을 대신하여

'전시의 주체에서 전후의 주체로'라는 '주체' 다시 만들기(=재편성)의
시도는, 전시 / 전후를 절단한 것 위에서 사람들을 '국민'으로 다시금
도야시키는 프로젝트였다. 거기에 담긴 내용과 전시체제 / 전후민주
주의라는 체제야말로 서로 달랐음에도 불구하고, '국민'이라는 그릇器
즉 외연外延은 물론이고, '여성'과 '어린아이'가 주된 대상이었던 사실
이나 '국민'의 서사 방식 등, 기본적인 방향은 전시와 전후를 관통하
는 것이었다. 1930년대에 있었던 사상의 반복과 재현이라고 말해도
좋겠지만, '근대의 초극'파와 '근대의 옹호'파가 전시에는 전자가 우위
를 차지했고 전후에는 후자가 우위의 입장을 차지하면서 '국민'의 재
-도야라는 실험이 함께 병행된 것이라고 할 수 있다.

패전이라는 사태에 직면해 전후에는 주체의 변화, 즉 젠더 질서가
변화할 가능성이 있었음에도 불구하고 틀 자체의 변화는 이뤄지지
않았다. '전후'의 여성 담론은 1930년대 '여성'주의高群逸枝의 방향과 단
절되었지만, 여성잡지의 지면에는 '여권'주의로 가는 방향이 대세였
다. 이 점을 볼 때, 전후의 기본적 방향은 남성이 지배하는 언어나 논
리(=근대의 제도)의 반복적인 추구였고, 그것을 기본으로 하여 젠더 질
서가 펼쳐지게 되었던 것이다.

물론 전후민주주의의 여성들은 새로운 측면을 가지고 있다. 여성
들이 자신감을 갖고 발언하고 행동함으로써, 전시에는 볼 수 없었던
광경으로 여성들은 남성을 도마에 올려놓고 평론할 수 있었다. 또한
여성들은 남성들에게 이런 저런 요구를 하기도 했다. 전후 여성잡지
에도 정조론이나 순결론이 전개되었는데, 일견하면 옛날의 주장이

부활한 것처럼 보이지만 사실 그것은 (자신감을 가진) 여성들을 향한 남성의 공포가 드러난 것이라고 말할 수 있다. 그런데 이러한 여성들의 활성화도 '근대'의 (재)국민화 속에서 진행되었기 때문에, 젠더 편성 그 자체는 변경되지 않았고 성차를 둘러싼 논점은 은폐되고 말았다.

남성(=근대)의 언어와 논리가 주도하는 체제가 패전 / 점령을 거쳐도 계속되었고, 전후에 재편된 주체는 '신일본'의 상황이었지만 여전히 '국민'적인 주체로 구상되었다. 이렇게 근대의 재귀를 지탱하고 있었던 것은, ① 전시를 비근대 = 전근대 = 봉건제로 간주하고, 그것을 '근대'로 교정하려고 하는 발상이고, ② 미국을 중심으로 하는 점령군의 존재와 시책이 이것에 리얼리티를 갖게 만들어서, 민주주의를 체현하는 '국민'을 창출하고자 했던 것이다. 이것은 ③ 여러 가지 균열이 있는 사람들을 '국민'으로 봉합하고자 하는 시도이기도 했다.

근대의 재귀에 의심을 갖고, 성차를 주장하고, 여성들이 국민으로서 남성우위에 포위되어 가는 것에 대한 비판이나 불만의 징후는, 가령 신문의 투서란 등에서 엿볼 수 있다. 특히 1950년 전후가 되면, '히토토키ひととき'(『朝日新聞』)나 '인생안내人生案內'(『讀賣新聞』) 등에서 여성은 자신의 소리로 스스로의 문제를 말하기 시작했고, 젠더 질서를 위협하는 논점을 들을 수 있게 되었다. '히토토키'나 '인생안내'는 여성이나 남성이 사적으로 안고 있었던 문제나 고민 혹은 사적인 영역에서 발한 논점을, 공적인 공간으로 가지고 나옴으로써 지금까지의 질서와 규범을 재고하도록 촉진했다. 즉 여기에는 성차를 축으로 근대를 재고찰할 가능성이 담겨 있었다. 1950년을 전후로 하거나 그 이후의 고찰은 다른 기회를 빌어서 하고자 한다.

제1부 감정의 동원

민중을 형상화하다*

해리 하르투니언 Harry Harootunian

　민속학이라는 프로젝트는 야나기타 구니오柳田國男와 오리구치 시노부折口信夫 그리고 그 추종자들이 정식화했듯이, 모든 것을 시간화하는 근대의 체제로부터 벗어날 수 있는 가능성, 다시 말해 재귀하는 역사를 실현할 수 있는 가능성을 제공했다. 민속학은 변하지 않는 풍속이라는 징표 아래, 완전히 일관되고 변함없이 살아가는 민중의 규칙적이고 리드미컬한 사회와 자연의 질서 주기週期를 탐구하는 데 몰두했다. 그 결과 민속학은 진화적이고 진보적인 도식의 모든 전제에 대항하는 **방법술**을 발견하고, 일정한 변화에 따라 발생하는 추상과 불안정성을 피할 수 있다고 믿었다. 이것은 1930년대까지 생활을 지배했던 물상화된 상품의 세계와는 별개의 길을 야나기타가 풍속에서 발

---

* 이 글은 서승희가 번역하였다.

견했음을 의미한다.

　무릇 풍속이란 도쿠가와德川시대 민중의 생활을 존중하여 부르던 용어였는데, 민속학자는 이 말을 일상생활의 긴 역사로부터 찾아내어 사람들의 생활에서 여전히 힘을 발휘하고 있는 습관, 신앙, 이야기, 관례의 실례로 사용하였다. 풍속은 상품＝물건의 세계와 끊임없는 사회적 추상화의 여러 사악한 효과를 상쇄하기 위해서 제안되었다. 이들의 세계는 삶보다 오히려 죽음을 의미한다고 생각되었다. 또한 민속학자가 생각하기에, 풍속은 똑같은 것이 새로운 것으로서 영원히 순환해 가는 것에 맞서서 차이의 약속을, 즉 먼 과거로부터 전해져 온 생동감 넘치는 문화에 기인한 정체성의 징표를 제공하는 것이었다. 풍속은 평준화 및 동질화의 과정에서 비롯되는, 끊임없는 소외라는 부담에 대항하는 것, 도피의 공간이라고까지 할 수는 없어도 구제의 약속을 확대하는 것이었다. 도쿠가와시대의 유학자는 풍속이라는 개념을 문명과 야만을 구별하기 위해 사용하였고, 국학자는 일본적인 것과 중국적인 것을 구별하기 위해서 사용했다. 그리고 근대의 민속학자들에 의해 횡령된 이 ‘풍속’이라는 단어는, 풍속에 새로운 기능을 발견하도록 촉구하는 상품형태로부터 결코 자유로워질 수 없었고, 또한 차이를 만들 때는 항상 인종적이고 인종차별적인 것과 결탁했다.

　야나기타와 특히 오리구치의 기술記述에는 자본주의적 변화의 황폐함에 영향을 받지 않는, 역사 그 자체의 바깥에 계속 머물러 있는 민중의 본질이라는 서사시적 이야기가 구축되었다. 여러 가지 의미에서 이러한 이야기는 시마자키 도손島崎藤村의 『새벽이 오기 전夜明け前』과 관련해서 읽어낼 수 있다. 왜냐하면 시마자키의 작품은 메이지 초기 국학國學과 그것이 대변했던 민중이 경험한 상실과 실망의 역사를 엮으려는 것이기 때문이다. 나는 민중이라는 이미지가 항상 의미가 사라져

버릴 고비에 처한 환경 속에서 진정한 의미의 근원이 되고, 또한 진정한 주체를 결여했기 때문에 요령부득인 '모더니티'를 공격하기 위한 재료를 제공했다고 말하고 싶다. 민속학자들도 일상생활을 원초적인 불변성으로 재정의하고, 여기에 형태와 영속적인 의미를 제공함으로써 공공공간의 불확실성을 극복하려고 했다. 이 공공공간이라는 것은 대도시의 거리이다. 여기에는 소외와 물신화 및 물상화가 그 효과를 발휘하고 있었다.

영속적인 본질이란 민속학자의 담론 속에서 자본주의적 근대화에 의해 야기된 여러 문제를 물리치기 위한 구축물로써 생겨난 것이었는데, 이것이 국가에 대항하거나 자본주의를 전복하자는 주장을 겨냥했다고 생각해서는 안 된다. 민속학의 실천자들은 국가에 대한 근본적인 반감에도 불구하고, 언제나 국가를 지지하고 자본주의와 양립할 수 있는 공동체의 영역을 상상했다. 여기서 상기해야 할 점은, 민중이 구축되자마자 그것이 차지하는 국민이라는 공간을 이용 가능한 것으로 삼은 것이 바로 국가라는 점이다. 그래서 국가는 국민과 민족에 앞선다. 국가는 그것이 무엇이든, 현재 생활의 표면 아래에서 상기되기를 기다리는 영속적인 국민적 본질의 징표로서 지적된 것의 '참조물'을 구성한다.

초창기부터 야나기타는 국가의 구성요소를 기술하려고 시도할 때, 국가에 의해 설정된 경계를 받아들였다. 『농업정책학農業政策學』에서 그는 국민국가가 인민과 향토를 기초로 하여 조직된다고 쓰고 있다. '태어난 고향'이라는 의미를 지닌 '향토'는 인민과 별개의 것이 된다. 그들은 그 장소를 점유할 뿐, 현실적으로 소유하는 것은 아니다. 향토를 구획하는 경계는 "주권이 미치는 장소를 명시한다." 영토는 향토라는 개념에 나타나 있듯이 인민과 주권이라는 관념에서 생겨난

79

다. 그러나 인민은 최초에 토지에서 살았으므로, 그들은 공동체를 형성한다. 하지만 그러한 집단이 단지 '무리^群'로 모이는 것은 결코 바람직한 것이 아니었다('무리'라는 용어는 도쿠가와시대의 국학자가 백성의 폭동을 가리킬 때 자주 사용하였다). 이 때문에 공동체를 경계짓는 주권의 연장^{延長}에 '결부'됨에 따라 인민과 토지는 묶일 필요가 있다. 따라서 토지에 근거를 둔 인민이 국가라는 존재의 주요한 요소이고, 이 기본적인 결부가 근대 국민국가의 시작을 나타내는 것이라고 그는 쓰고 있다.[1] 이처럼 그의 새로운 학문분야는 근대의 기억 속에서 경험되었던 이중^{二重}의 상실을 보상하는 것을 목표로 했지만, 이는 새로운 국민적 공간을 인민의 무궁한 생활로 채우는 것으로 쓰였다. 이것은 그의 생각에서는 기원 그 자체와 완전히 서로 겹치는 것이었다.

야나기타의 텍스트에서 민중^{folk}은 실천의 주체라기보다도 인식론적 주체('광범한 중간층'이라 표현되었던 오늘날의 국민적 주체의 선구)이고, 그 존재는 담론에서, 확실히 그가 부정한 '표현'이라는 행위에서 실현된 것이었다. 표현으로의 이러한 움직임은 야나기타의 저술을 통해 밝혀지겠지만, 1930년대 초반 그가 일본이 '향토'라고 선언했을 때 명백해졌다. 그것은 보다 유연성 있는 장소에 근거를 둔 정체성에 대항하는, 고정적인 장소에 결박된 정체성을 의미하는 것이었다. 국가가 경계와 국민공동체의 공간을 고정했기 때문에, 야나기타와 같은 사상가에게는 장소에 결박된 정체성을 구상하는 것 외의 다른 선택지가 주어지지 않았다. 그리고 이것은 문화와 공동체, 나아가 민족성까지 일정한 고정적 장소에 얽어매기에 이르렀다. 만약 다른 모습으로 장소에 근거한 프로그램을 상정했다면, 중앙의 주장과 관련지어 지역

---
1   柳田國男, 『定本 柳田國男集』 30권, 筑摩書房, 1962~71, 354~577면. 이후 『柳田集』 권수, 인용 면수'로 표기.

과 결부된 또 다른 이익의 정체성을 진지하게 고려하는, 정치적 전략이 필요하게 되었을 것이다. 그러면 메이지유신 본래의 약속을 단념하지 않을 수 있었을 것이다. 공동체주의 담론의 배후에 있는 원래의 충동이 무엇이든, 그것은 신속히 국가에 의해 이미 준비된 공간을 채우는 노력으로 기울어졌다. 야나기타는 일찍부터 '하나의 일본'이라고 스스로 지칭한 것을 만들어내는 작업을 하였다. 그것은 천황과 '죠민常民'으로 구성되는 것으로, 아주 오랜 옛날부터 일상생활의 실천을 통해 통합되어 왔던 것이다.[2] 이로 볼 때 야나기타 판 국민적 서사가 지향하는 것은 이미 천황에 집약되어 있던 국가적 담론을 보충하는 것에 지나지 않았다. 야나기타는 '죠민'과 천황을 한 쌍으로 봤는데, 이것은 아주 먼 옛날부터 존재했으며 도시의 발전이 일상생활의 통일을 무너뜨리고 있는 현대에 이르기까지 통일된 일본(하나의 일본)을 지속적으로 떠받치는 두 개의 대들보로 삼았다. 그가 시도한 일은 이 통일을 재구축하는 것이었는데, 그것의 기억은 이야기와 신앙과 수공품 속에 흔적으로 또한 민중의 계속되는 실천을 통해 희미한 빛을 발하고 있었다. 이는 현재에 '진짜' 장소를 '진짜 일본'을 그리고 '일본인'의 의미를 회복하기 위한 지도를 보여주는 것이었다. 그가 생각하기에 '일본'은 죠민과 같이 어디에나 있는 동시에 어디에도 없는 것으로, 고정되어 움직이지 않는 장소에 근거하고 있었다. 향토는 국민국가가 설정한 경계를 결코 벗어날 수 없으므로, 민속학과 공동체주의자의 담론은 또 다른 국민적 이야기를 분절할 수 없었다. 그 결과 지역에 기반을 둔 프로그램처럼 중앙에 대한 반대에 채택될 수도 없었다. 하시모토 미츠루橋本滿에 따르면 주변까지 개념화되면서 세계의

81

---

2   Mitsuru Hashimoto, "Chiho : Yanagita Kunio's Japan", *Mirror of Modernity*, ed. Stephen Vlastos, Berkeley and Los Angeles : University of California Press, 1988.

보다 큰 단계로 이동되었다. 일본이 다른 지역을 중심으로 하는 근대 세계에 대한 주변이 되는 것이다.[3] 따라서 장소에는 닫힌 의미가 늘 따라다니는데, '장소'는 사람이 살아가고, 습관을 낳고, 영원한 실천을 되풀이하고, 선조와의 유대감을 가지고 있는 곳이다. 공동체를 지키는 선조의 혼이 머무르는 최후의 거처이기도 하다. 그러나 이러한 욕망에도 불구하고 '신국학新國學'(야나기타가 1935년에 사용한 용어)은, 도쿠가와 후기의 국학이 공동체의 자율이라는 그 이론에서 중심의 대역을 구상하기 시작한 것처럼, 비재非在의 장소에 대한 유토피아적 갈망을 낳은 것은 결코 아니었다. 이는 비재의 장소(진정한 의미에서 여기도 아니고 저기도 아닌 장소)라기보다 오히려 자본주의적 국민국가인 일본이었고, 메이지유신으로의 길을 열었던 도쿠가와 후기의 문제와 거기에 존재했던 여러 가지 할거주의를 메이지 후기의 개혁이 해결한다는 최후의 노력으로 형성된 것이었다. 야나기타와 그 제자들은 민중 생활의 통일을 무너뜨린 자본주의로부터 결코 거리를 두지 않았으며, 국가를 새로 만드는 것이 아니라 오직 국가에 의해 할당된 공간을 채울 수 있을 뿐인 민중의 표상을 구축하는 데 급급했다. 따라서 이것은 기본적으로 자본주의와 양립 가능한 것이었다. 이 점에서 일본의 이론가들은 자본주의와 낭만주의의 양립 가능성을 간파한 마르크스 초기의 관찰을 가지고 온다. 『경제학 비판요강』에서 마르크스는 다음과 같이 쓰고 있다. "원초로 회귀하려 시도하는 것은 우스꽝스러운 일이고, 그 완전한 허영과 더불어 역사가 끝난다고 믿는 것도 마찬가지이다. 부르주아적 입장은 결코 그 자신과 낭만적 입장 사이의 대립을 넘어서 나아갈 수 없다. 따라서 낭만주의("아이 같은 태고의

---

3   *Ibid.*, pp.142~143.

세계")는 자본주의를 뒤따르며 그 대립을 축복받은 목적으로까지 정당화하는 것이다."[4]

야나기타 구니오의 프로그램은 원래 지방의 빈곤 구제를 목적으로 제1차 세계대전이 발발하기 전에 니토베 이나조^{新渡戶稻造} 등이 개시한 공동체운동으로부터 시작된 것이다. 이것은 '경세제민^{經世濟民}'이라는 도쿠가와시대의 가르침과 비슷했다. 그러나 야나기타의 관심은 구제로부터 민중과 그 생활의 장소를 특징짓고 있는 무시간적이고 본질적인 공동체 질서를 재현전하는 것으로 옮겨가기 시작했다. 그는 이것을 "향토 속의 향토로의 회귀"라고 기술했다. 1910년이라는 이른 시기(『시대와 농정^{時代と農政}』)에 그는 '농정^{農政}의 필요'와 국가가 맡은 역할에 관한 초기의 견해가 잘못된 것이었다고 고백했다.[5] 몇 년 후 『도시와 농촌』(1929)을 출판했을 때, 그는 '토지의 공공 관리'를 호소하고 '전대^{前代}의 공공생산'을 실현하는 프로그램을 주장했다.[6] 야나기타는 도시와 농촌 사이의 거대한 불균등한 광경(『도시와 농촌^{都市と農村}』은 그 기록이다)에 직면한 후, 일본의 모든 농업 계급의 숙명을 개선하기 위해서 입안된 새로운 농업정책을 추진하지 않았다. 대신 옛시대의 전례와 정신적 모범례로 회귀했다. '향토 속의 향토'로 회귀한다는 그의 의도는, 가족과 공동작업과 공동체주의^{communitarianism}를 보장할 수 있는 보다 큰 구조라는 일정한 사회형태의 연속성을 강조하는 것에 있었다. 『시대와 농정』에서 그는 일본역사에서 '이에^{イエ·家}의 영속'이 본질적으로 중요하다고 논했다. "일본에서 개개의 사람들과 그 선조의 연결, 즉 '이에'라는 존재의 자각은 바로 개인과 국가의 연쇄"이다. 이렇듯 많은 선조

4 Karl Marx, *Grundrisse*, London : Penguin, 1973, p.162.
5 河村望, 『日本社會學史硏究』 하권, 人間の科學社, 1975, 159~160면.
6 위의 책, 163면; 『柳田集』 16권, 355~357면.

가 몇 세대나 걸쳐 황실의 근원에 봉공해 왔다는 의식이 충군애국심의 근저를 만들었다. 따라서 "한 개인이 '이에'의 영속을 가벼이 여기는 것은 해로"우며 "개인주의가 왕성하게 일어난다면 외국의 역사와 자국의 역사를 모두 똑같은 눈으로 보게 될 것"[7]이다. 이러한 논의는 이후 『메이지다이쇼사 세상편明治大正史 世相篇』에서 거듭 표명되었다. 여기서 그는 "이에의 영속성이라는 행운"을 높이 평가하고, 태곳적 옛날부터 사회의 질서와 조화를 유지하기 위해서 선조가 지켜 온 "이에의 영속을 희구하는 마음"의 필요성을 강조했다.[8] 이러한 초기 텍스트에서 그는, 현재는 혈연관계를 나타내는 한정적 의미로 사용되고 있는 '오야おや, 親'와 같은 용어가, 노동을 조직하고 확대가족 속에서 종복從僕을 위치 짓는, 보다 넓은 지도자와 추종자의 관계를 포함한 것이었다고 논했다. 따라서 확대가족이라는 사회 단위는 일꾼을 중심 그룹에 결부시킨 의제적擬制的 관계라는 전제 위에 성립한다. 그 후 『도시와 농촌』에서 야나기타는 "고대 농촌의 하인은 주로 일족이었다"고 논했다. 협동적인 일의 형태가 '오야'라는 인물을 중심으로 이루어지는 특유의, 실로 독특한 조직을 필요로 했다. 이것은 "오늘날 부모자식으로 이루어진 가정이 시작되기 전부터" 존재했다.[9] 그러나 뒤에서 보게 되겠지만 야나기타의 관심은 "민족의 일상경험"을 말하는 것으로 성립된 새로운 학문 분야를 발전시키는 것으로 나아가게 되면서, '자연촌'과 '동족(집)단'이라는 사회 단위를 상세히 분석하는 것으로부터는 멀어져 갔다. 이러한 분석은 아루가 기자에몬有賀喜左衛門과 같은 농촌사회 학자에 의해 계속되었다. 그는 역사적 변화에도 불구하고 전통적 혈

---

7   河村望, 위의 책, 160면; 『柳田集』 16권, 355~357면.
8   柳田國男, 『明治大正史 — 世相篇』, 講談社, 1993. 이후 『明治』, 인용면수로 표기.
9   『柳田集』 16권, 321면.

통시스템이 존속하고 있음을 발견했다. 또한 이러한 작업을 하는 사람들 중에 스즈키 에이타로鈴木榮太郎와 같은 사회학자도 있었다. 그는 이러한 민중의 생활 형태를 '정신'의 현시라고 간주했다. 이것은 집이에과 마을무라과 같은 사회조직에 대한 야나기타의 관심이 감소했음을 의미하는 것이 아니라, 오히려 근대의 파괴적 침식 작용에 직면했던 시점에서 스즈키가 공동체 생활의 보다 넓은 의미와 그 귀결을 고찰하기 시작했음을 의미하는 것이다.

게다가 이러한 이행에는 태곳적 옛날부터 끌어내어진 집단을 공동의 연대 속에 고정할 수 있다는 실천과 신앙을 강조하는 움직임이 수반되었다. 야나기타는 '이에'의 연속이라는 개념을 조상숭배라는 보다 큰 종교적 차원으로 융합시켰다. 그의 생각에 따르면 이러한 종교적 실천이 사회조직 및 일본의 유구한 역사를 나타내고 있는 공동의 일과 공동의 이해를 실현하는 방법을 뒷받침하고 있다. 단순히 말하자면 가장의 종교적인 권위는 대대로 전해 내려온 이에의 혈통으로부터 도출된다. 이러한 논의는 그가 히라타 아츠타네平田篤胤의 국학과 사후死後에 혼이 이동한다는 교설에 빠져 있었음을 보여준다. 야나기타의 재해석에서 혼은 집과 마을에서 그리 멀리 떨어진 것이 아니라, 보통 가까운 언덕에 살며 그 자손을 수호하고 있다(히라타는 비록 현재 보이지 않는 영역에서 '살고' 있긴 하지만, 혼은 묘 주변에서 산다고 믿었다). 가장을 향한 커다란 존경은 선조에 대한 제일의 존경에 근거한 것이었다. 곧 가장은 산 자와 죽은 자의, 가시적 영역과 비가시적 영역의, 죽은 자와 그 자손 사이의 거대한 연쇄의 (한) 고리를 구성한다. 역으로 또한 가장은 축제에 계속 참가하거나, 가정의 연대를 계속 유지하거나, 이에의 재산을 늘림으로써 조상을 섬긴다. 이러한 것이 조상에 대한 존경의 표시가 되었다.[10] 이를 소홀히 하면 불신심과 책임 방기로 간주되었다. 향토에 관한 방법론의 주요 저작을 출판한 1935년까지 야나기타의 관심은 향토 그 자체가 아니라 그가 "향토 생활의 어느 측면"이라 인정한 것, 그중에서도 민중의 영원한 생활을 구성하는 실천과 신앙에 향해 있었다.

1935년 이후 야나기타는 초기의 농정에 관한 텍스트에 보여주었듯 현존하는 실천으로서의 민중 생활에 관한 관심을 멈추고, 민중 생활을 현전시키는 것을 겨냥하는 전략으로 이행했다. 여기에는 사람들을 '민중folk'에, 사회를 자연에 동일화하는, 주체성 개념을 내세우는 것이 포함되었다. 이것은 또한 역사 밖에 머무르고 있는 무시간적 사회·자연적 생산 질서에서, 주체subject / agent가 사회적 관계와 풍속을 재생산해 가는 하나의 상상체를 지켜 가는 것이 얼마나 중요한가를 드러내는 것이었다. 이 계획을 실현하기 위해서 야나기타는 긴 시간에 걸쳐 민중이 만들어 온 이야기를 수집하기 위한 여행에 올랐다.

이야기를 모으는 것은 민중의 목소리를 보존하는 것이고, 그들로 하여금 스스로 말하게 하는 것이다. 이야기를 진정한 목소리로 제시하는 것은 민속학 보고에 흔히 있는 것으로, 표상에 따르는 위험을 피하는 것이다. 그러나 야나기타는 결코 향토를 국가에 의해 고정된 경계로부터 완전히 분리할 수 없었다. 그의 공동체주의적 담론은 다른 장소, 즉 외부로부터의 다른 이야기를 분절화할 수 없었다. 이는 외부가 스스로의 것으로서 전하려고 하는 모든 이야기를 횡령해 버리는 국가의 능력에 지속적으로 도전할 수 있는 가능성을 지닌 것이었지만, 장소라는 것은 사람이 살아야만 하는 곳이고, 나아가 위에서 이야기했듯이 풍속을 만들어내는 곳이며, 순환적이고 변함없는 일상생

---

10   Nozomu Kawamura, *Sociology and Society of Japan*, London : Kegan Paul, 1994, p.67.

활을 구성하는 무시간적 실천을 되풀이하는 곳이고, 또한 사람이 죽어서 조상이 되는 곳이었다. 이 장소는 원래 시골의 농촌에 근거를 둔 것이었으나, 마침내 일본 전체를 가리키는 것이 되었다. 이것은 장소에 기인한 것이기 때문에 전체로서의 일본이 손쉽게 시골로 치환되었다. 도시와 시골의 대립은 일본과 서양의 싸움으로 전이되었다. 야나기타는 근대의 문제가 이미 시골에 한정되는 게 아니라는 점을 인정했다. 시골은 이제 자본주의적 근대화로부터 영향을 받지 않을 수 없는 곳이었다. 그 결과 그는 아직 촌락에 응축된 모습으로 그 풍속 안에 존재하고 있는 여러 가치를 발견하고, 서양에 대항하여 차이를 유지하기 위한 그 투쟁에서 일본 전체를 위해서 도움이 되고자 노력했다. 영속하는 민중의 생활이라는 개념은 언제나 가시적이고 변화하는 권력의 세계와 공존하고 있는 비가시적 영역처럼 기능하는 것이고, 보이는 것과 보이지 않는 것을 구분한 과거 국학자의 일(작업)을 환기하였다. 근대 일본에서 달라진 것은 시간이다. 두 개의 영역, 즉 이 이중구조는 같은 장소를 점하고 있었다.

민속학이라는 학문은 그 이전의 존재 형태를 생각해냄으로써 현대 생활에서 경험되는 상실을 보전할 것을 한결같이 지향하는 것이었다. 옛 생활의 흔적은 시골에 여전히 이용 가능한 모습으로 남아 있다고 생각되었다. 새로운 학문형성을 유발하는 직접적 충동은 불균등에 대한 인식이었고, 그 학문은 넓은 의미에서의 모더니스트적 프로젝트의 굴절이었다. 야나기타는 불균등을 일찍부터 인식하고 있었고, 또한 그것을 다른 많은 사람들과 공유하고 있었다.[11] 불균등 발전을 패러다임적으로 그리면, 도시와 시골의 거대한 분열이고, 그것

87

---

11 『明治』, 3~8면.

을 야나기타와 그 밖의 사람들은 곧 일본의 자본주의적 변용의 결과
라 인지하였다. 야나기타는 시골의 중요성을 주장하고, 도시화와 공
업화가 시골의 사회적 기초와 경제적 존속을 침식하고 있음을 우려
하면서 이 프로세스 속에서 지방의 해체를 감지하였다. 훗날 그는 세
계의 중심과의 관계에서 지방을 일본과 동일시하기에 이르렀다. 불
균등 발전이 강조하는 것은 모든 사회적 관계의 극히 다른 형태가 공
존하거나 연결된다는 것이며, (또한) 자본주의의 성장이 비자본주의
적 주변부의 존재에 계속 의존하고 있다는 것이다. 야나기타에 따르
면 도시는 주변부의 고혈을 쥐어짜고 노동을 빼앗으며 그 특유의 존
재양식을 고갈시킨다(이것이 바로 『도시와 농촌』의 골자이다). 따라서 '자본
축적'의 본원적 형태는 균등한 기반이 확립됨과 동시에 사라져버리
는 유물 등이 아니라, 자본주의적 발전의 영속적인 일면이다. 이것이
"오직 전前 자본주의와 자본주의 사이에만 한정된다"는 것은 있을 수
없다.[12] 이러한 관찰은 루이 알튀세르가 사회형성에 있어서 활동의
개개의 현장과 영역은 그 자신의 논리에 따라서 움직이는 다양한 사
회적 실천과 자연적 프로세스에 따라 특징지어진다고 서술할 때, 재
정식화된 것이었다. 과잉결정과 모순은 어떻게 각각의 준자율적 영
역(경제, 사회, 종교, 문화, 이데올로기 등)이 상호 관계를 맺고 있는가를 보
여주고, 불균등은 변화를 촉진하는 메커니즘을 나타낸다. 그러나 이
인식에는 불균등의 보다 특별한 귀결을 탐구하거나 규정하는 것이
수반된다. 야나기타가 정치·경제의 수준에서 이해하고 있던 불균등
은 곧 공간적·문화적 수준에서 사물과 대상에 기록되고, 다른 시간

---

12 Richard McIntyre, "Mode of Production, Social Formation and Uneven Development",
   Postmodern Materialism and the Future of Marxist Theory : essays in the Althusserian Tradition, ed.
   Antonio Callari and David Ruccio, Middleton : Wesleyan University Press, 1966, pp.234~235.

이라는 이미지를 만들어냈다. 역사적 차이가 일상생활에서 체험되고 관찰되는 것은 이러한 공간, 문화의 수준에 있어서이고, 거기에서는 다른 리듬이 비동시적이고 비동기적인nonsynchronous 차이를 만들어낸다. 이 점에서 문화적·공간적 불균등의 관찰은 초기 마르크스의 다음과 같은 인식과 일치한다. "근대의 악과 나란히 우리는 (과거로부터) 물려받은 모든 악에 의해 학대당한다. 이것은 시대에 뒤떨어진 생활형태가 일련의 시대에 뒤떨어진 정치적 모든 관계와 더불어 그대로 남아 있기 때문에 발생한다." 마르크스가 이것을 마침내는 사라질 것이라 본 데 반해, 야나기타와 그 제자들은 여기에서 보다 진정한 생활이라는 희망의 빛을 발견했다. 이것은 시골의 흔적에서 아직도 입수 가능하다고 생각되었다. 새로운 것과 결합되면서 그들은 현대 생활의 대안을 제시한다. 따라서 불균등의 틈에는 변화와 변용을 요구하는 대립과 사회적 분쟁이 일어날 진정한 위험성이 잠재해 있다. 뒤에서 살펴보겠지만 야나기타는 일찍이 이 가능성을 이해하고 그 과잉을 두려워한 나머지, 불균등을 잡종성의 이론으로 전이시켰다. 이것은 일본의 특이성을 투영하기 위해서 만들어진 것이었다. 이 프로젝트의 일부로서 그는 '죠민'이라는 것을 만들어냈다. 불균등의 경험에 의해 만들어지고 격화된 여러 사회관계와 계급적 차이를 없애고자 하는 희망을 담아서.

제국 수도 도쿄의 거대한 상업적이고 정치적인 힘, 즉 근대의 광경 안에는 확대되어 가는 그림자 속에서 사는 많은 수의 소모된 인간이 있었다. 새로운 도시의 중심과 시골 사이에는 물질적으로 확실한 대조가 존재했다. 여기에서 중심과 주변이 만나고, 시간적·공간적인 경계가 만들어진다. 여기에서 자본주의의 모순이 종종 최대화되어 드러난다. 그러나 이러한 불균등 현상의 배후에는 식민자와 피식민자의 관계를 특징짓는 불평등한 발전의 경험이 존재한다. 이 대조의 노정은 야나기타에 의해 극히 생생한 모습으로 그려지고, 또한 다카타 야스마高田保馬와 같은 사회학자가 체계적으로 분석하였는데, 이것은 표상과 경험의 관계에 질문을 던지고 주체의 위치를 문제화했다. 19세기 근대화에 대한 마르크스의 이야기에서, 자본이 완전한 추상으로서 등장하고 일정한 정치적 대표와 관계와 구조로부터 자유롭게 되었다는 것이 떠오른다. 이 점에서 자본주의의 조건은 자율에 얽매이는 것이고, 어떠한 고정된 정치적·문화적 주체성도 지니지 않는 상위의 사회주체라는 속성을 스스로 참칭(분수에 넘치는 자칭)하는 것이다. 이러한 조건 아래, 사건은 자본주의의 익명의 힘이 역사의 전통적인 영웅을 대리보충하고 있다는 것을 보여줄 것이다. 야나기타를 통해 우리는 자본주의라는 주체와 전통적 영웅의 형상이 어떻게 죠민과 그 풍속에 의해 치환되었는가를 이해할 수 있다. 『메이지다이쇼사 세상편』의 목적을 기술하면서 그는 다음과 같이 선언했다. "이 책은 재래의 전기傳記식 역사가 불충분하다고 여겨 고유명사를 일부러 단 하나도 싣지 않고자 했다. 따라서 세상편은 영웅의 심사를 기술한 책은 아니다. 나라에 꽉 찬 보통 사람들이 눈을 열고 귀를 기울이면 보고들을 수 있는 것인 이상, 비록 마음을 조금 감춘다 할지라도 반드시 느끼게 될 의견만을 서술했다."[13] 야나기타의 생각으로는 풍속의 역사는 '자연사自然史'의 연장이었다.

야나기타는 일찍부터 문학적인 자연주의와 표면적 기술을 중시하는 그 프로그램(그것은 사생문寫生文이라 불렸다)을 부정했다. 그가 중시한 것은 민중의 목소리가 그 자신, 즉 이야기를 '듣는 사람'을 통해서 말

---

13 『明治』, 7면.

을 거는, 보고의 형태였다. 그는 현실을 사생적으로 기록하는 체하는 직접적인 기술에 대해 전망을 버렸다. 왜냐하면 이것은 결국 시야에서 벗어난 그와 같은 경험의 엄청난 다양성을 설명할 수 없기 때문이다. 그 대신에 그는 우리가 깊음의 해석학이라 부르는 것(오리구치가 말하는 '실감'이 그것이다)을 잡아냈다. 그것은 안과 밖, 표면과 심층을 가정한다. 그 움직임을 그는 『도오노모노가타리遠野物語』(1910)에서 최초로 확실히 보여주었다. 이 최초의 민화집과 관련하여 그는 사사키 교세키佐佐木鏡石와 다른 민속학적 보고가 그에게 들려준 것을 단지 다시 이야기하는 것을 넘어서, 경험의 본질에 도달하고, 여기에 표현을 되돌려주기 위한 보다 복잡한 조작으로 이행하는 몸짓을 보여 주었다. 이야기를 하는 자와 만나는 도중에 야나기타는 우리에게 말한다. "교세키 군은 말이 능숙하지는 않을지라도 성실한 사람이다. 나 자신도 또한 한 글자 한 구절도 가감하지 않고 **느끼는 그대로**를 쓰고 싶다."[14] 야나기타는 그 자신을 여행자의 위치에 즉, 이야기를 하는 자가 아니라 인내심이 강한 듣는 자의 위치에 두었다. 민중의 무시간적인 경험이 저절로 나타나는 것을 목격한다는 효과를 확보하기 위해서이다(그는 증인이라는 역할에 더 큰 권위와 존재증명을 부여하기 위해 도오노로 여행을 가기까지 했다). 그는 "원컨대 이것을 이야기함으로써 평지인을 전율하게 하고 싶다"고 쓰고 있으며, 또한 "이 책을 외국에 있는 사람에게 바친다"고도 쓰고 있다.[15] 순수함을 가장한 이 자기의식적인 전문前文과 일본 사회 한가운데에서 볼 수 있는 기담奇談을 널리 알리고자 한 의도는, 그가 처음부터 단지 사물을 기술하는 것이 아니라 오히려 그를 감동하게 하는 사물을 표현하는 것에 관심이 있었음을 보여준다. 이해라

---

14 『柳田集』 4권, 5면. 강조는 인용자.
15 『柳田集』 4권, 5면.

는 것은 표면의 내부로, 즉 그 아래로 들어가는 것을 의미한다. 그와 그의 제자들이 민족지학ethnography을 부정한 것은 이 때문이다. 민족지학은 외부의 관점에 의한 보고를 근거로 구성된 것이기 때문에, 태초부터 계승되어 온 민중경험의 내부에 결코 도달할 수 없다. 이러한 경험은 기억과 흔적 안에서, '지속'과 '잔류' 안에서만 확인될 수 있는 것이다.[16] 그러나 여기서 중요한 점은 야나기타가 그의 '해석학'에도 불구하고, 또한 사생문과 신문에까지 미친 그의 혐오에도 불구하고, '보는 것'과 '듣는 것'을 '흔적'으로서의 풍속이 지닌 복잡함을 파악해 일상생활의 전체성을 비추는 최초의 단계로 특권화하고 있다는 것이다.[17] 야나기타 프로그램의 중요성은, 그것이 모든 활동의 원천이라 할 수 있는 자본주의를 고향의 민중의 변하지 않는 생활이라는, 일견 구체적이지만 역사적으로는 미결정인 주체로 치환할 수 있었다는 점에 있다. 따라서 고정된 정적인 문화적 공간이 정치경제학이 필요로 하는 시간적 변화를 대신할 수 있게 된다.

이 주제는 우선 『시대와 농정』과 같은 초기 저작에서 표현되었다. 여기서 그는 도시의 '번영'이 '시골의 번영'을 완전히 능가하고 있다고 서술한다. 시골은 도시 발전의 희생이 되고 있다.[18] 시골에서 도시로의 대량 이주 때문에 시골 인구는 바닥을 치고 있고, 이러한 인구 이동은 어디에서나 자본과 노동 사이의 불평등한 분배를 만들어내고 있다.[19] "농촌의 저축을 중앙으로 집중시키고, 이것으로 중앙에서는 미처 시골의 자본이 충실해지기 전에 만한滿韓 경영에 사용한다"고 그는 쓰고 있다. 도시의 근대화를 위해서 시골의 자원을 다 써버리는

16 『柳田集』 25권, 355면.
17 『明治』, 19~22면.
18 『柳田集』 16권, 26면.
19 『柳田集』 31권, 40면.

것은 곧 농업인구가 일본의 식민주의를 조달한다는 것을 의미한다. 20년 후 불균등이라는 주제는『도시와 농촌』에서 철저히 분석되었다. 이 텍스트에서 그는 도시와 농촌 사이에 깊어가는 균열과 "흙의 생산으로부터 멀어졌다는 불안함이 사람을 갑자기 불안하고 예민하게도 만들었던" 사정을 설명하고자 했다(이것은 내가 본 것 중에서 가장 멋진, 자칭 비非마르크스주의자로서의 소외의 기술이다).[20] 야나기타는 불균등이 계속되면 머지않아 나라에 예측하기 어려운 해악이 생길 것임에 틀림없다고 확신했다. 그가 두려워하고 있던 것은 바로 토지에서 사람들이 분리되는 과정에서 발생한 소외였다. 토지야말로 오랜 시간에 걸쳐서 인간이 스스로의 손으로 식료와 의복과 주거를 만들어왔던 장소이고, 일상생활을 규정하는 안정된 사회관계에 의해 머물러온 곳이다.[21] 1929년에 그는 다음과 같이 썼다. "지난 60년 동안 일본의 도시들은 사방에서 물이 흘러들어오는 용소龍沼와 같이 예전부터 살고 있는 사람들을 끊임없이 새로운 사람들로 대체하고 있다."[22] 농민은 굶주리고, 도시의 자본주의가 시골을 침략하면서 산은 벌거숭이가 되고 있고, "산간에서의 생활을 계속하는 데 필요한 여분의 토지"를 빼앗았다. "현재 전국의 민유民有 임야林野는, 만약 이것도 행복이라고 한다면 지금 이미 가라앉을 정도로 도시자본의 은혜를 입고 있다."[23] 이러한 불균등의 가장 큰 상징은 문화의 집중, 즉 "도시예술의 전제"를 낳은 불균형이다.[24] "이래서는 농촌과 같이 영속성 있는

---

20 『柳田集』4권, 191면.
21 야나기타가 소외와 사람들이 토지와 분리되어 도시로 나아가는 것에 관한 공포를 표명하고 있던 것과 거의 같은 시기에, 추리작가인 에도가와 란포江戸川乱歩가 시골에서 도쿄와 같은 도시로 나온 고독하고 소외된 사람들의 경험과 그들이 사회적 관계 및 성적 역할에서 직면하는 갖가지 곤란함에서 많은 소설의 주제를 얻고 있었다는 사실이 흥미롭다.
22 『柳田集』4권, 195면.
23 『柳田集』4권, 205면.

것이 존속할 여지가 없다."[25]

만약 "도시의 번영"을 위해 시골을 희생하는 정책과 그것이 초래하는 경제적·생태학적 결과가 농업경제학에 의해 해결되어야 할 과제라면(야나기타는 일찍부터 이렇게 믿고 있었다), 문화적인 불균등의 광경은 기존의 학문분야에 의해 문제로 인정되거나 이해될 수 없다. 야나기타가 농업경제학의 '과학'으로부터 불균등 발전의 발생을 설명하고, 현재까지 살아남은 전래 사회생활의 형태를 자본주의가 정복하는 것을 지연시킬 수 있는 방법을 정식화하도록 재촉한 것은, 도시와 시골 사이의 문화적 불균등이 그 사이의 물질적 단절보다 더 복잡하다는 인식이었다. 이 새로운 학문은 농촌 구제라는 문제에 대한 그의 관점을 변화하게 했다. 그는 시골의 오랜 생활형태의 흔적을 순식간에 없애버리는 자본주의의 광경을 통해, 이야기라는 형태에 의거한 역사적 방법도, 인류학과 사회학과 같은 새로운 사회과학도 이 새로운 현상을 설명하는 데 전혀 도움이 되지 않는다는 점을 확신하게 되었다. 더구나 이러한 일이 특히 긴요한 까닭은 자본이 "시골의 구석구석에 이르기까지" 축적되었기 때문이며, 시골 생활의 질을 유지할 힘을 추구하는 투쟁을 멈춰버렸기 때문이다. 이들 거대한 모순의 확대는 제1차 대전 이후 고작 12년 동안에 이루어졌다.

문화적 불균등의 계기를 냉동건조하기 위해서는 근대화에 따른 변화의 와중에서 풍속과 종교적 관습 속에 계속 존재해온 무시간적인 민중의 이미지를 창조할 필요가 있었다. 따라서 담론에 대한 욕망은 죽음을 떨쳐 버리는 것이고, 이것은 지식의 주체인 민중과 향토, 즉 일본을 중심으로 하는 영원의 이야기를 만들어냄으로써 유지될 수

---

24 『柳田集』 4권, 212면.
25 『柳田集』 4권, 205면.

있는 것이었다.[26] 야나기타의 새로운 학문은, 사회·자연적 과정의 되풀이되는 리듬에 따르는 영원한 공동체 질서를 자본의 운동법칙에 따라 끊임없이 질주해가는 단선적·진화적·진보적 역사도식 안에 위치 짓고자 한 시도였다. 민속학은 부동의 사회질서의 이미지를 끊임없는 운동중인 사회의 중심에 이식하고, 계급관계에 따라 지배되고 있는 자본주의라는 역사적 시대 안에 역사도 계급도 가지지 않는 공동체를 끼워 넣고자 한다. 그 결과가 공동체 자본주의, 즉 계급투쟁의 분열적 효과를 제거한 자본주의의 비전이다. 이것은 '파시즘의 집적'의 전조였다. 이러한 움직임을 만들어냄으로써 야나기타는 정확히 공업노동력이 형성되고 있던 그 순간에 계급적·젠더적 구별도 사회투쟁도 초월한, 지금까지 항상 존재해 왔던 하나의 세계상을 동시대 사람들에게 제시할 수 있었다. 또 한 가지 중요한 사실은 그것이 새로운 젠더 관계에 대한 의식이 생겨나고, 그것이 '모던걸modern girl', '키싱걸kissing girl', 카페 여급이라는 과잉 결정된 형상에서 표현되기 시작한 때이기도 했다는 점이다. 게다가 그는 경제적·정치적 권력의 집권화가 도시의 확장 속에서 생기고 있던 그 순간에 지역적 다양성과 주변성이라는 개념을 제출할 수 있었다.

확실히 야나기타는 스스로의 경험을 보편적인 것으로 삼는 도시의 해석에 도전하고자 했지만, 민속학이라는 새로운 학문분야가 자본주의에 대한 (하나의) 비판이라 상정하는 것은 잘못이다. 확실히 그는 생

95

---

26 Michel de Certeau, *Heterologies*, trans. Brain Massumi, Minneapolis : University of Minnesota Press, 1986, pp.119~136. Certeau는 제3공화제 시기의 프랑스 민중문화에 대한 학문분야(민속학)의 형성과 이에 따르는 조건에 대해 논하고 있다. 일본의 민속학과 '민중사'의 저통을 프랑스 아날학파의 역사서술과 결부시키려 하는 시도는 지금까지도 행해져왔으나, 일치하는 점은 적다. 왜냐하면 전자가 변하지 않는 환원불가능한 경험과 진정한 기반이라는 예외주의에 기초를 두는 반면, 후자는 단순히 사건으로부터 주체를 배제하여 장기 지속되는 구조에 관심을 기울이는 데 불과하기 때문이다.

산, 유통, 분배, 소비에 관해서 제국 도시의 힘이 압도적이라는 것을 자각하고 있었다. 그것은 말 그대로 시골에서 이민자들을 쓸어 모으고, 그들을 도시에서의 국내 이민자, 국내 망명자로 만들었다. 일본에서 다카다高田, 야나기타, 스즈키 에이타로鈴木榮太郎와 같은 사상가는, 이러한 도시적 시각이 어떻게 자본과 표상을 관리하고, 고정적 관계를 탈영역화하는 자본의 성향에서 유래하는 불균등이라는 현실을 은폐하는지 꿰뚫어보았다. 그 응답으로써 그들은 지방의 미세한 역사적 경험을 세계 자본주의의 보편화에 대한 주장에 대한 반증으로 또한 이에 대한 필요한 보족補足으로 분절화하고자 했다. 그들이 밝혀내고자 했던 현실은 보편주의적 거시 역사적인 표현(가령 야나기타가 비판했던 H. G. 웰스의『세계사 개관』과 같은 것)에서는 결국 배제되어 온 것이고, 그것은 우선 주변에서 다시 말해 근대와 그 타자가 만나고 존재의 부자연스러운 형태에 의해 일어나는 '비동시성'이 만들어지는 경계에서 드러난다.

　설령 야나기타가 자본주의에 대한 비판을 인정할 수 없었다 해도, 그는 그것이 가진 문제성과 그것이 만들어낸 불균등이 연구계획의 목적이 될 수 있다는 것에 주의를 기울일 수 있었다. 이 사라져 가는 세계를 다시 제시하는 과제를 마릴린 아이비Marilyn Ivy는 적절하게도 "소멸vanishing의 담론"이라 불렀다.[27] 그것은 명백히 서사시적이었다. 또한『산의 인생山の人生』(1926)의 서두 문장에서와 같이, 그가 묘사하려고 하는 산촌의 비참한 환경을 야기한 바로 그 힘에 대한 격렬한 비난이 되지 않기 위해서는 엄청난 개인적 자질이 요구되었다.[28]

---

[27]　Marilyn Ivy, *Discourses of the Vanishing*, Chicago : University of Chicago Press, 1995.
[28]　『柳田集』4권, 59~60면.

지금은 기억하고 있는 사람이 나밖에 없을 것이다. 30여 년 전 지독하게 불경기였던 해에 니시미노西美濃의 산 속에서 숯을 굽는 50살가량의 남자가 아이를 2명이나 도끼로 살해한 일이 있었다. 아내는 이미 죽었고 그는 숯 굽는 오두막에서 13살의 남자아이와 여자아이를 키우고 있었다. (…중략…) 여기에 어떤 사정이 있는 것일까. 그 아이들의 이름은 나도 이미 잊어버리고 말았다. 아무리 해도 숯은 팔리지 않고 몇 번이나 마을에 내려가도 항상 쌀 한 홉도 손에 넣지 못했던 그는 마지막 날에도 빈손으로 되돌아 왔다. 굶주림에 지쳐 있는 작은 아이의 얼굴을 보는 것이 괴로워 그는 휙 하고 오두막 안에 들어가 낮잠을 자고 말았다. (…중략…) 지금은 이미 저 위대한 인간고人間苦의 기록도 어딘가 궤 밑바닥에서 벌레 먹어 썩고 있을 것이다.[29]

이 이야기 속에서 야나기타는 아이들이 도끼를 아버지에게 건네주며 자신들을 죽여 달라고 부탁했다고 여러 번 쓰고 있다. 또한 그는 의지할 수 있는 자와 사별하고 도저히 움직일 가망성이 없는 남자와 아이를 먹여 살려야만 하는 지경의 여자에 대해서도 쓰고 있다. 그러나 이러한 텍스트가 확실히 보여주고 있듯이, 그는 이 에피소드를 상기想起라는 터무니없는 행위에 의해 되살려냈다. 그것은 그의 기록 속에 파묻혀 있는 경험을 실현하기 위함이고, 고통과 잔혹한 사실을 단순히 서술하는 이상의 것을 추구하는 것이었다. 그의 감정은 이미 그가 서술하는 정경 전체에 가득 차 흘러넘치고 있다. 민족지학적 보고를 초월한 기술행위를 통해서 그는 바야흐로 산민山民, 즉 원래 일본 백성의 세계에서 그것이 영원히 사라져버리기 전에, 그것에 다시 생명이 주어지기를 바랐다. 야나기타는 그 지방의 숯쟁이가 태곳적 옛

---

29 Hashimoto, op. cit., p.133.

날부터 같은 장소에서, 같은 방식으로 정신적 · 사회적 생활을 영위해 왔다는 것을 알고 있었다. 그러나 최근 들어 그들은 이제까지 그 필요를 충족시켜 온 산 생활에서 축출당할 처지에 있었다. 숯쟁이는 (그리고 야나기타도) 일상생활이 바야흐로 자본주의와 시장의 힘에 편입되고 있다는 것을 뼈저리게 느끼고 있다.[30] 쓴다는 행위가 이러한 내버려진 세계를 현실에서 구제하지 못하고, 일본인의 현실 생활을 그 쪽으로 몰아낸다는 것을 그는 이해했다. 역사(그는 이것을 일찍부터 쓰는 것과 동일시하고 있었다)는 이미 민중의 생활을 기억 속으로 쫓아내고 있다. 그러나 확실한 것은 설화와 전승이라는 형태를 취하고 있는 민중의 기억 속에서 그들의 경험을 설명함에 따라, 이러한 역사의 소거가 구제될 수 있을지도 모른다는 것이다. "가족에게서 전해진 전승(傳承)이 그 집을 설명한다."[31] 『산의 인생』에서 그는 집에서 집으로, 세대에서 세대로 "조용히 흘러온 신앙"이 특별히 끊기는 일이 없었음을 관찰하였다. 두 명의 아이를 죽인 부친의 이야기는 트라우마적인 그 중단의 조건을 나타내는데, 그것은 산민이 살아왔던 일상생활의 기록을 끊은 것이라 할 수 있다. 이러한 점에서 초기의 『도오노모노가타리』는 산민의 신앙과 실천의 혼합을 고찰한 것이고, 수호신, 선조, 집, 무리(동료)와의 일상적 만남에서 일어난 보통 사람들의 사건을 설명한 것이었다. 그러나 우리는 야나기타가 이러한 설화와 전승의 최후에, 다시 말해 끊임없이 이것을 만들어 온 의미의 연쇄의 끝에 자신을 위치시켰다는 것에 주의를 둘 필요가 있다.

야나기타가 동료들과 수집한 이야기는, 공적인 경건조와 국가판 국민사(국민적 서사)에 대항한다기보다 민중의 일상생활 경험의 상세함과

---

30 Ibid., p.134.
31 『柳田集』 4권, 44면.

그 다양성을 보여주는 것이었다. 그러한 이야기는 공적인 이야기가 항상 배제해 온 일상적 실천과 종교적 신앙의 여러 측면에 초점을 맞추며 (공적이 이야기의) 보완자 역할을 했다. 바로 그 다양성이 일본인들의 신앙에서의 이질성이 아니라, 기본적이고 본질적인 동질성을 증명한다. 그는 민중의 세부가 민중의 일상경험에 대해서 말해주기 때문에 그것에 관심을 가지고 채집을 해왔다. 그것은 틀림없이 히라타 아츠타네平田篤胤의 『선경이문仙境異聞』(1809)의 은둔자 소년 도라요시寅吉와의 인터뷰를 생각나게 한다. 그는 에도江戸와 이계異界, 즉 영혼과 망혼이 사는 심산深山, 다시 말해 "보이지 않는 것"의 영역을 빈번하게 갔다 왔다고 한다. 그러나 히라타의 텍스트도, 이후 야나기타의 전설에 관한 설명도, 이야기의 원래 화자와 그의 열렬한 청자에게 의존하고 있다. 양자 모두 일상생활과 영혼 및 토박이産土의 세계와의 자연스러운 관계를 강조하고, 여러 가지 독자적인 방식으로 보이는 세계와 보이지 않는 세계 사이의 유대를 보였다. 히라타는 야나기타와 마찬가지로 보이지 않는 것의 세계를 최종적으로 민중의 영역과 동일시하였다. (그것은) 화려한 권력의 가시적 세계로부터 숨겨져 있는 불가시한 것들이다. 그러나 야나기타가 그의 위대한 선구자라 할 수 있는 국학자와 다른 점은, 과학적 엄밀성에 대한 그의 열의commitment에 있다. 그는 그의 저술 전체를 통해서 독자에게 엄밀한 과학적 실천이 필요하고 거듭 강조하고 있다. 아마도 농업경제학자라는 그의 초기 경력 때문에 그는 실증과학에의 정열을 계속 유지하고, 최종적으로 '말하는' 것이 가능한 자료를 수집하는 것에 열중할 수 있었을 것이다(이는 오리구치와는 공유하지 않는 경건함이다). 따라서 그는 해석하는 것에 소극적이었고 단순한 표상에는 혐오까지 품고 있었다. 다시 말하면 사실 그는 이야기, 전설, 풍속으로 하여금 스스로 이야기하게 하는 욕망을 가지

99

고 있었기 때문이었다. 확실히 실증주의적인 엄밀함을 향한 그의 이러한 관심은, 단지 경험을 표현하는 것이 아니라, 이것을 직접적으로 또한 실재로 포착하고자 항상 노력했던 전략과 일치한다. 비록 그는 이러한 영웅적인 프로그램을 결코 실현할 수 없었지만 말이다. 오리구치 시노부에 따르면, 야나기타 민속학의 새로운 혼魂은 조사 안에 '의심'을 도입함으로써 국학 프로그램의 완성을 약속하는 것이었다. 그것은 국학의 '도덕적 확신'에서 명백히 결여되어 있는 요소였다. 지식의 희구를 의심한다는 차원에 결부됨에 따라 야나기타는 그의 조사 프로그램이 현대 생활에 대한 보다 완전한 이해를 보장한다고 확신했다. 왜냐하면 현대 생활은 지금까지의 민중적 과거와 인접해 있기 때문이다. 따라서 과학적 회의는 민중생활로부터 제공된 '대단히 재미있는 재료'를 조사하기 위한 출발점이다. 이것들은 항상 '엄밀하게' 접근되어야만 한다. 국학의 방법에 이끌리면서, 또한 동시에 스스로를 과거의 계보로부터 갈라놓음으로써, 야나기타는 아마도 부지불식간에 국학의 도덕적 확신에 주의를 기울이게 되면서 국학을 이데올로기화한 것이리라.

야나기타의 학문은 위험에 처해 있는 생활 형태를 보존하는 행위를 통해 이제까지 은폐되어 있던 것을 표면화하는 것을 추구했다. 현대사회에서 민중과 그 생활을 이해할 수 있는 학문을 구축하려 한 야나기타의 노력은, 말하는 형식의 역사와 역사적 표상에 대한 비판에 맞춰 있었다. 실제로 향토학이라는 새로운 과학을 구축하는 행위는, 민중에 대한 지식을 억압하고 그들의 일상생활의 세부에 관해 언급하지 않는 역사적 방법의 결점을 메우는 것이었다. 역사적 이야기는 "전쟁과 영웅에만 감탄을 집중시킴으로써 평범한 민중의 역할을 희미하게 해 왔다." 과거 농업생활의 여러 측면을 볼 수 있는 기록조차 예외 없이 관리나 촌 관리자에 의해서, 곧 민중의 일상생활 밖에 있는 자에 의해서 씌어진 것이다. 3000년에 이르는 민중의 계보는 문서 안에는 거의 남아 있지 않다.[32] "정치가와 전쟁 이야기를 말하는 대사건"에만 관심을 기울이기 때문에, 역사는 항상 과거를 표현하는 데 그칠 뿐 과거가 언제나 현재와 교섭하고 현재 안에 살아 있음을 설명할 수 없다. "더구나 지금까지의 역사에서는 어떻게 오늘날 '야시키屋敷'에 있는 집이 번성하고 빈부 가지각색의 생활방침이 형성되었는가를 가장 이해관계가 깊은 자에게 설명하는 것이 불가능하다."[33] 실제로 일본은 "보통 사람들의 역사를 가지지 않는다." 그들이야말로 나라의 척추를 구성하고 있음에도 불구하고 그들은 역사에서 "존중 받는 일 없이" 냉담하게 취급되었다.[34] 그러나 향토에 대한 연구는 "오늘날 사회가 직면한 실생활에 가로놓인 의문"을 이해하기 위해서 "평민의 과거를 아는 것"을 지향하지 않으면 안 된다.[35]

역사의 잘못은 주로 반복의 끊임없는 리듬을 고찰하지 않고, 사건은 일회적일 뿐 반복되지 않는다는 전제에 의거하고 있다.[36] "역사는 전에도 후에도 단지 한 번밖에 일어나지 않은 사실에 한정된 것이라고 체념하고 있는 사람이 많기 때문에, 일단 나라 안에 똑같은 전설의 예가 수없이 많다는 것을 알고 당황하지 않는 자가 없었다."[37] 무수한 설화들의 존재 그 자체가 보여주는 것은, 역사적 표상이 (그와는)

101

---

32 『柳田集』25권, 266면. 1929년에서 1930년까지의 집필에서 야나기타는 '색음色音'에 기반을 둔 풍속 연구를 주장했다. 『明治』, 21면 참조.

33 『柳田集』25권, 264면.

34 『柳田集』27권, 16~77면; Hashimoto, op. cit., p.39.

35 『柳田集』25권, 264면.

36 야나기타의 반복을 보지 않는다는 역사 비판과 고바야시 히데오小林秀雄가 수년 전에 한 역사 비판을 비교하는 것은 시사점이 크다. 고바야시는 역사가 스스로를 반복하는 데 지나지 않는다고 비판했다.

37 『柳田集』25권, 315면.

다른 존재 형태를 얼마나 공적인 기록으로부터 배제하고 "그늘 속으로" 쫓아내버렸는가 이다. 그렇더라도 그러한 존재 양식이 역사 안에 존재하고 있다는 것은, 그것이 망각에서 살아남아 오늘날까지 지속되고 있음을 분명히 보여주고 있다.[38] 문화는 연속적이므로 전대前代의 일상생활은 아직까지 현재 속에 포함되어 있다. 역사적 반복이라는 원리의 발견은, 전통적인 역사기술의 실천에서는 억압되어 왔으나, 그것이야말로 향토에서의 민중 연구를 일신一新하는 '커다란 힘'이라 할 수 있다. 따라서 우리가 이제까지 적응해 온 역사는 '반복'이고, 민족의 기원에서부터 반복되고 반복되어 온 일상생활의 끊임없는 위대한 기록으로서 나타난다. 결코 멈추지 않은 민중의 과거 족적, 의식주에 관한 자료와 용법에서 연중행사에 이르기까지 역사적 변화와 시대적 사건을 벗어난, 영속적 생활의 형태를 구성한다. "도롱이와 삿갓을 매년 새롭게 만든다 해도 과거의 것과 똑같이 만들 수 있다면 같은 것이다."[39] 먼 과거에 시작된 이러한 실천과 산물도, 현대인이 그것을 일상생활에서 이용한다면 새로운 모습으로 나타난다. 그러나 반복되기 때문에 생기는 이러한 이중성과 겹쳐짐repli은 예외 없이 차이를 만들어내고, 불가사의한 영역과의 조우를 보여준다. 그것은 곧 같아도 같지 않은 것이고, 아직까지 현재인 듯한 과거이며, 근대와 그 타자이다. 반복되는 행위를 모아서 모두 쌓아본다면, 우리는 확실히 국민적 존재의 직접성을 발견할 수 있을 것이다. "우리들에게 있어서 일상생활의 사실들(리얼리티)이 현재 이전에 존재했던 과거를 이야기하고 있다. 이를 남겨짐 혹은 잔류라 명명하거나 혹은 지속이라 부르는데, 여기에는 엄청나게 많은 구식 관습이 우리를 둘러싸고 있다.

---

38 『柳田集』25권, 267면.
39 益田勝實 편, 『柳田國男─現代日本思想體系 제29권』, 筑摩書房, 1965, 283면.

또한 우리들 안에도 이것은 숨겨져 있다. 이것(우리 안의 과거)을 의식하지 않고 살아가는 것이 오히려 교양 있는 자에게는 불가능하게까지 되었다. 많은 경우 성찰이 즉 채집이고 또한 분류이기도 하고 비교이기도 하다. 이 정도로 쉽게 과거를 해석할 자료를 정리할 수 있는 상태를 다른 나라에서는 바랄 수 없다." 그는 다른 글에서, 눈앞에 존재하는 다양한 사실에서 지식을 얻으려는 것은 '쇠퇴된 상식의 보강'이라고 서술하고 있다.[40]

다만 문화적 불균등을 경험함으로써 그것을 이해할 수 있다. 야나기타의 방법에는 여행이 포함되어 있는데, 이는 길 위에서 많은 시간을 소비함을 말한다. 그것은 마치 조상의 생활 이야기와 전설을 모으기 위해서, 최후의 고독한 순간에 도달하게 될 집을 향하여 반복해서 회귀하는 것과 같았다. 그는 이러한 과정을 조사 대상인 원주민의 생활사에 거리를 두고 그것을 관찰·판단하는 '백인'의 실천과 대조하면서, 표현과 해석이라는 행위와 불가분한 민속지 보고서를 만들어 내는 방법만으로는 문화를 겉핥는 것 이상은 불가능하다고 설명했다. 집으로 회귀하는 과정에서 민중이 만들어 온 것을 모으는 작업은, 관찰을 기록하는 것보다 훨씬 정확한 방법이다. 관찰자의 민족지적 보고서에 의거하는 것은 사진을 보거나 찍는 것과 같다. 이는 모두 관찰자를 대상의 외부에 둔다.

야나기타의 전략은 조사자를 조사의 장면 내부에, 어쩐지 두려운 영역 내부에 두는 것이다. 여기에서 근대 일본은 그 분신과 마주보고, 또한 현재는 과거와 만난다. 이것은 모든 점에서 닮아 있는, 그러나 현재 시간과는 어긋나 있다.[41] 이는 현대 사회에서 기억으로 이끌리

40 위의 책, 19면.
41 Ivy, *op. cit.*, pp.84~85.

는 것이 어떻게 역사의 주장에 대항하여 움직이는가를 보여주고 있다. 야나기타에게 있어서 민족지의 방법은, 그 두려운 경험의 역사적 수위선을 나타내고 바야흐로 향토를 특징짓기에 이른 이 문화적 불균등을 끼워 넣는engaging 데에는 역부족이었다.

구미의 학자들 중에서는 구식과 신식(관습)이 흡사 찬물과 뜨거운 물처럼 별개로 존재하는 것이라 생각하는 사람들이 많다. 그중에서도 레비 브륄Levy-Bruhl의 『원시인의 심경The Primitive Mind』 등은 이것을 강조한 저명한 저서이다. 그러나 누군가가 오늘날 마치 하구의 조수가 오르내리는 것과 같은 일본의 상황을 본다면, 또한 그가 양심 있는 학자라면 반드시 커다란 단서를 붙이지는 않으리라. 이른바 잡종 문명은 단지 일본뿐 아니라 동양의 어떤 항구에 가더라도 가지각색으로 볼 수 있을 것이다. 문화의 복합에 반드시 정해진 방식은 없다. 한쪽이 물러나야 (다른) 한쪽이 이 장소에 나아갈 수 있는 것이 아니라, 이중생활은 항상 쌍방이 서로 양보하는 것이다. 어떤 행동이나 사고방식이 눈에 띄게 일반적인 풍조와 조화되지 않는 것처럼 생각된다면, 나아가든지 물러가든지 어떤 한 쪽에 계속 치우쳐 있기 때문이다. 이러한 상황을 외부에서 냉정한 눈으로 보는 것이야말로 모순이라고 비판받지만, 사람들의 생활의 현실에서는 그러한 것을 염두에 두지 않고도 얼마든지 살아 갈 수 있다. 이른바 서울 안의 시골이라 할 수 있고, 현대에 여러 종류의 옛날이 뒤섞여 있는 것이다.[42]

야나기타는 이 불균등의 경험을 '학문의 보물섬'이라 명명했다. 그는 그것을 보고 또한 경험할 수 있다는 것은 일본의 행운이자, 여기 사는 사람들의 행복한 운명이라 확신하고 있었다. 실제로 '눈앞에 존

---

42 『柳田集』 25권, 279~280면.

재하는' 풍속을 검증하려고 한 『메이지다이쇼사 세상편』의 출현은, 특히 도시에서의 현대 일본 생활이 어떻게 오랜 풍속과 새로운 풍속이 혼합된 생활형태의 잡종화를 보여주는가, 또한 서민이 어떻게 이것을 받아들이고 이것에 적응하고 있는가를 보여주는 것이었다. 그러나 이것이 가능했던 까닭은 하니 고로羽仁五郎가 동시기에 신랄하게 지적했듯이 민중이 새로운 도시 주인을 위해 경작하고, 촌을 떠나 도시에 왔기 때문이었다. 이러한 의미에서 일본은 이미 지방과 시골에 한정되는 것이 아니라, 오히려 민중의 생활의 흔적이 묻어 있는 모든 장소를 가리키게 된다. 야나기타는 도쿄와 오사카와 같은 대도시에서도 민중생활의 정신은 이러한 관습의 융합에서, 또한 사라져가는 '향토' 생활을 '이향異鄕'의 입장에서 재건하는 능력에서 여전히 건재하다고 믿었다.[43] "오늘날 이러한 경험이 없는(시골에서 살아본 적 없는) 사람일지라도 우리 마을의 형세를 여전히 설명할 수 있다. 우리 마을을 이해할 수 있는 까닭은 다른 마을을 보았기 때문이다. (이는) 이웃이 아닌 것과 비교한 이후에 나온 결과이다. 즉 고향의식의 변화는 당연히 이향에 대한 흥미가 증가하면서 나타났다."[44]

야나기타는 외국인의 조사가 항상 형편없고 비웃을 만한 것밖에 없다고 비판했다. 왜냐하면 외국인의 조사는 직접적인 경험에 의거한 것이 아니라, 2차 자료에서 건진 '수집물'에 대한 고찰이거나 윤색한 것에 지나지 않기 때문이다. 민중을 이해하기 위해 필요한 것은 해석이 아니라 그들의 경험에 공감하는 것이다. 조사자는 민중이 제2의 본성으로 삼는 정신적 신앙의 기초가 무엇으로 구성되어 있는지 이해해야 하는데, 이것은 외국인의 이해력을 뛰어넘는, 신앙적 차원

105

---

43 『明治』, 182~183면.
44 『明治』, 183면.

의 것이기 때문이다. "조사대상자의 말의 배후를 파악하기 위해서는 상당한 능력을 지녀야만 한다." 따라서 조사자는 "백인의 흔적을 쫓는" 것과 같은 "한심한 모방"을 하지 않도록 노력해야 한다. 민간전승에서 분명히 가장 중요한 조사 항목의 최종 단계는 '마음'과 일상생활에 관한 의식을 모으는 것이다. 그것이 곧 '골자'이다. "외국인은 여기에 참여할 수 없다."[45]

야나기타는 다음과 같이 쓰고 있다. 영국에서는 옛 시대로부터 전해 내려온 일상생활의 고풍스러운 형태가 옅어지고 있다. 이것이 없어져 버리면 향토 연구를 하는 공동체 연구 프로그램은 실행할 수 없다. 대개 런던에 모이는 학자들은 나라 밖 어딘가로 나가서 (연구)재료를 모아 오는 방법을 채택하고 있다.[46] 다시 말해 민속학자는 외국에서 재료를 모아서, 그들로서는 이미 그 흔적조차 손에 넣을 수 없는 영국 생활에 대해서 말하는 것이다. 그들이 취한 방법은 조사하는 자와 조사받는 자의 경계선을 설정함으로써 양자 사이의 거리를 크게 벌려 놓는 것이다. 조사에서 외부의 관점이 이미 그 사이에 들어와서, 조사자가 조사대상에 직접적으로 영원히 접근할 수 없게 만든다. 외국에서 모은 정보가 국내 일상생활의 이해에 직접적인 관계가 있는지 없는지 민족지는 확신할 수 없다. 이것은 일본의 민간전승 연구와 달리 단순히 기묘한 것, 또는 낯선 것과의 만남이지, 왠지 모를 두려움과의 만남은 아니다. 다시 말해 같은 것이 차이를 수반하며 되풀이된다는 것을 인식하거나, 억압받았던 향토의 집합적 경험을 재현하는 것은 아니다. 야나기타는 풍속이 조사대상을 만들어내는 장면에 대하여 준거틀을 구성했는데, 풍속은 단지 이것을 체험하는 사람들

---

45 『柳田集』25권, 337면.
46 『柳田集』25권, 292면.

이나, 이것을 만들고 있는 문화적 구조에 속할 때에만 의미를 지닌다고 주장했다. 이러한 한정된 의미에서 그는 민간전승 연구를 도쿠가와시대의 국학자처럼 자기에 관한 지식과 이해를 분명히 하는 데 이바지하는 학문이라고 생각했다.[47] 외국의 잘못된 조사방법에 예속되는 것을 피하기 위해서, 그는 조사의 수준을 다시 정리하고 다른 조사 대상이 보다 깊은 경험의 층에 대응하는지 보여주고자 했다. 제1부는 관찰을 통해 획득된 일상생활의 외형이 기록된 여행자의 수집물. 제2부는 언어에 대한 지식을 통해 배워야 할 생활의 해설. 제3부는 민중의 마음과 생활의식에서의 '골자'를 나타내는 수집물.[48] 우리는 이러한 세 개의 층위 안에서 세 번째 것이 가장 중요하고, "극소수를 제외하고 외국인은 이것에 참여할 수 없음"을 이미 알고 있다. 그러나 첫 번째나 두 번째 수준은 궁극적으로 세 번째 수준의 방법에 의존하는 것으로, "외부에서 보거나 듣는 행위로는 결코 파악할 수 없는 원주민의 마음 속 비밀"을 분명히 하기 위한, 표면에서 사물의 핵심에 다다르는 궤적의 단계를 이루는 것에 지나지 않는다. 초기의 『메이지다이쇼사 세상편』에서 그가 설명하고 있듯이, 듣는 것과 보는 것은 내재적 관점에서 실행되어야만 한다. "우리의 수집은 또한 동시에 원주민의 내적 생활에 관한 고찰이었다." 이것은 "향토 안의 향토로 회귀하기" 위한 수단을 제공한다. 이러한 움직임에 의해 야나기타는 민간전승 연구에 근대적 일본인 의식이라고까지는 할 수 없어도, 결코 닿을 수 없는 기원으로의 욕망이라는 구조를 부여하게 되었다. 이것은 또한 돌이킬 수 없는 상실에 의해 야기되는 노스탤지어를 위한 길이었다.

1930년대 대부분의 지식인들은 예외주의로의 분명한 기울어짐을

---

47 『柳田集』25권, 325~328면.
48 『柳田集』25권, 336~337면.

공유했다(1930년대 지식인들은 대부분 예외주의로 기울어지는 모습을 보였다).
야나기타의 예외주의는 자기에 대한 지식을 실현하고 미래에 행복을
가져오는 것이 조사의 목적이라는 확신과 결부되었다. 이 논의는 이
미 오리구치 시노부가 표명한 바 있다. 그의 이론에서 국문학은 고대
에 매년 거행되던 의례의 축사에서 유래된 것으로, 이는 신들을 부르
고 마을의 풍년과 번영을 기원하는 것이었다. 야나기타는 농촌의 구
제라는 초기의 관심을 결코 버리지 않았다. 그러나 그는 1930년대까
지 구제가 사회적 연대를 보증하는 원리와 집합적인 경험을 인정하
는 것이라고 믿고 있었다. 토착 사회에 도움이 되는 내면적·정신적
생활에 관한 지식은, 1930년대의 초반 그가 '신국학新國學'이라 명명한
것으로 결실을 맺었다. 이 새로운 국학은 '오키나와沖繩의 발견'에 의
해 강화된 것이었다. 그가 최초로 오키나와 여행을 한 것은 1921년이
었는데, 이후에 그는 이를 "우리 연구에 있어서 획기적인 사건"이라
기술했다. 오키나와는 변함없는 종교적 신앙과 실천의 보고寶庫를 제
공했는데, 그는 그것을 일본인의 일상생활이 계속되는 기본적인 형
상이라고 보았다. 오키나와를 고대 일본인 생활이 냉동 건조된 잔류
(이것은 실제 관찰이라기보다 오히려 오인이었지만)로, 혹은 오리구치가 말했
듯이 7세기 일본의 거대한 살아있는 모조품 혹은 실험실로 간주함으
로써, 야나기타는 아이러니컬하게도 외국 민속학의 잘못으로 지적한
것과 똑같은 오인을 스스로 재연하는 위험을 범했다. 그러나 오키나
와와 그 자신의 독자적 주장을 이처럼 안이하게 문제의식 없이 동화
시킨 것(조선에 관해서도 똑같은 주장을 했지만, 그다지 성공하지 않았다)은, 전
간기 일본에서 문화과학에 늘 따라다니던 식민주의적 무의식이 나타
난 것이었다. 이것은 오리구치로부터 미키 기요시三木清, 와츠지 데츠
로和辻哲郎에 이르기까지 다양한 사람들이 공유하고 있었다. 오리구치

는 이 섬에서 고대 나라奈良를 보았다. 앞으로 살펴보겠지만 미키의 '협동주의'의 형성은 동아시아인들 사이에 존재하는 차이를 쉽게 간과한 공동체적 형제애에 입각한 것이었다. 그리고 와츠지의 철학적 인간학은, 관계와 같은 동화주의적 관념이나 존재를 결정하는 것은 시간과 하이데거가 말하는 '역사'라기보다 공간이라는 것을 승인하는 것이었다.[49] 야나기타는 민중에 대해서 지속적으로 연구하는 데에 있어서 오키나와가 무한한 가능성을 약속하는 유일한 중요 원천이라고 거듭 강조했다. 왜냐하면 그곳에는 고대의 생활이 여전히 남아 있기 때문이었다(오키나와의 왕가王家는 가마쿠라 막부와 동시대까지 거슬러 올라간다). 그는 고대 오키나와가 외국과의 접촉에서 비교적 고립된 섬이었다고 간주했다.[50] 불교의 존재와 영향조차 무시할 수 있을 정도여서, 보다 뿌리 깊고 보다 오래된 토착 신앙과 그 실천에 불교는 영향을 미칠 수 없었다. 만약 오키나와가 진정한 불변의 일본을 이해하기 위한 모형을 제공하지 못한다 해도, 이것은 중요한 해석의 대상을 제공한다. 오키나와는 "다른 곳에서는 볼 수도 없고 비교될 수도 없는 무의식적인 고대의 풍습을 아직도 보존하고 있고, 우리의 의문에 해결의 열쇠를 주는 것이 수없이 많다."[51] 오키나와에서 아직까지 보존되고 있는 기본적인 신앙(이것은 일찍이 고대 공동조직을 구성하고 있던 것이었다)을 회복하는 것은, 현재 사회를 결정하는 원리를 찾아내고 민중을 사회적으로 통합된 단위로 정리하는 데 적절한 형태를 찾아내는

109

---

[49] 와츠지和辻의 인간학에 의해 만들어진 위험의 평가에 관해서는 Naoki Sakai, "Return to the West : Return to the East : Watsuji Tetsuro's Anthropology and Dicussion of Authenticity", *Boundary 2*, vol.18, no.3, 1991.

[50] 야나기타는 제1차 세계대전 후에도 오키나와의 회복에 관해 실천적으로 같은 논의를 하고 있다.

[51] 『柳田集』 25권, 317면.

일에 도움이 된다. 야나기타는 현재 시대를 종교에 대한 관심이 옅어진 시대로 보았는데, 바로 이때가 향토 연구라는 적절한 학문의 움직임을 통해서 아직까지 묻혀 있는 기본적인 신앙을 소생시키는 데 좋은 시기라고 논했다.[52]

야나기타는 1920년대의 지배적 분위기와는 달리, 향토의 고뇌를 설명하거나 토지에 의해 집을 보증하는 재건책을 입안하는 것이 물질적인 요인에만 호소해서 해결될 일이 아니라고 믿게 되었다. 그가 주장한 해결책은 정치적 혹은 경제적인 것이 아니라 오히려 문화적 특히 종교적·정신적인 것이었다. 지방의 곤궁함이라는 문제는 대부분 시골의, 나아가 일국 전체의 종교의식의 약화에서 비롯되었다. 새로운 국학이 해야 할 과업은 고고학적인 실천을 따라서 상대의 종교적 실천을 국민생활의 중심에 두는 것이어야 한다. 그리고 이것은 "현재 농촌의 동요와 고민의 밑바닥"에 오랜 신앙의 '자취'가 있다는 것을 인정하지 않고서는, 곧 종교적 의식이 억압되었던 현실을 인정하지 않고서는 달성될 수 없다. 야나기타는 이 위기를 완전히 이해하기 위해서 그리고 "우리가 거쳐 온 과정을 알"기 위해서 "상대上代 신앙의 문제를 제쳐둘 수 없다"고 논했다.[53] 향토 연구는 현대 사회에 있어서 종교와 그 기능의 중요성을 인정받자마자 '유용'한 것이 되었다.

그러나 학문의 유용성에 관련해 필요한 논거는, 민중에 대한 연구가 "스스로 알고자 하는 소망"에, 따라서 "세상을 구하는" 데 이바지해야 한다는 확신이었다. 야나기타는 현재의 위기가 자본주의에 의해 발생된 것이며, 이것이 모든 관계와 신앙을 무너뜨리고 있다고 생각했다. 이것은 특히 농민계급이 경험한 실업과 만성적 불황이 증명하

---

52 『柳田集』25권 322~323면.
53 『柳田集』25권, 327면.

는 바이다. 1920년대 주창된 사회개조운동은 '문제의 집'에 대한 응답의 하나였다. 확실히 눈에 보일 정도로 실업이 만연해 있고, 그런 만큼 많은 사람들이 해결책을 찾으려 했으나, 대부분 말 뿐이었다. 제안된 것 중 상당수는 "시세에 적합"하지 않았다.[54] 그가 풍부한 의미를 함축한 '시세'라는 언어를 사용해 표현하고자 한 것은, 인간의 노동에 의해 생산된 일로써 더구나 자연스럽다고 여겨지는 것에 의해 생겨나는 모든 해결책이었다. 그 시대에 열광적으로 제창된 사회개조에의 여러 가지 제안은 자연에 반하는 것이었다. 여기서 야나기타가 시사하고 있는 것은 분명히 일본에 수입된 좌익의 정치적 이데올로기와 그 정치적 프로그램이다. 그는 과거에 존재했던 실천으로 통하는 프로그램에 대한 헌신과 지식의 실용성으로 회귀함으로써, 추상에 대한 모더니스트적 공격과 구체적인 것에 대한 모더니스트적 희구를 굴절시켰다. "단순한 추상적 논리로 미끄러지지 않는다면, 개혁되어야 하는 사태의 경과와 뿌리 깊음, 이것을 얼마나 뿌리 뽑기 곤란한가를 음미해볼 필요가 있다."[55] 향토에 관한 지식이 그에게 알려준 것은, 농촌이 곤궁과 토지를 근거로 집의 보존을 확실히 한다는 것이 단순히 물질적 즉 경제적 측면만으로는 해결될 수 없다는 것이다.[56] 그는 농촌에 빈곤이 만연하고 있는 것을 인정할 용의가 있었지만, 현재의 위기가 이전의 상황을 설명할 수 없는 도식을 지지하는 것을 거절했다. 만약 동시대인이 농촌의 "동요와 고민"의 밑바닥에 있는 상대 신앙의 '흔적'을 인정하지 않는다면, 민중의 일상생활을 재구축할 기회는 거의 없을 거라고 그는 경고했다. 민중은 진정한 자신과

111

---

54 『柳田集』 25권, 326면.
55 『柳田集』 25권, 326면.
56 『柳田集』 25권, 327면.

다시 하나가 되기 위하여 노력해야 한다. 설령 이것이 두려운 타자로서 그들에게 친숙하지 않은 모습으로 나타난다고 해도. 이러한 성찰에 있어서 야나기타는 동시대 농본주의자들이 팔고 다니던 도덕적인 변명을 흉내내는 것과 다름없는 지경에 이르렀다. 그가 위기의식이 보다 강고한 농촌 파시스트와 갈라지는 지점은 근대화된 사회의 한복판에서 종교적 신앙을 부흥시키고자 하는 깊은 관심에 있어서였다. 그는 이것이 보다 거대한 위협이 발생하는 것을 막는 가장 확실한 해결책이라 간주하고 있었다. 그것은 사회적 통합의 유대가 파괴되고 사회가 갈기갈기 찢어지는 것에 대한 두려움 때문이었다. 이러한 역사적 정황 속에서 그가 상상한 신국학은 "인간이 스스로를 알고자 하는 소원"에 답하고자 하는 것이었다.

이 시점에서 야나기타가 구축한 민중은, 1930년대 다카다 야스마高田保馬와 같은 사회사상가에 의해 형성되고 있던 이데올로기화된 민중상과 궤를 같이 하게 된다. 다카다는 '인류학주의'에서 '민족주의'로 전화轉化할 것을 주장하고, 스즈키 에이타로는 '민중정신'에 따라서 특징지어지는 공동체주의를 찬양하고, 아루가 기자에몬有賀喜左衛門은 우두머리와 부하와 같은 계급적 관계를 동족이라는 민중의 기반 안에 두었다. 이러한 이데올로기화는 뒤에서 살펴보겠지만 '민족주의'라 명명되었고 '복고주의'로 비판받았지만, 마침내 민중이라는 형상과 그 불변의 사회질서를 국가 그 자체의 대신하는 것으로 이용하기에 이르렀다. 그러나 하니 고로, 도사카 준戸坂潤과 같은 사상가가 민속학자와 향토 연구자의 주장 그리고 그 민중의 표상이 일개의 환상, 나아가 결코 존재한 적이 없는 잃어버린 기원을 추구하는 것이라 비판하기 시작한 것도 이러한 역사적 정황에서 비롯되었다. 하니가 향토 연구를 비판함에 있어서 필요로 한 것은("열에 아홉은 이미 공동체에서 살아가는 게 아니다"라고 그는 부르짖었다) 새로운 행동의 주체였다. 표상 안에 갇혀서 그것에 지배되고 있는 민속학자라는 인식적 주체가 아니라, 민중이 아닌 대중을 위해서 공동체를 해방시키는 행위를 통해 역사를 만들 수 있는 실천의 주체였다. 설령 하니가 불균등의 거대한 귀결을 도시와 농촌 사이에서조차 결코 인정하려 하지 않았다 해도, 그는 "사람들을 환상과 기만으로부터 해방하는" 적절한 공동체 연구를 수립하는 일에 힘을 기울였다. 도사카 준은 이에 제도가 태곳적부터 계속되었다고 주장하는 '일본주의자'의 여봐란 듯한 주장을 픽션이라 물리치면서, 그것이 만들어낸 상실과 노스텔지어에 대한 욕망으로부터 일본인을 해방시키고자 노력했다.

야나기타의 프로그램은 다른 사람들과 마찬가지로 '자연스러운 공동체'가 일상생활의 풍속 안에서 그 자신의 본질을 어떻게 나타내는가에 주로 관심을 두었다. 그의 손에서 공동체의 이미지는 무엇보다도 조직적이고 살아 있는 전체성으로서 나타나는(곧 항상 스스로 현현하는) 내재주의적 표상을 획득했다. 그러나 이러한 민중의 조형은 어떤 해석적 틀에 의해 만들어지는 것이고, 그것은 이미 구술성, 공간성(역사를 지니지 않은 시스템의 공시적 그림), 타자성(특히 문화적 단절이 보이는 차이), 무의식성(집합적 현상과 사람들의 일상생활에 침투해 들어왔다고 생각되는 요소들의 평균)을 강조하고 있었다. 이 모든 것은 기술記述과 시간, 즉 사건과 정체성과 의식에 따라 특징이 부여되는 역사적 순간의 단속斷續이라는 개념에 대항하여 만들어졌다. 또한 "자연스럽고 유기적인 공동체"와 거기서 살아가는 시간을 초월한 민중에 대한 호소는 사회적인 확산에 대한 위협과 역사적 계급의 주체성을 치환하는 데 이용되었다. 1930년대 후반까지 민속학 그룹은 동아東亞라 불리는, 보다 폭넓은 정체성의 기반이 되고 지역적인 통합과 편입을 필요로 하는 여

113

러 가지 제국주의적·식민주의적 정책에 이데올로기적 지주를 제공하였다. 결국 민중과 그들의 자연스러운 공동체를 만드는 데 바쳐진 담론은, 문화에 대한 보다 넓은 담론 아래로 미끄러지고 말았다. 이는 마치 공동체에 대한 그 이전의 담론이 문화의 고찰에 동화된 것과 같았다. 일본 사회과학의 실천과 사상에 있어서 이러한 인식론적 주체가 승리를 거두었다는 것의 의미를 판단하기는 어렵다. 그것은 '우리 일본인'을 '그들'(외부의 세계)로부터 끊임없이 구별하고자 하는 그 숭고한 이분법을 강조하기 위해서 항상 사용되고 있는 것이고, 하이데거의 본래성과 비본래성이라는 또 하나의 구별을 상기시키는 것이었다. 그것은 궁극적으로 일본학이라 불리는 하나의 학문 분야 형성에 권위를 부여한 것이라 할 수 있다. 이 학문은 민중, 공동체, 문화(곧 인종의 동의어)를 지식의 주체로 바꿀 수 있도록 했다. 그것은 완전한 역사를 표현하고 완성된 본질을 제시하는 것이었다.

(편집부 후기) 이 글은 해리 하르투니언Harry Harootunian의 저서 『근대의 초극 —전간기戰間期 일본의 역사·문화·공동체Overcome by modernity : history, culture, and community in interwar Japan』, Princeton University Press, 2000)의 제5장 「공동—체共同—体, The Communal Body」의 제2절을 번역한 것이다. 제5장은 전체 3절로 이루어져 있고, 이 글에 앞서는 제1절은 「공동-체의 기억술共同—体の記憶術, The Mnemonics of the Communal Body」이며, 제3절은 「예술, 아우라, 반복Art, Aura, and Repetition」이다. 『근대의 초극』은 梅森直之의 번역에 의해 2003년 이와나미서점岩波書店에서 간행될 예정이다.

'국민'교육의 시대[*]

오우치 히로카즈 大内裕和

1. 들어가며

국민국가의 형성에 있어 중요한 요소의 하나로 국민교육제도의 성립을 들 수 있다. 19세기부터 20세기 초반에 걸쳐 유럽, 미국, 일본 등지에서 국민 모두에게 통학을 의무화시키는 초등교육제도가 정비되었다. 그 과정에서 각국은 기본적인 식자능력literacy의 육성, 특히 '국어'의 습득을 목표로 하였다. 또한 다양한 교육활동을 통해 아이들이 공통의 지식, 인식, 습관 등을 획득하게 되었다. 좀 더 정확히 말하면 초등교육에서의 '국어'의 습득, 공통의 지식·인식·습관의 획득, 다양

---

[*]   이 글은 이경미가 번역하였다.

한 집단활동 등을 통해 '국민'이 형성되었다고 할 수 있다. 근대국민 국가에서 초등교육의 정비는 국민형성과 국민통합에 기반을 제공하는 것이었다고 할 수 있다.

본고에서 다루고자 하는 것은 국민교육의 다음 단계, 즉 20세기 총력전의 시대이다. 제1차 세계대전과 제2차 세계대전이라는 두 번의 총력전은 참전국들에게 미증유의 사회변동을 가져왔다. 군대를 중심으로 일부 사람들만이 참가했던 기존의 전쟁과는 달리 참전국들은 전쟁을 위해 모든 인적 물적 자원을 동원하지 않을 수 없었다. 총력전은 사회 모든 영역에 변용을 가져왔다. 예컨대 애국 이데올로기의 침투, 과학기술과 정보기술의 급속한 발달, 관료체제의 정비, 남성의 전장참가에 따른 여성의 사회참가의 진전 등을 들 수 있다. 그중에서도 총력전을 지탱하는 애국 이데올로기의 침투와 노동자 및 군인 등 인적 자원의 육성에 중요한 역할을 한 것이 바로 교육이었다. 총력전은 19세기의 초기국민국가와 다른 교육시스템을 요구하였다. 그것은 전쟁을 대비해 더욱 강고한 국민통합을 이루고 총력전을 지탱하는 균질한 노동력을 육성할 수 있는 교육시스템의 구축을 의미하였다. 총력전 시기에 형성된 교육시스템은 전후戰後 20세기 후반에 이르는 동안의 국민교육시스템의 기반을 마련했다고 할 수 있다. 국민교육 시스템이 그 성과와 함께 여러 모순을 드러내고 있는 오늘날, '국민' 교육의 시대를 다시 역사적으로 파악하는 일이 중요한 과제로 여겨진다. 따라서 이 글에서는 초기국민국가의 시대와는 다른, 총력전 이후의 새로운 '국민'교육의 시대를 검토하고자 한다.

2. 제1차 세계대전 시기 — 교육변동과 「시국에 관한 교육자료」

전토가 전장이 된 유럽이나 이후 세계경제의 주역으로 등장한 미국과 비교하면, 일본에 있어 제1차 세계대전은 전투의 규모나 정도로 보아 '총력전'으로서의 성격이 약했다고 할 수 있다. 그렇지만 그것이 중대한 사회변화를 야기했음은 틀림없다. 제1차 세계대전은 일본의 자본주의를 비약적으로 발전시켰다. 1914년을 100으로 볼 때 1919년의 공업생산지수는 342.9로 급속히 늘어났다.[1] 화학, 기계, 금속 등의 중화학공업이 전체산업에서 차지하는 비율이 높아졌다. 경제발전에 따라 사회양상에도 큰 변화가 일어났다. 예컨대 도시인구의 증가, 제2차·제3차 산업의 확대, 대중매체의 보급(라디오, 신문 등)에 따른 대중사회의 도래 등을 들 수 있다. 이러한 사회변동은 신중간층이라 불리는 '직원'층의 증가를 야기하였다. 예를 들어 도쿄시의 전체 취업자 중 '직원'층의 비율은 1908년의 5.6%에서 1920년에는 21.4%까지 증가하였다.[2]

경제가 발전하고 직원을 위시한 신중간층이 증가함에 따라 교육에 대한 요구가 높아졌고 중등교육에 진학하는 사람 수도 늘어났다. 예를 들어 1913년에 13만 1,946명이었던 중학교 재학자 수는 1918년에 15만 8,974명까지 증가하였다.[3] 그뿐만 아니라 제1차 세계대전기의 산업발전은 고등교육의 확대도 야기하였다. 1917년에 설립된 내각

---

[1] 제1차 세계대전 중 일본의 경제발전에 대해서는 楫西光速 외편, 『日本における資本主義の發達』, 東京大學出版會, 1958을 참조.

[2] 1910년대부터 1920년대에 걸친 사회변용에 대해서는 南博·社會心理研究所 편, 『大正文化』, 勁草書房, 1965를 참조.

[3] 고등여자학교 입학자 수는 1913년의 68,367명에서 1918년에는 94,525명으로, 실업학교 입학자 수는 1913년의 46,354명에서 1918년에는 65,179명으로 증가하였다. 國立教育研究所 편, 『日本近代教育百年史1 — 教育政策(1)』, 教育研究振興會, 1973.

직속의 교육자문기관인 임시교육회의는 대대적인 고등교육확장계획을 내세웠다. 이후 1918년에 대학령이 공포되었다. 이것은 그동안 관립대학과 종합대학만을 대학으로 인정했던 엄격한 제한을 폐지하고 단과대학과 사립대학도 인정하는 내용이었다. 이는 당시 하라 다카시原敬 내각＝정우회政友會가 추진한 일련의 '적극정책'과도 연동되는 것이었다. 1918년에 발표된 정부계획에 의하면, 1919년부터 6년 동안에 고등학교 10개교, 실업전문학교 17개교, 전문학교 2개교 등 합계 29개교의 관립고등교육기관을 신설하고 의학전문학교와 고등상업학교 중 총6개교를 대학으로 승격, 아울러 기존학교의 학부와 학과의 증설과 증원이 도모되었다. 1917년부터 1919년 사이에 관립학교는 42개교에서 86개교로 약 2배 늘어났고, 학생수용력도 약 1.9배 늘어났다. 이처럼 제1차 세계대전 후 관립고등교육은 짧은 기간에 규모가 배증하는 급격한 확장을 이룩했던 것이다.[4] 이후에도 고등교육은 사립까지도 포함해 1920년대 후반까지 계속 확대되었다.

고등교육의 양적 확대는 사회적 기능의 측면에서도 중요한 변화를 일으켰다. 그것은 무엇보다도 졸업생들의 진로변화에서 나타났다. 원래 고등교육을 마친 학생들의 주요 취직처는 국가 관료와 전문직이었다. 그러나 이 시기에 들어 고등교육을 졸업한 많은 학생들이 기업의 직원층＝화이트칼라를 지향하게 되었다.[5] 기업의 근대적 발전은 고도의 지식을 가진 새로운 인재를 필요로 하였다. 경영의 근대화

---

4 伊藤彰浩,「高等教育機關擴充と新中間層形成」, 坂野潤治 외편,『日本近現代史3─現代社會への轉形』, 岩波書店, 1993, 150~151면.

5 아마노 이쿠오天野郁夫에 따르면, 일본기업은 1900년을 전후해서 직원의 채용기준으로 학력을 중시하게 되었는데, 이것은 교육기관이 전문적 직업인을 육성하는 기관으로서의 역할을 하고 기업의 직원채용과 학력이 거의 결부되지 않았던 동시기의 유럽국가들과 두드러지게 다른 점이라고 지적한다. 나아가 직원채용과 학력이 단단히 결부된 점이 일본의 학력주의의 큰 요인이 되었음을 밝히고 있다. 天野郁夫,『試驗の社會史』, 東京大學出版會, 1983.

에 따라 1917년경부터 기업들은 대졸자를 항시적으로 채용하기 시작하였다.[6] 1908년 당시 도쿄대학 및 교토대학 졸업생들 중 관료가 된 사람들은 회사와 은행에 취직한 사람들의 1.6배였는데, 1917년이 되자 그 수가 역전되었다. 관립대학에서도 기업의 화이트칼라에 취직하는 경우가 일반화된 것이 이 시기의 특징이었다. 이는 고등교육시스템이 경기나 경제성장, 노동시장의 동향과 같은 경제시스템과 밀접한 관계를 갖게 되었음을 의미한다. 즉 고등교육은 경제와 관련하여 인재양성이라는 역할을 짊어지게 된 것이다. 이는 향후 교육정책과 교육연구의 방향에 중요한 변화를 가져오게 되었다.

중등교육과 고등교육이 양적으로 확대되자 교원양성기관이 확장되었다. 1917년에 열린 임시교육회의는 사범교육에 관해 "문과대학에 교육학과를 설치하고 그 시설을 완비할 것"이라고 답신答申하였다. 이에 기초하여 동경제국대학의 교육학강좌는 이례적인 확장을 이루었는데, 철학과 내의 한 강좌였던 것이 다섯 강좌로 구성된 문학부 교육학과로 개편된 것이다. 1920년부터는 그때까지 교육학강좌를 담당해온 요시다 구마지吉田熊次와 하야시 히로타로林博太郞 외에 하루야마 사쿠키春山作樹, 이리사와 무네토시入澤宗壽, 아베 시게타카阿部重孝가 새로운 교원으로 임용되었다. 본고에서는 특히 제5강좌 담당교관으로서 조교수로 취임한 아베 시게타카에 주목하였다. 그의 교육연구와 정책제언이 전시기의 교육제도 개혁에 중요한 역할을 담당했기 때문이다.

아베는 1913년에 동경제국대학 문과대학을 졸업하고 대학원에 진학하였다. 1915년 7월에 대학원을 퇴학한 후 그는 문부성 보통학무국에서 근무하게 되었다. 그는 그곳에서 「시국에 관한 교육자료」라는

119

---

6   尾崎盛光, 『日本就職史』, 文藝春秋社, 1967.

조사에 관여하게 되었다. 「시국에 관한 교육자료」는 당시 문부성이 정책입안에 이용할 목적으로 세계 각국의 총력전 관련 자료를 대량 수집 및 정리한 것이었다. 1915년 4월부터 1920년 3월 사이에 정기 간행된 제1~34집과, 동시기에 간행된 특별집 6책을 합치면 총 40책, 무려 8천 면을 남짓한 방대한 자료였다.

그 내용은 다음 〈표 1〉과 같다.

〈표 1〉 시국에 관한 교육자료

연도	자료내용
1915년	제1집 전시교육
	제2집 전쟁과 학교·대학(독일)
	제3집 전시교육
	제4집 전시교육
	제5집 전쟁과 교육
1916년	제6집 충의미담忠義美談
	제7집 전쟁과 교육
	제8집 전란에 대하여, 전의고양戰意高揚
	특별집1 열강의 소년의용단
	특별집2 학교와 전쟁, 독일의 시국교육전람회
1917년	제9집 전쟁과 교육
	제10집 독일과 세계전쟁
	제11집 영국, 피셔의 연설
	특별집3 피히테 저, 「독일국민에게 고함」
	제12집 통일학교운동
1918년	제13집 산업과 교육제도에 대하여
	특별집4 참전 후의 미국에 관한 보고
	제14집 미국의 첫 등장
	제15집 성인의 전기, 국민의 충용의열忠勇義烈 행위
	제16집 아동문제
	제17집 전시·자녀의 활동
	제18집 미국교육자료

120

연도	자료내용
	제19집 미국·소년고용문제
	제20집 영불독미英仏独美, 전시부인의 활동
	제21집 대전 후의 교육 제문제
1919년	특별집5 시베리아의 토지와 주민
	제22집 구주의 교육상태
	제23집 농촌문제
	제24집 유아·폐병廃兵문제
	제25집 미국교육계의 근황
	제26집 경제계의 요구와 교육
	제27집 미국 학교조사
	특별집6 미국 맹인보호위원회 보고서
	제28집 미국 학교조사
	제29집 미국 학교조사
	제30집 미국 학교조사
	제31집 각국의 교육
1920년	제32집 도서관
	제33집 소년노동문제
	제34집 각국 교육사정

출처 : 문부성 편, 『時局に關する教育資料』, 柏書房, 1997.

121

위의 내용을 전기, 중기, 후기 세 시기로 나누어서 간략하게 살펴보자.[7] 전기(제1~10집, 1915.6~1917.6)에서는 애국주의 교육사상과 실천을 중심으로 소개하고 있다. 특히 제1집부터 제6집에서는 애국주의적 논조의 소개가 눈에 띈다. 그와 함께 주목할 것은 제1차 세계대전을 총력전이라는 이전과는 전혀 다른 성질의 전쟁으로 보는 인식이 곳곳에 보이는 점이다. 제1집의 영국에 관한 기술에는 전장에서 계급차이를 초월한 사람들의 교류가 보인다는 인식이 나타나 있고, 제3집에

---

7   여기서 세 가지 시기구분에 대해서는 佐藤廣美, 『總力戰体制と教育科學』, 大月書店, 1997을 참고로 하였다.

는 이번 전쟁으로 진행되는 독일의 국가적 통일은 단지 전승에 필요할 뿐만 아니라 전후 정치적 사회적 경제적 부활에도 필요불가결하다는 인식이 나타나 있다. 그런데 제7집 이후에는 변화가 보인다. 애국주의에 관한 기술은 여전히 많지만, 한편으로 총력전을 지탱하기 위한 각국 내의 체제정비에 대한 논설이 등장한다. 제7집에 수록된「시국과 영국」에서는 '이화학과 전쟁' 및 '산업과 전쟁'이라는 항목이 주목할 만하다. 전자에서는 이번 전쟁에서 이화학의 발전이 강력히 요청되고 국가에 의해 이화학의 조직화와 제도화가 추진되었음을 알 수 있다. 후자에서는 당시 영국정부가 농공업을 비롯한 각 산업부문에 계획화를 진행시키고 있었음을 알 수 있다. 이상과 같이 여기서는 애국주의사상, 사회조직의 합리적인 정비, 고도의 과학기술의 공존을 확인할 수 있다.

중기(제11~24집, 1917.10~1919.3)에서는 합리적 교육개혁사상과 정책이 소개되고 있다. 중기에 들어가면 자료내용에서 전기와는 다른 큰 변화가 일어난다. 종전이 임박해지자 참전국들에게는 전쟁으로 일어난 구조변동과 그로 인한 체제불비의 시정이 요구되었다. 특별집 제3호에서는 피히테의「독일국민에게 고함」이 게재되었는데, 거기서는 전 유럽의 도덕적 타락을 구제하기 위해 국민교육을 근저로부터 개량하라는 논의가 제기되고 계급차별을 철폐해서 독일인 전체를 빠짐없이 교육하라는 진정한 의미의 독일 국민교육이 주장되었다. 이는 이후 독일에서 추진된 통일학교 이념으로 이어지는 것이었다. 제1차 세계대전이라는 총력전의 경험은 교육에 의한 국민의식의 통일과 교육에 있어서의 평등에 대한 지향을 촉진하였다. 제11집의「영국 피셔 씨의 교육개혁 의견」에서는 중등교육 진학자의 증가를 맞아 교육의 기회균등을 실현하기 위한 국고보조금의 증액이 주장되었고, 「영국노동자교육협회의 교육개혁 의견」에서는 교육비의 무상화와 의무교육 연한의 연장이 논의되었다. 제12집에서는 독일의 '통일학교 문제'가 거론되어 공통의 학교체계로 교육기회의 평등을 모색하는 '통일학교'의 사상과 개혁을 둘러싼 논의가 소개되었다. 또한 흥미로운 것은 전기에는 거의 보이지 않았던 미국에 관한 자료이다. 미국은 특별집 제4호 「참전 후의 미국에 관한 보고」를 시작으로 본격적으로 등장하였다. 거기서는 대학 교수법에서 일본과의 차이점, 교육의 실용주의pragmatism적 경향, 교육의 기회균등을 위한 국고보조 등에 대해 기술하고 있다. 이어서 제18집에서는 전체내용이 참전 이후의 미국의 교육에 관한 소개로 할애되어 있다. 전쟁 중에도 교육의 유지가 주장되고 과학적 지식의 중요성과 이공계교육의 확충이 논의되었던 점 등 전시기에도 합리적인 교육을 추진하려고 했음을 알 수 있다.

후기(제25~34집, 1919.7~1920.3)에서는 미국을 중심으로 교육연구와 교육개혁이 소개되고 있다. 후기에서 가장 특징적인 것은 중기에 들어 본격적으로 등장한 미국에 관한 자료의 분량이 압도적으로 늘어난 점이다. 제27집에서 제30집에 걸쳐 미국의 학교조사에 관한 자료가 게재되었다. 제27집에서는 미국의 교육계에서 학교조사라는 새로운 운동이 전개되고 있는 사정이 소개되고 먼저 학교조사에 적용되는 통계방법에 대해 개설槪說하고 있다. 후반에서는 학교조사의 구체적인 분석사례로 농촌학교 조사를 들어 교원 수, 아동의 연령과 수, 건물시설, 교육제도, 재정 등에 대한 조사와 교육개선을 위한 개혁안이 제시되고 있다. 이 시기에도 중기와 마찬가지로 많은 교육개혁안이 거론되었지만, 특징적인 것은 교육의 기회균등에 대한 주장이 한층 더 강조되면서 미국의 교육제도를 하나의 모델로 인식하게 된 점이다. 이와 관련해 중요한 것은 제25집에 게재된 엘우드Charles. A. Elwood의 「교육의

123

사회화」라는 글이다. 엘우드는 제1차 세계대전 후에 미국이 직면한 경제적 사회적 곤란을 언급하면서, 이를 극복하기 위해서는 국민의 '일치협동'이 필요하다고 하였다. 개인주의적 계급투쟁적인 제도를 대신하여 정치적 산업적 사회적 연대가 일어나야 하며, 이를 위해 필요한 것이 바로 '교육의 사회화'라는 주장이다. '교육의 사회화'란 사회적 안정을 달성하기 위해 '국민적 결합'을 촉진하는 사회적 기능을 교육이 수행하는 것을 의미한다. 여기서는 사회화되는 교육의 단위를 '국민'으로 규정하고, 이번 전쟁이 국민적 교육제도를 요구한다고 주장하였다. 제26집에서는 프랑스의 교육개혁에 대해, 제31집에서는 독일의 교육에 대해 논의되었지만, 모두 복선적 구조를 갖는 유럽의 중등교육제도보다 단선적 구조를 갖는 미국의 것이 교육의 기회균등에 더 우월하다고 높이 평가하였다.

「시국에 관한 교육자료」에의 참가는 아베에게 중대한 의미를 가졌다. 그는 이때부터 원래 예술교육에 가지고 있던 연구관심을 교육제도와 교육행정 분야로 옮기게 된다. 그는 교육철학으로 대표되는 당시 교육학의 관념적 경향에 일찍부터 품고 있던 비판의식을 한층 더 강화하게 되었다. 또한 이 조사의 실시는 후일에 문부성에서 교육정책의 입안을 위해 조사부문을 설치해나가는 움직임과 연계되었다. 비록 총력전으로서의 성격은 약했지만, 제1차 세계대전 후의 경제성장과 결부된 중등교육과 고등교육의 급속한 대중화에 의해 일본의 교육시스템은 거대한 변동기를 맞이하고 있었다. 이것을 어떻게 계획적 합리적으로 운영하고 더 효과적인 국민통합을 실행할 것인지의 문제는 초미의 과제로 여겨졌다. 이러한 분위기는 훗날 아베의 교육과학이 실제 교육정책과 이어질 때 요점이 되었던 것이다.

3. 아베 시게타카의 교육연구와 교육과학운동

전술했듯이 아베는 1920년부터 동경제국대학 문학부 교육학과 제5 강좌 교관으로서 교육행정을 가르쳤다. 그는 1920년부터 1939년까지 아래 〈표 2〉와 같이 강의를 담당하였다.

〈표 2〉 아베 시게타카, 동경제국대학 문학부 교육학과에서의 강의제목(1920~39)

연도	강의제목
1920년	북미합중국의 교육제도 (부)현대의 교육문제
1921년	미국의 학교행정의 양적 연구
1922년	구미교육제도의 비교
1923년	북미합중국의 교육제도 및 학교행정의 제문제
1924년	학교제도 개조에 관한 제문제
1925년	교육행정의 비교연구
1926년	중등교육 비교연구
1927년	교육적 사실의 수적 연구
1928년	교육제도사(주로 프랑스혁명 이후)
1929년	교육행정
1930년	중등교육의 연구
1931년	우리 나라의 교육제도
1932년	구미의 교육제도
1933년	중등교육의 비교연구
1934년	교육제도
1935년	교육제도(실업교육제도를 중심으로)
1936년	교육제도론
1937년	교육제도론(주로 중등교육)
1938년	비교교육제도론
1939년	비교교육제도론

출처 : 阿部重孝, 『阿部重孝著作集』 제5권, 日本図書センター, 1983, 428면.

125

동경제국대학 교육학과 재임 중에 아베는 일관되게 교육제도와 교육행정을 강의했음을 알 수 있다. 특히 그가 유럽 및 미국과의 비교를 중시했고, 중등교육에 높은 관심을 가지고 있었음을 읽을 수 있다. 아베의 취임을 통해 동경제국대학에서 교육제도와 교육행정에 관한 연구가 본격화되었다고 할 수 있다. 그것은 사변적·관념적 경향이 강했던 기존의 교육학 연구에 큰 충격을 주었을 것이다. 더구나 아베의 취임과 동시에 교육학 강좌가 확장되었을 때 문부성으로부터 특별히 연구조사비가 배분된 것도 연구활동에 영향을 미쳤다. 이로 인해 동경제국대학의 멤버들에 의해 연구조사가 실시되었고, 『교원양성제도의 조사』(1923)와 『중등교육의 비교연구』(1926)가 출판되었다. 또한 1927년에는 『교육사조 연구』가 간행되었는데, 여기에는 '연구조사'란이 마련되어 있고 조사기록이 게재되었다. 아베는 이들 조사연구 활동에 적극적으로 참가했는데, 그것은 동경제국대학에서 교육학에 종사하는 기타 멤버들의 연구방식에도 큰 영향을 미쳤다.[8]

여기까지 아베의 연구활동을 살펴보았는데, 그의 교육과학 또한 기존의 교육학과 다른 여러 특징을 가지고 있었다. 첫째로 연구대상인 교육을 사회적 사실로 파악하는 관점을 들 수 있다. 이는 전술했듯 그동안 일본의 교육학에서 주류였던 교육학의 관념성과 사변성을 강력하게 비판하는 것이었다. 아베는 「시국에 관한 교육자료」에 참가함으로써 교육의 사실事實적 측면, 특히 교육제도에 높은 관심을 갖게 되었다. 아베의 연구는 교육제도, 교육행정, 교육재정 등 기존의 교육학에서는 주요대상으로 하지 않았던 영역으로 뻗어나갔다. 그의 연구동향은 20세기 전반의 교육을 둘러싼 변동과 밀접히 연관되어

---

8 구체적인 예로는 가이고 도키오미海後宗臣의 조사에 기초한 실증적 역사연구나 동경제국대학 교육학 연구실 내의 사회조사 그룹인 오카베岡部교육연구실의 발족 등을 들 수 있다.

있었다. 중등교육과 고등교육이 양적으로 확대되고 교육과 노동시장이 깊이 연관되면서 교육제도의 특징과 문제점을 정확하게 파악할 수 있는 연구가 요청되었다. 특히 총력전체제는 행정국가화를 촉진하고 사회통합과 질서유지에 유용한 정책과학을 강하게 요구하였다. 아베의 연구가 총력전시기에 주목을 받은 것에는 강한 필연성이 존재했던 것이다.

두 번째는 실증적 통계적 연구방법이다. 이것 역시 「시국에 관한 교육자료」의 내용, 특히 후기의 내용과 깊이 연관되어 있었다. 아베는 이 조사 외에도 경험적 방법을 이용한 미국의 교육과학에 영향을 받았다. 수량적인 데이터나 통계적 사실을 모아 그것을 바탕으로 분석을 진행하는 아베의 방법은 이론적 사상적 고찰이 중심이었던 기존의 교육학과는 크게 달랐다. 실증적 통계적 방법은 이 시기 심리학에서도 도입되었는데, 그것을 교육제도와 교육재정, 교육과정에도 적용했던 점이 그의 연구의 특징이었다고 할 수 있다.

세 번째는 교육의 기회균등에 대한 강한 지향이다. 아베는 모든 '국민'이 교육받을 권리를 강조했는데, 특히 경제적 사회적 지위에 따라 교육기회에 불평등이 존재하는 것에 비판적이었다. 그러한 사상을 교육제도와 학교체계에 연관시켜서 실현시키는 구상을 전개했던 점에 그의 독창성이 있었다고 할 수 있다. 여기서도 「시국에 관한 교육자료」의 조사를 통해 받은 영향을 발견할 수 있다. 중기 이후부터 유럽과 미국의 교육제도 개혁이 다루어졌는데, 이 시기 유럽에서 중등교육제도는 큰 변동기에 있었다. 그때까지 중등교육은 소수의 엘리트계급이 차지하는 경향이 강했지만, 그러한 중등교육의 대중화 및 평등화를 목표로 하는 통일학교운동이 전개되고 있었던 것이다. 이는 총력전체제가 자본가, 중산계급, 노동자와 같은 계급을 초월한 '국민'의 참여를 필요로 한 사정과 깊이 연관된 것이었다. 아베는 이 통일학교운동에 착목하였다. 그러나 그가 모델로 삼은 것은 여전히 복선형의 중등교육제도를 유지했던 유럽이 아니라 모든 '국민'에게 개방된 단선형의 중등교육제도를 가진 미국이었다. 아베는 미국을 모델로 한 단선형의 중등교육제도를 통해 교육의 기회균등을 실현하는 구상을 갖게 되었다. 1930년에 쓰여진 그의 주요 저서 『구미학교 교육발달사』에 보이듯이 그는 유럽과 미국 등 해외에도 널리 관심을 가졌고, 여러 외국과 비교하면서 교육의 기회균등의 중요성을 논하였다. 교육의 기회균등에 대한 지향성은 그의 교육제도 개혁을 주도하는 이념이었으며, 그것은 전시기의 교육제도 개혁에도 영향력을 가졌다.

아베의 교육연구는 동경제국대학에서의 연구조사 활동에만 그치지 않고 교육학이라는 학문에 대한 문제제기와 개혁으로 뻗어나갔다. 그는 사변적이고 관념적이었던 기존의 교육학을 비판하고 실증적이고 경험적인 방법으로 접근하는 교육과학을 제창하였다. 아베는 1931년부터 이와나미서점岩波書店의 강좌 『교육과학』의 간행에 참여하였다. 거기에는 실험심리학의 발달에 영향을 받아 실증주의적 교육연구를 진행한 기도 만타로城戸幡太郞, 농촌문제와 아동보호 등 실천적 과제를 다루면서 교육의 과학적 인식을 추구한 도메오카 기요오留岡淸男, 그 외에도 후일에 교육과학운동을 이끈 인물들이 참여하였다. 1933년 4월부터는 『교육과학』의 부록이었던 『교육』이 월간잡지로 발간되었다. 편집 대표로는 기도가 선출되었고 도메오카가 이에 협력하였다. 아베는 편집에 직접 참여하지는 않았지만, 논문을 다수 발표하였다. 잡지 『교육』은 '과학주의'와 '생활주의'를 슬로건으로 내걸고 언론활동을 시작하였다. 다채로운 집필자를 갖춘 점이 이 잡지의 특징이었다. 그들은 크게 다섯 그룹으로 나눌 수 있다.

①아베를 필두로 교육과학의 중요성을 주장하는 그룹. 여기에는 앞서 언급한 기도와 도메오카, 그리고 얼마 후에는 전후의 대표적 교육학자인 미야하라 세이치宮原誠一와 무나카타 세이야宗像誠也 등이 들어왔다. ②기타 교육학자 그룹. 요시다와 하루야마, 그리고 가이고 도키오미海後宗臣 등이 여기에 속한다. 이 그룹은 ①과는 달리 종래형의 교육학을 계승한 측면도 있었다. ③쇼와연구회昭和研究會 그룹. 교육문제연구회의 오시마 마사노리大島正德와 호소야 도시오細谷俊夫, 문부성 관료인 미야지마 기요시宮嶋清 등의 교육관계자들뿐만 아니라 문화문제연구회의 미키 기요시三木清와 시미즈 기타로清水幾太郎 등의 지식인, 노동문제연구회의 오코우치 가즈오大河內一男와 기리하라 시게미桐原葆見 등의 경제학자, 사회정책학자 등이 있었다. ④교육운동가 그룹. 여기에는 교수-학습 과정에 생활 현실주의적 기술방법을 도입함으로써 학습자의 문제발견 능력을 육성, 해방하는 방향을 모색한 생활엮기生活綴り方운동, 프롤레타리아의 입장에서 계급투쟁으로서의 교육 실천을 전개하려고 한 신흥교육운동, 전위당前衛党이나 기타 노조운동과 협력해서 계급투쟁을 실행하고 있던 교육노동자조합운동을 이끈 인물들이 속한다. 즉 고쿠분 이치타로國分一太郎, 야마시타 도쿠지山下德治, 이마노 다케오今野武雄 등이다. ⑤사회운동가 및 여성운동가 그룹. 전후에도 활약한 이치카와 후사에市川房枝, 하니 고로羽仁五郎, 하니 세쓰코羽仁說子 등이 여기에 속한다.

이와 같이 다채로운 집필자들을 모았던 점이 『교육』의 내용을 풍부하게 했는데, 그것은 당시 교육문제가 문화, 경제, 노동, 사회정책 등 여러 사회시스템과 관련해서 중요성을 높여가고 있었음을 가리키기도 한다. 『교육』은 당초부터 교육 실천가를 중심으로 독자를 획득했고, 이를 계기로 연구자와 실천가가 모여 공동연구회를 조직하였

129

다. 1936년경부터 다음과 같은 연구회가 만들어졌고 연구의 공동화와 조직화가 진전되었다.

지리교육연구회	1936년 8월 발족
아동학연구회	1936년 9월 발족
보육문제연구회	1936년 10월 발족
교육사연구간담회	1937년 3월 발족
교육사조연구회	1937년 3월 발족
'교육'담화회	1937년 3월 발족
수학교육연구회	1937년 3월 발족
교외교육연구회	1937년 3월 발족[9]

예로 든 연구회 중에는 『교육』의 특집을 계기로 만들어진 경우도 많았다. 『교육』의 집필자들이 연구회를 통해서 현장의 교사들과 교류하는 것은 교육과학의 '실천성'이 확인되는 기회이기도 하였다. 이들 연구회를 통해서 교육과학의 대상은 교육제도뿐만 아니라 개개의 교과내용과 교육의 실천방식, 커리큘럼의 편성 등으로 널리 확대되었다. 미시적 영역과 학교내부의 문제에 대해서도 과학적 접근이 시도되고 실천과 결합하게 되었다. 또한 『교육』의 편집부는 지방의 교육 실천가와 연구자가 자발적으로 연구단체를 결성하도록 지원하기 위해 '회원명부'를 작성하고 독자에게 배포하였다. 이를 계기로 1936년 11월에 나고야名古屋와 오카자키岡崎에서 『교육』의 지방지부가 결성되었다. 지방지부와 연구회의 보급은 결합의 기운을 높였고, 1937

---

9 잡지 『교육』의 독자에 의한 연구회 발족에 대해서는 山田淸人, 『教育科學運動史』, 國土社, 1968을 참조.

년 5월에 각 연구회가 재편되어 '교육과학연구회'가 성립하였다. 『교육』에서 전개된 교육과학의 연구활동과 보급활동은 교육과학의 실천적 운동으로 발전해나갔다.

아베는 이처럼 현장과 결합한 '아래로부터의' 교육과학운동뿐만 아니라 교육정책의 입안에 대한 운동에도 적극적으로 관여하였다. 그는 1930년 5월에 고토 류노스케^{後藤隆之助}, 고토 후미오^{後藤文夫}, 다자와 요시하루^{田澤義鋪}, 오시마, 기도 등과 함께 교육연구회를 결성하고 교육제도 개혁에 대해 논의하였다. 교육연구회는 곧 교육문제연구회로 개칭하면서 폭넓은 논자를 모아 영향력을 가진 국책연구회였던 쇼와연구회(1933년 발족)의 하위조직으로 거듭났다. 교육문제연구회는 1937년에는 회원수를 확대하고 교육개혁동지회로 개칭하였다. 이처럼 아베는 개혁파 국책연구회에서 개혁제언을 하는 한편, 문부성을 비롯한 정부 심의회에서 여러 번 위원을 맡았다. 연구도 실천도 결합한 운동, 그리고 정책제언 등 그의 광범위한 활동에는 놀라움을 금치 못하지만, 과연 이러한 활동은 전시기에 어떠한 의미를 가졌을까.

이 질문을 고찰할 때 참조할만한 연구가 그동안 제출되었을까. 전시기의 교육에 관한 선행 연구를 살펴보도록 하자. 야마나카 히사시^{山中恒}는 아이들의 작문과 편지, 교과서 등 방대한 자료를 발굴하고 전시하에서 교육과 일상생활이 어떻게 국가총동원체제에 휩쓸려들어 갔는지를 밝히고 있다. 야마나카는 국민학교 체련과^{體練科}의 엄격한 규율의 실태, 조례를 포함한 학교행사와 의례의 장에서 엄격한 집단행동이 조직화되어간 양상 등을 상세히 기술하였다. 그러면서 그는 천황제 이데올로기와 군국주의의 강력하고도 비인간적인 지배에 초점을 맞추고 있다.[10]

131

---

10 山中恒, 『ボクラ少國民』 전5책·보권·외전, 辺境社·勁草書房, 1974~1980·1981·1995; 山中恒, 『子どもたちの太平洋戦争』, 岩波書店, 1986.

데라사키 마사오寺崎昌男와 전시하교육연구회는 '연성練成'이라는 개념에 착목하고 있다. 이 개념은 1930년대에 교육의 이념과 실천의 지침을 가리키는 용어로 등장하였고, 1941년(국민학교제도 발족연도)경부터 모든 교육 영역에서 실천을 주도하는 슬로건으로 보급되었던 것이다. 여기서는 그 의미내용이 어떻게 정련되고 그에 사용하여 교육의 실천 방식이 어떻게 변했는지를 검토하고 있다. 학교와 지역 수준의 자료에 기초하여 역사 내재적인 고찰이 시도되었다고 할 수 있다.[11]

사토 히로미佐藤廣美는 교육과학운동과 그것을 이끈 대표적 논자들(기도, 아베, 미야하라, 도메오카 등)의 논의를 검토하고 있다. 사토의 문제의식은 전전의 교육과학연구회가 대정익찬회大政翼贊會에 참가하는 등 왜 총력전체제에 협력하게 되었는지를 밝히는 데 있다. 사토는 교육과학연구회에 관한 기존 연구를 정리하고 '국책협력'을 강조하는 입장과 '저항'을 강조하는 입장 각각의 한계를 지적한다. 그리고 전시기의 교육과학이 총력전체제하에서 교육개혁의 계기를 발견할 수밖에 없는 이론적 약점을 가지고 있었다는 것을 주요 논점으로 고찰을 시도하였다.[12]

그러나 이들 선행 연구에서는 전시기에 20세기 '국민'교육시스템이 형성되는 데 앞서 살펴본 아베 등의 교육과학운동이 어떠한 의의를 가졌는지를 밝히고 있지 않다. 야마나카는 전시기 교육에서 이루어진 지배를 비합리적이고 비과학적인 천황제와 군국주의로 관철된 이미지로 묘사하였다. 그러므로 교육과학이라는 과학적이고 합리적인 학문과 운동이 총력전과 어떠한 관계에 있었는지는 주제화되지 않는다. 또한 국민과 아이들의 자발성이 철저히 억압된 점을 강조하는 나머지

---

11 寺崎昌男・戰時下敎育硏究會 편, 『總力戰体制と敎育』, 東京大學出版會, 1987.
12 佐藤廣美, 『總力戰体制と敎育科學』, 大月書店, 1997.

'국민'교육시스템이 '아래로부터의' 참가로 뒷받침되는 측면을 충분히 파악하지 못했다. 데라시마와 전시하교육연구회의 연구에서는 '연성'이라는 개념과 그 실천형태가 다면적으로 탐구되었다. 그러나 그것을 '총력전하의 인간형성'을 특징짓는 개념으로 보고, 전시하의 천황제파시즘을 지탱한 독특한 실천으로 파악하는 경향이 강하다. 개별적인 교육 실천 수준이 중시되어서인지 전전과 전후를 관통하는 '국민'교육시스템을 파악하려는 시각은 약하다. 사토의 연구에서는 교육과학연구와 교육과학운동을 직접 대상으로 다루어졌다. 교육과학의 전시협력과 저항이라는 문제를 개인의 사상적 의지나 운동의 가능성과 한계라는 수준에서 다루지 않고, 교육과학사상에 내재적으로 접근하는 관점은 본고의 문제의식과 근접하다. 그러나 사토의 연구는 교육과학운동이 '국책협력'을 하게 된 이론적 약점을 명시하는 데 집중하고 있고, 그것이 전시기의 교육제도 개혁과 어떻게 연결되었는지에 대한 문제의식은 희박하다. 거기서는 전시기 교육과학에서 제시된 정책제언이 전후에도 계속된 '국민'교육제도의 형성에 어떠한 영향을 주고 어떠한 특징을 갖게 했는가라는 과제는 다루어지지 않았다.

그 사상과 인물로 보건대 아베가 참가한 교육과학운동은 1930년대의 시대상황에서 당시의 정치권력에 비판적이거나 거리를 두는 경향이 강했음은 틀림없다. 『교육』은 출간이 시작된 1933년에 일어난 교토대학의 다키가와 사건瀧川事件[13]에 대해 정부와 문부성에 비판적인 논지를 전개했다.[14] 그러나 1930년대 후반에 들면 국책에 접근하면서 '동아신질서'와 '대동아 건설' 등의 표현이 잡지와 운동에서 빈번히 등

13 【역주】교토제국대학의 교수였던 다키가와瀧川幸辰가 자유주의 사상을 가졌다는 이유로 강제로 파직되어, 이에 교수들과 학생들이 벌인 저항운동을 말한다.
14 「大學の使命と京都大學の問題」, 『教育』 7월호, 岩波書店, 1933.

장하게 되었다. 1940년 4월에 교육과학연구회는 잡지 『교육과학 연구』를 통해 강령을 발표하였다. 그 내용은 다음과 같다.[15]

교육과학연구회 강령

(一)교육의 과학적 기획화 　우리는 교육사실을 적확히 파악하고 교육을 과학적으로 기획하고자 한다.

(一)교육쇄신의 지표확립 　우리는 국가과제를 달성하기 위한 정책과 관련하여 교육쇄신의 근본적 지표를 확립하고자 한다.

(一)교육연구의 협동화 　우리는 교육 실천가, 전문학자, 각종 직능인의 협력을 통해 또한 행정당국과의 긴밀한 제휴를 통해 교육과학운동을 전개하고자 한다.

(一)지방교육문화교류 　우리는 교육의 침체와 획일화의 위험을 방지하고 각 지방의 경험과 성과를 공유하기 위해 지방교육문화의 교류를 도모하고자 한다.

(一)교육자의 교양의 향상 　우리는 교육자가 국가적 시야에서 활동함에 충분한 식견과 성격을 획득하기 위한 조직과 시설을 건설하고자 한다.

‘국가과제’나 ‘행정당국과의 긴밀한 제휴’ 등의 표현에서 알 수 있듯이 국가정책과의 협력, 행정과의 제휴 등이 강조되었다. 이는 당시의 교육과학운동이 익찬체제에 협력했던 사실을 가리킨다고 볼 수 있다. 그러나 ‘교육사실을 파악’하고 ‘교육을 과학적으로 기획’한다는 교육과학이 당초에 내세웠던 이념이 여기서도 계승되고 있다. 이는 결코 단

---

15 『敎育科學硏究』 4월호, 敎育科學硏究會, 1940.

순한 슬로건은 아니다. 1930년대 후반부터 1940년대에 걸쳐 교육과학
연구회와 『교육』은 이러한 이념을 실천하였다. 그 중심적 활동의 하
나가 당시의 교육정책과 교육개혁에 대한 비판과 제언이었다.

〈표 3〉『교육』(1936~40)의 교육정책 및 교육개혁에 대한 기사

연차	기사내용	집필자
1936년 제6호	'교육개혁' 좌담회	
	교육제도 개혁과 전문교육의 개선	谷口吉彦
	지방행정개혁과 교육개혁	關口泰
	교육개혁에 있어서의 사회정책적 중점	菊地勇夫
	농촌후생과 교육개혁	石黑忠篤
	히라오 하치사부로平生釟三郎 문부대신과 논함	
제7호	의무교육연한연장문제에 대하여(좌담회)	
	청년학교의 기초공작과 의무제	宮嶋淸
제8호	히라오 문부대신에게 고언을 드림	留岡淸男
제9호	의무교육연한연장과 청년학교	坂本潔
1937년 제2호	교육개혁안	편집부
	교육개혁운동의 근본의根本義	城戶幡太郎
	교육개혁안에 대하여	關口泰
	교육개혁안을 평하다	下村壽一
	의무교육연한을 즉시 연장하라	松岡駒吉
제3호	의무교육연한연장에 따른 두세 가지의 중요 문제	生江孝之
제4호	중학교의 개혁안에 대하여	城戶幡太郎
	각종 학교와 중등교육정책	宮嶋淸
제5호	사범교육의 개혁안에 대하여	城戶幡太郎
	사범교육에 관한 사견	守屋喜七
제8호	교육제도 개혁안	교육개혁동지회
	학교계통 개혁안	명계회茗溪会
1938년 제2호	교육심의회론	關口泰
	교육심의회 위원에게 듣는다	
제3호	청년학교 의무제와 그 경영주체	宮嶋淸
	의무제 청년학교의 수업연한 문제	赤坂靜也

연차	기사내용	집필자
제4호	청년학교 의무제에 따른 경비에 대하여	關口泰
제7호	청년학교 의무제안요강	교육개혁동지회 조사부
	청년학교 교육의무제 실시안 요강	문부성
	청년학교 교육의무제 실시안 요강에 대하여	城戸幡太郎
	교육심의회와 문부성	留岡清男
제9호	문부성과 국민학교안	大井一夫
제12호	사범학교 개선안에 대하여	城戸幡太郎
1939년 제1호	문부성 개조에 관한 제안	秋津豊彦
	아라키 사다오荒木貞夫 문부대신에게 줌	留岡清男
제3호	학문에 파벌을 만드는 문부성	秋津豊彦
	문부의 인사행정에 대하여	秋津豊彦
1940년 제3호	교원대우개선안 심포지엄	
제4호	교육심의회는 무엇을 생각했는가	大場力
제5호	교육심의회는 무엇을 생각했는가(2)	大場力
	사변하 교육국책의 동향	眞田行男

〈표 3〉에서 알 수 있듯이 『교육』에서 교육정책과 교육개혁에 대해 상당히 많은 논의가 있었고 기사가 게재되었음을 알 수 있다. 1930년 대 후반부터 1940년대에 걸쳐 『교육』의 주요 테마의 하나가 교육정책과 교육개혁이었음은 틀림없다. 그리고 여기서 이루어진 논의의 대부분이 전후로 이어지는 '국민'교육시스템의 구축과 관련되었다. 전시체제가 진행되면서 교육과학의 활동이 교육정책과 교육개혁의 측면에서 활발해진 것은 총력전이 새로운 '국민'교육시스템을 구축하는 획기적인 계기였음을 의미한다. 더군다나 여기서 이루어진 논의의 대부분이 실현되거나 뜻하는 방향으로 나아갔다. 교육과학이 이 시기에 '국책협력'을 하게 된 요인으로는 천황제국가에 대한 불충분한 인식이나 군국주의화로 인한 정부의 탄압뿐만 아니라 그들의 정책제언이 교육제도 개혁에 실제로 반영된 사실 또한 볼 필요가 있을 것이다.

4. 1930~40년대의 교육제도 개혁

1930년대 후반부터 1940년대의 전시기에 걸쳐서 국민학교의 성립, 중등교육의 확대, 교육재정제도의 정비 등이 진행되었다. 어느 경우에서도 전시동원체제가 진전되는 가운데 아베를 위시한 교육과학자들이 제기했던 교육과학의 이념을 기반으로 한 정책이 실현되었다. 이로부터 우리는 전시동원체제와 교육과학의 깊은 연관성, 나아가 전시기의 교육제도 개혁과 전후의 '국민'교육제도의 연속성을 읽어낼 수 있다. 이제 각각의 경우에 대해 살펴보도록 하자.

1) 국민학교의 성립 – 의무교육연한의 연장

1907년에 '소학교령'의 개정으로 의무교육 연한이 4년에서 6년으로 연장된 이래, 소학교교육을 2년 더 의무화할 것인지를 둘러싸고 의무교육 연한의 연장문제가 논의되었다. 1924년 에키 가즈유키江木千之 문부대신은 의무교육 연장안을 문정文政심의회에 자문하였다. 그러나 당시에는 연소노동을 확보하려는 자본가의 요구가 강했고 자문 직후에 내각이 총사직한 바람에 자문은 철회되었다. 그 후 얼마동안은 논의가 수그러들었지만, 1930년대에 들어 의무교육 연장을 향한 기운이 다시 높아졌다. 『교육』에서는 의무교육 연장에 대해 다양한 주장이 제기되었다. 무나카타는 「각국 의무교육연령의 비교연구」[16]라는 논문을 발

---

16 『教育』 7월호, 岩波書店, 1936.

표하고 있다. 여기서 그는 의무교육연령과 노동자의 최저연령을 국가별로 소개하고 일본과의 비교를 시도하고 있다. 거기서 그는 의무교육 기간을 6년으로 하고 공업노동자의 최저연령을 예외적으로 12세로 인정하는 당시 일본의 상황을 각국보다 열악하다고 비판하였다. 한편 사회상황에도 변화가 일어나고 있었다. 일본에서는 1930년대에 중화학공업화가 한층 더 진행되고 더 질이 높은 노동력을 요구하게 되었기 때문에 의무교육의 연장에 대한 산업계의 비판이 약화되었다.

그리고 정부 측에서도 의무교육 연한의 연장안이 제기되었다. 히로타 고키廣田弘毅 내각의 두 번째 문부대신이었던 히라오 하치사부로平生釟三郎는 의무교육 연한을 8년으로 연장하고 이를 6년간의 심상소학교尋常小學校와, 2년간의 고등소학교로 나누는 연한 연장안을 제기하였다. 이때부터 의무교육 연한의 연장을 둘러싼 논의와 운동이 활발해졌다. 『교육』의 편집부는 1937년 2월호에서 '교육개혁안'을 발표했는데, 여기서 의무교육 연한의 연장문제에 대해서도 제기하였다. 그것은 의무교육을 8년으로 연장(단, 소학교를 6년, 중학교를 2년)하라는 제안이었다. 같은 호에서 기도는 지금까지 자기들은 중등교육을 10년 내지 12년으로 연장할 것을 주장해왔으나, 8년으로의 연장이 타당하지 않다고 해서 이를 반대하는 것은 옳지 않다고 하면서, 현재로서는 8년으로의 연장을 실시해야 한다고 주장하였다.

이처럼 『교육』은 의무교육을 8년으로 연장할 것을 적극적으로 주장하였다. 히라오 문부대신의 의무교육 연장안은 그 후 사정에 의해 폐기되었지만, 1937년부터 시작된 교육심의회로 넘겨졌다. 그리고 1938년 12월에 교육심의회는 국민학교안을 답신하였다. 거기서는 국민학교의 수업연한을 8년으로 규정하고 의무화(국민학교의 수업연한을 6년, 고등국민학교의 수업연한을 2년)하였다. 국민학교에 관한 교육심의회

의 답신은 1941년 3월 1일의 칙령 제148호 국민학교령과 동년 3월 14
일의 문부성령 제4호 국민학교령 시행규칙으로 결실을 맺었다. 의무
교육 연한의 연장은 국민학교의 성립을 통해 제도화된 것이다.[17]

2) 중등교육의 확대―보편화로의 이륙

제1차 세계대전기 이래 의무교육인 심상소학교를 졸업한 후의 학
교시스템은 고등교육기관을 희망하는 자들이 진학하는 중학교, 고등
여자학교와 실업학교 등의 중등학교, 초등교육의 연장인 고등소학
교, 근로청소년을 위한 실업보습학교 등 복선적이고 계층적인 구조
를 지니고 있었다. 고등소학교나 실업보습학교와 같은 종류의 학교
체계는 '중등교육'과 대비하여 '청년교육'이라고 불렸다.[18] 이 청년교
육의 계보에 해당하는 영역에서 1920년대부터 변화가 시작되었다.
1926년 육군성의 강한 요구로 병역 전의 교련敎練을 중심으로 하는 훈
련시설인 청년훈련소가 창설되었다. 청년훈련소는 실업보습학교와
마찬가지로 소학교를 졸업한 후에 근무와 병행하면서 다니는 학교였
다. 양자의 중복성과 시정촌市町村의 재정부담 등의 이유에서 이들의
통합안이 1930년대에 부상하였다. 문부성과 육군성 사이에서 조정이
난항을 겪었지만, 1935년에 실업보습학교와 청년훈련소를 통합하는
형식으로 청년학교가 창설되었다.

이 청년학교에 아베는 주목하였다. 그는 '학제개혁 시안'[19]을 발표

139

---

17 단, 1944년 전시비상조치로서 고등과의무제 실시는 무기연기로 되었기 때문에 전시 중
  에는 실시되지 않았다. 국민학교의 성립과정에 대해서는 大內裕和, 「隱蔽された記憶―國
  民學校の近代」, 『現代思想―特集 戰爭の記憶』 23-01, 靑土社, 1995 참조.
18 久保義三 외편, 『現代敎育史事典』, 東京書籍, 2001, 89면.

하고 중등교육의 개혁을 제언하였다. 여기서 그는 중학교와 청년학교의 수업연한을 6년으로 하고 전기와 후기를 각각 3년으로 하였다. 이 중학교와 청년학교를 모두 의무교육의 대상으로 하고 제1차 계획에서 어느 한 쪽의 전기과정을 의무화하고 제2계획에서 중학교의 전기과정을 의무화하는 구상을 내세웠다. 아베의 논의의 특징은 중등교육의 의무화와 동시에 '청년교육'인 청년학교를 중등교육의 지위로 '격상'시킨 점에 있었다. 이러한 '격상'을 통해 중등교육의 대중화를 추진하고 더욱더 폭넓은 사람들이 이에 참가할 기회를 얻게 만드는 것이 그의 의도였다.

중등교육은 교육과학 연구와 운동에 있어 중요한 테마가 되었다. 교육연구회는 1936년 12월에 교육제도 개혁안(시안)을 발표하였다. 청년대중교육의 개혁에 대해서는 '청년학교의 교육을 중등교육으로' 위치시킨다고 언급하고 있다. 이 연구회에서 중등교육이란 '소학교를 6년으로 하고 그 이상은 중등교육으로 간주한다'는 제창에서 단적으로 표명되고 있듯이 '청년기의 교육'을 의미하는 넓은 개념으로 이해되었고, 중등교육의 임무는 '국민교육의 완성'에 있다고 간주되었다. 청년학교의 의무화도 명기되어 있다. 교육개혁동지회는 1937년 6월에 교육개혁제도 개혁안을 발표했는데, 여기서 학교의 종류를 '소학교, 중학교, 대학교 및 대학원'으로 나누고 중학교와 청년학교를 모두 중등학교로 위치시켰다. 이와 같이 교육과학운동은 중등교육과 청년교육 사이의 경계를 무너뜨리고 모든 사람이 중등교육에 접근할 수 있는 제도를 만드는 것을 목표로 했던 것이다.

1938년 1월 13일에 청년학교의 의무화(단, 남자만)가 결정되었다. 같

---

19 『教育』6월호, 岩波書店, 1936.

은 해 4월에 교육개혁동지회 조사부는 청년학교 의무제 요강안(초안)을 발표하였다. 청년학교를 '국민대중의 중등교육기관'으로 간주하는 기본입장을 취하고 청년학교 의무제의 의미를 '국민대중의 중등교육제도가 확립되는 것'에서 찾아야 한다고 주장하였다. 교육개혁동지회는 청년학교의 의무화를 '국민'적 중등교육제도의 확립을 위한 귀중한 계기로 파악했던 것이다.

청년학교는 그 대부분이 소학교와 병설되고 교육내용의 수준이 낮았으며, 그런 점에서 중등교육기관으로서의 성격을 갖추지 못했다고 평가되는 경우가 많다. 또한 전시하 상황에서 이루어진 의무화였기 때문에 수업에 곤란을 겪었을 것이고 교육이 불충분했을 것으로 추측된다. 하지만 그럼에도 불구하고 초등교육을 졸업한 청년남성이 받는 거의 모든 교육이 의무화되었던 의의는 크다고 할 수 있다. 그것은 많은 사람들에게 교육기회의 대대적인 확충(소학교 졸업 후 7년간)을 의미했으며, 그것이 전후 중등교육제도의 '국민화'에 가져다준 충격은 결코 적지 않은 역사적 경험이었다.[20] 또한 1943년의 중등학교령에서는 중학교, 고등여자학교, 실업학교가 중등학교로 통합되어 제도적 공통화가 진행되었다. 이처럼 중등교육의 대중화가 진행되면서 전후의 단선화와 평준화를 향한 귀중한 출발이 시작된 것이다.

141

---

[20] 1950년의 고등학교 진학률은 남자 48.0%, 여자 36.7%, 합계 42.5%이다. 문부성, 『文部統計要覽』, 대정성 인쇄국, 2000. 전시기의 중등학교 진학자는 약 2할이었다. 경제부흥이 아직 충분치 않았던 1950년에 이같이 고교진학률이 높았던 사실은 전후 교육개혁의 성과뿐만 아니라 전시기의 청년학교 의무화의 충격을 짐작하게 한다. 이 관계에 대해서는 향후 검토해 나가고 싶다.

3) 교육재정제도의 정비─평등화·중앙집권화

일본에서는 메이지 이래 지방이 교육사업의 비용을 부담하는 재정제도가 유지되었다. 그중에서도 소학교 교육비는 시정촌市町村, 특히 정촌町村의 국정위임사무비 가운데 가장 큰 비중을 차지했고 게다가 그 대부분은 시정촌의 고유재원으로 지불해야 했다. 이것이 시정촌의 전통적이고 만성적인 재정궁핍의 주된 원인이었다. 제1차 세계대전기에 시정촌의 재정이 궁핍하자 제국의회에 대해 의무교육비의 국고부담을 요구하는 청원이 잇달아 제출되었고 1918년에 '시정촌 의무교육비 국고부담법'(이하, 부담법)이 성립하였다. 이로 인해 의무교육비에 경제적 기반을 제공하는 데 국가가 적극적인 역할을 담당하게 되었으며 이는 국가차원의 교육재정을 통한 평등화에 중요한 의의를 지니고 있었다. 그것은 교육비에 대한 개별보조금이었음에도 불구하고 당시의 지방재정의 궁핍을 배경으로 했기 때문에 지방재정의 평형화 기능이라는 역할도 맡고 있었다.[21] 당초의 목적(교육비에 대한 보조)과는 다른 역할이 요구되고 있었던 것이다.

1920년대 당시 지방재정은 무거운 세금부담과 도시화(부와 인구의 집중)에 따른 도시─농촌 간의 격차확대라는 문제를 안고 있었다. 부담법은 1923년을 시작으로 1930년까지 무려 4번의 개정을 거쳤고 그때마다 부담금이 증액되고 지방재정의 평형화 기능이 강화되었다. 그러나 1920년대 후반의 금융공황과 세계공황은 지방재정을 더욱더 압박하였다. 특히 1930년 이후의 농촌공황으로 인해 도시와 농촌의 격

---

[21] 1918년의 부담법의 교부금배분규정에 의하면, 교부금의 90%는 시정촌의 재정력과는 무관하게 재정수요(교원 수와 아동 수)에 상응해서 비례배분하고 나머지 10%를 단체 간의 재정력불균등조정에 배분하였다.

차가 한층 더 확대되었고, 이미 교육비 부담이 한계에 달했던 지역에서는 교원봉급의 미지급 문제까지 발생하였다.

이러한 문제의 심각화로 정부는 부담법에 지방재정의 평형화를 위한 대역代役 기능을 기대하는 대처방식으로는 이제 불충분하고, 일반적인 지방재정 조정제도가 필요하다는 것을 인식하게 되었다. 내무성은 1932년에 이후 지방재정 조정제도의 원형이 된 '지방재정 조정제도 요강안'을 발표하였다. 이 안은 지방재정의 불균등과 세금부담의 불균등이 상호작용하는 관계에 있다는 점이 반영된, 사회정책적 색채가 농후한 것이었다.[22]

한편 교육과학 측에서도 부담법에 대한 비판이 제기되었다. 아베는 1935년에 「학제개혁 사건」[23]이라는 논문에서 시정촌 의무교육비 부담의 현황에 대한 비판과 개선안을 논하였다. 여기서 그는 시정촌 교육비의 증액에도 불구하고 설비의 부족과 교육봉급의 미지급 문제가 발생하는 점을 지적하였다. 그는 이에 대해 시정촌세를 올리는 기존의 방법은 지방자치체 간에서 재정력에 격차가 있는 현황에서는 교육의 기회균등을 이룰 수 없으므로, 국가가 교육기회의 균등화를 추진하기 위해서는 교육비의 국고부담이 중요하다고 주장하였다.

전시체제의 진행도 재정정책에 큰 영향을 미쳤다. 1936년 2·26사건으로 군부독재가 진행되고 1937년에는 중일전쟁이 개시되었다. 국가예산에서 군사비가 급속히 팽창하고 행정비의 비중은 저하되었다. 행정비 중에서도 간접군사비가 우선시되었기 때문에 국민의 생활과 복지에 관한 예산은 삭감되었다. 이로 인해 지방재정에 대한 국가의 위임사무가 급속히 늘어났다. 위임사무에 대한 지출은 지방자치체에

---

22 國立研究所, 『日本近代教育百年史 2 ─ 教育政策(2)』, 教育研究振興會, 1973, 228면.
23 『教育』 3월호, 岩波書店, 1935.

의무적으로 강요되었기 때문에 지방재정에 압박이 가해졌고 의무교육비에 대한 부담은 한층 더 커졌다. 전시체제의 진행은 의무교육비용에 대한 국고보조금의 증액과 본격적인 지방재정 조정제도의 필요성을 높였던 것이다.

1936년에 정부는 일반적 지방재정 조정제도로서 임시 정촌재정 보급금 규칙을 공포하고 궁핍이 심한 정촌에 대한 국고지원을 실시하였다. 1937년에는 이를 임시 지방재정 보급금으로 개칭하고 보급금의 증액을 실시하였다. 보급금은 1939년까지 계속해서 증액되었다. 그리고 1940년에 제정된 지방분여세 제도에 의해 일반적 지방재정 조정제도는 항구적으로 제도화되기에 이르렀다.

본격적인 지방재정 조정제도의 등장으로 의무교육비에 대한 국고부담제도도 개혁되었다. 1940년에 성립한 의무교육비 국고부담법은 기존의 부담법에 있던 지방재정 평형화 기능을 배제한, 개별보조금제도로서 확립되었다. 또한 의무교육의 교원급여에 대한 부담이 시정촌 및 국가의 부담에서 도부현道府縣 및 국가의 부담으로 이전되었다. 이로써 시정촌은 교육비용 중에서 가장 중압적이었던 교원급여의 부담으로부터 해방된 것이다. 실제로 이후 시정촌의 재정부담은 경감되었다. 시정촌보다 재정력이 강한 도부현으로 부담이 이전됨으로써 보다 안정적인 교육재정의 운영이 가능해졌다.

5. 전시에서 전후로—'국민'교육의 시대

1945년 8월의 패전으로 천황제중심의 군국주의는 종언을 맞이하였다. 대일본제국헌법에서부터 주권재민을 이념으로 하는 일본국헌법으로의 전환이 상징하듯이 법률, 경제, 노동, 토지제도 등 여러 분야에서 사회민주개혁이 실행되었다.[24] 이는 교육의 영역에서도 마찬가지였다. 점령정책은 우선 교육에서 군국주의 이데올로기와 극단적인 국가주의를 제거하는 일을 진행하였다. 천황제국가의 이데올로기적 지주였던 교육칙어가 폐지되고 일본국헌법에 표명된 평화주의를 이념으로 하는 교육기본법이 제정된 사실에서도 알 수 있듯이 교육이념의 측면에서는 전시기와 전후 사이에 큰 전환이 이루어졌다.

그러나 전후에 확립한 교육제도와 교육시스템은 전시기의 교육개혁과의 연속성이 강했음을 알 수 있다. 6년의 소학교와 3년의 중학교로 구성된 의무교육제도(9년간)는 그것이 의무교육의 확충과 연장을 논거로 이루어졌던 점에서 전시기에 제도화된 국민학교제도(8년간)의 연장선상에 있었다고 할 수 있다. 전후에 중등학교와 고등학교의 형태로 단선화된 중등교육제도 역시 전시기 중등교육의 '일원화'를 둘러싼 움직임, 청년학교를 중등학교로 '격상'하려고 한 아베의 구상과 교육개혁동지회의 정책제언, 청년학교의 의무화에 의한 초등 후 교육의 급속한 대중화와 보편화(단, 남자만) 등의 연속선상에서 파악할 수 있다.[25] 또한 교육재정제도에 대해서 보면, 비록 의무교육비 국고

24 이들 영역에서도 여러 측면에서 전시기와 전후 사이에 연속성이 있었던 사실이 근년의 연구에서 밝혀졌다. 山之內靖・ヴィクター コシュマン・成田龍一 편, 『總力戰と現代化』, 柏書房, 1995를 참조.
25 아베는 전전에 6・3・3제도를 이미 제기하고 있다. 『敎育』 6월호, 岩波書店, 1936, 54~55

부담제도는 샤우프 권고에 의해 지방재정 평형교부금제도가 설치되면서 일시적으로 폐지되었지만, 1952년에는 새로운 의무교육비 국고부담법이 성립하고 있듯이, 전시기의 개혁방향이 전후의 교육재정제도의 토대가 되었음은 틀림없다.

이러한 연속성이 생긴 이유는 전시기의 교육제도 개혁이 모든 아이들에게 학교교육을 받을 권리를 평등하게 보장하고 확대한다는 '국민'교육시스템의 형성을 목표로 실행되었기 때문이다. 전시기의 교육과학에서 제시된 이념과 구상은 이러한 '국민'교육시스템을 이념적으로도 제도적으로도 뒷받침하는 것이었다. 이것이 그들의 구상이 전시기에 잇달아 실현된 요인이었다. 천황제와 군국주의 이데올로기가 교육이념에 큰 영향력을 행사하던 전시기에 '국민'교육에 대한 합리적이고 평등한 참여를 촉진하는 시스템이 구축되었다는 사실은 총력전체제의 지배가 강고한 애국 이데올로기에 의해서만 성립하는 것이 아니라, '국민' 모두를 합리적이고 제도화된 시스템에 편입시키는 근대적 통합을 필요로 하는 것이었음을 가리킨다. 그것은 의무교육의 연장과 보편화를 향한 중등교육의 확대로 '국민'교육을 고도화했고 의무교육에 대한 국가의 재정 부담을 명확히 함으로써 모든 '국민'의 진학기회를 뒷받침하였다. 총력전을 향한 전시동원체제가 더욱더 강력하고 안정적인 '국민'교육시스템을 위한 토대를 구축했던 것이다. 이리하여 '국민'교육은 초기 국민국가의 시기와는 다른 새로운 단계를 맞이했다.[26] 아베 등이 주도한 전시기의 교육과학은 이에 이론

면을 참조.

26 사토 마나부佐藤學도 국민교육과 관련하여 19세기 후반의 국민교육의 성립을 제1기, 1930년대의 재편을 제2기, 냉전붕괴 후를 제3기로 나누는 시기구분을 하고 있으며, 본고와 동일한 인식을 제시하고 있다. 佐藤學・栗原彬 대담, 「國民國家と敎育」, 『身体のダイアローグ —佐藤學對談集』, 太郎次郎社, 2002.

적 사상적 틀을 제공했던 것이다.

'국민'교육의 시대는 전후에 본격화되었다. 전시기에 준비되고 전후에 확립된 소학교, 중학교, 고등학교라는 단선형의 6·3·3제와 중앙집권적이고 평등한 교육재정제도는 아직 중등교육의 단선화를 이루지 못하고 있던 유럽이나 인종 문제를 안고 분권적이고 격차가 심한 교육시스템을 가지고 있던 미국보다도 광범위한 '국민'참가를 가능케 하는 교육시스템이었다. 1950년대 이후 고도성장에 따라 고교진학률이 급상승하게 되었다. 전쟁에서 경제성장으로 목적을 바꾸면서 '국민'총동원은 계속되었다. 1961년에 열린 일본모친대회에서 고교진학 희망자의 전원입학(고교전입)이 결의되었고 1962년 4월에는 일본노동조합평의회와 일본교직원조합 등의 제안으로 '고교전원입학문제 전국협의회'가 결성되었다. 이후 고교전입을 목표로 하는 '국민'운동이 전개되었다. 전후의 '국민'동원은 이같은 적극적인 '국민'참가로 뒷받침되었다. 1970년대 중반에 고교진학률은 90%를 넘었고 '중등교육의 보편화'를 지향한 아베의 이념은 거의 현실화하였다. 하지만 만약 그가 살아있었다면 자신의 이상이 달성된 현재의 교육상황을 어떻게 보았을까.

모든 아이들에게 교육기회가 열리고 빈부격차에 거의 상관없이 고교진학이 가능해진 사실은 수많은 성과를 낳았음에 틀림없다. 지식과 문화의 폭넓은 습득, 다양한 진로에 대한 접근, 청년기라는 귀중한 시절의 획득 등 수많은 사례를 떠올릴 수 있다. 그러나 우리는 교육

147

국민교육의 제3기에 대해서는 냉전붕괴와 더불어 '자유화'나 '개성화'를 슬로건으로 추진되고 있는 신자유주의neoliberalism라는 새로운 통합형태의 등장이 중요하다. 필자는 이 국민교육의 제3기에 대해서도 이미 고찰한 바 있다. 大內裕和, 「象徵資本としての個性」, 『現代思想─特集 ブルデュー』 29-2, 靑土社, 2001; 大內裕和, 「敎育を取り戻すために」, 『現代思想─特集 敎育の現在』 30-5, 靑土社, 2002를 참조.

을 받을 '가능성'이 마치 '의무'나 '질곡'인 것처럼 보이는 시대를 살고 있다. 학력주의에 의한 서열화의 진전, 교칙과 내신에 의한 관리교육, 바라지 않는 취학과 등교거부의 증가 등 중등교육에서 '국민'교육이 양적으로 거의 완성된 1970년대 이후에 가시화된 교육문제는 교육의 '부족'이 아니라 오히려 그 '충만'과 '과잉'에서 생겨났다고 볼 수 있다. 교육기회의 확대가 바로 그러한 문제를 산출하는 것은 아니다. 기업 중심사회의 성립, 정부와 문부성에 의한 강력한 국가통제, 아이들의 세계를 격변시킨 정보화와 소비사회화의 진전[27] 등 전후에 나타난 다양한 요소들을 고려해야 할 것이며, 그 관계에 대한 신중한 검토가 이루어져야 할 것이다. 그러나 전후의 '국민'교육시스템이 총력전기의 전시동원체제로 각인된 것인 이상, 거기에는 국가에 의한 '집권화'의 압력과 인간을 균질한 '국민'으로 동원하는 권력이 끊임없이 작동하고 있는 것이며, 따라서 그 메커니즘을 파악하는 것은 필수적인 과제가 될 것이다. 총력전으로 시작된 새로운 '국민'교육의 시대를 역사화하고 재고하는 일이 오늘날 강하게 요구되고 있다.

---

27 소비사회화에 따른 어린아이들의 세계 변용에 대해서는 森田伸子 인터뷰, 「子ども史から 見る戰後社會－民主主義の尖兵から市場の子どもへ」, 위의 책, 2002를 참조.

여성과 '권력'[*]

전쟁협력에서 민주화와 평화로

무타 가즈에 牟田和恵

1. 들어가며

이 글에서는 1935~55년의 시기, 즉 전중戰中에서 전후戰後에 이르는 시기에 이루어진 여성운동[1]을 검토해보고자 한다. 이 시기 여성들의 운동이 당시 사회상황하에서 어떤 것이었는지 뿐만 아니라, 그것이 현재 일본의 페미니즘운동이나 여성들에게 어떤 의미를 지니고 있는지를 계속 고려하면서 고찰해나갈 것이다.

현재 일본의 여성들에게 전중과 전후의 여성운동은 그 목표나 형

---

[*] 이 글은 정실비가 번역하였다.
[1] 당시의 문맥에서는 '부인운동'이라고 칭해지는 것이 많지만 본론에서는 인용문 중의 표현이나 특히 고유명사로서 쓰이는 경우가 아니라면 '여성운동'으로 부르기로 한다.

태에서 거리가 느껴지는 것일지도 모른다. 1970년대 이후의 제2파 페미니즘운동은 어떤 의미에서는 일종의 하위문화로서 등장했다. 그러나 그 후 현재에 이르기까지 더욱 광범위한 맥락에서의 사회적 문화적 변용과 다양한 여성들의 노력에 의해, 제2파 페미니즘운동이 제기했던 과제나 목표는 정책·학문 등 여러 갈래에 걸쳐서 우리 사회에 침투하여 활발하게 제도화되고 있기도 하다. 특히 최근의 남녀공동참여사회기본법 제정 등에서 볼 수 있듯이, 이른바 '여성정책'은 행정에 이미 확실하게 편입되어 있다. 이러한 현상 속에서, 우리는 '여성과 권력의 관계는 어떠한 것일 수 있는가'라는 과제를 절실하게 안고 있다고 말해도 좋을 것이다.

전중에서 전후까지의 여성운동은 여성과 권력, 내셔널리즘과 젠더 관계의 복잡다단함을 우리에게 알려준다. 우리들이 이 역사에서 얻을 수 있는 것은 무엇인지 찾아보는 것이 이 글의 목적이다.

150

2. '복음'으로서의 점령

일본인 누구에게나 1935년에서 1955년까지의 20년은 그들이 의지하고 있던 가치나 관계를 바꿀 수밖에 없었던 시기였을 것이다.

많은 사람들은 전쟁 중에 믿고 있던, 혹은 굳게 믿게 되었던 것으로부터 혹독히 배반당했다. 그러나 패전이 초래했던 것은, 많은 사람들에게 '예상되었던 최악'의 상황과는 달랐던 것은 아닐까.

특히 여성들에게 패전 후의 점령하에서 잇달아 추진되었던 GHQ

개혁은 어떤 종류의 '복음'이기도 했을 것이다. 왜냐하면, 점령군의 시책에 의해서 메이지 이래 여성운동이 목표로 해왔던 다양한 과제나 목표가 일거에 '주어지게' 되었기 때문이다.

8월 30일 연합국군최고사령관 맥아더의 일본 상륙 후, 9월 15일에 도쿄 히비야日比谷의 제1생명상호빌딩에 GHQ가 설치된 후에, 일본민주화의 지령이 곧바로 발표되었다. 그것은 맥아더 5대 개혁 지령이라고 불리는 '일본의 비군사화와 민주화'를 목적으로 하는 여러 가지 개혁이었는데, 거기에는 가장 먼저 '일본부인의 해방'이 거론되어 있었다. 즉, 점령자가 내린 제1의 지령으로, 참정권 부여에 의해 "일본부인은 정치체의 일원으로서 가정 복지에 직접 도움이 되는 새로운 정치개념을 일본에 가져올 수 있을 것이다"[2]라는 말이 실려 있었다. 즉, 점령 당초부터 여성들은 '민주주의의 담당자'로서 기대되고 있었던 것이다.

점령군의 여성정책은 이것을 시작으로 다양하게 계속되었다.

1945년 12월 17일의 중의원의원衆議院議員선거법개정에 의한 참정권 부여에 앞서, 11월 21일 포츠담 칙령에 의해 치안경찰법이 폐지되어 집회 및 결사법 이래 계속되어온 여성의 정당가입금지가 해제되었다. 1946년 9월 27일에는 지방제도가 개정되어, 모든 도부현道府縣·시구정촌市區町村에의 정치참가가 인정되었고, 부인공민권도 실현되었다. 1946년 4월 10일의 전후 최초의 총선거에서 여성의 투표율은 67%에 달했고, 39명이라는 많은 여성 의원이 탄생했다. 조금 뒤에 실시된 1949년 4월의 제1회 통일지방선거에서는, 794명의 여성의원과 5명의 여성 정촌장町村長이 당선되어, 일본 여성이 정치에 참가하는 획기

151

---

2   市川房枝 편·해설, 『日本婦人問題資料集成』 제2권, ドメス出版, 1977, 613면.

적인 한 페이지가 펼쳐지게 되었던 것이다.

1946년 11월 3일에 공포된 전후 개혁의 골격을 이룬 신헌법에서는 기본적 인권의 범주 안에서 남녀평등이 보장되어, 배우자 선택의 자유, 재산권, 상속권, 정치참가라는 종래에는 인정되지 않았던 권리가 여성들에게 인정되었다.

교육면에서도 여성에의 권리부여가 신속하게 이루어졌다. 정부는 맥아더의 교육개혁지령에 기초하여, 1945년 12월 4일 '여자교육쇄신요강'을 발표하고, 남녀의 교육 평등을 위해 여자에게도 고등교육기관을 개방하기로 결정했다. 뒤이어 46년 5월에는 '신교육지침'에서 민주일본 건설을 위한 여자교육의 혁신과 향상을 역설했다. 이것을 기조로 하여, 교육기본법과 학교교육법이 제정되어, 남녀교육의 평등이 보장되었고 남녀공학제가 시작되었다. 각 대학이 서서히 여성에게 문호를 개방하거나 확대하는 동시에, 동경여자의학전문학교, 일본여자대학교, 동경여자대학, 쓰다주쿠津田塾전문학교 등이 잇달아 대학으로 승격되어, 여성고등교육이 본격적으로 시작되었다.

많은 여성들과 가장 밀접한 사안인 가족의 측면에서도 개혁이 이루어졌다. 가정생활에서의 남녀평등을 명기한 일본국 헌법에 의해서, 1898년메이지 32에 제정된 민법에서 정해진 가족제도는 재검토가 불가피하게 되었다. 1947년 12월 22일 공포되고 1948년 1월 1일 시행된 개정민법은, 민법 제1편 총칙 중 제1조의 2항(해석의 기준)에, "본법은 개인의 존엄과 양성의 본질적 평등을 취지로 하여 그것을 해석할"것에 덧붙여, 구舊 민법상의 집, 호주, 가독상속家督相續, 친족회 등을 폐지하고, 결혼 및 이혼의 자유와 평등, 재산균등상속, 배우자 상속권 등을 확인하고 부양의무 등을 변경하여, 법적으로 가족제도의 근저를 뒤엎었다. 부인무시금지, 성씨 선택의 자유, 친권의 평등, 상속의 권리, 결혼·이혼의 자유 보장 등 개정민법은 가정에서의 여성해방을 구체화하는 기반이 되었다.

공창폐지 활동도 재빠르게 이루어졌다. 46년 1월 21일에는 일본정부 앞으로 「일본 공창폐지에 관한 연합국군최고사령관각서」가 제출되었다. 점령군은 공창이 데모크라시의 이상에 반대되고 개인의 자유에 상반된다는 이유로, 공창제 폐지를 요구했다.

이러한 다양한 분야에 걸친 개혁 모두가 점령군의 지령이나 명령에 의해서 처음으로 나타났던 것은 아니다. 그 배후에는 전전부터 운동을 책임져왔던 여성운동의 축적과 더불어, 점령군에게 적극적으로 개혁을 요청했던 여성들의 노력이 있었다.[3]

한 예로 부인참정권의 획득과정에 대해 살펴보면, 다음과 같은 경위가 있었다. 패전일로부터 이미 10일째에 이치카와 후사에市川房枝, 구부시로 오치미久布白落實, 야마타카 시게리山高しげり, 아카마쓰 쓰네코赤松常子에 의해 '전후대책부인위원회'가 조직되었다. 이 위원회는 패전·점령군의 진주進駐에 의해 일어날 것으로 예상되는 여러 부인 문제에 대처하는 것을 목적으로 했는데, 이 위원회의 정치부에서는 우선 부인참정권을 실시할 것을 정부·정당에 요구했다. 점령정책이 부인참정권의 실시를 포함하고 있는 것은 분명했으나, 이치카와 후사에 등은 그 전에 일본정부에 의한 해결을 요구하고, 전후에 재빠르게, 히가시쿠니東久邇 내각에 부인참정권의 실시를 제의했던 것이다. 히가시쿠니 내각은 이 제의에 소극적이었으나, 대체된 시데하라幣原 내각의 10월 10일의 내의에서 호리키리 젠지로堀切善次郎 내무대신이 부인참정권부여를 제안하여, 전 각료의 찬성으로 부인참정권 실시가

---

3   西淸子 편, 『占領下の日本婦人政策』, ドメス出版, 1985, 23면.

결정되었다. 그리고 다음날 11일 시데하라가 맥아더를 방문하여, 거기에서 5대개혁을 지시받게 되었다.

또한 공창제 폐지에 앞서, 1946년 1월 15일, 오랜 기간 폐창운동을 계속해온 일본기독교부인교풍회, 곽청회, 국민순결협회, 일본그리스도교 부흥생활위원회는 공동으로 '창기취체규칙'의 즉시폐지와 공창제도의 전폐를 내무대신에게 청원했다.

한편 이러한 개혁은, 그때까지 정치나 여성운동에 참여하지 않았던 일반 여성들과도 무관계한 것은 아니었다. 확실히 일본사회의 '저변'에서는 "민주화정책이 거의 당황스럽고 혼란스러운 와중에 받아들여지고 있었다."[4] 여성의 선거권에 대해 "선거권 배급보다 고구마 배급을 원한다"고 했던 신문의 투서가 이러한 상황을 잘 보여준다. 그렇지만 한 예로 1947년에 시행된 『마이니치신문』의 가족제도폐지에 대한 여론 조사를 보면, 확실히 가족제도폐지 찬성론은 여성을 중심으로 압도적인 지지를 받았다. 즉, 점령군에 의한 전후 민주화정책은 민중의 생활에 직접 관계되는 시책을 포함하고 있었고, 특히 여성들의 지지는 높았다. 앞서 거론했던 제1회 선거에서의 여성의 높은 투표율에도 그것은 나타나있다. 특히 여성운동을 책임져온 사람들에게는 전후 개혁 중에 명실공히 운동의 기반이 정비되었던 것도 큰 소득이었다.

물론 그러한 개혁을 추구하고 있던 여성운동의 담당자들도 패전국 국민으로서 큰 회한을 느끼고 있었다. 이치카와 후사에는 일본의 무조건 항복 직전에, 개간 중인 밭에서 미군 폭격기가 뿌린 전단지를 읽었을 때의 기억을 일기에 기록해 두었다. 전단지에는 연합군의 일본 본토 점령, 일본군의 완전 무장해제, 전범 처벌 등과 더불어, 민주주

---

4   高畠通敏, 「戰後民主主義とは何だったか」, 中村政則他 편, 『戰後民主主義』, 岩波書店, 1995, 6면.

의의 확립과 "언론·종교·사상의 자유 및 기본인권의 존중"이 적혀
있었다. 이에 대해 이치카와는 "그것은 우리들이 전부터 주장하며 노
력해왔던 것이기에 낭보여야 할 것이나, 그때는 전쟁에 지는 것이 싫
어서 이 항목에 눈이 가지 않았다"고 쓰고 있다.[5] 그러나 그럼에도 불
구하고, 여성들은 패전을 좋은 기회로 삼았다.

물론 그것은, 꼭 여성에 한정되는 것은 아니다. 존 다우어John Dower는
『패배를 껴안고』라는 저서의 제목 그대로, 전쟁에 패했음에도 불구하
고 패배를 껴안았던embrace 전후 일본 민중을 묘사하고 있다.[6] 확실히
이상한 일이기는 하지만, 마치 해방된 식민지 민중처럼 일본인들은
적지 않게 '해방'감을 맛보았다. 적어도 일본의 여성들은 그러했다.

게다가 여성들은 현실적으로 볼 때, 점령군의 '동맹'자이기도 했다.
1946년 3월에는 GHQ 민간정보국 위드 중위의 "일본부인은 어떻게
전쟁에 협력했나"라는 질문을 계기로 미야모토 유리코宮本百合子, 마쓰
오카 요코松岡洋子, 가토 시즈에加藤靜枝, 하니 세쓰코羽仁說子, 사타 이네
코佐多稲子 등이 중심이 되어 설립된 '부인민주클럽'은, '민주부인대회'
라는 이름의 창립집회를 가졌다. 그녀들은 '성립선언'에서 "새로운 일
본이 시작되려 하고 있습니다. (…중략…) 무거운 봉건의 돌을 우리
들의 어깨에서 내려놓아버리고, 일본을 밝은 민주사회로 만들어서,
이제 두 번 다시 전쟁 없는, 생활의 안정과 향상이 약속된 미래를 우
리의 것으로 만듭시다"라고 소리 높여 선언했다.[7]

또 한 여성잡지는, 마찬가지로 1946년 3월에 민주적인 평화국가의
건설을 역설했던 포츠담 선언의 이상을 강하게 지지하면서, 일본이

155

---

5   市川房枝, 『市川房枝自伝 戰前編』, 新宿書房, 1974, 613면.
6   John Dower, 三浦陽一他 역, 『敗北を抱きしめて』, 岩波書店, 2001.
7   伊藤康子, 『戰後日本女性史』, 大月書店, 1974, 61~62면.

무기를 버렸던 순간부터 여성은 "모든 것으로부터" 해방되었다고 외치고, 사회의 모든 비합리를 추방해야 한다고 주장했다.[8]

1948년의 부인참정권행사 2주년 날에 맥아더는 「부인을 향한 메시지」를 보냈다. 거기에는 해방된 부인들이 평화일본 재건에 지도적 역할을 다하리라 기대한다고 쓰여 있었다. 같은 해 4월, 점령군 민정국의 지도하에서 야마타카 시게리를 위원장으로 하는 도쿄도 지역부인단체협의회가 결성되었다. 7월에는 관동군 정부가 관동 각 현의 대표자를 모아 부인지도자강습회를 열고, 선거나 의사운영議事運營의 노하우를 전수했다. 점령군과 정부 · 지방 자치체가 하나 된 부인단체육성정책이 전국적으로 시행되어, 레크리에이션과 사람을 모으기 위한 영어 노래까지 가르치도록 권유했다. 1948년 6월에는 점령군의 조언으로 발족한 PTA의 제1회 전국협회가 열렸다.[9]

점령군은 '민주화'와 '평화국가건설'의 열쇠로서의 여성의 역할을 기대하며 일본국내 보수파의 반대를 무릅쓰고 헌법과 민법의 획기적인 개정을 시행했고, 여성운동가나 지도자들은 그 기대에 응해서 적극적인 활동을 전개했다. 이렇게 점령자 / 승자와 패자가 이해利害를 일치시키며 재빠르게 협력관계를 맺은 것은, 일견 기묘하게 생각된다. 그러나 다시 생각해보면, 패자 중에서도 원래 권력으로부터 소외된 주변부에 있었던 여성들이 승자와 '동맹'관계를 맺는 것은 내셔널리즘과 젠더가 교차할 때 생겨나는 보편적인 현상일지도 모른다. 아니면 이러한 경우에는 전쟁이 '나쁜' 전쟁이었고, 이 전쟁에서 민주주의가 승리했으므로 '해방군'으로서 점령군이 나타난 것일까. 어찌 되었든 단순한 판단을 해서는 안 되지만, 전후 일본의 경우에 여성들이

---

8 『新椿』; 福島鑄郎 편, 『戰後雜誌發掘』, 洋泉社, 1985, 22~23면.
9 伊藤康子, 앞의 책, 73면.

구체제의 제도로부터 소외되어있었다는 사실 때문에, 마치 민주주의의 '전도자'처럼 나타난 점령군들과 적극적으로 동맹할 수 있었던 것에는 의심의 여지가 없을 것이다.

3. 여성의 전쟁협력

점령과 '해방'의 이러한 관계가 '평화민주주의'의 담당자로서의 여성'이라는 이미지 형성에 공헌한 것은 틀림없을 것이다. 그러나 그 배후에는 조금 더 복잡한 과정이 존재한다.

우선, 전쟁 중에 여성운동가들은 전쟁수행의 협력자이기도 했다. 이것은 최근 스즈키 유코鈴木裕子 등의 여성사가에 의해 밝혀지게 된 것이다.

스즈키는 "일본인들은 자신들이 전쟁에서 받았던 직접적인 피해의 경험은 잘 말하면서도, 자신들이 전쟁에서 일으켰던 죄나 과오에 대해서는 지나칠 정도로 말하지 않았다"[10]는 문제의식을 가지고 이치카와 후사에市川房枝, 히라쓰카 라이테우平塚らいてう, 야마타카(카네코) 시게리山高(金子)しげり, 고라 도미高良とみ, 하니 세쓰코羽仁說子 등의 부인운동가나 혁신적인 부인지도자로 불려온 여성들의 '전쟁협력'에 메스를 들이댔다.

대정익찬회大政翼贊會가 1940년 10월에 창립되었을 때 부설된 '중앙

---

10   鈴木裕子, 『フェミニズムと戰爭―婦人運動家の戰爭協力』, マルジュ社, 1986, 3~4면.

협력회의^{中央協力會議}'는, 국민가족협의^{國民家族協議} 혹은 국민총상회^{國民總}^{常會}라고도 불리며, 일본민족의 전통에 기반을 둔 가족국가특유의 회의체로 여겨졌다. 1940년 12월에 처음으로 임시회의가 열린 이래, 마지막 제5회까지 회의는 총 7회 개최되었는데, 전부 한명 내지 여러 명의 여성대표가 참가하였다. 거기에는 고라 도미나 기우치 教^{木內キョウ}, 기리후치 도요^{桐淵とよ}, 하니 세쓰코, 야마타카 시게리, 오쿠 무메오^{奥む}^{めお} 등의 명성 있는 부인운동가에서부터, 지방의 대일본부인회에서 선출된 여성들, 교원 출신자 등 다수의 여성들이 포함되어 있었다. 여성들에게는 중귀양원^{衆貴兩院}은 물론, 부현회^{府縣會}, 정촌회^{町村會} 등의 지방의회에서도 정치참여가 허락되어있지 않았지만, 여성대표들은 의회가 아니라 하더라도 '국민의 총상회^{總常會}' '국민조직의 확립, 대정익찬운동의 철저^{徹底}에 이바지하는 기관'인 협력회의[11]에서 활약하고 있었던 것이다.

이 부인운동가들은 일반 여성들을 총동원체제에 끌어들이는 선봉장 역할을 완수했다. 예를 들어 고라 도미는 생활합리화운동의 창도자였는데, 1938년 6월에 국민정신총동원중앙연맹의 비상시 국민생활양식개선위원회의 위원으로 취임했다. '사치와 낭비'를 없애는 생활의 합리화와 과학화에 힘을 쏟는 활동을 계속해온 고라는, '사치는 적'이라고 하며 일반 여성들을 전시동원에 몰아넣는 '사치사냥의 첨병 역할을 담당하게' 된다. 스즈키는 총동원운동에 '익찬'하고, "일본부인으로서" "조국의 은혜를 갚자"고 부인 대중에게 호소했던 고라의 전쟁책임을 날카롭게 물었다.[12]

이치카와 후사에는 신부인협회^{新婦人協會}와 부선획득동맹^{婦選獲得同盟}

---

11 위의 책, 26면.
12 위의 책, 47면.

을 기반으로, 시민적 여성운동의 토양을 다진 전전에서 전후에 이르는 여성운동의 제1인자이지만, 그녀 또한 '국책부인위원'으로서 정부의 행정 및 외부단체에의 부인의 참여를 추진하고, 전쟁에 가담하는 길을 걸었다. 이치카와는 중일전쟁의 계기가 된 '만주사변' 당시에는, 군사적 점령을 계속하는 일본군을 "유감으로 생각한다", "부인은 국경의 구별 없이 평화의 애호자다"[13]라고 썼다. 하지만 전쟁 상황이 격해지던 '지나사변' 때에는, "사변의 발생을 개탄하고 확대 범위를 고려해야 한다"고 쓰는 한편으로, "이제껏 없었던 국가의 비상시국 돌파에 대비하여 부인이 그 실력을 발휘하여야"한다고 썼다. 그녀는 출정군인의 가족을 원호援護할 것, 출정에 부족한 노동력을 부인이 보충할 것, 노동을 강화할 것 등을 요청하고,[14] 국민정신총동원운동에의 협력을 아끼지 않았다. 전후에 이치카와가 3년 7개월 동안 공직추방公職追放 당한 사실은, 그녀가 총동원체제에 얼마나 깊이 개입하고 있었는지 말해준다.

국방부인회國防婦人會 등 관제官製 부인단체의 전쟁협력에 대해서는 새삼스럽게 논할 필요도 없으나, 이렇게 이치카와 후사에처럼 전후에도 지도적 역할을 끝까지 계속한 시민운동가들의 전쟁협력에 대해서는 확실히 간과해온 측면이 있다. 여성에게만 한정된 이야기는 아니지만, 이제까지 일본인들이 피해자·희생자로서의 자기 모습을 통해 전쟁 가담자·억압자로서의 자기비판을 망각해왔다는 스즈키의 비판은, 정곡을 찌르고 있다. 특히 후술할 '위안부' 문제 등을 생각해 볼 때, 여성운동의 담당자들에게는 현재까지도 계속되는 큰 책임이 있다고 생각하지 않을 수 없다.

---

13 『婦選』, 1931.11.
14 『女性同盟』, 1937.9.

그러나 이러한 스즈키의 비판에 반론이 없는 것은 아니다. 피해당사자의 증언까지 무시하면서 '난징南京학살은 없었다', '위안부들은 자유의지로 매춘을 한 것에 지나지 않는다'고 주장하는, 역사에 대한 진지한 반성을 무화하고자 하는 자칭 '자유주의 사관'에 기반을 둔 '새로운 역사교과서를 만드는 모임'에 대해서는 여기에서 자세히 언급하지 않겠다.[15] 문제는 이제까지의 역사관에 엄격한 반성을 촉구하려는, 어떤 의미에서는 스즈키와 입장을 같이하는 페미니스트들로부터도 비판이 제기되고 있다는 것이다.

스즈키의 작업을 '반성적 여성사'라고 부른 우에노 치즈코上野千鶴子는, 스즈키가 '여성운동가들의 과오'라고 비판하는 천황이나 국가에 대한 예찬과 동일화에 대해서 다른 의견을 제시한다. 우에노는 "'국가'의 한계와 '천황제'의 악惡은 역사에 의해 오직 사후적事後的으로만 선고된 것으로, 그 한가운데에서 살아가는 개인이 그 '역사적 한계'를 극복하지 못했다고 하는 것은 부당한 '단죄'이지 않을까" 하는 의문을 제기하고, 스즈키의 '이른바 역사의 진공지대에 발을 디디고 있는 듯한 초월적인 비판기준'을 비판한다.[16] 나아가 우에노는, 스즈키가 동시대를 살아가면서 전쟁협력에 빠진 적이 없는 사람들인 코뮤니스트, 그리스도교도들, 하세가와 테루長谷川テル를 예로 들면서 전쟁협력한 여성운동가들에게 선택의 여지가 없었던 것이 아니라는 것을 지적하는 것에 대해서도 비판한다. 우에노는 그들 역시 또 하나의 권위에 순종했던 것에 지나지 않으며, 스즈키가 사후적으로 '좋은 전쟁'과 '나쁜 전쟁'을 구별하는 이중의 기준을 지니고 있다고 비판한다.[17]

---

15 이러한 입장에 대한 포괄적인 비판으로서 高橋哲哉,『戰爭責任論』, 講談社, 1997을 참조.
16 上野千鶴子,「'國民國家'と'ジェンダー」,『現代思想』10월호, 1996, 22~23면; 上野千鶴子,『ナショナリズムとジェンダー』, 靑土社, 1998.
17 위의 글, 23면.

본고는 이러한 양자의 논쟁 중 어느 한쪽 편을 지지하는 것은 아니지만, 확실히 전시기 여성운동가들의 사상이나 행동이 아직도 충분히 검토되지 못했다는 점에서, 스즈키의 문제제기와 업적은 중요하다고 생각한다. 스즈키가 해나가고 있는 작업은 '사후적인 판단기준으로 부인운동가들을 심판하는 것'이라기보다는, 은폐되어오고 간과되어 온 역사적 사실을 현재 시점에서 발굴하고 조명하는 것이다. 밝혀진 사실에 대해서 현재의 기준으로만 비판을 가하고 그것으로 족하다고 한다면, 그것은 우에노가 지적한 것과 같은 비판을 받게 될 것이다. 그러나 오히려 양자의 이 논쟁은 더욱 생산적인 연구의 방향을 시사해주고 있는 것처럼 생각된다.

그 생산적인 연구란, 전중기戰中期 여성들의 생활을 재검토 혹은 '재평가'해보는 것이다. 그녀들의 활동이 '내셔널리즘에 포박되어 있었고' 결국에는 전쟁협력이었기 때문에 무의미하다는 태도, 그녀들의 활동을 비판적으로 논의하지 않을 것이라면 간과해버려야 할 것으로 취급하거나 무시하는 태도, 이러한 태도만으로는 일본 여성운동 역사의 중요한 부분을 놓쳐버리게 된다. 우에노가 지적한 것처럼 그녀들이 '역사의 한계' 안에 있었던 것을 인정하면서, 그 한계 안에서 그녀들이 이룬 것에 지금 한 번 더 주목해본다면 좋지 않을까. 그녀들은 어떻게 권력에 접근했고, 통치기구 안에서 어떤 위치를 점하고 역할을 다할 수 있었는가, 권력으로의 접근이 여성운동체나 조직에 어떤 영향을 주었던 것일까. 이러한 역학관계에 주목하는 것은 오늘날 페미니즘운동에 중요한 시각을 제공해줄 것이다. 만약 그녀들의 활동을, 결국에는 '나쁜' 전쟁에 가담한 것이었기 때문에 평가의 대상이 되지 못하며, 국가의 틀에서 한발자국도 벗어나지 못했기 때문에 페미니스트적이지 못했다고 비판한다면, 그것은 '여성 = 평화주의'라는

161

도식을 무반성적으로 받아들여 젠더 스테레오 타입을 그대로 강화하는 것이 되어버릴 것이다.

게다가, 실제로 이치카와처럼 잠시 공직에서 추방되었던 사람도 포함하여, 전전 여성운동가들의 대다수는, 전후 민주적 여성운동의 리더·주역으로서 활약을 계속했다. 그녀들에게 있어서, 그리고 그녀들이 이끌어온 여성운동에 있어서, 그녀들의 전쟁협력이 어떠한 의미가 있었던 것인지 충분히 생각해보지 않고서는 어째서 전후에 그녀들이 '민주주의와 평화의 담당자'로 급진적으로 전환할 수 있었는가 하는 의문은 밝혀지지 않은 채로 남아있게 되어 버릴 것이다.

그리고 그것을 해명하는 것은 그 후에 계속된 여성운동의 전개를 기반으로 하여, 정말로 '사후적인' 시각에서 볼 때에야 비로소 이루어질 수 있는 것이다. 이 글에서 시사하고 싶은 것은 그러한 접근방식이다.

4. 논리의 지속—성역할과 가정과 가족의 강조

우리들이 여성운동을 패전을 경계로 하여 전전과 전후로 나누려는 역사관을 그대로 받아들여서는 안 되는 두 번째 이유는, 전자가 전쟁수행에의 협력을 위해, 후자가 '민주국가건설'을 위해서라는, 얼핏 보기에는 정반대로 보이는 목적을 내세웠지만, 거기에 흐르고 있던 논리는 실제로는 놀랄 정도로 상통하는, 아니 오히려 동일하기조차 했던 것은 아닐까 생각되기 때문이다. 그 논리의 근저에는 가정의 중심인 아내·어머니로서의 여성의 성역할이 있었다.

15년 전쟁 중에는 '보국報國'을 위한 병사로 봉사할 남자아이를 낳아 기르는 어머니로서의 역할과 남성의 빈자리를 지키고 국가에 진력하는 '총후銃後 지킴이'로서의 역할이 여성에게 기대되었다. 그것은, 전중의 여성운동가들의 언설에서도 확실히 읽어낼 수 있는 것이다.

부선운동婦選運動의 경우를 살펴보자. 니시가와 유코西川祐子는 여성의 참정권획득을 목표로 하여 열렸던 1930년부터 1937년의 전일본부선대회全日本婦選大會와 1938년의 시국부인대회時局婦人大會의 결의문과 '합의'언설을 분석했다. 이 분석에 의하면, 구부시로 오치미를 좌장으로 하고 이치카와 후사에를 부좌장으로 한 제1회 대회는, 문부대신이나 각 정당 당수黨首로부터의 축사가 있는 등 축하 분위기였고, 여성 참정권운동진영 측이 자신들의 무대를 유머러스하게 연출하는 여유가 있었다. 그러나 1931년 9월 만주사변의 발발에 의해 의회정치의 존속조차 위태롭게 되는 정세하에서 열린 제2회 이래의 결의문은, 자신들의 요구를 절실하게 내세우는 글이 된다.[18] 그리고 제3회 대회에서는 '어머니의 입장'에 의거한 전쟁반대 발언에 만장일치의 박수가 터져 나왔으나, 1938년의 시국부인대회에서는 '황군에 대한 감사결의'까지 행해지는 등 양상이 크게 변한다.[19] 뿐만 아니라 애당초 여성도 남성과 동등한 권리를 요구한다는 관점에서 참정권획득을 주장하던 것에서, 생활방위를 책임지는 가정부인의 입장과 아이 양육을 책임지는 어머니의 입장을 강조하는 것으로 결의의 주안점이 이동했다. 즉, 여성은 그 '본래의 임무', 즉 여성 특유의 출산능력에 기반을 둔 요구를 하고, 어머니로서 그리고 부인으로서, 병사와는 다른 형태로 총후 역할을 책임지는 입장에서 민족과 국가에 공헌한다는 입장

163

---

18 西川祐子, 『近代國家と家族モデル』, 吉川弘文館, 2000, 172면.
19 위의 책, 169면.

으로 전환하는 변화를 보여주고 있는 것이다.[20] 그러나 전쟁에 반대하든지 병사의 무운장구武運長久를 기원하든지 간에, 어머니라는 입장이 국가와 여성을 연결한다는 것은 변하지 않는다.

이렇게 가정 내에서의 여성의 역할을 강조하는 것을 통해서 여성의 지위강화를 도모하려는 논리는, 여성운동가들에게만 한정되었던 것은 아니다. '가정'이라는 말이 메이지시기에 새로운 의미를 띠고 등장했을 때, 핵가족의 정서적 유대와 그 중심인 부인·어머니로서의 여성의 역할이 강조되고 칭송되었다. 그런데 이러한 새로운 가족은 지역이나 친족과의 유대를 약화시켜, 국가가 '이에家'라는 장벽을 넘어서 개인을 직접 통제하는 것을 가능케 하는 전략적 기반이기도 했다.[21] '이에'에서는 주변적 존재였던 여성이, '가정'에서는 부인·어머니로서의 역할 범위 안에서 주목받았던 것이다.

특히, 15년 전쟁 시에 국민총동원의 말단조직은 '가정·토나리구미'였고, 근로봉사·배급·회람판에 의한 정보전달이나 상호감시 등이 이루어진 것에서 볼 수 있듯이, '이에'이상으로 '가정'에도 전쟁협력이 요구되었다. 니시카와는 국가가 전시하에서, 통치의 기초단위의 중심을 '이에'에서 '가정'으로 이동시켰다고 논하고 있다.[22]

이러한 지적은 개인을 '이에'의 범위에서 빠져나오게 하는 '가정'의 기능을 생각해보면 이해하기 쉽다. 메이지 1년 이래, '이에家'의 상속자라는 이유로 받았던 징병유예가 단계적으로 축소되어 메이지 22년에는 기준이 엄격해졌던 것, 수신서에서 가르치는 도덕에서 '이에'나 친족에 대한 덕보다 국가에 대한 덕이 최우선시 되었던 것에 상징적

---

20 위의 책, 184~185면.
21 牟田和惠, 『戰略としての家族－近代日本の國民國家形成と女性』, 新曜社, 1996.
22 西川祐子, 앞의 책, 22면.

으로 나타나고 있듯이[23] 가정이라는 것은 적어도 일본 근대사에서는 국가의 통제 에이전트로서의 기능을 완수해왔던 것이며, 거기에서 여성이 중심적인 역할을 떠맡으며 국민으로서 스스로의 지위를 향상시킨 것은 결코 우연이 아니었던 것이다.

또한 총동원체제 안에서 '가족국가관' 이데올로기가 기능했던 것이 이전부터 논해져 왔으나, '가족국가관'의 구성요소는 이른바 '이에'제도적 가족이 아니었다. 그것은 설령 직계가족형태를 취하고 있었다 하더라도, 이에家의 상속자조차 국가를 위해 '봉공'시키는 것이 가능할 수 있는 '가정적'인 가족이었던 것이다.[24]

천황을 정점으로 하는 전전의 국가체제에서는, 지배와 관리의 초점으로서의 '가정'적인 가족이 국가로부터 기대되고 있었다. 게다가 그것은 통치자의 일방적인 통제에 의한 것이 아니었다. 여성운동가들이 근대적 가족의 가치를 믿고 견인차 역할을 했던 것이다.

그리고 이러한 여성의 가정에서의 역할에 대한 강조는, 전후의 '민주국가건설'에 있어서도 실제로 변함이 없었다.

'가정'이라는 말은, 전후에 다시 '민주적'이라는 수식어를 동반하며 새로운 의미를 지닌 유행어가 되었다. 전쟁 중에 '가정'이 전쟁수행과 '보국'의 기반으로서 자리매김 되었던 것과 마찬가지로, '전후 일본 재건再建'의 기반으로서 '민주적인 가정'의 건설이 주창되었던 것이다.[25] 한 예로 대표적인 부인잡지인 『주부의 벗主婦之友』 1945년 분分을 보면, '가정'이라는 말이 전전부터 전후에 이르기까지 "상처 없이 그대로 온존溫存되었다"[26]는 것을 잘 알 수 있다. 전쟁 중에 나온 호의 목차를

165

---

23 牟田和惠, 앞의 책, 제2·4장.
24 牟田和惠, 「家族國家觀とジェンダー─秩序」, 『天皇と王權を考える 第7卷─ジェンダーと差別』, 岩波書店, 2002.
25 西川祐子, 앞의 책, 41면.

살펴보면, '가정 토나리구미 방공 실전기家庭隣組防空實戰記', '가정 애국기 헌납 자금 모집家庭愛國機獻納資金募集' 등 제목에서부터 짐작할 수 있듯이, '가정'을 기반으로 총후를 지켜 전쟁을 수행할 것이 선언되고 있다. 그리고 패전 후 11월호를 살펴보면, '평화와 가정건설'이라는 표어가 새겨져 있고, 권두언에서는 '평화일본의 건설에도 가정부인이 하는 역할은 크다'고 선언되고 있다.

후술하겠지만, 그 후에도 본고에서 대상으로 삼고 있는 55년까지, 정치적·사회적 활동의 권리와 기회를 얻은 여성들의 운동은 다양한 갈래로 퍼져나갔다. 국자를 든 시위로 알려진 '주부련主婦連'(1948년 발족, 창립 당시 회장은 오쿠 무메오)이나 '어머니운동母親運動'이 상징하듯, 부인·어머니로서의 아이덴티티를 내세운 운동은 일본 여성들의 운동에서 없어서는 안 될 것으로서 계속 이어졌다.

이러한 가족의 모습은, 오치아이 에미코落合惠美子가 '가족의 전후체제'[27]라고 부른 것과 그대로 이어질 것이다. 여성의 주부화와 재생산의 평등주의로 특징지어진 가족이 고도 경제성장과 함께 확립되어가던 시기에, 생업병사生業兵士인 남편과 그 예비군인 자식들을 지탱하는 여성의 가정에서의 역할이 강조되어 '남자는 일, 여자는 가정'이라는 성역할분담이 일반화되었다. 전시 보국을 위해, 평화운동으로서 '더 이상 아이들을 전장으로 보내지 않기' 위해, 그리고 풍요로운 사회와 가정생활을 확보하기 위해, 이렇게 목적은 변해 왔어도 거기에 흐르는 일관된 논리를 발견하기는 어렵지 않다.

---

26 위의 책, 42면.
27 落合惠美子, 『二一世紀家族へ』, 有斐閣, 1994.

5. 매춘부·'위안부'를 향한 시선

1) 폐창廢娼운동에서 매춘방지법 제정으로

전전과 전후를 잇는 여성들의 운동 중에 또 하나 간과할 수 없는 것은, 전후 매춘방지법 제정운동으로 이어지게 되는 폐창운동이다.

이 글이 기점으로 삼고 있는 1935년은 폐창운동의 전환점[28]이 되는 시기인데, 그 경위는 다음과 같다.

오랜 기간 활동해 온 곽청회廓淸會와 부인교풍회婦人矯風會는, 1926년 대정 15 6월에 곽청회부인교풍회연합(같은 해 10월에 폐창연맹으로 개칭)을 결성하고, 1929년소화 4까지 3년 동안 제1기 운동을 전개했으나, 1930년부터 5개년 계획으로 1934년에 폐창을 실현할 것을 목표로 하여, 제2기 운동을 전개해나간다.

이에 앞서 1929년 4월에 제네바에서 개최된 국제연맹 부인아동매매위원회는 동양의 여러 국가를 대상으로 하는 '부인아동매매실지조사'의 속행續行을 승인하고, 다음해 5월에 베스컴 존슨Bascom Johnson을 위원장으로 하는 세 명의 위원으로 구성된 조사단 파견을 결정하여, 31년 6월에 존슨 조사단이 도쿄에 들어갔다. 정부나 업자에 의한 실태 은폐 공작에도 불구하고, 33년에 발표된 보고서에서는 일본의 '공인기루公認妓樓', 즉 공창제의 존재가 널리 알려지게 되었고, 이것이 '부녀매매婦女賣買'의 토대를 이루고 있음이 명확하게 지적되었다.[29] 이로인해 일본정부도 국제적인 체면을 차리기 위해서, 폐창 단행이라는

167

---

28 鈴木裕子, 「解說」, 『日本女性運動資料集成』 제9권, 不二出版, 1998, 19면.
29 「ジョンソン調査団報告書」, 위의 책, 134~145면; 鈴木裕子, 「解說」, 위의 책, 26면.

방향성을 명백히 해야 하는 상황이 되었다.

그리고 1934년에는 폐창진영 중 일부와 대좌부貸座敷, 유곽업자 사이에 협력이 이루어져, '공창폐지公娼廢止 · 사창묵인私娼默認'이라는 선에서 합의를 보았다. 정부내무성당국도 공창폐지에 적극적인 움직임을 보이자, 이를 본 폐창연맹은 빠르게 해산을 결정하고 국민순결동맹으로 조직을 개편하여, 폐창령 실시 이후를 대비했다. 그러나 결국 폐창령은 공포公布되지 않았고, 결과적으로는 폐창운동의 해체를 대신하여 운동은 더욱 정신적 · 윤리적 요소를 강조하는 국민순결운동으로 전개된다. 이것이 전시체제하의 총동원운동과 맞물려 순결보국운동으로 전화轉化되어 나갔다.[30] 이런 의미에서, 1935년이라는 시기가 운동의 전환점인 것이다.

1935년 3월에 발족한 국민순결동맹은 '관官과 민民이 합심하고 공과 사가 일치되어 국민순결의 정신을 고무하고, 실질적인 강건한 기상을 널리 작흥作興하기 위해, 남녀의 도덕을 이상적으로 만드는 일대 윤리운동을 전국에 일으키려한다'고 선언했다. 동맹은 폐창연맹시대나 그 이전부터, 그들의 과제였던 창기의 폐창 후 보호구제 시책에 대한 대처를 게을리 했던 것은 아니지만, 35년 이후의 시대상황은 '순결보국'이라는 슬로건으로 상징되듯이, 동맹의 운동을 민족의 순결 · 정화 사상과 연결 짓게 했다.[31]

1937년의 노구교盧溝橋 사건 이래, 대對 중국 전선의 확대와 국가총동원체제의 확립과 함께, 여성단체는 그 대다수가 총동원체제의 한 축으로서 임무를 맡게 되는데, 폐창운동에 관여해 왔던 단체는 이에 전면적으로 관여하게 된다. 1940년 7월의 제2차 고노에近衛 내각성립 시에

---

30 鈴木裕子, 위의 글, 19~20면.
31 위의 글, 27면.

교풍회의 회장이었던 구부시로 오치미는 "국가는 신체제의 요청에 응하여 근저에서부터 새로운 조직을 구축하려 하고 있다. 바야흐로 대정익찬회는 전국 방방곡곡까지 (…중략…) 국민전체를 망라하는 하나의 철저한 조직체를 이곳에 형성하고 있다"고 상황을 인식한다. 구부시로는 회원들에게 이러한 상황하에서 부인교풍회가 "어떻게 이 시대에 순응해야하는가"라고 문제를 제기하고, "교풍회의 주의주장은 이 신체제에서 더욱 더 그 필요성이 증대되고 있다. 우리들이 난관을 돌파하고 동아건설이라는 대업의 달성을 짊어지려면, 우리 국민의 소질향상, 그것이 육체적으로도 정신적으로도 매우 필요하다. 그것을 실현하기 위해서 우리들은 역시 술과 싸우고, 성병과 싸우고, 참고 견디며 완전하게 한마음 한뜻으로 이른바 대정익찬에 임하지 않으면 안 된다. 남자는 거의 열 명 중 아홉 명이 국방에 필요하게 된 시기에 여자의 정신과 체력을 왕성하고 강력하게 하는 일은 국력의 근저를 배양하는 일이다. 우리들은 정신력의 무한한 원천을 파악하여, 국가에 봉사하지 않으면 안 된다"[32]고 호소했다. 또한 건틀릿 쓰네코ガントレット恒子는, "강건하고 용맹한 국민은 우선 청결하게 씻지 않으면 안 된다. 불결한 생활은 당사자의 건강을 빼앗고, 그 가정을 파괴하며, 그 해독을 사회에 퍼뜨려서, 결국에는 나라까지 위험에 빠뜨리게 된다……. 국민 건강이 국력 신장에 중대한 역할을 하는 이상, 순결한 생활을 영위하는 것이 강조되어야 하는 것은 당연하다." "일본민족은 (…중략…) 성생활에 있어서도 자신과 상대방이 모두 순결을 지키고, 중히 여기며, 이를 실천할 수 있는 민족이라는 것을 믿고, 한층 더 열정과 희망을 가지고 순결 일본 건설에 임하자"[33]고 회원들을 고무했다.

169

---

32 『婦人新報』제511호, 1940.10.1.
33 『婦人新報』제525호, 1941.12.1.

이처럼 그녀들은 전쟁에서의 승리를 위해 전면前面에서 협력했다. 그런데 패전이라는 변화를 겪고 난 후에 목적이 '신국가건설' '평화국가건설'로 변했어도, 운동의 목표는 변하지 않았다.

본장 2절에서 언급했던 것처럼, 1946년 1월 15일에 폐창운동에 오래 관여했던 운동가들은 '창기단속규칙娼妓取締規則'의 즉시폐지와 잔존제도 전면폐지를 내무대신에게 청원했다. GHQ의 방침에 따라 내무성은 '공창제도폐지에 관한 안건'의 통첩을 발표하고, 일단 공창폐지를 단행했다. 그러나 공창은 현실적으로는 '특수음식점', 이른바 공창가 지대赤線로 존속했다. 1947년 1월 15일에 칙령 제9호 '부녀에게 매춘을 시킨 자 등의 처벌에 관한 칙령'이 공포되어, 이 칙령 제9호를 법제화하는 운동이 매춘금지법 제정운동으로 이어졌다.

1951년에 강화조약체결과 동시에 점령하의 폐창령이 폐지되는 것에 반대하여, 교풍회, 부인유권자동맹, YWCA, 대학부인협회, 부인평화회 등 다섯 개 단체는 '공창제도부활반대협회'를 결성한다. 다음해 52년 2월에는, 100만 인의 서명을 모아 청원서를 국회에 제출하고, 같은 해 5월 칙령 제5호는 국내법으로 제정된다. 이 협의회가 '순결문제중앙위원회'로 개칭되고, 나아가 같은 해 11월에는 '매춘처벌법촉진위원회'로, 12월에는 '매춘금지법제정촉진위원회'로 발전하고, 다시 구세군사회부, 부인복지시설연합회, 전국도모노카이全國友の會, 전국지역부인단체연락협의회 등등 여러 단체가 이 위원회에 참가하여, 국회나 경찰, 관계 성청省廳에 매춘 단속을 적극적으로 요청했다.[34]

매춘방지법 제정을 추진했던 여성의원 중 하나였던 가미치카 이치코神近市子는, 사회에 나쁜 영향을 끼치므로 "4천만 주부의 생활을 지

---

[34] 藤目ゆき, 『性の歷史學』, 不二出版, 1997, 335면.

키기 위해 50만으로 추정되는 매춘부를 처벌하는 것은 어쩔 수 없는 일"이라고 하며, 매춘부를 노골적으로 주부와 가정의 적으로 위치 지었다. 가미치카는 매춘부를 빈곤이나 기만의 희생자・피해자로 보아도 좋으나, 그렇다고 해도 "부인 자신이 반성하지 않는다면", 갱생은 없다고 매춘부를 처단한다.[35]

요컨대 전전과 전후에 이루어진 매춘방지에 대한 여성운동에는, 일부일처제적인 도덕과 그 틀 안의 남녀정절이 국가사회의 건전화로 이어진다는 논리가 일관되게 흐르고 있었던 것이다.

점령군의 정책이 공창폐지에 결정적인 역할을 했다는 의미에서는, 폐창을 목표로 한 운동과 점령자는 강력한 동맹자였다. GHQ가 1947년 3월에 추장推奬하여 설치한 '부인복지중앙연락회'의 위원장으로 교풍회 회장 건틀릿 쓰네코가 취임하였고, 같은 해 6월 전후 초기의 교풍회 전국대회에 맥아더 사령부로부터 축사가 있었다는 사실에서도,[36] 이러한 동맹자적인 측면이 드러난다.

그러나 한편으로, 패전과 점령은 그 즉시 매춘을 번영시키는 결과를 낳았다.

항복 후 불과 3일째 되던 8월 18일, 일본정부는 점령군용으로 성적인 위안시설 설치를 준비하여 영업을 적극적으로 지도했다. RAARecreation and Amusement Association, 특수위안시설협회가 결성되고, 최고 성수기에는 7만 명의 여성들이 점령 군인에게 '성적인 서비스'를 제공하는 사람으로 흡수되었다. 그러나 만연하는 성병으로 인해, 46년 1월 12일에 GHQ로부터 공창폐지에 관한 각서가 제출되어, 3월에는 RAA소속의 위안시설에 장

171

---

35 神近市子 편, 『サヨナラ人間賣買』, 現代社, 1958, 107면; 關根弘, 「娼婦考」, 加納美紀代 편, 『コメンタール戰後五〇年』 제5권, 社會評論社, 1995.

36 藤目ゆき, 앞의 책, 330면.

여성과 '권력'

병의 출입을 금하는 명령이 내려지게 되었다. RAA가 폐쇄된 후, 실직한 여성 중 대부분은 '야미노온나闇の女' 또는 '팡팡'[37]이라 불리는 매춘부가 되었다.

이런 사태는 공창폐지를 쟁취한 운동 진영에 또 하나의 새로운 과제를 안겨주었는데, 여기에서 목표물이 된 것은 점령군이나 일본정부가 아니라, 오히려 매춘여성들이었다.

1946년 10월에 교풍회는 정부에 「풍기대책에 관한 의견서」를 제출했다. 교풍회는 "종전 후 발생한 우려할만한 여러 사회현상 중에 특히 거리를 배회하는 '야미노온나'의 진주군進駐軍에 대한 추태는 이것이 오랫동안 부덕婦德과 정조를 철저하게 배운 동포여성인가 하고 통탄하지 않을 수 없다"고 개탄하며, 매음 단속·성도덕의 확립과 그 보급에 철저를 기할 것을 호소했다. 교풍회는 '상습매춘부'를 경찰의 리스트에 등록하여 관리할 것, '등록된 여성'을 "일반주택지 및 학교, 그 외 공공건물 부근에 거주하지 못하도록 엄금할 것"이라고 적어, 매춘부들을 격리하고 엄격하게 취체할 것을 요구했다.[38]

또한, 일반여성들 사이에서도 매춘부를 향한 '적의'를 발견할 수 있다. 점령군과 관계성청은 미군의 성병예방을 위해서 매춘부로 간주된 여성들을 강제적으로 납치하여, 성병검진을 강요했다. 이것은 '캐치 catch' 또는 '가리코미狩り込み'라고 불렸으나, 점차 이른바 '미스캐치miss catch' 문제가 발생하게 되었다. 특히 1946년 11월 15일 오후 7시 반경, 도쿄 이케부쿠로 역 부근에서 일본영화연극노동조합 여성 두 명이 '매춘부 일제 단속'으로 잡혀가서 강제검진 당하는 사건이 일어났을 때에는, 곧장 직장대회에서 보고되어 각 노동조합, 국회의 문제로까지 확대되었

---

37 【역주】 매춘부, 특히 제2차 세계대전 후의 일본에서 미군을 상대로 하던 창녀.
38 藤目ゆき, 앞의 책, 329면.

다. 2천 명의 여성들에 의해 집회가 열렸고, 노조부인부, 노조민주클럽, 사회당·공산당 등의 참가단체는 '부인을 지키는 모임'을 결성했다.[39] 그러나 이는 '성실한 전업주부'가 '미스캐치'되었던 것에 대한 분노였을 뿐, 미스캐치된 여성들의 분노가 "매춘부들이 일상적으로 당하는 폭력에 대한 비판으로 이어지지는 않았다."[40]

메이지시대 이래의 폐창운동에는 '창부 구제'를 목표로 하는 인도적인 입장도 포함되어 있기는 했으나, 매춘부를 '추업부醜業婦' 또는 '나라의 치욕'으로 적대시하는 태도는 언제나 있었다.[41] 그러나, 전중·전후라는 사회혼란의 와중에 매춘부들에 대한 적의가 더욱 심해진 것으로 생각된다. 게다가 민주화와 남녀평등의 기치하에 '청결'한 일부일처제 가족관이 절대적인 것으로서 정통화되면서 그러한 적의가 더욱 강해졌을 것이다.

173

2) 위안부를 향한 시선

폐창운동·매춘반대운동에서 여성들이 지닌 이러한 태도는, 전쟁책임론 중에서 우리에게 날카로운 물음을 던지는 '종군위안부' 문제를 어떻게 파악할 것인가 하는 것과도 연결되어 있다. 군이 준비한 위안소로서 현재까지 확인된 제일 빠른 시기의 것은, 1932년의 '상하이사변' 때의 것으로 알려져 있다.[42] 1937년에 중일전쟁이 발발하여 중국과의 전면전에 돌입하던 시기, '군대위안부' 정책이 본격적으로 광

---

39 伊藤康子, 앞의 책, 64면.
40 藤目ゆき, 앞의 책, 328면.
41 牟田和惠, 앞의 책, 제5장.
42 藤目ゆき, 앞의 책, 322면.

범위하게 실행되어 간다.[43] 그러나 후지메는, 전쟁 중에 활동하고 있던 폐창단체가 15년 전쟁의 전 과정을 통해서 '군대위안부' 연행에 침묵을 지켜왔다고 지적한다.[44] 오히려 그녀들은 전쟁터의 남편이나 자식들을 '유혹하는' 창부들에게 반감을 가졌던 것이다. 후지메는 '군대위안부' 정책이 발전해갔던 1930년대가 폐창이 비로소 실현되어 가던 시대였다는 점에서 볼 때, 일본 국내의 폐창운동단체의 침묵은 매우 부자연스러웠다고 지적한다. 후지메는 또한 그녀들이 신체제운동에 적극적으로 가담하고 일본의 침략전쟁과 국민총동원에 자발적이고 적극적으로 응했다는 점에서, 아시아 여성들에 대한 일본군의 성적인 유린 행위에 가담했다는 비판을 면할 수 없을 것이라고 비판한다.[45]

후지메는, 당시 시민적 여성운동 리더들의 매춘여성을 '추업부醜業婦'로 여기는 시선과 하층계급여성들에 대한 공감의 부재를 지적하고, 아시아 여성들에 대한 공감의 부재와 구미의 같은 계급의 여성들에 대한 친애감이라는 전전부터 있었던 경향이 전후에도 변하지 않는다고 말한다.[46]

물론 '종군위안부'나 '팡팡'에 대한 시선은 똑같지는 않았을 것이다. 하야시 후미코林芙美子는 여성작가 중 가장 열심히 전쟁에 협력한 작가들 중 한 명으로, 1938년 9월에 내각정보부의 요청에 의해 탄생한 '펜부대'의 일원으로 중국대륙에서 한커우 작전漢口作戰에 종군하여, 『북안부대北岸部隊』, 『전선戰線』 등의 종군기를 발표했다. 그 글에서 하야시 후미코는 '지나군'을 노골적으로 비인간적으로 묘사하는 한편, 일본군의 전장에서의 '아름다운 우정'과 '남성의 위대함'을 찬양한다.[47]

---

43 위의 책, 323면.
44 위의 책, 323면.
45 위의 책, 326면.
46 위의 책, 333면.

하야시 후미코의 작품에는, 전후·전시하·점령하의 팡팡이나 창부들을 그린 「보루네오 다이아ボルネオ ダイヤ」(『改造』(1946.6), 『林芙美子全集』 제6권, 文泉堂出版, 1977에 수록), 「骸骨」(『中央公論』(1949.2), 『林芙美子全集』 제7권, 文泉堂出版, 1977에 수록) 등이 있다.[48] 예를 들어 「보루네오 다이아」에서는 '장교나 군대나 군속'을 상대로 하는 보루네오 창관娼館에서 생활하는 창부의 공허함이나 방자放恣함을 그리면서도, 손님인 군인이 내지에 두고 온 부인, 즉 애국심에 가득 차 있을 뿐 현실적으로는 무지無知해서 남편을 짜증나게 만드는 부인과는 대조적인 현실감각을 가지고 살고 있는 창부의 모습을 어떤 의미에서는 긍정적으로 표현하고 있다.

또한 이쿠타 하나요生田花世의 작품으로 「'순결보국'사업에 대한 감사」라는 제목으로 『부인신보』에 게재된 글에, 종군위안부의 존재를 암시하는 것이 있다.[49] 이것은 "특수한 여성군의 한 편대가 패전병에게 습격당한" 것을 알게 되어 쓴 것이다. 그 글에는 그 '물건'을 받기로 했던 일본상인이 아깝게 되었다며 혀를 찼을 것이라고 쓰여 있을 뿐, '여성군'의 처지에 대해서는 아무런 언급이 없다. 오로지 병사나 대륙의 일본남성들의 '성의 부자유와 성병에 대한 걱정'으로 시종일관하고, 국내에서는 교풍회가 '꾸준히 노력 중'인 것에 "이 분들의 순결보국에의 진력은 뭐라 감사해야 좋을지 모른다"고 찬양한다. 그러나 그 전반부에서는, "북지나 (…중략…) 등에 가는 일본남성을 위해 차례로 보내지는 '여자'라는 이 물건에 대해 곰곰히 생각하게 된다"고

---

47 나리타 류이치成田竜一는 하야시의 작품에 대해서, 전장에서는 외부자에 지나지 않는 열위의 젠더인 여성이 우위에 있는 당사자(병사)들과 함께 행동하고 고생함으로써 공동체에 유사참가하는 듯한 이야기로 비당사자성을 극복하고 '내지 사람들'까지도 끌어들인 공동체를 만들려고 하는 '노력'을 지적하고 비판하고 있다. 成田龍一, 『歴史』はいかに語られるか』, 日本放送出版協會, 2001, 183면.
48 岡野幸江 외편, 『買賣春と日本文學』, 東京堂出版, 2002.
49 『婦人新報』 493호, 1939.4.1.

쓰고 있어, 교풍회의 기관지에 게재된 글의 표면만으로는 짐작할 수 없는 것처럼 느껴진다.

이쿠타 하나요가 일찍이 '빵을 위해 몸을 파는' 것은 어쩔 수 없다고 써서 하라다 사쓰키原田皐月 등에게 비난받아, 이른바 '처녀논쟁'의 계기를 만들었던 것을 생각해보면[50] 더욱 인상 깊다.

하야시 후미코도, 「방랑기」로 알려져 있듯이 젊은 시절부터 고생하며 성장한 어려운 시대를 경험한 여성이라는 것을 생각해보면, 거기에는 교풍회의 여성들과는 다소나마 다른 매춘여성들에 대한 시선이 있었을지도 모른다.

특히 "팡팡의 생태를 긍정적으로 그린 것으로"[51] 주목을 받아 '육체문학' 장르를 낳았다고 알려진 다무라 다이지로田村泰次郞의 『육체의 문肉體の門』(1947)에서는, 세간의 상식이나 가치관에 구애받지 않고 강하게 사는 '팡팡'들이 결국에는 한 남자를 둘러싸고 싸워 남성으로부터 받는 성적 쾌락에 지배당하게 되는 스테레오 타입으로 그려지고 있는 것을 생각해볼 때, 하야시나 이쿠타가 묘사한 창부·매춘부에 대한 시선에는 그들과는 다른 질이 있다.

그렇지만 하야시 등도, 극도로 가난한 현실 안에서 매춘부와 팡팡의 길을 걸어야하는 여성들을 노골적으로 비판하지는 않았어도 세간의 잣대로 창부를 재단하는 시선에 있어서는 결코 예외는 아니었던 듯하다.

전전부터 전후에 이르는 매춘여성·'위안부'를 향한 시선과, 전후의 평화주의자·피해자로서의 여성의 자기상은 근저에서 연결되어 있을 것이다. 여성운동가들은 민주화와 평화일본의 건설을 가정에서

---

50 牟田和惠, 앞의 책, 제5장.
51 加納美紀代 편, 앞의 책, 57면.

지향했을 때, 혹은 '대동아공영권'의 건설을 위해서 총후에서 협력했을 때, 결과적으로는 변두리에 있는 매춘여성들을 비난하고 배제하는 것을 통해 그 정통성을 더욱 확실하게 확보해나갔다. 국가건설을 위한 초석인 건전한 가정의 중심에 존재하면서 '시민'·'국민'으로서 이익을 얻는 여성들에게, 매춘부들이 외재적 타자로서 규정된 것은 어떤 의미에서는 당연했을 것이다.

그러나 이 글은 이 시기 여성운동가들과 지도자들이 지니고 있었던 매춘부에 대한 가차 없는 시선이나 자세를 비판하는 것을 반드시 목적으로 했던 것은 아니다. 여성을 '창부'와 '훌륭한 여성'으로 양분하고 전자를 차별하는 것의 문제성은, 섹슈얼리티와 여성의 인권에 관한 제2파 페미니즘의 논의를 거쳐, 앞에서 인용한 우에노의 말을 빌리자면 '역사에 의해 사후적으로 선고된' 것이다. 따라서 당시의 여성운동가들이 그 한계를 넘어서지 못한 것을 비난하는 것만으로 만족해서는 안 된다. 게다가, 현재 우리들은 그 당시 여성운동가들의 시선을 극복하고 있지 못하다. 극복은커녕, 여전히 매춘여성에 대한 차별이나 편견이 여러 가지 층위에서 엄연하게 존재하고 있다.[52]

바로 그렇기 때문에 우리들은 스스로를 검증하기 위해서라도, 당시의 여성운동가들의 궤적을 그녀들에게는 없었던 새롭게 획득된 시점에서 공들여서 비판과 고찰을 더해나가야 한다. 여성들의 계급 차이나 사회적 자원의 차이 등 여성의 입장은 다양하며, 젠더는 하나의

---

[52] 예를 들어 러브호텔에서 매춘을 하는 여자가 손님의 요구에 신변의 위험을 느껴서 자기 방어를 위해 손님을 나이프로 찌른 사건에 대해서, 재판소는 매춘부에게는 일반 여성과 동등한 '성의 자유'가 보장되어 있지 않다는 판결을 내렸다(1987년 이케부쿠로 사건). 또한 도쿄전력에서 종합직에 근무하는 여성이 살인의 희생자가 되어 매춘을 하고 있었던 것이 밝혀진 사건(1997)에 대해서는 극히 자극적인 보도가 횡행했다. 이처럼 얼마든지 예를 들 수 있다.

덩어리가 아니라는 것을 전제로 삼고, 여성운동가들이나 일반 여성들이 어떤 역학 관계하에 그러한 자세를 취했던 것인가를 밝혀내는 것이 필요할 것이다.

6. 평화와 반권력─1955년까지와 그 이후

그러나 '여성＝평화주의자' 이미지는 점령기에 확립된 것은 아니었다. 오히려 냉전이 심각해질 무렵, 한국전쟁의 발발, 그리고 샌프란시스코 강화조약체결에 따른 점령 종결 전후에 추방이 해제된 보수정치가들의 복귀를 계기로 일어나는 정책변경 등 이른바 '역코스逆ㅋ-ㅈ'라고 말해지는 시대 추세 속에서, 여성을 중심으로 한 평화를 위한 운동이 펼쳐지게 된다.

예를 들어, 전전부터 여성 신사상의 선구자이며 여성운동가·지도자의 대표적 존재였던 히라쓰카 라이초우의 궤적을 따라가 보면, 그녀는 강화회의 직전인 1951년 8월 15일에 일본부인평화협회, 일본부인유권자동맹 및 일본대학부인협회, 교풍회, 부인민주연맹, YWCA의 유지有志, 그리고 노가미 야에코野上弥生子 등과 함께 '세 번째 비무장국 일본 여성의 평화성명'을 낸다. 나아가 그녀를 회장으로 한 일본부인단체연락회가 1953년 4월, "평화헌법을 지키고 (…중략…) 역행을 저지하자"는 슬로건을 내걸고 탄생한다.

라이초우는 일례에 지나지 않으나, 패전 이래 점령군과의 동맹하에 '신국가', '평화국가'의 건설의 선두에 서 온 여성들의 운동은 '역코스의' 시대에 이르러 그 방향을 크게 바꾼다. 즉, 여성운동은 여기서 어떤 종류의 '단절'을 경험한 듯이 보인다. 여성운동은 전중부터 패전 직후에 걸쳐서, 권력에 대항하여 여러 가지 요구를 내세우면서도 총동원체제·점령체제의 협력자·동맹자로서 '권력을 빌려 왔던 운동'에서 이른바 '반권력운동'으로 전환되었다. 다시 말해, 건설하고자하는 것이 '대동아공영권'이든 '평화국가'이든 간에, 전중·전후의 여성들의 운동은 국가권력배분에의 참가를 노리고 일익一翼을 담당하려 했던 것으로부터, 국가체제·권력에 대한 비판세력이 되는 방향으로 전환된 것이다. 물론, 여성들의 운동조직이나 목표는 다양했으며, 여성운동이 하나의 축을 중심으로 한꺼번에 움직인 것은 아니겠지만, 시대를 대표하는 여성운동에 한해서는 그렇게 말할 수 있을 것이다.

우에노는 여성운동가의 전쟁협력을 묻는 논의에서, 도대체 그녀들에게 '전향'이 있었던 것인지 묻고 있다. 첫 번째는 페미니즘에서 전쟁협력으로의 전향, 두 번째는 전쟁협력으로부터 전후 평화와 민주주의로의 전향이다.[53] 이 논의를 빌려오자면, 여성운동가들이 전후에 다시 제3의 '전향'을 경험했다고 말할 수 있지 않을까. 체제와의 협력에 의한 '평화국가건설'로부터 국가의 향방과는 결별한 '평화'를 위한 '반전운동'으로의 전향이 그것이다.[54]

그리고 이러한 과정에서 '여성＝평화주의자'의 도식도 확립되어

---

53 上野千鶴子, 앞의 글, 22면.
54 말할 필요도 없지만 '전향'이란 애초 국가권력에 의한 가혹한 억압으로 인해 주의신조를 겪을 수밖에 없는 상황에 이르는 것이다. 여기에서 논하고 있는 여성운동의 반권력으로의 전환은 '평화와 민주주의' 확립이라는 주의신조를 관철하기 위한 행동이기 때문에 본래의 어의에 입각해서 말하자면 '전향'이라고 부르는 것은 대단히 부적당하다. 그러나 그것을 인지한 상태에서, 뒤에서 논의하듯 그 후의 여성운동과 권력의 관계를 생각한다면 일본의 여성운동에 중요한 전환점이었을지도 모른다는 것을 시사하기 위해서 굳이 '전향'이라는 말을 썼다.

온 것은 아닐까. 여성은 인권이나 평화라는 보편적 가치를 신봉하는 동시에 반권력으로 일관해야 한다는 신념이 종종 보이는데, 그러한 신념의 원천은 여기에서 발생하고 있는 것처럼 보인다.[55]

그러나 여성과 평화주의 혹은 반권력은 원래 곧바로 연결될 수 있는 것은 아니다. 다카바타케高畠는 "혁신국민운동의 신장은 주로 젊은이나 여성들의 지지로 이루어졌다. 젊은이나 여성들에게 개헌파의 주장은 즉시 전전의 징병제와 이에家제도의 부활을 연상시키는 것이었기 때문"[56]이라고 서술한다.

거기에는 패전 직후부터 이루어진 일본의 '민주화'라는 사정이 얽혀있다. 즉, 민주화라고 말할 때에는 적어도 정치적인 민주화, 민주주의 체제의 수립, 사회적인 민주화, 즉 신분이나 가문, 성, 가장 등에 의한 사회적 특권이나 차별의 금지, 권위주의적인 문화나 교육의 부정 혹은 교육의 기회균등[57] 중 적어도 두 가지 의미가 포함될 것이다. 그러나 일본의 경우에 연합군에 의한 점령이라는 상황하에서 이루어진 '민주화'에서는 두 번 다시 연합국에 군사적 위협을 가하지 않도록 일본군국주의를 해체하고, 평화주의적 정부를 수립한다는 정책이 거기에 덧붙여지게 된다. 원래 평화주의는 민주화나 민주주의와는 본

---

55 이 보편적인 가치의 추구가 여성운동 속에서 반권력의 형태를 취해서 행해지게 된 것은 극히 심각한 딜레마이다. 왜냐하면 어떤 가치를 구현하는 것은 권력작용을 통해서만 가능한데, 반권력의 입장에 있다면 그 구현화의 수단과 기회를 빼앗기는 것이기 때문이다. 이것은 권력의 주변부에 위치하는 자가 빠지게 되는 곤란이다. 오카노 야요岡野八代는 '위안부' 문제를 법정에서 재판하는 것의 곤란함과 관련하여, 이 딜레마에 대해서 "법시스템의 언어·문화로 말해야 한다, 그렇게 하지 않으면 법을 들으려 하지 않기에 곤란해진다. 한편, 스스로가 저항하고 있는 법시스템에 다시 농락당하는 곤란을 회피한다면, 그녀들 자신이 법 바깥에 서 있다는 것에 동의하는 것에 다름 아니다"라고 논하고 있다. 岡野八代, 『法の政治學』, 靑土社, 2002, 124~125면.
56 高畠通敏, 앞의 글, 10면.
57 위의 글, 2~3면.

질적으로 관계가 없으나, 일본에서 전후 민주주의가 말해질 때에는 이것들이 밀접하게 연결되어 있었다.[58]

즉 전후 일본에서는 점령하에 이루어진 민주화라는 특수한 사정 탓에 남녀평등이나 가족원의 평등을 요구하는 사회적 민주화를 향한 소망과 평화주의가 연계되었다. 이는 특히 여성에게 호소력이 있었다. 그리고 거기에서 '여성＝출산하는 성, 생명을 기르는 성'이라는, 전전·전중 때와 마찬가지인 젠더 스테레오 타입의 논리가 그 접속을 극히 자연적인 것으로 만들었다.

만약을 위해 강조해 두자면, 전쟁에 반대하고 평화주의를 관철시키는 것, 그것을 위해 권력과 싸워야한다고 해도 그것을 결코 두려워하지 않는 자세나 입장은 물론 높이 평가되어야 한다. 전후 여성들의 그러한 운동이 우리들에게 가져다준 것도 많을 것이다. 그러나 여기에서 우리들이 다시 물어야하는 것은 '반권력운동'과 여성들의 존경받아야 할 운동이 '자연스러운' 연결처럼 보이고 만다는 것이다.

앞에서 여성운동의 '반권력화'를 '제3의 전향'이라고 했으나, 이 전향은 앞선 두 가지의 전향과는 다르게, 이제까지의 역사 평가 가운데 아무런 부정적인 평가도 받지 않았다. 오히려 '반권력'을 관철시키고 평화주의를 지킨 훌륭한 태도라고 평가되고 있었다고 말해도 좋을 것이다.

여기에서 이러한 평가에 의문을 제기하는 것은 아니지만, 여성운동에서 권력과 거리를 두는 것이 마치 명백한 선善인 듯이 간주되어 온 것에 대해서는 고찰해보는 것이 좋지 않을까.

전전에 전쟁에 협력했던 권력에서 소외되어 있던 여성들이 여성의

---

58 위의 글, 4면.

공적활동을 요청하는 동시에 그것을 가능하게 하는 '신체제'를 흥분감과 사명감을 가지고 받아들였다[59]고 한다면, '역코스'시대 이후의 여성들은 이미 정치적 활동의 권리가 보장되어 있었기 때문에 미련 없이 권력으로부터 멀어지는 방향을 선택한 것처럼 보인다. 덧붙여 말하자면, 본고의 대상인 1955년까지의 여성운동에 위와 같은 지적을 하는 것은 실은 부당할지도 모른다. 왜냐하면 이 시기는 1955년 체제에서 여당과 야당이 2대 세력으로서 길항하는 동시에, 1960년 안보투쟁이나 미쓰이 미이케三井三池 투쟁 등 전후 최대의 사회운동 고양기를 맞이하여 '권력'과 '반권력'의 길항과 긴장이 넘쳐흐르던 시기였기 때문이다. 여성운동은 그러한 상황 안에 틀림없이 있었고, 권력으로부터 멀어지는 '반권력'으로서가 아니라 권력과 정면으로 대치하는 '반권력'으로서 존재했을 것이다.

그러나 그러한 시기를 지나고 나면, '반권력'은 흡사 여성운동에 있어서 마치 자명한 전제처럼 되었다. 구태의연한 국가체제, 타협과 담합에 의해 결정되는 정책, '민주주의' · '인권'의 본질을 등한시한 남성 중심의 정치……. 그것이 국가권력의 모습이기에, 정면에서 대치할 만한 가치가 없었기 때문이다. 떨어진 곳에서 가끔 비판을 행하기는 했어도 권력에 대한 불신을 해소하기 어려워서, '반권력'의 의미가 마치 국가권력으로부터 괴리된 초월적인 태도처럼 되어 버렸다.

1970년대 이래 제2파 페미니즘운동의 비판대상은 법이나 제도가 아니라 더욱 심각하게 사회에 뿌리 깊게 박혀있는 문화나 역사 · 전통으로 이행했다. 그것은 페미니즘운동의 진화를 보여주는 것이 틀림없다. 그러나 오카노 야요岡野八代가 논하듯, "법 앞에서 양성의 평등이 보장

---

59 上野千鶴子, 앞의 글, 24면.

되어 있음에도 불구하고, 법의 현실화가 방해받고 불평등이 횡행하는 사태에 대해 법 이전의 사회구조나 의식, 문화를 문제로 하는 한편, 법 그 자체가 지닌 권력작용을 되묻는"[60] 문제설정도 필요했을 것이다.

그러나 제1파 여성들이 정치적 권리를 부여받지 않은 채로 법의 외부에 방치되어 있었기 때문에 법의 기원이나 역사성을 도마에 올리고, 동시에 그 정당성을 의문에 부치는 것이 가능했던 것[61]과는 달리, 제2파 이후의 여성은 법의 내부에 위치했기 때문에 법의 권력 작용에 눈감아 왔던 것은 아닐까. 그리고 그러한 사실과 전후 여성운동가들의 제3의 '전향' 이후의 권력으로부터의 이탈·기피 경향이 연결되어 있는 것은 아닐까. 이것은 전전 여성들의 전쟁협력·국가 체제에의 '영합'과 이질적이기는 하나, 연구해볼 만한 중요한 문제인 것은 아닐까.

183

7. 결론을 대신하여 - 권력의 탈구축

지금까지 우리는 1935년부터 1955년에 걸쳐 이루어진, 패전이라는 단절을 사이에 두고도 다양한 측면에 걸쳐 연속성을 지니고 있는 여성운동을 살펴보았다. 여기에서 발견할 수 있는 것을 아래와 같이 정리해두자.

첫째, 전전과 전후를 잇는 여성운동가들의 '활약'은 얼핏 전쟁협력

---

60 岡野八代, 『法の政治學』, 靑土社, 2002, 40면.
61 위의 책, 14~15면; Joan W. Scott, *Only Paradoxes to offer : French Feminists and Rights of Man*, Harvard University Press, 1996.

으로부터 민주화와 반전평화운동으로 양극단을 오가는 것처럼 보인다. 그러나 여성이 근대적 여성역할을 다함으로써 스스로를 '시민' '국민'으로서 위치 짓고, 여성의 권리나 지위를 향상시키려는 동기는 공통적이었다. 그러한 의미에서, 우에노의 "근대국민국가 안에서는 여성의 해방이 불가능하다"[62]는 지적은 타당하며, 그 지적은 지금의 우리들에 대한 경고이기도 하다.

둘째, 그런 방식으로는 국가권력에 의존하게 되므로, 혹은 사회풍기의 통제자적인 역할을 담당하는 것이 되므로, 여성은 권력에 접근해서는 안 된다는 관점을 취해서는 안 될 것이다. 이제까지는 전쟁협력에 가담한 여성운동가들의 '반성의 결여'가 지적되어 왔으나, 확실히 그렇다고 해도, 여성들이 정치적 의사결정의 장에서 주변적으로나마 등장할 수 있었던 것에 대해 일정한 의미를 부여하여 평가할 수도 있는 것은 아닐까. 그녀들은 어떻게 권력에 접근하고, 어떠한 방식으로 그 힘을 행사했던 것일까. 이를 해명할 객관적이고 실증적인 연구방법이 필요하다.

그리고 또한 '권력'에 접근하는 것이 왜 문제가 되는지 밝혀내는 것도 필요하지 않을까. 반대로, 권력을 회피하는 것도 '여성'·'어머니'의 이름으로 이루어질 수 있는 것이다. 나아가 오해를 무릅쓰고 말하자면, 국가권력에 접근하는 것이나 전쟁·군사 등 국가권력에 의한 궁극적인 폭력에 관여하는 것이 어째서 페미니스트에게 있어서는 안 되는 실패의 걸림돌인가를 되물어야 한다.

우에노는 '좋은 전쟁'과 '나쁜 전쟁'을 구별하고 전쟁협력의 시비를 묻는 일의 모순을 지적하고, 국민국가에는 젠더가 있다고 논한다. '여

---

62 上野千鶴子, 앞의 글, 41면.

성의 국민화'는 근대국민국가가 여성에게 강요한 이율배반을 체현하고, 총동원체제는 그 이율배반을 극단적으로 그로테스크하게 나타낸다. 이는 거꾸로 근대국민국가의 틀 안에서는 여성의 해방이 불가능하다는 것을 입증하며, 이를 통해 여성에게 '국가'를 넘어설 수 있는 근거를 제시한다.[63] 우에노가 논하듯, 국민국가의 틀 안에서는 페미니즘의 목표에 도달하는 것이 불가능하다고 해도, 항상 여성들이 국가의 권력을 기피해야 한다는 뜻은 아니리라. 나카야마 미치코中山道子가 말하듯, 국경을 넘은 여성 간의 연대조차 궁극적으로는 어느 정도 정치 = 통치라는 논점 자체를 뛰어넘을 수 없는 것이다.[64] 우리들은 권력에서 '이탈'된 길은 부여받지 못했다. 권력을 기피하는 것도 또한, 우리들을 포섭하고 있는 권력 작용 안에서의 효과 중 하나에 다름 아니다. 기존의 정치에 절망하고 그것을 초월하려고 시도하는 것도 역시 정치의 효력인 것이다.

우리들은 버틀러를 통해서도 '여성의 해방'이라는 질문이 불가능하다는 것을 알고 있다.[65] '여성'이라는 카테고리를 안이하게 사용하는 것도, 하물며 그 집단으로서의 '해방'도, 우리들은 지향할 수 없다. 그렇게 생각한다면, 근대국민국가 틀 안에서 현재 시점으로는 '과오'나 '한계'로밖에 평가할 수 없는 것에도 다른 의미부여가 가능할 것이다. '여성의 해방'이란 각각의 여성들이 살아가는 도처에서 계속해서 일어나는, 목표 없는 싸움의 과정 그 자체라고 생각할 수 있지 않을까. 그렇다면 권력에 접근하는 것을 통해 여성들이 힘을 얻으려하는 시도도 그중 하나일 것이다.

185

---

63 위의 글, 41면.
64 中山道子, 「論点としての女性と軍隊」, 江原由美子 편, 『性・暴力・ネーイション』, 勁草書房, 1998, 42면.
65 Judith Butler, 竹村和子 역, 『ジェンダートラブル』, 青土社, 1999.

1935~55년이라는 시기에 이루어진, 그리고 그 후에 이루어진 여성들의 운동을 다시 고찰하는 것은 '권력'을 반드시 국가나 일원적인 지배와 연결되지 않은 것으로서 생각할 수 있는 가능성, 다시 말해 권력을 탈구축할 수 있는 가능성이라는 아직 보이지 않는 방향으로 우리를 인도해줄 수 있을 것이다.

제국과 국민 사이

전후 와카비평에서의 제국의 그림자와 국민적 반동*

토마스 라마르 Thomas LaMarre

1. 들어가며

　제1차 세계대전 후의 평화협정은 윌슨의 원칙을 유럽 국가들에게 전면적으로 적용하여, 국경선에 따라 정치지도를 다시 그리려는 시

---

* 　이 글은 이종호가 번역하였다.
　이 연구 프로젝트는 FCAR(연구조성기금)과 SSHRC(사회과학인문과학연구협의회)로부터 기금을 받았다.
　【역주】이 논문의 원제목은 "Between Empire and Nation : The Problem of Imperial Influence and National Reaction in Postwar Criticism"이다. 한국어 번역은 일본어본 村山敏勝 역, 「帝國と國民のあいだ―戰後の和歌批評における帝國の影と國民的反動」, 『岩波講座 近代日本の文化史 8―感情・記憶・戰爭 1935~1955年2』, 岩波書店, 2002를 저본으로 삼아 진행하였다. 다만 일본어본 주19・27의 서지사항에 일부 오류가 있어 참고문헌을 찾아 확인하여 바로 잡았다.

도였다. 국가와 국가의 경계선은, 언어에 의한 문화와 문화의 경계선과 일치해야 한다는 것이었다. 윌슨의 원리는 이미 근대국가 구조에 편입된 사고를 분명하게 가시화시켰다. 요컨대 국가 정체政體는 문화적·민족적 정체성이나 언어구조와 일치해야 하고, 이러한 일체화야말로 자연스럽고 객관적인 국경을 확립한다는 사고이다. 그러나 윌슨의 신세계질서는 잘 구축되지 않았다. 에릭 홉스봄E. J. Hobsbaum이 언급하듯이 "주요 변화는 국가의 크기가 이제 평균적으로 다소 작아지고 그 속의 '피억압 인민'이 이제 '피압박 소수민족'으로 지칭되었다는 점이었다. 대륙을 종족적·언어적으로 균질하며 서로 독립적인 주민들이 거주하는 각각의 영토국가로 깔끔하게 분할하려는 시도가 지닌 논리적 함축은 소수민족의 대량 학살 내지 추방이었다. 이는 1940년대까지는 전면적으로 드러나지 않았지만, 예나 지금이나 영토적 내셔널리즘의 잔인한 논리적 귀결이다."[1]

당연하게도 윌슨주의적 국가영토론은 태평양전쟁 이후의 평화협정에서 일본에게도 적용되었고, 그리하여 대일본제국大日本帝國은 일본국日本國이 되었다. 국가영토론은 지금도 여전히 지정학적 상상력 전반에 걸쳐 자리 잡고 있다. 그뿐만 아니라 다른 형식의 공동체나 사회조직의 역사를 사고할 때에도 여전히 이와 같은 국가개념은 지배적이다. 특히 고대 일본의 왕조 — 헤이조쿄平城京, 헤이안쿄平安京 등 — 의 출현을 서술할 때에도 그렇다고 할 수 있다. 헤이조쿄와 헤이안쿄는 지나치게 여러 근대국가들과 혼동된다. 어떤 층위에서 양자는 근대국가의 전조로서, 그리고 그 모사로서 다루어진다. 고대국가가

---

1   E. J. Hobsbawm, *Nations and Nationalism since 1780 : Programme, Myth, Reality*, Cambridge University Press, 1990, p.133(에릭 홉스봄, 강명세 역, 『1780년 이후의 민족과 민족주의』, 창작과비평사, 1994, 174면. 인용문의 번역은 영어본에 의거함—역자 주).

근대국민국가와 혼동될 때, 특히나 중요한 것이 언어관인데, 이것은 문학 연구에 한정되지는 않지만, 특히 문학 연구에서 두드러진다. 요컨대 윌슨형 국민국가 공동체를 구축할 경우, (구어로서의) 언어에 의해서만, 문화 영토의 경계선을 그을 수 있다. 본론에서는 전후의 와카和歌 비평이 어떻게 9세기 와카의 '출현'을 근대 일본국가 형성과 결부지었고, 국어를 고전시와 융합시켰는지를 살펴보고 싶다.

9세기 헤이안쿄에서 시를 짓는 데 있어, 31글자의 와카가 점차 궁정문화의 정형으로 자리 잡으면서 그 지위가 상승하였다. 특히 『고킨와카슈古今和歌集』라는 가집 한 권이 와카의 지위향상을 결정지었다. 905년 다이고 천황醍醐天皇은 칙찬와카집勅撰和歌集의 편찬을 명했는데, 920년 무렵까지 편자編者 4명(기노 쓰라유키紀貫之, 미노부 다다미네壬生忠岑, 오시코우노 미쓰네凡河内躬恒, 기노 도모노리紀友則)이 여러 시대와 장소에 출전을 지닌 1,100수의 노래를 수집하여 제재별로 10권으로 정리하고, 2개의 서문을 붙이고 노래마다 작자의 이름과 고토바가키詞書를 기입하였다.[2] 그 이후 『고킨슈古今集』의 시학은 궁정사회에서 시를 짓는 데 첫 번째 기준이 되었다.

다른 형식의 시詩도 계속해서 지어졌지만, 와카는 궁정생활의 중심이 되었다. 일기나 이야기物語는 와카와 관련하여 씌어졌고, 연인들은 와카를 이용하여 밀회의 약속을 잡거나 결혼을 하였다. 와카는 궁

189

---

2 『고킨와카슈』 서문에는 905년延喜 5이라고 되어 있지만, 수록된 노래 중에는 905년 이후의 가카이歌会에서 발표된 노래도 있으므로 서문에서 언급된 날짜는 칙찬명勅撰命의 날짜로 보아야 한다. 헌상献上은 마지막 노래의 날짜로부터 조금 지난 920년 무렵에 이루어진 것 같다. 와카집이라는 형식에 대해서 말하자면, 『고킨슈』는 최초의 칙찬와카집이라는 영예를 부여받았다. 그러나 正田茂雄은 「天皇制と和歌―勅撰集をめぐって」(『國文學 解釋と研究の教材』, 34권 13호, 1989.11, 54~60면)에서 다이고 천황 이전에도 많은 천황이 와카집을 편찬하려고 했지만, 여러 가지 이유(특히 재위의 짧음)로 완성을 보지 못했다고 주장한다.

정관리의 세계관을 규정하는 의식과 제례에 없어서는 안되는 것이 되었고, 와카가 읊어지는 곳에서 크고 작은 다양한 부富도 이동하였다. 즉 대규모의 우타아와세歌合에서는 노래를 읊는 것과 그 평가가 거의 포틀래치potlatch처럼 지위와 부의 수집 / 재분배에 밀접한 관계가 있었다. 제2차 세계대전 후의 많은 비평가들은 『고킨슈』의 등장을, 야마토고토바大和言葉라는 언어의 순수화와 통일화라는 시점에서 파악한다. 이 언어적 통일을 바탕으로 하여, 민족적 그리고 국가적 통일이 마치 자연스럽고도 불가피하게 생겨났다는 것이다. 확고한 시형詩形의 등장은 언어의 통일을 의미한다고 간주되므로, 영토내셔널리즘은 헤이안조平安朝라는 고대에서 고향을 발견한다. 윌슨의 도식이 과거로 소급되어, 민족적·언어적 영토는 헤이안시대의 일본적인 것으로 밀어붙여진다. 이 도식은 헤이안조의 문맥이나 와카론에서도 거의 주목받지 못했고 이의가 제기된 적도 없으므로, 윌슨적 국가론에 대한 홉스봄의 공격이 좋은 출발점이 될 것이다. 그의 비판을 통해 비로소 이 도식의 자의성을 느낄 수 있기 때문이다.

마르크스주의 비평의 한 흐름에서 근대국가란 항상 이상한 것이다. 홉스봄은 개념으로서의 국가와 이데올로기로서의 국가를 검토하여, 이것은 이미 전성기를 지난 개념이며 국가가 혁신정치에 기여한 시기는 지난 지 오래라고 결론을 내린다. 홉스봄에 따르면 국가는 — 특히 윌슨의 이미지 아래에서 살아남은 형상에서는 — 국제적인 혹은 코스모폴리탄적 운동에 대립하는 움직임을 보여준다. 나라奈良시대나 헤이안시대의 일본이 논의될 때 윌슨적 틀이 침투하는 방식을 살펴보면 확실히 그러하다. 홉스봄의 말을 빌리자면, 과거 일본에 대한 연구는 여전히 "대륙을 종족적·언어적으로 균질하며 서로 독립적인 주민들이 거주하는 각각의 영토국가로 깔끔하게 분할하려"고 한다.

물론 이러한 비판은 어떤 의미에서는 매우 당연하다 — 결국, 일본의 문학비평과 역사가 '국문학사國文學史', '국사國史'로 체계화되고 있는 것은 명백한 사실이다. 비판이 이 수준에 머무른다면, 단순히 내셔널리즘을 폭로하여 거부하는 것이 될 뿐이다. 실제로 펭 치아Pheng Cheah처럼 국민은 국민국가nation state와 동일하지 않으며 국민이 스스로 코즈모폴리터니즘으로 향하기도 한다는 논의도 가능하다.[3] 고정된 윌슨적 도식이 지닌 문제는, 국민이 국민국가와 동일시되며 또 국가에 의한 국어의 표준화와 규범화에 근거하고 있는 도식이기 때문에, 국민과 국가의 차이마저 무시된다는 것일 것이다. 이 점을 염두에 두고 전후의 와카비평이 근대의 영토국가와 고대의 조정朝廷을 동일시하기 위하여 시적 언어를 어떻게 사용하고 있는지를 살펴보고 싶다. 동시에 이러한 혼동이 내셔널리즘과 제국주의를 재검토하여 그것들에 도전하는 길을 열었다는 사실을 기억해 두어야 할 것이다.

이 글에서 논의는 고대일본문학의 탁월한 연구자이며, 문화론의 중요한 논객이기도 한 스즈키 히데오鈴木日出男를 중심으로 진행하고자 한다. 1990년에 출판된 『고대와카사론古代和歌史論』은 20년에 걸쳐 쓴 에세이를 모으고 일부는 새로 작성하여, 장대한 고대일본시사古代日本詩史로 편집한 저작인데, 1960년대에서 1980년대에 걸쳐 지배적이었던 와카론을 제시하고 강화하였다. 특히 와카의 출현에 대한 그의 논의에 초점을 맞추어, 그것을 그의 주된 관심인 일본과 중국과의 관계, 문화제국주의 문제, 일본의 정체성과 공동체 출현에 와카가 기여한 역할 등의 다른 논점과 관련시켜 보고자 한다. 마지막으로 그가 생각한 영토국가가 모어母語라는 담론을 전제로 삼아, 일본과 그 타자

---

3 Pheng Cheah, "Introduction", *Cosmopolitics : Thinking and Feeling beyond the Nation*, Minneapolis : University of Minnesota Press, 1998.

와의 경계선을 민족적·언어적으로 구획하는 데 여성을 이용함으로써 헤이안 여성을 '이중으로 식민지화하고 있다'는 점을 드러내고자 한다.

2. 중국에 대한 저항

　고대일본 문학 연구와 역사 연구에서 첫 번째 목적은 일본이 어떻게 적극적이며 선택적으로 중국에 응답했는지를 밝히는 것이다. 이는 응답을 강조함으로써, 영향이라는 발상 그 자체 내부에 있는 중국의 우선성을 역전시키려는 시도라고 할 수 있다. 이 역전을 위해 고대일본 연구는 거의 예외 없이, 선택적 수용이라는 논리를 극한으로까지 밀어붙인다. 고대일본은 중국에 적극적으로 응답했을 뿐만 아니라, 중국의 영향에 저항하고 그것을 전복시키기까지 했다는 것이다. 영향과 반응이라는 패러다임에서는 항상 중국과 일본은 선험적ª priori으로 자명한 영토로 파악되고, 그리고 반응은 일본의 중국에 대한 저항이라는 형식을 취한다. 말할 것도 없이 저항은 적극적이고 의식적인 대립에서 일상적인 생활 실천에 매몰된 무의식에서의 수동적 저항에 이르기까지, 사회적이고 역사적 상황에 따라 다양한 형태로 찾아낼 수 있다. 그리고 저항을 어떻게 규정하는지에 따라 각 논자들이 무엇을 특히 문제시하고 있는지도 드러난다. 이 문제는 나중에 다시 논의할 것이다. 우선 먼저 와카비평의 전반적인 윤곽을 그려보자.
　와카 연구에는 중국과의 관계에서 일본성日本性을 평가하는 기본적인 두 패러다임이 있다. 대략적으로 이 두 패러다임은 각각 전전戰前

의 연구와 전후戰後의 연구라고 할 수 있는데, 당연히 두 시대는 상당 부분 서로 중첩되거나 혼합되어 있다.

① 20세기 전반 고전일본시 연구의 일반적인 경향은 『만요슈万葉集』(759 년경에 편찬되었고, 여러 시대의 다양한 시 형식을 담고 있다)의 서정성을 찬양 하는 것이었다. 연구자는 만요万葉의 시학을, 외국의 영향이 지배적으로 되는 직전이나 동시기에 배치하였다. 그리하여 『만요슈』에는 외래의 것에 대항하는 토착의 순수성이나 토착의 저항이 있다고 평가되었던 것이다. 대체로 이러한 중국 도래 이전의 일본에 대한 강조는 일본을 서양 이전에, 서양의 외부에 두려고 하는 전전의 경향을 반영한다. 결과적으로 보면, 헤이안조와 『고킨슈』에는 회의적인 시선이 향하기 마련이었다. 무엇이든 모두 중국적인 것으로 보여서, 헤이안의 시학이 중국에 저항하거나 그것을 전복하고 있다고 정면에서 주장하기란 불가능하다고 생각되었다. 영향이 너무 컸던 것이다. 이러한 전전의 연구는 일반적으로 주제, 이미지, 개념 등을 중심으로 시를 보고 있는데, 이러한 점들로 『고킨슈』에서 토착적인 것은 발견되지 않았다.[4]

② 전후에 이러한 태도는 크게 변화하여, 연구자는 많은 경우 『고킨슈』가 외래적인 것의 일본으로의 흡수를 보여준다고 간주하게 되

193

---

4   이러한 편견의 형성을 밝히는 데는, 다음의 두 논의가 유용하다. ジョシュ アモストウ, 「み やび'とジェンダー─近代における『伊勢物語』」, ハルオ シラネ・鈴木登美 편, 『創造された古典』, 新曜社, 1999(조슈아 모스토Joshua Mostow, 「근대의 『이세 이야기』─'미야비'와 젠더」, 하루오 시라네・스즈키 토미 편, 왕숙영 역, 『창조된 고전』, 소명출판, 2002)는 메이지시대에 헤이 안문학이 퇴영적이고 음란한 것이 되어갔음을 논한다. 品田悦一, 『万葉集の發明』, 新曜社, 2001은, 메이지 시대의 연구자는 서양의 문학비평가가 일컫는 국민적 서정시를 찾아내 어, 『만요슈』를 국민시집으로 만들었다고 논한다. (특히 중요한 것은 『만요슈』가 천황에 서 평민까지 널리 퍼진 통일된 국가를 제시하고 있다는 생각이다. 메이지 후기에는 민중 적인 것에 대한 관심이 높아져 '민요'가 발명된다.) 전전戰前에는 두 가지 해석이 공존하 고 있었지만, 전후에 천황이 상징으로 되면서 두 번째 것만 살아남게 된다. 왜냐하면 정 치가 아니라, 문화의 언어로 말해졌기 때문이다.

었다. 전전의 연구가 만요를 상찬하고 고킨에 회의적이었던 것에 반해, 전후의 연구는『고킨슈』의 일본성을 확정하는 데 관심을 기울였다. 언어에 대한 관심과 결합되면서 수사적 궁리나 비유의 분류가 성행했는데, 이것이 중국 이전의 표현법과 중국 이후의 표현법의 관계를 확정하는 데 도움이 되었다. 특히 이 입장은 가나仮名라는 독자적인 일본의 표음적 서기법書記法의 출현을 중시하였다.

어쨌든 전전의 연구와 전후의 연구 모두 영향과 반응이라는 동일한 문제들이 존재한다. 주요 가집은 외적 영향과 그것에 대한 반응, 저항, 대립, 부정 등의 역사에 따라 규정되었다. 양쪽 모두의 연구에서『만요슈』의, 특히 초기의 노래가 (구승성口承性과 결부된) 토착적 시학을 이루고 있다고 간주된다. 따라서 한자와 중국시학이 야마토大和를 지배한 결과가 9세기 초반의 3대 칙찬한시집勅撰漢詩集(료운슈凌雲集 · 분카슈레이슈文華秀麗集 · 게이코쿠슈経國集)이 되는 것이다. 이른바 국풍암흑시대國風暗黒時代인 것이다. 그런데 이 '암흑시대'에 대해서 전전의 연구와 전후의 연구는 약간 서로 다른 감수성을 가지고 있다. 전전의 연구는 암흑시대가 줄곧 계속된 것으로 간주하여 국풍암흑시대에 대해서 자주 비관적인 태도를 취했다. 전후의 연구는 중국의 시형식이 던진 어두운 그림자로부터 10세기 초반에 독자적인 형식이 부상한다고 확신하였다.『고킨슈』는 야마토우타大和歌의 칙선집이라는 형식으로 토착의 시학을 부흥시킨 것이었다. 최근에 토착적 형식에 대한 이러한 자신감은 한 걸음 더 나아갔다. 사실 암흑시대 따위는 없었다는 것이다. 토착적 형식은 외국산外國産의 형식과 같은 시기에 특별히 약해지거나 흐려지는 일없이 계속되었다는 것이다.

요컨대『만요슈』는 가장 일본적인 것의 장場(중국의 가치관이 침입하기 이전 시대의 구승시口承詩를 기록하고 있다고 여겨졌기 때문이다)으로 존속했는데, 전후의 연구는『만요슈』와『고킨슈』의 연결을 확정하려고 노력하였다. 이러한 연결을 유지하려는 노력에는 고전일본시를 중국의 형식과 대립시키려고 하는 전전과 다르지 않은 욕망이 잠재해 있었던 셈인데, 전후의 연구에서 이 대립은—외래의 것을 흡수, 토착화, 지양하는 형태로—승리로 끝났다는 확신을 더욱 강하게 갖게 되었다.

그리하여 '영향과 반응'이라는 역사의 최신판에서는, 토착 대 외래라는 논리에 이의를 제기할 수 있게 되었다. 일본인 대 외국인이라는 대립은 없었고, 암흑시대도 존재하지 않았다는 의견을 서술할 수 있는 것이다. 이종혼교異種混交적 영역에서, 다양한 상상과 표현의 양식을 통합하며 조직하는 이항대립기계 — 화한和漢의 아상블라주Assemblage —가 생겨났다. 이것에 대해서는 다른 논문에서 이미 논한 바가 있다.[5] 그런데 이번에는 영향과 반응의 문학사를 위해, 이 틀을 전부 다 사용해보고 싶다. 전전과 전후 연구의 매개가 되는 존재인 사이고 노부쓰나西鄕信綱부터 우선 살펴보자.

3. 제국에 대한 민중의 저항

사이고 노부쓰나는 전후에, 얼마 지나지 않아 출판한『일본고대문학사日本古代文學史』(1951)의「와카와 한시和歌と漢詩」라는 장에서, 고전일본시를 역사적 · 기술적 진보와 관련시켜 논의한다.

---

5   Thomas LaMarre, *Uncovering Heian Japan : An Archaeology of Sensation and Inscription*, Duke University Press, 2001.

당시에, 당唐의 사회와 일본 사회 사이에는 역사발전 정도에 커다란 낙차가 있었고 (…중략…) 따라서 전자의 문화가 후자에 대해 강력하게 임의적으로 작용했을 경우, 그것은 당연하게도, 전자에 의한 후자의 문화적 동화, 정복이라는 과정으로 향하지 않을 수 없었다. 그리하여 일본을 비롯하여 대당제국大唐帝國의 주변에 살고 있었던 후진 민족들은, 물론 그 지배계급 간의 현상이었지만, 문화적으로는 마치 대당제국의 식민지로 변하여 그것에 조공을 바치는 상태가 초래되었다.[6]

사이고가 서술하는 논의의 배경은 이시모타 쇼石母田正가 제기한 영웅시대英雄時代에 대한 단명短命에 있었는데, 이는 중요한 논쟁이다. 이 논쟁의 근본 문제는 제국에 대한 저항이었다. 어째서 일본인은 제국에 저항하지 않았는가. 마르크스·엥겔스주의 사고법에서, 이 물음은 세계사의 발전이라는 관점에서 제기되었다. 그리고 문제는 저항의 기반이 된 영웅시대가 그때까지 일본에서 발전한 적이 있었던 것인가라는 것이 되었다. 그리하여 사이고는 고전일본시를 역사적 종속과 투쟁이라는 문맥에 놓으려고 하였다.

사이고에 따르면, 당 제국은 문화적 정복과 동화라는 위협을 가하였다. 이 문화제국주의는 일본열도의 인민이 아니라 지배계급을 향한 것이었다고 사이고는 매우 짧게 언급한다. 그리고 재빨리 고대 일본의 계급구분에서 문화제국주의 문제로 이동한다. 계급, 신분이라는 사회 분열을 돌연 잊어버린다. 사이고는 8세기 궁정의 신분별 계층화의 깊이를 무시하고, 통일된 일본 인민을 상정하는 것이다. 그 결과 상층 엘리트가 일본의 상황을 대표하게 된다. 그는 분명히 마르크스주의에 기반을 두고 제국주의 비판을 전개하지만, 일단 문화제

6 　西鄕信綱, 『日本古代文學史』, 岩波書店, 1951, 116면. 여기에서 인용된 절은 '抒情詩の時代'라는 장章의 「和歌と漢詩」이다.

국주의라는 개념을 만들어 내자, 사회투쟁으로서가 아니라 두 가지 문화적 심성의 충돌로서 이 제국주의의 중요성을 논하기 시작한다.

> 그러나 특히 문제가 되는 것은 그 이른바 선진문화라는 것의 내용이다. 그것은 진정으로 건강한 인민적 문화가 아니라 유교나 불교를 중심으로 한 지적으로 난숙한 말기적·퇴폐적 귀족문화였는데, 따라서 그것은 독소와 같이 미숙한 민족정신을 해체시키는 기능을 가지고 있었다. 우리는 외래문화를 일반적으로 문제 삼아서는 안 되며 일본 고대 귀족이 수용한 외래정신문화의 구체적 실체를 파악해야 한다.[7]

사이고는 선진문화와 정면으로 마주한 민중정신을 기리고 싶어 한다―확실히 그의 관심이 영웅시대의 발견에 있음을 여기서 알 수 있다. 그런데 사회적 마찰로부터 문화적 심성으로의 이러한 이동에 의해, 그의 마르크스주의는 좀 색다른 것이 된다. 결과적으로 보면, 그는 근대적 계급투쟁을 고대왕조로 투영하는 것이다. 이로 인해 역사는 기묘하게 단조롭게 되며, '일본 인민'은 시대착오적으로 통일된다. 고대 일본인은 종속계급의 대표가 되며, 그와 더불어 그의 고대국가론은 마르크스주의적인 것만큼이나 국학적인 것이기도 하다는 사실이 명확해진다. 그의 관심은 고대국가 내부에서의 민중의 물질적 종속이 아니라, 일본의 문화적 종속인 것이다. 이러한 과정을 통해서 차츰 사이고는 '구체적 실체'라는 물음을 문화제국주의라는 이름 아래에서 제기한다. 그는 다음과 같이 묻는다. 우리들/그들은 퇴폐적인 외국문화에 얼마나 구체적으로 영향을 받고 있는 것일까.

197

---

7   위의 책, 117면.

물론 사이고의 관심은 대일본제국과 미제국美帝國 양쪽에 대한 일본의 저항 가능성에 있었다. 1951년 미 점령군의 '전회轉回'(자유와 민주주의라는 이상에서, 어떻게든 자본주의를 발전시키려는 활동으로의 노골적인 변화)의 시기에, 사이고의 문제는 확실히 중대했다. 그런데 사이고의 논의는 제국주의에 대한 저항에 관심을 가지면서 영웅적인 일본인민과 제국 사이의 경계를 분명히 한다. 제국은 생래 영웅적인 민중정신의 외부에 있는 것이다. 대일본제국의 종언 6년 후, 이리하여 일본과 제국을 연결시키지 않는 혹은 연결시키지 않으려는 태도는 그 자체로 문제적이다. 사이고는 실제로는 '외래정신문화의 구체성'이라는 자신의 물음에 답하려 하지 않는다. 그의 진정한 관심은 일본민중의 토착적 순수성과, 그 잠재적으로 영웅적인 순진함에 있다. 따라서 그가 고대인의 정신적 순수성과 활력을 강조하는 것은 뜻밖이 아니다.

> 하지만 다행히도 일본 고대귀족들의 마음에는, 그러한 외래의 퇴폐문화에 동화되면서도, 또한 그것에 굴복당하지 않는 순진하고 건강한 민족정신의 활력이 강하게 살아 있었다. (…중략…) 히토마로人麿가 나타낸 비극성도 문화적 측면에서 보면, 그것은 민족정신을 해체시켜 간 외래문화와의 갈등을 격렬하게 표현한 것이었다. 초기 만요문학의 그 뛰어난 특질을 뒷받침한 것은 유교적 산문성, 불교적 비관주의, 아직 훼손되지 않은 젊은 민족적 정신의 기백이었다. (…중략…) 그들의 마음 깊은 곳에는, 외래의 지식이나 교양에 의해서는 충족되지 않는, 그것에 어긋나는, 혹은 그것에 대립하고 그것에 반발하는 민족정신의 전통이 또한 어떠한 형태로 활기차게 흐르고 있었다.[8]

---

8   위의 책, 117~118면. (원문에는 다음과 같은 한 문장이 덧붙여져 있다. "'민족'은 people이라고 해도 좋지만, 서정시의 양식과 민속학folklore studies의 접점이라는 문제에 주목하기 위해, 여기에서는 folk라고 번역한다." – 일역자 주).

사이고 자신이 민중의 저항에서 무엇을 도출하려고 했는지 말하기란, 대단히 어렵다. 확실히 그의 고대민족 개념에는, 근대제국주의에 대한 저항의 여지를 만들려는 의도가 있다. 민족의 정신적 활력은, 애매모호한 마력 따위가 아니라 "영웅시대의 투쟁을 통해서 우리들의 선조가 쟁취한 민족적 자주성에 연원하는" 것이다. 그는 궁정관리 문화의 인공성을 그다지 높게 평가하지 않고, 후지와라가藤原家의 천도遷都 계획에 목숨을 걸고 저항한 오토모노 야카모치大伴家持를 상찬한다.[9] 하지만 그의 이야기는 너무나도 내셔널리즘적인 토착주의의 줄거리를 그대로 되풀이한다. 그의 국가 환상이 어떤 것인지는 문학의 달성과 계급사회의 확립 사이의 모순을 발견하려고 할 때, 한층 확실하게 드러난다.

사이고는, 만요 시기의 외래 계급사회는 단지 관료제를 추진하고 산문적 평범성을 강화한 것에 불과하다고 논한다. "그것은 진정한 의미에서 문학의 풍부한 모태일 수 없었을 뿐 아니라, 오히려 그것은 민족의 시정신을 지적으로 냉각시키는 방향으로 나아갈 수밖에 없었다." 즉 계급사회의 제국주의는 일본에 있어서는 외래의 것이며, 프롤레타리아 혁명은 고대 민중 본래의 계급 없는 정신을 진정으로 표현하고 있는 고대문학을 통해서 도래할 터인 것이다. 게다가 진정한 의미에서 문학은 서정시이기 때문에, 계급사회를 전복하는 혁명은

---

[9] 기타야마 시게오北山茂夫는 『日本の歷史4—平安京』(中央公論社, 1963)에서 오토모노 야카모치가 패배한 황위皇位 다툼에 대해 논의한다(25~27면). 그의 해설을 읽으면, 사이고가 이 항쟁에 왜 그렇게까지 관심 기울였는지를 알 수 있다. 기타야마는 일관되게 가문과 가문의 싸움을 (사이고가 도처에서 자궁子宮과 피血를 끄집어내듯이) 혈통의 관점에서 말한다. 이 항쟁이 '일본의 순수성과 순진함에 대한 외래의 잡종성과 퇴폐'라는 문제와 깊이 관련된 것은 우연이 아니다. 다만 『海と列島の中世』(日本エディタースクール出版部, 1992, 23면)의 아미노 요시히코網野善彦에 의하면 가문은 정치적 결속이지 (친족이라는 의미에서의) '씨족'은 아니다.

고대 일본의 가요를 통해서, 고대 일본의 모태에 깃든 순수성과 활력을 회복함으로써 실현될 것이다. (이 토착의 모태에서 '모母'가 이중으로 소거되는 것에 주목하자. 그것은 스스로는 서정시의 정신을 가지지 않으며, 다만 안에 깃들어 그 연속성을 보증한다. 모태는 영웅의 피와 정신이 독립하여 우뚝 솟기 위한 수로水路인 것이다.) 요컨대 사이고는 무無계급사회의 논리와 고대 시적 순수성의 논리를 연결시키는데, 여기에서 생겨나는 원시공동체는 마르크스주의적이면서 또한 동시에 인종을 기반으로 하는 토착주의에도 근접한다.

그렇지만 그의 논의는 여전히 흥미롭다. 첫째로 와카 연구의 영역에 정치투쟁을 도입하려는 그의 욕망은, 문학비평을 정치화함에 있어 큰 역할을 했다. 둘째로 그의 방법은 토착성을 이상화하면서도 문화와 제국의 관계를 문제시하여, 잠재적으로는 독자에게 새로운 물음을, 즉 일본과 근대제국주의의 공범성으로 나아가는 사고를 촉진하였다. 결국 그의 논의에는 식민지에 대한 협력자도 나오고, 저항자도 나온다. 이후에 스즈키 히데오와 같이 한층 완성된 논자가 동일한 문제 ─ 고대 일본의 중국문화제국주의에 대한 종속 ─ 를 다루면, 결론은 그저 모든 마찰이 일본국가의 출현과 더불어 해결된다는 것이 된다. 제국에 대한 ─ 그리고 협력과 저항에 대한 ─ 물음은 세심하게 피할 수 있는 것이다.

4. 국가의 출현과 음소혁명

『고대와카사론古代和歌史論』에서 스즈키 히데오는 중화中華 왕조의 중요성을 잘 인식하여 헤이안 와카의 중국어 원전 문제를 여러 차례 다룬다. "일본적 문화가 당풍唐風을 토양으로 삼아 성장했다는 점은 아무리 주의를 기울여도 지나치지 않을 것이다." 사이고와 동일하게 문화제국주의라는 문제가 여기서 나타나지만, 스즈키에게 이것은 문제라기보다 참고기준으로 조용히 다루어진다. 실제로 그는 당풍의 중요성을 강조한 뒤에, 일본문화의 독자성을 선언하는 것으로 나아간다. 와카라는 꽃은 그 본래 토양으로부터 얼마나 독립적인 것일까.

스즈키는 와카의 주제, 이미지, 개념 등을 기초로 일본의 독자성을 구축하려고 하지는 않는다. 반대로 그는 여러 차례 와카에 나타난 감정과 표현의 중국성中國性을 지적한다. 스즈키가 동원하는 독자성의 이야기는, 완전히 전혀 다른 전후의 연구에서 생겨난 것이다. 토착적 언어공동체를, 그리하여 자립적인 문화를 가능하게 하는 것은 와카다. 그리하여 가나 — 더 정확하게 말하자면 가나문화 — 는 독자성의 기치가 된다. "동아시아의 광범위한 한자문화권 속에서, 그것을 섭취하면서 가나문화가 산출되었는데, 그런 만큼 가나문화는 항상 한자문화에 포위되어 있게 된다."[10] 스즈키가 호출한 '가나문화'는 서기법을 '독자적 일본문화'와 서로 연결시키는 것이었는데, 양쪽 모두 검토가 필요할 것이다. 우선 '독자적 문화'부터 살펴보자.

가나문화와 한자문화를 대비시키는 스즈키의 글쓰기 방식은, 목소

---

10 鈴木日出男, 『古代和歌史論』, 東京大學出版會, 1990, 395면.

리를 낮춘 반反식민지 내셔널리즘을 상기시킨다. 즉 제국주의문화에 포위되었을 때, 자국의 문화가 출현하는 것이다. 그러나 스즈키는 이러한 어법을 그대로 사용하지는 않는다. 헤이안 궁정은 '우리나라', '일본문화', '일본국가' 혹은 그저 '일본'이라고 불린다. 그러나 당唐은 확실히 항상 제국의 틀로 포착되지는 않는다. 당은 더 강력하고 발전한 문화이며 일본을 포위하여 그 기반을 이루고 있다고 여겨지지만, 사이고와 달리 스즈키는 직접적으로 제국이라는 말을 사용하지는 않는다. 제국 비판 그 자체에는 관심이 없기 때문이다. 그의 관심은 당 문화에 대한 '우리나라의' 반응이며, 바로 그것이 그가 제시한 일본문화의 출현인 것이다. 그가 제국을 문제 삼지 않는 것은, 바로 어떤 종류의 제국시스템, 즉 상징천황제를 정당하다고 간주할 의도가 있기 때문이다. 가나 ― 스즈키가 말하는 이른바 "우리나라 특유의 표음문자" ― 는, "9세기 후반, 다름 아닌 헤이안 섭관攝關체제를 시작한 시기에, 독자적인 일본문화의 일환으로서 성립했다."[11]

'독자적인 일본문화'의 성립을 헤이안 섭관체제와 연결함으로써, 스즈키는 전후일본의 천황제에 고대로부터의 보증을 부여한다. 여기서 그는 전후에 이루어진 헤이안조 일본에 대한 재해석의 일반적인 흐름을 따르고 있다. 종전 직후 상징천황제의 구축과 더불어 천황은 군사지도자에서 국민의 상징이 되었으며, 군을 포기하고 다른 것과 격리된 일본 통일의 상징이 되었다. 문화주의적이며 비군국주의적인 일본이 이렇게 가능하게 되었다. 헤이안조 일본과 그 왕조미학은, 평화롭고 문화적인 일본의 이미지를 완벽하게 제공해 주었다. 일찍이 헤이안조는 지나치게 중국문화에 침윤되어 있는 것처럼 보였지만, 젊은

---

11 위의 책, 395면.

연구자들은 가장 비非중국적 예술을 중시하여 중화제국으로부터 벗어나고 싶다는 헤이안 일본의 욕망을 그려내었던 것이다. 다만 헤이안 궁정의 '비중국성'은 만요의 그것과는 크게 달랐다. 이것은 사이고가 묘사하고 있듯이, 중국의 영향 이전부터 존재했으며 그 문화제국주의에 저항한 일본은 아니다. 중국을 뒤쫓아, 자신의 문화를 달성하기 위해 중국문화를 흡수하여 변용하는 일본인 것이다. 이 흐름에 서 있는 스즈키에게는, 제국주의 비판은 존재하지 않으며, 단지 국가의 독자성(다만 상징천황을 내세우는 국가가 제국주의와 대비되는 이상, 필연적으로 애매할 수밖에 없다)에 대한 상찬이 있을 뿐이다. 스즈키의 '가나문화'론은 마음씨 좋은 일본의 정치적 우화가 된다. 일본 특유의 것이란, 상징천황의 출현과, 포위해 온 외압으로부터의 문화적 자립이다. 이렇게 헤이안조 일본의 세련된 궁정은 전후천황제를 미화하는 임무를 완수한다.

역사적·정치적으로 보자면, 헤이안 궁정이 중화중국에 반응하여 독자적인 자국문화를 형성했다고는 쉽사리 말할 수 없을 것이다. 결국 이 사고법은 근대제국주의와 고대중화제국과의 역사적 차이를 소거해 버린다. 일본은 이렇게 두 번, 즉 처음에는 중국에, 그 다음에는 서양에 '거의 식민화된' 장소로 간주된다. 그리고 근대 일본국은 고대국가와 동일한 것이 되며, 양쪽 모두 반식민주의 저항의 사례가 된다. 스즈키는 다른 해석의 길도 열어놓고 있다. 예컨대 원전탐색을 중시하는데, 그것이 어떻게 다층적으로 코드화되고 있는지를 추적할 수도 있을 것이다. 하지만 스즈키는 이 방법을 취하지 않는다. 그의 틀은 문화제국주의이지만, 기묘하게도 그의 문화적 포위라는 생각에는 폭력이나 알력은 존재하지 않는다. 그렇기 때문에 와카는 중국 이전의 일본어를 폭력 없이 회복하는 기능을 하게 되는 것이다.

사이고의 논의는 관념적이지만, 그의 마르크스주의적 제국주의 비

203

판은 사회투쟁과 문화적 계층성의 문제를 다루는 방법을 개척하였다. 그런데 스즈키에게 있어서, 가나가 체현하는 그리고 가나를 통해 가능해진 독자적 일본문화는, 당의 한자문화로부터 담담하게 유기적으로 생겨난 것이다. 그는 표음혁명表音革命의 이야기를 만들어 내어, 그것에 함의된 반식민지 내셔널리즘 이야기를 헐렁한 옷으로 감쌀 수 있었다. 이 표음혁명의 이야기는 자립적인 문화의 출현에 수반되기 마련인 모든 곤란과 알력을 소거하는 역할을 수행한다. 그렇기 때문에 가나는 유기적으로 출현했다고, 그는 끝까지 주장한다.

> 헤이안조 가나는 처음에는 해서楷書·행서行書에서 따온 오토코데男手라고 지칭되었다. 상대특수가나표기법上代特殊仮名遣의 소멸과 청음清音과 탁음濁音의 유통이라는 차이는 있지만, 전대前代의 만요가나로부터 직접적으로 계승되고 있다. 그것이 9세기말 무렵에 이르러, 초서체草書体에 의한 소우가나草仮名로, 다시금 온나데女手(히라가나平仮名)로 발달하였는데, 이러한 일련의 가나 성립과정에서, 자모字母도 어느 정도 한정되어, 일자일음一字一音의 표음문자로 점점 순화되었다. 그에 따라 노리토祝詞·센묘宣命·가요歌謠·와카와 같은 이른바 순수한 일본어가 잇달아 표기되었다.[12]

스즈키는 물론 와카의 출현이 그렇게 직선적이거나 연속적이지 않다는 사실을 알고 있었다. 그럼에도 불구하고 이 인용문에서 그는 가나의 출현을 직선적인 발전으로 보게끔 독자에게 강요한다. 한자 사용의 변화와 언어상의 불순을 무시하면, 문어와 구어가 점차 순수화되어 (이른바) 순수한 일본어로 나아간 자취를 더듬을 수 있으리라는 것이다.

---

12 위의 책, 397~398면.

스즈키는 연속성을 보증하기 위하여 구어 구조의 실제 변용 — 만요와 고킨 사이에서 발생한 모음의 변화 — 을 경시할 것을 요구하였다.

가요나 서기법의 이종혼교성은 거부되고, 만요로부터 고킨으로 이어지는 단일한 전승의 선이 발견된다. "고가古歌를 향유하는 데, 구두전승口頭傳承이나 문헌개재에 관계없이 일종의 전승공간의 세계가 사고되어야 하지 않을까 생각한다."[13] 이 역시 스즈키의 중요한 일순간이다. 차이가 있더라도 하나의 세계로서 사고해야 한다. 스즈키의 지시를 따르면,『고킨슈』당시의 가나와 와카의 출현을, 직접적 전승으로서, 단일한 흐름과 순수화의 과정으로서 보게 된다. 그렇게 하지 않으면 혼란스러운 서기법, 은유성, 불순한 발음, 시적·정치적 실험 등이 가득한 불규칙 변화의 세계로 향할 수밖에 없다. 하지만 스즈키는 차이와 균열을 무시하는 것은 충분한 이유가 있는 일이며 바람직한 일이기도 하다면서 끊임없이 우리들을 안심시킨다.

205

> 헤이안 초기 문학사의 한 과정으로서 만요가나가 토착적 가요로, 그리고 궁정 가요로, 나아가 왕조와카로 정착해가는 도정도 파악해 두어야 할 것이다. 그 과정은 원래 민간에서 발생한 가나가 궁정의 문화로서 완성되어 가는 성립과정과도 대체로 대응한다고 할 수 있다.[14]

두 가지 과정이 언급되고 있다. 하나는 구어 — 토착 가요에서 왕조 와카로의 변동이며, 다른 하나는 문어 — 민간에서 궁중으로의 변동이다. 스즈키는 이 길을 순식간에 통과하여 토착적이고 민중적인 궁정에 간신히 도달한다. 여기에서 배제되고 있는 몇 가지 중요한 점을

---

13 위의 책, 394면.
14 위의 책, 401면.

간략하게 살펴보자.

구두전승에 대해서 살펴보자면, 스즈키는 나라奈良·헤이안쿄의 언어와 방언의 복수성에 그다지 주의를 기울이지 않는다. 궁정에서의 중국어 사용에 대해서는 언급하지 않으며 만요와 고킨 사이에 놓인 발음의 차이는 무시한다. 문자전승에 대해서 살펴보자면, 민중이 가나를 만들어 내었다고 주장하기 위해 불교사원이나 관리官吏의 중요성은 생략해 버린다. 가나는 이미 중국의 서도書道가 확립한 경로를 따르고 있었으며, 그렇기 때문에 칙찬와카집이 여러 차례 펼쳐 보이는 화려한 서도 명인名人의 기예가 존재할 수 있었는데, 이것은 무시된다. 스즈키가 이러한 균열을 어물쩍 넘어가는 것은, 만요와 고킨 사이의 시기를, 민중의 목소리를 통일하며 순수화한 유기적 발전의 시기로 간주하고 싶어 하기 때문이다.

스즈키의 논의를, 또 한 사람의 일본인 연구자인 가라키 준조唐木順三의 논의와 비교해 보면 흥미롭다. 가라키는 스즈키가 어떻게든 교묘하게 답을 구하고자한 문제를 그저 간단히 지나쳐 버리기 때문이다. 『일본인 마음의 역사日本人の心の歴史』에서 가라키는 중국의 서기법은 전혀 문제가 되지 않는다고 자신만만하게 단언한다. 이에 대한 가장 적절한 사례는, 한漢과 야마토大和의 표기법을 동시에 충족시키는 방식을 논하고 있는 부분일 것이다.

> 한자의 음音에서 벗어나 훈訓으로 읽고, 군텐訓点이나 가에리텐返り点을 붙여서 읽는 것은 아마도 세계에서 유례가 없는 독특한 일일 것이다. 또 일본인이 한시를 짓는 경우, 즉 마음속으로 오쿠리가나送り仮名를 붙이거나 가에리텐을 붙여서 짓는 경우, 형태는 한시지만 실제로는 와시和詩이다.[15]

가라키는 기본적으로 두 종류의 표기법, 한자와 가나를 각각 중국 문화 및 일본문화 그 자체로 본다. 한자는 일본의 마음을 소외시킬 우려가 있지만, 가나는 근원적인 투명성을 부여해 준다. 그가 전개하는 것은, 난해한 중국어 텍스트를 해독하는 훈독법을 만들어 내기 위해, 중국어의 어순을 변화가에리텐시켜 일본어의 어형語形변화를 가한 것(오쿠리가나)으로 가나가 시작되었다는 생각이다.

훈독법은 주로 불교 승려의 경전해석으로부터 생겨났는데, 중국어와 산스크리트의 발음에 천착하지 않고 말과 말의 관계를 나타내 편집하는 데 이용되었다. 어떤 종류의 가나는 이러한 중국어 텍스트를 재편성하여 해설한 기호로부터 생겨났다(나중에 가타카나로서 체계화되었다). 그러나 9세기에 가에리텐과 가나는 균질하고 자립적인 체계를 이루고 있었던 것은 아니며, 어떻게 양자가 균질한 언어를 전할 수 있었는지도 충분히 밝혀져 있지 않다. 게다가 실제로 오쿠리가나를 사용한 시는 대부분 남아 있지 않으며, 남아 있더라도 9세기의 시는 아니다. 모든 중국어 텍스트는 군텐을 사용하고 있었기 때문에, 실제로 중국어를 읽고 쓴 사람은 없었다고 가라키는 주장한다(그는 중국어를 말하는 인간이 있었다고는 결코 생각하지 않는다). 만일 중국어를 읽고 썼다하더라도, 그들은 일본어로 느끼고 생각했다는 것이다. 그는 문어의 비물질성과 투명성을 주장함으로써, 관념적이고 정신적인 연속성을 발명한다. 그러나 실제 문자 사용법은 이러한 그의 주장을 뒷받침하지 않는다.

헤이안 궁정이 써진 문자를 확실히 읽을 수 있게 하려고 했음은 틀림없다. 실제로 읽을 수 있음은 서도의 제1원리라고 할 수 있다. 그렇지만 읽을 수 있음과, 투명성, 비물질성, 표음법이 동일한 것은 아니

---

15 唐木順三, 『日本人の心の歴史』 상, 筑摩書房, 1976, 63면.

다. 오히려 가나든 마나眞名든 헤이안조에서 읽을 수 있음은 수사성修辭性, figurality과 직접 관련되어 있는데, 그 결과 근대언어학의 기준으로 보자면, 불투명성이나 물질성으로밖에 생각할 수 없는 작용이 주목받았다.[16] 게다가 서도와 가에리텐의 사용은 철저히 잡종적인 텍스트를 산출하기 때문에, 이러한 텍스트에 대해서 순수성을 운운하기란 불가능하다. 실제로 텍스트는 너무나 잡종적이기 때문에, 순수한 기원에 대해서는 생각할 방법이 없다. 단 헤이안 궁정에서 텍스트의 권위가 문제시 될 때에는 확실히 한자야말로 권위의 증거였다.

가라키의 논의는 일본어표기에 한자가 부적당하다고 주장한다는 점에서 스즈키의 논의를 상기시킨다. 두 사람 모두, 한자는 일본인을 소외시켰는데 가나가 그것을 뒤집었다고 생각한다. 그런데 가라키는 단지 그 성공을 고할 (게다가 — 한시조차 사실은 일본어의 시였기 때문에 — 간단하게 중국어의 형식을 부정할) 뿐인데, 그와 달리 스즈키는 균열과 다양성의 문제는 신경 쓰지 않아도 된다고 독자를 설득하려 한다. 그는 일반적 경향, 즉 대체적인 흐름을 볼 것을 호소한다. 이 호소는 가라키의 일본성에 대한 찬미와는 다른 형태로 그의 논의를 전개시킬 가능성을 가지고 있다. 대체적인 흐름을 보도록 촉구하는 스즈키는 더 큰 국면에 주목한다. 그의 문제는 헤이안조 일본뿐만 아니라 일본 그 자체이다. 일본의 역사는 통일화, 순수화, 회복으로 보아야 한다고 그는 되풀이해서 말한다. 왠지 불편한 느낌이 드는 것은, 그의 일본에 대한 희구가 — 고대와 근대의 — 역사적 차이를 철저하게 지우고 있기 때문일 것이다.

---

16 헤이안조의 책의 비유성比喩性에 대한 더욱 상세한 논의로는 다음을 참조. Thomas LaMarre, "Diagram, Inscription, Sensation", *Deleuze, Guattari and the Philosophy Expression*, special edition of *Canadian Review of Comparative Literature*, June 1997, pp.669~694(reprinted in *A Shock to Thought*, ed. Brian Massumi, Routledge, 2002).

이 차이를 지우는 데 있어, 꼭 필요한 것은 문어書き文字와 구어話ことば의 궁극적 일치이다. 스즈키 문학사의 도달점은, 가나가 일자일음一字一音에 이른다는 표음주의적 이상이다. 전후의 와카비평에서, 헤이안 가나가 표음문자를 완성하였으며 이를 통해『고킨슈』의 규범적인 시적 언어가 구축되었다는 생각을 확립한 사람은 아키야마 겐秋山虔이다.[17] 스즈키는 이러한 야키야마의 생각을 따르고 있다.

가나표기가 일자일음의 순수한 표음문자로서 노래의 표현과 깊은 관계를 가지게 된 것은『고킨슈』시대의 와카에서일 것이다. 야키야마 씨는 가나표기가 고킨적 표현의 와카에 안정된 형식을 부여하였다고 지적하며 양자의 깊은 관계를 중시하는데, 이 지적은 매우 중요해 보인다. 앞서 언급했듯이 가나고토바仮名言葉는 표의성을 버리고 말을 음성으로 환원하는 것이다.[18]

스즈키는 한자를 '표의문자', 가나를 '표음문자'라고 한다. 그가 말하는 '표의성'은 문어의 시각적인 제스처 작용을, 이른바 비유성을 가리킨다. 스즈키는 순수한 구어로서의 음성을 되살리기 위하여, 가나와 와카의 시각적인 제스처 작용은 멀리하는 것이다.

스즈키의 논의에서, 언문일치의 논리가 헤이안조까지 확대되고 있음은 분명해 보인다.[19] 가라타니 고진柄谷行人의 언문일치 비판에서는,

209

---

17 이러한 경향의 출발점이 된 것은 秋山虔,『王朝の文學空間』, 東京大出版會, 1984이다. 전체의 개요에 대해서는「『古今集』はなぜ規範性を一持ちえたのか」,『國文學』29집 14호, 1984.11, 39~45면 참조. 여기서 秋山는 자기 연구의 주요한 논점(가나표기법, 와카표현, 일본어의 구어와 감수성의 동일화)을 정리하고 있다. 그의 일본성日本性이 특히 징후적으로 나타나는 것은「日本的無意識の問題ー『古今集』をめぐって」(『日本文學講座2ー文學史の諸問題』, 大修館書店, 1987)인데, 여기서는 워싱턴의 벚나무(천황으로부터의 증정물)를 보았다는 해외여행 이야기가 일본성(과 천황제)의 원천과 내실에 대한 내적 탐구로 갑자기 전환한다.
18 鈴木日出男, 앞의 책, 401면.
19 Nanette Twine, "The Genbunitchi Movement : Its Origins, Development, and Conclusion"

한자의 비유성을 버리려는 근대의 충동이 '투명성', '내면성'이라는 개념을 통해 서술된다.[20] 한자는 투명해져, 목소리는 시각적인 방해 없이 한자를 통해서 말하게 된다. 목소리는 말^語에 거주하고 말^{言葉}로부터 생겨나는 것처럼 보인다. 말^{ことば}은 순수하고 자유롭게 직접 마음에 말^語을 거는 것처럼 보인다. 문어^{書きことば}와 구어^{話ことば}를 연결시키는 스즈키는 음성의 순수성, 자유, 자립성에 도달한다. 가라타니는 이 음성중심주의를 근대국가가 근대주체를 형성하는 한 과정으로 보고 있다. 요컨대 가라타니의 논의를 빌려 말하면, 가나의 표음성에 대한 스즈키의 집착은 근대주체의 형성을 헤이안조로 밀어붙이려는 시도인 것이다. 이러한 투영을 통해서 스즈키는 윌슨적인 영토내셔널리즘을 헤이안조에서 발견할 수 있었다.

월슨적 도식에서는 문화, 민족, 그리고 국가의 경계선을 확립하는 것은 구어로서의 언어이다. 그렇기 때문에 스즈키는 가나문자가 사실상 일본어의 구어임을 나타내 보이기 위해 노력하였다. 헤이안 가나가 일본어의 구어와 완전히 일치하지 않고 다른 언어(중국어나 조선어)를 기록하고 있다면, 또는 그것이 단지 혼혈적 구어나 정선된 방언, 의성어를 나타낼 뿐이라면, 헤이안 궁정은 근대국가가 아니며 그

210

(*Monumenta Nipponica*, vol.33, no.3, 1978)은 언문일치운동을 공리적 단계와 문학적 단계로 구분하는데, 후자는 1887년경에 시작되었다고 한다(p.339). 1895년에 오니시 하지메^{大西祝}에 의한 고문^{古文} 비판을 논의하면서 다음과 같은 흥미로운 내용을 서술한다. "이 언어전쟁은 일청전쟁 승리 직후에 시작되었다. 일본어가 일본 이외의 땅에서 처음으로 사용되었을 때, 일본어에 대한 주목이 집중되었기 때문이다"(p.352). 영토 확대와 언문일치의 관계에 대해서는 다음을 참조. Thomas LaMarre, "Bacterial Cultures and Linguistic Colonies : Mori Rintarô's Experiments with Science, Language, and History", *Empires of Hygiene*, special edition of *positions* 6.3, winter 1998, pp.597~635; Thomas LaMarre, "L'Empire des figures : Aux frontières de l'écriture japonaise", *Anthropologie et Sociétés* volume 22, numéro 3, 1998, pp.107~126.

20 Karatani Kojin, *Origins of Modern Japanese Literature*, trans. Brett de Bary, Duke University Press, 1993(가라타니 고진, 박유하 역, 『일본 근대문학의 기원』, b, 2010).

신하＝주체는 일본인이 아니게 된다. 이렇게 한걸음 나아갈 때마다, 중요한 것은 직선적인 흐름이며 균열과 차이는 간과해야 한다고, 스즈키는 주장한다. 물론 그가 너무나도 일체성을 강조하기 때문에 끝내는 와카가 순수성과 자율성을 단일한 목소리로 전체화하는 표현인 것처럼 보인다는 점은 위태롭다. 일단 이렇게 통일된 장을 마련하여 목소리를 말로 되찾고 나면, "가나고토바는 (…중략…) 의미를 일원적으로 한정하기보다는 역으로 말의 다의성을 강조하게 된다"[21]고 덧붙일 수도 있다. 와카의 역사로부터는 분리된 다의성은 국어의 구어national speech 공간에서 되돌아오는 것이다. 그런데 우선순위는 확실하다. 스즈키는 헤이안 시학의 형성을 에워싼 다양성을 근절하여 비로소 시학 내부의 다양성을 재발견하여 회복시킨다. 일단 국가가 외래적 요소를 추방해 버리면, 주체는 자기 자신의 국어로 자유롭고 다양하게 말할 수 있는 것이다.

요컨대 스즈키의 와카 연구는 일종의 (전후천황제와 문화내셔널리즘에 동조한) 일본어공동체에 전력을 기울이고 있는 셈인데, 여기서는 다양성이라는 형태로 얼굴을 슬쩍 내비치는 이종혼교적인 요소는 의식적으로 배제되고 있다. 이렇게 홉스봄이 언급한 "영토적 내셔널리즘의 부조리와 공포"가 와카해석의 실천을 뒤덮게 된다. 그 부조리와 공포는 차이의 존재를 감지하면서 윌슨적인 민족-언어통일과 순수화의 틀 속에서만 차이가 표현될 수 있다는 모순으로 가득 찬 집착에 사로잡혀 있다고 할 수 있을 것이다.

스즈키 논의의 마지막 뒤틀림은 전후일본이 처한 근원적인 막다른 골목의 단적인 표현이다. 민족-언어내셔널리즘의 틀을 통해서 차이

211

---

21   鈴木日出男, 앞의 책, 401면.

를 사고할 수 있을까. 민족-언어내셔널리즘을 비판하기 시작하면, 제국이라는 문제가 제기되지 않을 수 없다. 중국왕조와 서양식민지주의뿐만 아니라 대일본제국의 유산에 대해서도 그러하다. 사이고와 달리 스즈키가 제국주의에 대하여 비판적인 입장을 확실히 취하지 않는 것은, 그들이 지닌 기본적인 이데올로기의 차이 때문만은 아니다. 점령군시대에 미제국주의에 대한 일본의 협력이 점점 복잡해진 것도 이유 가운데 하나이다. 스즈키는 이 복잡함과 대면하기가 싫어서, 전후의 일본이 재구축한 윌슨적인 일본국가상(像)을 쫓아 과거 일본을 본다. 그러나 그의 명인의 기예에는 '제국'과의 공범관계가 필연적으로 새겨져 있다.

5. 나오며－모어母語

에드워드 사이드는 최근에 영향관계를 중시하는 문화론의 틀에서는 영향과 저항이라는 이분법적 관계 — 제국으로부터의 영향인가, 반식민적 저항인가 — 가 필연적으로 나타난다는 문제를 다루고 있다.[22] '영향과 반응'이라는 연구를 기초로 삼는 와카비평이 그 좋은 예일 것이다. 즉 와카비평은 중국(제국)의 영향과 일본(국가)의 저항을 축으로 삼는데, 서양제국주의와 그것에 대한 일본의 반응(최근의 경기후퇴에도 불구하고 아시아에서의 근대화 및 국가형성의 성공 사례로서 높이 평가되는 일이

---

22 Edward Said, *Culture and Imperialism*, New York : Knopf, 1993(에드워드 사이드, 박홍규 역, 『문화와 제국주의』, 문예출판사, 2005).

많다)이라는 문제를 살짝 변형하여 미니어처화한 것이다.[23] 일본을 대체 어느 정도 문화제국주의의 희생자로서 이야기할 수 있는 것인가 하는 논의는 항상 결론이 나지 않는 문제이지만, 전후 일본에서의 일본사, 일본문학, 일본문화에 대한 논의에서, 문화제국주의 문제는 끊임없이 재부상하였다. 와카비평에서도 그리고 다른 곳에서도, 문제는 언제나 영향과 저항이라는 계열로 묶인다. 이 저항에 대한 집착은 어떻게 생각해야 하는 것일까. 『문화와 제국주의』의 사이드는 반식민지적 저항을 찬양하는 것을 완강하게 거부하며 그것은 반식민지적 비판이라고 할 수 없다고 서술한다. 저항문화의 이론적·정치적 한계는 포스트식민지국민국가의 배외주의적排外主義的이고 권위적인 경계선 만들기로 나타난다. 이것이야말로 (릴라 간디Leela Gandhi의 말을 빌리자면), "인종 의식의 낡은 식민지 분할을 역전시키고 그리하여 단순히 그것을 복제하는, 그 자체로 순응을 낳는 감옥"[24]이 아닐까. 여기서 본고의 논의가 다소 반복되기는 한다. 고대일본의 중국에 대한 저항이라는 사고가 지닌 한계는 근대국가의 국경선에 구애받고 있다는 점이다. 이에 대해서는 사이드의 견해에 동의하여 저항은 내셔널리즘이 자기비판을 행할 때에 비로소 비판이 이루어진다고 결론내리고 싶다. 본론에서는 저항의 개념을 전후 와카비평을 만들어낸 일본내셔널리즘에 대한 비판을 향해 밀어붙이려고 했다. 결국 와카비평이 열심히 국가의식을 다시 만들어내어 구축해온 국경선의 권위에 대하여 자기

213

---

23 예를 들어 아시아의 경제위기에 대한 월러스틴의 최근 논의를 참고. Immanuel Wallerstein, *The End of the World as We Know It*, University of Minnesota Press, 1999(이매뉴얼 월러스틴, 백승욱 역, 『우리가 아는 세계의 종언─21세기를 위한 사회과학』, 창작과비평사, 2001).

24 Leela Gandhi, *Postcolonial Theory : A Critical Introduction*, Edinburgh : Edinburgh University Press, 1988, p.81(릴라 간디, 이영욱 역, 『포스트식민주의란 무엇인가』, 현실문화연구, 2000, 104면).

비판을 가하고 싶다는 것은 매우 자그마한 요구이다. 비판을 계속해서 거부하는 국문학 및 지역 연구에 깊이 뿌리내리고 있는 방법론에 대하여, 와카 연구가 생각하기 시작해도 좋은 시기일 것이다. 나라조와 헤이안조는 많은 점에서 근대국가공동체와는 다르기 때문에, 현대 일본문화론을 비판하는 데에 안성맞춤의 장소가 될 수 있는 것이다.

사이드는 반식민지 내셔널리즘에 대한 충성을 유지하는 것의 중요성을 이해하지 못한다고 많은 포스트콜로니얼 비평가로부터 비판을 받는다. 이것은 중요한 점일 것이다. (일본이 반식민지국가라는 생각에 찬성할 마음도 없지만) 서양 비평이론과 일본내셔널리즘 표현의 관계가 불균형을 이룬다는 점을 간과하거나 얼버무릴 생각은 없다. 게다가 최근 많은 일본인론과 국문학론을 덮고 있는 일본내셔널리즘을 거부해 버리면, 국가, 국제성, 전지구적 질서에 대한 많은 전제들을 제대로 음미하지 않은 채 인정하게 된다. 레이 초우Rey Chow가 이 문제에 대해서 아주 잘 서술한다. "비서양 작가와 텍스트─소설, 이론, 영화, 대중음악, 비평 뭐든지 간에─를 인정하지 않는 한, 오늘날 동양과 서양의 균열이 빠져 있는 일종의 관념론으로부터 우리의 읽기를 해방할 수 없을 것이다."[25] 와카비평은 다른 연구 영역과 마찬가지의 이론적 복잡성과 밀도를 획득해야 한다. 단지 한 국가의 변덕스러운 장난처럼 이루어져서는 곤란하다. 이런 생각 때문에 전후 와카비평에서의 문화와 내셔널리즘 문제에 주목한 것이다. 또한 이런 생각을 염두에 두면서, 결론으로 지금까지의 논의를 한층 복잡하게 만들 요소를 하나 언급하고 싶다.

와카비평은 외부의 타자를 배제하려는 강력한 의도와 더불어 또한

---

[25] Rey Chow, *Ethics after Idealism : Theory, Culture, Ethnicity, Reading*, Indianapolis : Indiana University Press, 1998, p.xxi.

내부의 타자를 길들이려는 의도에도 구애받고 있다. 여기서는 스즈키의 가나론이 그 대표적인 사례가 될 것이다. 그는 와카의 내부적 다양성을 주장하는데, 그 다양성은 항상 내적인 순수화에 기반을 두고 있으며 젠더가 이 순수화에 권위를 부여하는 결정적인 장이 된다. 가나를 온나데와 연결시키는 논의에서 그런 점이 가장 명확하게 드러난다.

> 이른바 만요가나의 해서체楷書体인 오토코데, 만요가나의 초서체草書体인 소우가나草仮名, 그리고 더욱 간략해진 온나데(히라가나)로의 성립과정은, 한자의 음훈音訓을 표음적으로 채택한 만요가나의 표음성을 점점 순화시켜 나아가 원래의 한자를 복원하기 어려울 정도로 우리나라 특유의 표음문자로서 독립해 간 과정이기도 했다.[26]

이는 헤이안조 연구에서 지배적인 견해인데, 스즈키는 다른 연구자들과 마찬가지로 서체書體의 차이(마나와 가나, 해서와 초서)를 중국어와 일본어의 차이로 일치시킨다. 이러한 일련의 일반화가 동원하는 것은 모어母語 담론이다. 우선 첫째로 온나데는 무너져 여성에게로 내려진 서체로 간주되어 남성시인도 실제로 사용했다는 사실은 무시된다. 둘째로 서기법은 순수하게 표음적으로 된다. 셋째로 야마토고토바는 일본민족과 동일시된다. 이 세 단순화의 결과로 온나데는 최종적으로 순수한 모어와 일치하게 된다. 예를 들면 스즈키는 항상 자율성, 순수성, 여성성을 결부시키기 때문에 전승된 헤이안 여성의 순수성(정절)은 일본의 자율성의 장으로 변한다. 결국 이러한 단순화는 수상쩍은 이야기를 지어낸다. 일본여성은 순수하며 정절을 지키기 때

---

26 鈴木日出男, 앞의 책, 395면.

문에 외래적 형식에 더럽혀지지 않는다(한편 남성은 중국어도 일본어도 사용한다). 남성은 외부의 것을 길들이지만, 이 외국과의 조우를 통해서 그들의 권위는 위기에 직면한다. 따라서 궁극적으로 일본어의 순수성을—모어를 통해서—보증하는 것은 바로 여성이다.

데니스 칸디요티Deniz Kandiyoti는 일본과 중국 간에 국경선을 긋기 위해 온나데를 사용하는 방법을 간결하게 비판한다. "다른 국가, 민족, 종교 집단 사이의 경계선 역할을 여성이 할 경우에 여성이 온전한 시민으로서 그 모습을 나타내기란 항상 어려울 것이다."[27] 말할 필요도 없이, 국가의 상상력이 온나데를 모어로 동원하여 말할 수 없는 서발턴을 만들어 낸다는 것을 단순히 폭로하여 부정하는 것만으로는 충분치 않다. 헤이안조 여성—혹은 일본 여성—을 구해야 하고 대변해야 하는 서발턴으로서 상상하는 것은 너무나 쉬운 일이다. 마찬가지로 중국이나 조선이 가한 영향의 편재를 강조하여 일본성을 와해시키는 시도도 중요한 한 걸음이지만, 결과적으로는 국가구축을 다른 것으로 치환한 것에 불과할지도 모르며 혹은 틀만 구체화했을 뿐인 외관상의 국제주의로 나아간 것에 불과할지도 모른다. 따라서 헤이안조 문학의 영역에 타자의 표현을 확대하여 변형시키는 방법, 현재의 와카비평을 지배하고 있는 이해하기 쉬운 이항대립—중국/일본, 외래/토착, 영향/반응, 남성/여성—을 안정화시켜 구체화하는 것이 아니라 다양한 담론을 탐색하는 방법을 찾는 것이 급선무라고 할 수 있다. 그럴 때 비로소 전후 와카비평의 중심에 지금도 여전히 자리 잡고 있는 국가에 대한 갈망을 상당 정도 떨쳐 버릴 수 있을 것이다.

---

27 Deniz Kandiyoti, "Identity and Its Discontents : Women and the Nation", *Colonial Discourse and Post-colonial Theory : A Reader*, ed. Patrick Williams and Laura Chrisman, New York : Columbia University Press, 1994, p.382(인용문의 번역은 영어본에 의거함—역자 주).

제2부 **기억의 전쟁**

기억의 작용

세계 속의 '위안부'[*]

캐롤 글럭 Carol Gluck

1990년대 '기억'의 물결은 제2차 세계대전을 다시 사람들의 관심 가운데로 데려다 놓았다. 이것은 결코 특정 지역에 국한된 현상이 아니라 세계 여러 나라에서 일어난 현상이었다. 50년 전에 종결된 전쟁이라는 과거가 정치와 문화의 영역에서 돌연 등장하게 된 것이었다. 그 배경의 하나로 세대적인 이유를 들 수 있다. 전쟁을 경험했던 세대는 자신들의 생애를 휘감은 집단적 비탄이나 신음에 대해 밝히지도 않고서 또는 경의를 표하지도 않고서, 자신들에게는 '살아있는 기억'인 전쟁을 그대로 사라지게 할 수 없었다. 또 다른 이유는 냉전 후의 지정학적 변동 때문이었다. 그 변동은 미리 예고된 것이었지만 매우 불확실했으며, 국민들에게 자신들의 역사를 과거의 방식으로 또는 새

---

[*] 이 글은 양승모가 번역하였다.

로운 민족주의적 방식으로 재검토하도록 몰아갔다. 그리고 다른 또 하나의 이유는 20세기의 마지막에 등장한 '기억' 그 자체에 대한 집착 때문이었다. 사회, 국가 그리고 개인이 어떤 방식으로 자신들의 이야기를 하면서 스스로의 정체성을 구축했는지, 아니면 어떤 방식으로 과거를 이용하여 미래에 대한 주장을 전개했는지에 관해서 강렬한 관심을 보이기 시작한 것이었다. 개인들의 다양한 추억과 집단적 기억 사이에서 상반된 주장이 오고갔다는 사실은 1990년대 격렬하게 논쟁했던 당시 '기억'에 대한 하나의 풍경을 특징짓는 것이었다. 전후 반세기를 지나오면서 제2차 세계대전은 단순히 기념되는 것만이 아니라 공적 기억의 형태를 둘러싼 논쟁을 통해 계속해서 커다란 정치적·문화적 이해를 수반하며 '재'기억화되고 있었다.

이러한 '재'기억화의 과정에서 두 가지 중요한 질문이 떠오른다. 첫 번째 질문은 '기억'에 관한 것이다. 20세기의 막바지에 대중사회에서 공공의 기억은 실제로 어떻게 작용하는가? 전쟁을 이야기하는 과정에서 논쟁을 초래하고 그 기억에 변화를 일으켰던 요인은 무엇인가? 공공의 기억은 어디에 자리하고 있으며 그것은 대체 누구의 기억인가? 지금은 마치 습관처럼 서독과 일본을 비교하지만, 왜 전쟁의 기억이 각각의 국가에서 서로 다른 패턴을 보이는 것인가? 전쟁을 '재'기억화하는 과정은 20세기 마지막에 많은 곳에서 거의 동시에 일어났다. 그렇기 때문에 기억에 관해 무언가를 분석해내기 위해서는 각각의 사회에서 볼 수 있는 차이점이 아니라 오히려 공통점에 주목해야 한다. 그 공통점을 통해서 '기억의 작용'이라는 것이 전혀 다른 문맥에서도 동일하게 작동한다는 사실을 알 수 있기 때문이다. 정리하면, 현재 대중사회에서 문화적 차이는 공적 기억의 창조, 유지, 변용에 그다지 영향을 주지 않으며, 일본, 독일, 인도네시아, 미국, 그 외의 어디에서도 전쟁의 기억이 가진 차이를 문화적으로 충분히 설명하고 해석할 수 없다는 결론에 도달하게 된다. 예를 들어 서양의 기억보다 아시아의 기억에서 '사죄'가 더 중요시된다고 오해하는 것, 그리고 '죄'와 '책임'에 관한 해석과 결부된 이른바 문화적 격차 역시 문화만으로는 설명할 수 없다. 이 글에서는 '문화사'의 관점에서 일본인이나 다른 국가의 사람들이 자기 이외의 세계로부터 스스로를 격리하기 위해 사용한 (역사적인 차이와는 다른) 문화적 특이성에 대해서가 아니라, 일본에서도 다른 국가에서도 찾을 수 있는 공적 기억의 '공통문화'에 대해서 고찰할 것이다.

두 번째 질문은 자신들 이외의 '세계'에 관한 것이다. 제2차 세계대전을 일으켰던 것은 국민국가였다. 전쟁은 총력전이며 총동원이었다. 그렇기에 누구도 결코 피할 수 없는 일종의 '총체적 기억'이 만들어졌다. 국민국가는 전쟁의 주체였고 그 국민은 처음에는 국가의 희생양으로 동원되었고 그 다음에는 국민적 기억을 만드는 일에 동원되었다. 모든 개인의 이야기가 국민적 기억 속으로 일체되어 단일하게 녹아들어갔다. 대부분의 국가가 자국의 관점에서 전쟁을 말했으며, 승리, 패배, 해방, 분할 등은 완전히 국민적 경험으로 간주되었다. 그 결과 '세계'를 배제한 채 '세계'대전의 기억이 만들어졌다. 때로는 적이나 희생자의 관점이 인정될 때조차도, 국가적 경계는 좀처럼 세계전쟁의 형상을 포함할 정도로 충분히 확장되지 않았다. 세계전쟁을 국가적 경계의 내부에 가둠으로써 국가들은 전쟁의 최초 원인이었던 자국중심주의적 입장을 기억 속에서 축약해버렸다.

그러나 대항하는 세력도 존재했다. 전후 세계에서 국제적 압력은 사람들이 스스로 벽을 쌓고 국민적 기억의 마당 안에 들어가 있기 어렵게 만들었다. 전후 서독이 자발적으로 홀로코스트를 기억해낸 것은

221

아니었다. 서유럽 내에서의 지정학적 요구와 유대인이나 세계인들로부터의 도덕적 도전 때문이었다. 1980년대부터 1990년대에 이르기까지 아시아인들은 일본의 전쟁의 기억에 이와 비슷한 압력을 가했다. 이러한 국제적 압력은 국내 국민의 기억에도 영향을 주어 '세계'대전이라는 이름에 걸맞은 모습으로의 발전을 재촉했다고 말할 수 있다.

그것만이 아니다. 시간이 지나면서 '트랜스내셔널transnational[1] 한 기억'이 나타나기 시작했다. '아우슈비츠'도 '히로시마'도 결국은 이것들을 수행했던 사람이나 피해를 입었던 사람들만의 문제가 아니었다. 그 후의 역사적·도덕적 여파 속에서 살았던 인간들 모두의 문제였다. 그래서 홀로코스트도 원자폭탄도 그 원인과 중요성에 대해 말할 때, 특정한 국가의 해석에만 맡기는 것은 불가능했고, 또 그렇게 할 수도 없는 문제였다. 오히려 홀로코스트의 기억은 세계 곳곳에서 제노사이드에 저항했고, 히로시마의 기억은 과거나 현재나 핵전쟁과 대치했다. 이러한 점에서 보면 1990년대에야 겨우 기억 속으로 들어간 '위안부'[2]라는 과거는, 국경이나 문화적 경계에 얽매이지 않고 사회적·법적·도덕적 귀결을 수반했던 '트랜스내셔널한 기억'의 일부가 될 수 있었다. 그렇다면 이 전쟁의 잔해를 둘러싸고 논쟁했던 '내셔널

---

1 【역주】'국가'의 경계만이 아니라 '민족'과 '문화'의 범주까지 넘어서서 발생하는 관계들을 의미하는 용어로서, '초국가적', '탈국가적'로 번역하기보다는 용어 자체를 그대로 사용하여 의미를 좀 더 명확하게 드러내도록 하겠다.

2 "위안부"는 "종군 위안부"의 줄임말이다. 이 말은 "위안소"와 함께 전쟁 중 일본군에서 사용했던 용어이다. "성 노예"란 말도 사용하지만, 너무 직접적인 표현이라 피하고, "위안부"라고 사용한다. 여기서는 인용부호를 사용하지 않고 쓰기로 한다. 그러나 이 용어는 민족(국가)적이고 국제적인 여러 의미를 지니고 있기 때문에, 요시미 요시아키 등이 사용하는 것처럼 인용부호가 있다고 생각하길 바란다. 위안부에 대해서는 吉見義明, *Comfort Women : Sexual Slavery in the Japanese Military during World War II*, trans. Suzanne O'Brien, New York : Columbia University Press, 2000, pp.39~40; Yuki Tanaka, *Japan's Comfort Women : Sexual Slavery and Prostitution during World War II and the US Occupation*, London : Routledge, 2002 참조.

national한 기억'은 어떻게 더 크고 더 인간적인 세계 전체의 유산으로 변용될 수 있었을까? 바로 이것이 두 번째 질문이다.

1. 전쟁을 말하다

처음의 시작단계부터 생각해보자. 이 시기에 언어만이 아닌 기념일이나 기념비, 그리고 유무형의 여러 표상을 통해서 처음으로 전쟁이 '말해지고', 제2차 세계대전의 원형의 기억이 형성되었다. '영웅이야기'[3]는 대부분 전쟁 중 혹은 종전 직후에 나타났는데, 극적이고 충격적인 시간 속에서 실제보다 과장되고, 흑백처럼 명확하고, 뚜렷하게 보이는 실재를 만들어냈다. 줄거리는 인상적일만큼 나쁜 사람과 그 희생자가 명확하게 드러났으며 애매모호하지 않고 명백했다. 대부분의 이야기가 '오스트리아 나치즘의 최초의 희생자였다'라든가, '일본인은 자신들의 정부에 의해 무모한 전쟁에 참가했다'와 같은 식의 단순한 진술이었다. 이것들을 마치 '오래된 경구'처럼 이야기의 문맥, 복잡함 그리고 다양성은 흔적도 없이 사라진 간략한 슬로건이었다. 전형적인 것은 전쟁을 일으켰던 국민국가가 이탈리아에서는 '민중의 전쟁'을 수행했던 국민으로, 일본에서는 '패전의 비극'을 뒤집어쓴 국민으로 일체화된 것이었다. 영웅이야기는 총력전의 총체적 이야기이기 때문에, 개인의 경험적 차이는 지워진다. 국민 모두를 파르

223

---

3   이것은 Herbert Butterfield의 용어이다. Herbert Butterfield, *Past Obsession : World War II and Historical Memory*, New York : Columbia University Press, forthcoming 참조.

티잔으로, 레지스탕스로, 반파시스트로, 그리고 무엇보다도 희생자로 만들어 단일한 국민적 통합에 투영했던 것이다.

국민이 희생물이 되는 이야기는 인상적인만큼 진부했다. 어떤 역사가가 서술했듯이, 서독에서는 "희생자인 독일 국민 모두가 가해자인 몇몇의 나치 당원과 복수심에 불타는 잔인한 공산주의 무리에 대항했다."[4] 단지 '몇몇'이라는 표현은 그 외의 국민들은 단순히 자신들이 통제할 수도 없고, 책임질 수도 없는 사건에 말려버렸음을 의미한다. 프랑스와 루마니아, 이탈리아, 핀란드에 이르기까지 유럽의 전쟁이야기는 당연히 온갖 재난에 대해 독일인(과 각각의 지역의 '몇몇' 협력자)을 비난하는 것으로, 그 국민들 전체는 희생자가 되어 이야기의 중심에 서 있다. 그러나 역시 자국 이외의 희생자는 거의 언급되지 않았다. 일본 국민들의 고통에 관한 이야기도 이런 패턴을 답습하고 있다. 즉 이야기의 무대를 내부로 돌려 전쟁을 국내화했으며 또한 몸뻬 옷을 입은 어머니의 모습을 희생자로 그리면서 여성으로서 재젠더화한 것이다.

종전 직후의 상황이 영웅이야기의 줄거리를 결정했다. 중국과 그리스에는 내전이라는 상황이 있었고, 한국과 독일에는 정치적 분단이, 동유럽의 신사회주의 정권과 동남아시아 국가들에는 반식민지투쟁이라는 상황이 있었다. 그 외의 군사지배지역도 비슷한 상황이었다. 일본의 경우 미군정은 다음 세 가지 점에서 결정적인 역할을 했다. 그것은 희생자의 이야기를 강화하며 '국민'의 책임을 면제하는 것이었다. 우선 첫째, 미군정은 대동아전쟁을 (일미)태평양전쟁으로 개명하여 대중국전쟁을 지워버리고, 아시아와 중국 대륙침략을 전쟁이야기의 중심에서 배제시켰다. 둘째, 미군정은 희생자로서의 일본에

---

4   Robert G. Moeller, *War Stories : The Search for a Usable Past in the Federal Republic of Germany*, Berkeley : University of California Press, 2001, p.198.

게 필요한 정당성에 맞춰 승리자로서의 미국이 가진 정당성을 조정하면서 '몇몇'의 지도자를—천황은 이 '몇몇'의 지도자에 해당되지 않는다—전범재판에 회부했다. 회부된 '몇몇' 군국주의적 지도자들을 처벌함으로써, 그들에 의해서 일본국가와 천황이 잘못 인도되었다는 이미지를 강조했다. 셋째, 놀랍게도 미군정은 전쟁을 완전히 국내 문제로 돌려놓았다. 전쟁의 원인이 일본 안에 있었기 때문에 전후 '일본의 재생'을 위한 개혁에 초점이 맞춰졌다. 이 정책으로 제국의 모든 기억이 거의 상실되었다. 일찍이 대일본제국의 권력이 미쳤던 조선, 만주, 대만 등은 돌연 공식적 전쟁이야기에서 사라져 버렸다. 남겨진 것은 '내지 = 일본'뿐이었다. 그곳은 평화와 민주주의가 한결같이 살아있으며, 한순간에 단일민족이 된 '국민 = 일본인'이 살고 있는 곳이었다.

이 이야기에는 대중국전쟁도 아시아도 책임도 제국도 나타나지 않았다. 일본은 '제국' 이후, 즉 '탈제국의 문제'에 주의를 기울이지 않았다. 오히려 대부분 국내 문제로 이야기되는 전쟁의 영웅이야기를 바탕으로 '전쟁' 이후, 즉 '전후'로 나아갔다. 전후에 영국은 제국을 상실했으며, 프랑스는 몇 년간 알제리와 투쟁해야만 했다. 그러나 일본은 아시아에서 자신들의 제국의 과거를 외면한 채, '전후'로서의 미래와 미국과 만나고 있었다. 냉전기의 신식민지주의적인 미국의 지배 아래에서 기억에 생겨난 구멍은 깊기만 했다. 미국이 우위에 있는 절대적인 상황에서, 자신들의 제국을 공적인 망각의 저편에 남겨둠으로써 어쩌면 일본인은 탈제국의 경험보다도 탈식민지의 경험에 더 친밀감을 느꼈을지도 모른다.

일본의 최초의 전쟁이야기에서 볼 수 있는 공백은 다른 영웅이야기에서도 볼 수 있다. 그것은 침묵이라는 특징을 가지고 있다. 최초의 기억을 만들어내는 과정에서 단일 '국민'을 강조함으로써, 국내 희생자 중에서 누구를 기억에서 제외시킬 것인지를 결정하는 위계질서Hierarchie가 만들어졌다. 유럽의 경우 강제수용소에서 살아 돌아온 생존자 중 정치적 억류자는 이야기에 등장하지만, 유태인은 언급되지 않았다. 또한 후방의 고난도 자주 이야기 되지만, 오스트리아인이나 폴란드인 전쟁포로나 일본인 귀환자가 받았던 고통에 대해서 사람들은 침묵했다. 이러한 침묵은 사회적 · 심리적 트라우마로부터 생겨나기도 했다. 사람들은 전쟁에 직면해서 느꼈던 자신들의 무서운 체험을 이야기하지 않았다. 애초에 이야기조차 할 수 없었다. '표현가능성effability factor'이 희박했던 것이다. 이야기한다 해도 사회에서 받아들여지지 않을 것 같고, 혹은 심리적 트라우마가 너무 심각해서 전혀 입 밖에 낼 수 없었던 것이다. 홀로코스트의 생존자, 아시아의 위안부, 강간이나 살인을 한 병사, 그리고 장렬했던 노르망디 상륙작전에 참가했던 연합군 병사들은 자신의 몸에 새겨진 체험을 공적으로든 사적으로든 이야기할 수 없는 경우가 더 많았다. 그리고 또 영웅이야기 자체의 너무나 단순한 특징 때문에 다른 종류의 침묵도 생겨났다. 단순한 영웅이야기가 몇 년에 걸쳐 되풀이 되는 사이에 다른 이야기가 만들어질 수 있는 가능성이 막혀버렸던 것이다. 예를 들면 오랫동안 전후 프랑스에서는 훗날 '보불전쟁'이라 불린 비시정권기의 국내분열에 관해 이야기하는 것보다 레지스탕스를 기억하는 편이 더 긍정적이었다. 동일하게 일본에서도 전쟁의 기억에 대한 공식의식公式儀式으로서 히로시마를 기념하는 편이 긍정적이었다. 그 결과 국민적 희생은 평화를 위한 사명으로 전환되었다. 반면에 만주는 실패로 끝난 잔인한 제국의 망령이 됨과 동시에, 전후의 공식기억의 범위에서 사라져버렸다.

여기서 중요한 것은 이 영웅이야기들이 어떻게 단순화되고 '내셔

널한 기억'이 되었는가가 아니라 어떻게 길게 지속되었는가 하는 점
이다. 이야기와 침묵, 그리고 기억과 망각 사이의 변증법은 줄곧 존
재해왔다. 특히 최초의 전쟁이야기가 만들어지는 지점에서 강력하게
계속해서 존재해왔다. 일본에서는 이러한 경향이 더욱 뚜렷했다. 나
쁜 과거로서의 전쟁이 좀 더 좋은 미래로서의 전후로 완전히 대체되
었다는 것이 전후의 역사에 의해서 확인되었기 때문이다. 동결된 기
억은 시간이 흘러도 변하지 않는 것처럼 1995년 종전 50주년에도 그
대로였다. 당시 많은 국가의 퇴역군인은 옛날 그대로의 이야기와 함
께 퍼레이드를 벌였다. 특히 미국은 '원폭은 전쟁을 끝내고 미국인의
목숨을 지켰다'라는 골동품과도 같은 말을 되풀이할 뿐이었다. 그리
고 2001년, 고이즈미小泉 수상은 중국에서 "그 전쟁"에 대해서 예전과
똑같이 말했다. "우리들도 과거의 역사를 직시하여 두 번 다시 전쟁
을 하지 않겠다는 반성으로부터 전후에 평화국가로서 번영할 수 있
었다."[5] 그것으로 끝이었다.

2. 기억의 영역

물론 이야기가 여기서 끝나지는 않는다. 그러나 그것은 단지 영웅
이야기가 얼마나 끈질긴가를 증명하는 것에 지나지 않는다. 이렇게
초기의 전쟁이야기가 오랫동안 보존되었음에도 불구하고, 1990년대

---

5   『朝日新聞』, 2001.10.9.

에 기억을 둘러싼 논쟁이 활발하게 전개된 이유는 실제로 제2차 세계대전을 보는 방식에 변화가 생겼기 때문이었다. 그러한 기억의 변화가 어떻게 일어났는가를 이해하기 위해서는 20세기 후반 매스미디어 사회에서 공적 기억이 어떠한 방식으로 작용하고 있는지에 대한 일정한 개념이 필요하다. 공적 기억은 단일하게 존재하지 않는다는 점을 인식하는 것이 그 첫 단계이다. 서로 다른 몇 개의 기억의 영역이 두서없이 분산되어 존재한다. 기억의 작용을 분석하기 위해서는 적어도 여기 네 가지의 영역을 구별해야 한다.

첫 번째 영역은 공식적 기억의 영역이다. 일반적으로 전쟁을 둘러싼 기억에서 가장 주목해야 할 영역이지만, 지나치게 집중하면 잘못 분석할 우려가 있는 부분이다. 공식적인 기억에는 국가와 결합한 모든 활동, 가령 기념의식, 기념비나 박물관, 퇴역군인 및 보상정책, 정부의 레토릭rhetoric, 그리고 국가검정교과서 등이 포함된다. 국가의식과 같은 공적인 기념활동의 '텍스트'에서 영웅이야기를 확실히 읽어낼 수 있다. 예를 들면 인도네시아가 네덜란드로부터 독립한 8월 17일의 기념축전에는 일본의 인도네시아 점령, 전쟁협력, 그리고 '노무자' 등의 전쟁 희생자에 대해서 어떠한 언급도 없다. 프랑스는 5월 8일에 나치즘에 대한 '프랑스와 연합군'의 승리를 기념한다. 그러나 제1차 세계대전 전승기념일인 11월 11일 만큼 열광적으로 축하하지는 않는다. 제1차 세계대전이 제2차 세계대전보다 프랑스의 승리를 더욱 명확하게 보여주기 때문이다. 물론 프랑스의 함락이나 비시정권의 붕괴보다 파리해방이 정치적으로도 기념하기 쉽기 때문이다. 1990년대 무렵 프랑스의 달력에는 전쟁을 기념하는 두 날짜가 새롭게 더해졌다. 모두 유태인의 국외추방과 관련된 날짜로, 프랑스의 국민이야기가 결국 비시나 홀로코스트를 포용할 정도로 변화되었음을 반영하고 있다. 한편 미국은 태평양전쟁의 시작으로서 진주만에 기억의 초점을 맞추고 있다. 반면 일본은 매해 8월 6일과 9일에는 원폭의 흔적을 드러내고, 8월 15일에는 전쟁의 마지막을 보여주는 방식을 되풀이했다. 그러나 1931년 9월 18일 만주사변, 1937년 7월 7일 중일전쟁, 1941년 12월 7일 진주만 공격은 일본의 국가의식에서 전혀 드러나지 않고, 기념할 만한 어떤 활동도 없다.

공식적 기억은 항상 정치성을 내포하고 있다. 그것은 국립 기념비나 박물관, 그리고 교과서를 둘러싸고 되풀이되는 논쟁만 봐도 분명하다. 20년간의 논쟁을 거쳐 1999년에 가칭 '전몰자 추도 평화기념관'이 개관했다. 개관 후 부여된 '쇼와관National Showa Memorial'이라는 의미없는 새로운 명칭에서 뿐만이 아니라 전시물에서도 '전쟁'은 찾아볼 수 없다. 전시물은 대부분 몸뻬나 부엌세간, 여성과 아이에 관한 것으로, 후방 국민에게 초점이 맞춰져 있다. 그리고 그저 천인침千人針 몇 개와 군대에서 온 편지를 통해서 어딘지 모를 저 멀리 전쟁의 울림을 들을 수 있는 정도다.[6] 이러한 공식적 기억이 지닌 정치성은 전쟁의 국내화는 물론 탈맥락화도 가져왔다. 1995년 워싱턴 스미소니언 항공우주 박물관에서 열린 에놀라 게이Enola Gay전 역시 동일하게 전쟁의 탈문맥화에 의해 알맹이 없이 진행되었다. 원폭투하와 핵의 시대를 전체 테마로 했던 전시는 마지막에 결국 번쩍번쩍 윤이 나는 비행기의 일부만을 전시하는 것으로 끝났다.[7] 10년 이래 계속 되어온 독일 베를린

229

---

6 http://www.showakan.go.jp
7 【역주】'되풀이 되어서는 안 될 마지막 행동―원자폭탄과 제2차 세계대전의 종전'이란 제목으로 준비된 전시회는 원폭 피해와 그 역사적 배경도 포함할 계획이었으나, 일본을 희생자로 비춰서는 안 된다는 참전군인단체들의 항의와 압력으로 인해 원폭 피해와 그 역사적 배경은 생략하고 그 규모를 축소하여 에놀라 게이의 일부분만을 전시하는 것으로 끝마쳤다.

의 '홀로코스트 메모리얼Holocaust Memorial, (독)Denkmal fur die ermordeten Juden Europas'의 건설을 둘러싼 첨예한 논쟁 역시 1999년에 의회가 건설을 승인함으로써 종식되었다. 그러나 그것은 '유럽에서 학살된 유태인을 위한 기념물'이라는 독일식 명명에서 알 수 있듯이, 골치 아픈 문제를 피해서 도달한 정치적 귀착이었다. 이러한 사례들은 기억과 관련된 공적 논쟁을 해결하기 위한 것으로서, '너무 복잡해서' 정치적 일치점을 찾을 수 없었던 역사와 관련된 문제를 회피하기 위한 극도로 단순화된 해결책이었다.

대부분의 경우 공식적인 기억의 영역은 국내정치의 인질이었다. 관료나 정치가가 번번이 되풀이하는 말처럼 역사에는 '해석이 지나치게 많다'는 이유로 공식적인 기억에서 복잡한 해석은 배제되었다. 이것은 일본의 후생성이 쇼와관에서 부엌세간을 전시한 이유이기도 하다. 때때로 일본의 수상들은 일본이 침략전쟁을 일으켰는가, 혹은 단순히 '침략적' 행위를 했는가에 대한 질문에, '후세의 역사가가 평가해야 할 문제'라고 대답했다. 뭔가 강력한 압력이 없는 한, 설령 스위스의 나치 금괴든, 독일에서의 강제노동이든, 일본에서의 '위안부'이든, 공식적인 기억은 항상 자신들의 볼썽사나운 과거로부터 눈을 돌리기 마련이다. 물론 강제적 압력이 작동해도 공식적인 기억을 간단히 변경했던 국가는 거의 없다. 일본에서는 장기간에 걸쳐 보수 세력이 전후의 현실 세계를 지배함으로써 영웅이야기의 영속화가 보증되었다. 그리고 1995년 일본은 다른 국가들과는 달리, 종전 50주년이 아니라 '전후' 50주년을 기념하면서 번영과 평화를 가져왔던 잘못된 전쟁에 관한 옛날 그대로의 이야기를 강조했다. 1990년대 후반 한국인이나 일본인이 일본의 '역사인식 문제'로서 지적했던 것은 특히 이 공식적인 기억의 영역에 관한 문제였다. 이 공식적 기억의 영역에서 야스쿠니 신사, 교과서, 난징 대학살, 조선의 식민화 등의 문제는 일본의 국민적인 전쟁의 기억이 결국 시대의 흐름에 부합하지 않고 있음을 보여주고 있다.

두 번째는 대부분의 '기억의 작용travail memoire'이 일어나는 영역으로, 일상vernacular[8]기억이라 부르는 영역이다. 이 영역에서 생겨난 작업들은 매우 중요하다. 실제로 일본에서는 국가의 기억에 대한 끊임없는 도전에 대응하지 않기 위해서 사실상 이 작용을 사회로 떠넘겨버렸다. 프랑스처럼 정부가 정치적 의무로서 전쟁기억을 담당하는 나라에 비하면, 일본은 얄궂게도 사회에서 더욱 강력하고 끈질기게 전쟁기억의 대의를 떠맡은 것이었다.[9] 일상vernacular기억은 어디에서나 대단히 넓은 영역이고, 그 안에 나타나는 전쟁의 관점은 한계가 없으며 일정한 모습도 없기 때문에, 국가에 의한 공식적인 기억보다 훨씬 추적하기가 어렵다. 분석을 위해서 실제로는 분리할 수 없지만, 우선 기억의 '생산'과 '소비'를 분리해서 보는 것이 좋을 것이다.

제2차 세계대전 후 10여 년 동안 사람들은 주로 대중문화나 매스미디어를 통해서 전쟁의 기억을 '소비'했다. 라디오와 신문은 전쟁 중에 지배적인 미디어였고, 대중 전쟁소설은 전후 처음 10여 년 동안 몇백만 명의 독자를 모으고 있었다. 시각미디어의 우위는 전쟁 전부터 사진보도와 뉴스 영화의 대중화와 함께 가속되고 있었다. 전쟁이야기를 전하고 전쟁에 대한 사람들의 견해에 처음으로 변경을 촉구하고 커다란 충격을 준 것은 사진과 영화, 그리고 뒤에 텔레비전과 같은 비

---

8   【역주】 필자가 사용하는 고유개념어로서, 단어의 원래 의미는 '표준어'에 대립하는 토착어나 방언의 영역에 속하는 문화 등을 일컫는다. 여기서는 첫 번째 '공식적 기억'과 대비되면서 세 번째 '개인의 과거기억'을 포함하는 영역을 지칭하고 있기에, '일상의 기억'으로 번역하고 영문을 병기하기로 한다.

9   Franziska Seraphim, *War Memory and Social Politics in Japan, 1945-2005*, Cambridge, MA : Harvard University Asia Center, 2006.

주얼 미디어였다. 홀로코스트의 기억이 좋은 예이다. 1945년에 해방된 강제수용소의 사진, 홀로코스트를 주제로 한 텔레비전 프로그램, 그리고 1955년의 〈밤과 안개〉[10]로부터 1993년 〈쉰들러 리스트〉[11]에 이르기까지 유럽과 헐리우드 영화 등 홀로코스트에 관한 시각미디어는 셀 수 없다. 이것들 사이에 심미적인 또는 실질적인 등질성은 없지만, 세대를 초월하여 공적 기억에 영향을 끼친 점을 부정할 수는 없다. 1950년대 후반부터 1960년대에 걸쳐 소설이나 영화로 〈인간의 조건〉[12]을 읽고 관람했던 일본인은 적어도 소설이나 영화를 통해서 당시의 공식적인 이야기에서는 거의 무시되었던 만주와 제국 그리고 전쟁의 잔혹함에 대해 접할 수 있었다.

여론조사는 '소비'와 '생산'의 사이에 위치한 중간적 시점이지만, 심심치 않게 일상(토착)vernacular기억의 영역이 가진 영향력을 드러낸다. 여론조사에서 사용되는 질문은 사람들이 '대답할 수 있다고 생각하는 것'과 '실제로 생각하고 있는 것'의 중간 정도의 것이다.[13] 전자가 공적인 조건하에서 나올 수 있는 대답이라면, 후자는 길거리가 아닌 식탁에서 나누는 사적인 대화에서 나올 수 있는 대답인 것이다. 예를 들면 1995년에는 일본인의 26%가 일본의 전쟁 사죄가 충분하다고 생각하고 있었다. 반대로 62%의 사람은 충분하지 않다고 생각했다. 그 중에서도 20대의 무려 70%가 일본의 전쟁 사죄가 적절하지 않았다고

---

10 【역주】 프랑스 알랭 레네 감독이 1955년에 제작한 다큐멘터리 단편영화로, 아우슈비츠 강제수용소의 비극을 통해 나치의 잔학한 행위를 고발한 작품이다.

11 【역주】 오스트레일리아의 토마스 케닐리의 원작 소설을 1993년 스티븐 스필버그가 영화화한 작품이다.

12 【역주】 고바야시 마시키小林正樹 감독의 〈인간의 조건人間の条件〉은 1959년부터 1961년 사이에 만들어진 세 편의 연작물이다. 고미카와 준페이五味川純平(三一新書, 1956~1958)의 베스트셀러가 원작이다. 6권의 연작으로 25만 부가 팔렸다.

13 Andrei S. Markovits and Simon Reich, *The German Predicament : Memory and Power in the New Europe*, Ithaca : Cornell University Press, 1997, p.77.

생각하고 있었다. 2005년에는 75%가 일본의 전쟁책임에 대한 논의가 충분하지 않았다고 답했다. 그들 중 20대의 60% 이상이 전쟁에 대해 아주 조금은 알고 있다고 했으며, 전쟁책임에 대해 더 논의하는 게 당연하다고 답했다. 같은 해, 고이즈미 총리가 야스쿠니 신사참배를 강조했다. 여론조사는 일본인의 50% 이상이 "주변 나라들을 고려해야 한다"는 이유로, 신사참배에 반대하고 있음을 계속해서 보여줬다. 이러한 의견은 정부의 입장과 다를 뿐만 아니라 전시의 잔혹행위로 인한 중국인 희생자나 '위안부'에 관한 교과서나 국가의 정책과 같은 공적인 출처에서는 파생되지 않는, 세대를 넘어선 기억이 존재함을 보여주는 것이다.[14]

따라서 문제는 젊은 세대들이 어떤 출처를 배경으로 그러한 반응을 보였는가 하는 점이다. 어쩌면 미디어로부터 배웠다고 하는 것이 가장 적당할 것이다. 1995년 당시 무라야마村山 수상은 전쟁을 직시하고 '위안부'에 대해 정부적 차원에서 보상하려 했다. 이러한 노력을 계기로 당시의 미디어는 전쟁기억이라는 화제로 넘쳐났다. 무라야마 수상의 시도는 정치적으로 좌절되고 실패로 끝났다. 그 결과 일본정부는 또다시 자신들의 제국주의와 전쟁의 과거를 회피할 수 있었지만, 해외 미디어의 헤드라인에 오르내리게 되었다. 아마 2005년 역시 전쟁책임을 인정하지 않은 일본정부와 야스쿠니 신사참배 문제로 화가 난 주변 나라 사람들의 반복된 항의가 일본 텔레비전 시청자와 인터넷 이용자들에게 강한 인상을 남겼을 것이다. 이들의 조사결과나 다수의 전시회, 텔레비전 프로그램, 그 외의 대중문화의 산물에 의해 드러난 것처럼 일상vernacular기억이라는 것은 때로는 공식적인 이야기

14 『朝日新聞』, 1995.1.1;『每日新聞』, 2005.8.15;『朝日新聞』, 2005.6.28;『共同通信』, 2005.10.19.

에서 벗어난 것이었다. 또한 일반적으로 생각하는 것보다 역사에 관해 더 잘 알고 있는 사람들이 적지 않음이 드러났다. 그러나 이처럼 민중의 시점이 분산되어 파악하기도 평가하기도 어려웠기 때문에, 그리고 특히나 1990년대 중반 이후 줄곧 국가는 자신의 과거를 부정하는 레토릭에 집중하고 있었기 때문에, 일본의 공적인 기억에서 민중의 견해는 참고할 필요가 없었던 것이다.

그런데 생산의 측면에서 일상vernacular기억의 영역은 항상 뚜렷한 윤곽을 보였다. 그 이유는 아주 많은 집단들이 보다 넓은 공적 기억의 장 안에, 자신들이 체험한 기억을 보존할 곳을 찾기 위해 열심히 활동했기 때문이었다. 일본을 포함한 많은 나라에서 '기억의 활동가'라 불리는 사람들이 전체 시민사회를 발전시켰다. 그들은 자신들의 공로를 인정받고 보상받기 위해, 그리고 영웅이야기 속에 자신들을 포함시키기 위해 끊임없이 활동했다. 기억의 활동가들은 좌파나 우파, 중도 등 모든 정치적 입장에 제각각 속해 있었다. 각각의 조직은 퇴역군인, 전쟁유족, 전몰학도, 송환자, 전쟁포로, 피억류자, 전시추방자, 홀로코스트의 생존자, 일본이 점령했던 동인도에 살던 네덜란드인 자녀 등 모든 전쟁체험을 대표했다. 이러한 단체는 기념활동, 기념비, 그리고 기념관 등에 찬성하거나 반대하기 위해서 결성되었다. 소련군 병사의 사체를 찾아 묻어주기 위해, 또한 구술사를 편찬하고 관련 문서를 수집하기 위해, 혹은 전쟁범죄를 입증하거나 반증하기 위해, 기억이라는 이름 아래 활동했던 것이다. 50년 동안 활동한 조직도 있지만 해산된 조직도 있었다. 영화를 제작하거나 박물관을 건설한 조직도 있었다. 일본의 공식 시설인 쇼와관이 가능한 한 모든 방법으로 전쟁을 얼버무리고 있던 그 이면에서는 비공식인 평화기념관이 여러 곳에서 세워지고 있었다. 특히 애초에 본토의 영웅이야기를 공유하

234

지 않았던 오키나와에도 전쟁박물관이 산재해 있다. '새로운 역사교과서를 만드는 모임'이 시대에 역행하는 전쟁기억을 선동하고 있을 때에도, '일본의 전쟁책임 자료센터'는 그와는 정반대의 목적으로 그 반대의 사례들을 수집하고 있었다. 이렇게 1990년대의 논쟁은 정부와 '기억의 활동가' 사이에서 만큼이나, 정부부처 간에서도 종종 일어났다. 그리고 일상^{vernacular}기억의 영역은 일본을 비롯한 많은 사회에서 가장 활발한 기억의 생산자가 되었다.

세 번째로 각 개인의 과거라는 영역을 들 수 있다. 이 영역은 보다 사적이고, 물론 같은 계통이라고 명확하게 말할 수는 없지만 역시 일상^{vernacular}기억의 범위에 속한다. 시간이 흐름에 따라 각각의 사적인 이야기는 종종 무의식적으로, 그리고 사회적으로 구축되고 상황에 따라 한층 더 변이되어갔다. 한 심리학자가 이야기한 기억의 7가지 죄 중에 '피암시성^{suggestibility}'은 사람이 외부로부터 받아들인 정보를 자신의 기억 속에 엮어 넣는 것이라고 한다.[15] 정보가 '경험적'으로는 진실이라고 해도, 때때로 사실상 부정확하거나 잘못된 정보를 받아들일 수 있다는 것이다. 영화 〈콰이강의 다리〉를 통해서 자신의 경험을 시각적으로 재생산한 오스트리아인 포로나, 〈쉰들러 리스트〉의 짧은 장면을 자신의 경험처럼 이야기한 홀로코스트 생존자가, 동남아시아에서 일본의 포로로서의 체험이나 나치 생존자로서의 경험을 속였다는 말이 아니다. 그들은 단순히 어떠한 이미지를 일상^{vernacular}기억의 영역에서 꺼내어, 자신들의 사적인 과거의 전경 속으로 흡수한 것이었다. 이렇게 변형된 이야기는 일단 말해지고 난 이후 오랜 기간 동안 되풀이되면서, 원래의 기억보다 훨씬 직감적인 현실로 느껴지

235

---

15 Daniel L. Schachter, *The Seven Sins of Memory : How the Mind Forgets and Remembers*, New York : Houghton Mifflin, 2001, p.113.

게 된다. 때때로 기억의 형태는 마치 1990년대 '위안부'의 경우처럼, 공적인 장에 먼저 나타난 사람에 의해서 만들어진 이야기를 롤모델로 해서 따라가기도 한다. 전쟁세대가 나이가 들고 사회적 상황이 변하고 '표현가능성$^{effability\ factor}$'에 변화가 생기면서, 사람들은 가능하다면 자신들의 이야기를 기꺼이 그리고 간절히 말하고 싶어 하게 됐다. 일반적인 목격이나 증언, 부모님과 할아버지, 할머니에게 들은 사적인 이야기들 그리고 셀 수 없을 만큼 많은 전쟁의 기억들은 개인들의 과거에 관한 거대한 창고였다. 그리고 축적된 기억은 10여 년을 거치면서 반사되고 굴절되었다.

네 번째는 메타기억에 대한 담론의 영역이다. 아마 최근까지 별도의 분석적 주의력이 요구되지 않았던 영역이었다. 하나의 기억 자체가 격렬한 공적 논쟁의 대상이 되고, 그 기억과 관련된 '주변'의 논쟁들이 그 기억을 '보여주는' 혹은 그 기억에 '속하거나 일부가 되는' 또 다른 기억의 장을 구성하기 시작하면서, 이 영역은 논쟁의 주 무대에서 한발 물러나서 작용하게 되었다. 예를 들어 폴란드 유태인의 운명이나 '위안부'의 노예상태에 대해서 알지도 못하고 관심도 없던 사람이 미디어에서 전개되는 목격증언의 신빙성과 증거자료의 부족을 둘러싼 논쟁을 본다면, 그 사람은 그것을 통해 아마도 무언가를 알게 될 것이다. 2001년에 이루어진 조사에서 1941년 폴란드 예드봐브네에서 유태인을 학살한 것은 독일인이 아니라 폴란드인이었다는 사실이 밝혀졌을 때, 메타기억은 유태인 학살에 폴란드 작은 마을의 보통 사람들이 연루되었다는, 새롭고 충격적인 기억의 자료로 제출된 증거에 대해 논쟁했다. 마찬가지로 일본정부가 군 위안소의 존재를 부인했던 것이나 수정주의자들이 공적 책임을 회피하려고 했던 시도는 국가 내·외적으로 '위안부'의 참상에 관한 관심을 불러일으켰을 뿐이다.

이상 4개 기억의 영역은 줄곧 분리되지 않고 항상 밀접한 관계를 맺어왔다. 그리고 메타기억은 공식적인 기억과 일상^{vernacular}기억 그리고 개인의 과거를 더 크게 만들며, 전쟁의 공적 기억의 장이 바뀌도록 작용했다.

3. 기억을 둘러싼 '시간의 정치학Chronopolitics'

견고한 영웅이야기가 점유하고 있던 국민적 기억의 장에 생겨난 변화는 어떻게 설명할 수 있을까? 먼저 기억이 어디서부터 변화되기 시작했는지, 그 방향성을 생각해야 한다. 기억을 변화시키는 요인의 발원지가 반드시 사회적 지식을 통제하는 곳, 즉 국가, 학교, 미디어와 관련된다고 생각할 필요는 없다. 영웅이야기를 완전히 장악하려고 항상 노력함에도 불구하고, 독재체제를 제외하고 전쟁의 기억을 독점적으로 지배했던 국가는 거의 없다. 정부는 공식적 기억을 수정하지 않으려고 노력했다. 정권이나 지배정당의 변화에 의해서 새로운 이데올로기적 경향이 생겨나도 국가는 단일한 국민의 이야기를 끊임없이 강조했다. 그러나 그 결과는 종종 국가에 의한 과거의 해석에 더 큰 압력을 가하고 기억을 변화시키려는 힘을 자극할 뿐이었다. 학교 역시 우리의 생각만큼 기억의 형태를 안정시키는 일에서 중요한 역할을 하지 못했다. 교과서나 역사교육 커리큘럼에 관한 논쟁에도 불구하고, 20세기 후반 매스미디어 사회에 있어서 교실에서 배우는 것은 의외로 한정되어 있다. 물론 중요한 것은 세계 곳곳의 국립

학교에서 영웅이야기가 재생산되듯이, 어떻게 전쟁을 가르칠 것인가, 더 정확하게 말하면 어떻게 전쟁을 가르치지 않을 것인가였다. 이미 여러 조사에 의하면, 전쟁에 관한 성인들의 관점은 어린 시절 학교 교과서나 수업보다 최근의 뉴스나 영화를 통해 형성되었다고 한다. 그리고 이러한 결과를 통해서 볼 때, 미디어 자체가 기억의 변화에 영향을 미쳤다고 생각할 수 있지만, 이는 전도된 환상일 뿐이다. 흔히 일상vernacular기억의 소비와 생산 양측이 매스미디어를 이용하여 전쟁기억을 전달한다는 사실은, 대부분의 미디어가 공식적인 기억의 장에서 기억을 변화시키는 주된 생산지라기보다는 경로 말 그대로 미디어 = 매체이기 때문에 그런 것이다.

복잡한 사회의 모습을 단순화시켜 본다면, 기억은 두 개의 요인에 의해 변화한다. 즉 '외부로부터'의 요인과 '아래로부터'의 요인에 의해서 생겨난다. '외부로부터'의 요인은 국제 여론의 압력이다. 1982년 일본의 교과서 논쟁에 대한 중국의 행동, 또 2001년과 2005년 일본의 교과서 문제에 대해 중국과 한국이 공동으로 취했던 행동처럼, 때때로 이러한 압력은 각국 정부의 정치적 수단으로 이용됐다. 1990년대 중국계 미국인 단체가 난징대학살을 '잊혀진 홀로코스트'로 문제 삼은 것처럼, 때로는 기억의 활동가들이 국제 여론의 압력을 이용하기도 했다. 그 결과 난징대학살은 다시 한 번 일본에서 기억에 관한 논쟁의 초점이 되었다.[16] 기억을 변화시켰던 많은 국제적 촉매(외부로부터의 요인) 중에서, 1972년 미국역사가의 전시 프랑스 연구는 프랑스의 공적 기억 속에 존재했던 비시정권의 오랜 억압을 깨뜨리는데 도움을 주었다. 또한 서독에서는 국제 재판의 결과와 국내의 양심 사이에

---

16 Iris Chang, *The Rape of Nanking : The Forgotten Holocaust of World War II*, New York : Basic Books, 1997.

반복되는 대립과 모순이 홀로코스트를 둘러싼 기억의 발전에 영향을 주었다.[17] 서독이 찬성했건 안했건, 미국 법정에서의 집단소송은 스위스의 공식적인 기억과 정면으로 마주쳤다. 더욱이 전후 반세기가 지나서야 전시기 나치가 약탈한 금과 유태인 소유의 구좌가 스위스 은행에 남아있다는 사실도 함께 드러났다. 기억의 변화는 일본, 프랑스, 독일 또는 스위스 등 어디에서나 항상 '외부로부터'의 자극에만 영향을 받았던 것은 아니다. 반대로 의문점들에 대해 사회 내부에서 비슷한 의식을 가진 세력이 존재하지 않았더라면, 일반인들은 관심을 가지지 않았을 것이고 외부의 촉매(외부로부터의 요인)는 아무런 반향도 일으키지 못하고 사라졌을 것이다. 한편으로는 국내 기억의 활동가들이 그때까지 몇십 년간 아무런 성과도 거두지 못했지만, 외부로부터의 약간의 기회가 영웅이야기를 수정하려는 그들의 노력을 결국에는 성공하게 만드는 배경이 되었다는 것은 중요한 사실이었다.

　이러한 노력이 기억을 변화시키는 두 번째의 '아래로부터'의 요인을 구성했다. 두 번째 요인은 국가보다는 사회에서, 공식적인 기억보다는 일상vernacular기억의 영역에서 생겨났으며, 이는 일반적으로 국가와 공식적인 기억에 반대하는 입장을 취했다. 여기서 '기억의 활동가'는 결정적인 역할을 했다. 그들은 사회적 권력 때문이 아니라, 대의를 위해서 결코 포기하지 않겠다는 자신들과의 약속을 위해서 일했다. 일본계 미국인 억류자부터 일본제국군대의 대만인 퇴역 군인에 이르기까지, 전시 부당행위의 희생자들은 수십 년 동안 일본의 손해배상과 사죄를 원했다. 미국의 아프리카계 미국인 병사든 오키나와의 시민이든, 영웅이야기에서 배제되어왔던 사람들은 국민적 이야기

17　Robert O. Paxton, *Vichy France : Old Guard and New Order, 1940-1944*, New York : Knopf, 1972.

속에 자신들의 체험이 들어가도록 오랜 기간에 걸쳐 활동해왔다. 많은 나라의 퇴역군인조직이나 일본의 유족회처럼 정치적 영향력을 행사하지 않고 스스로 공식적 기억과 동일한 입장을 취하는 단체들조차, 국가에 대한 특별한 호의만큼이나 집요한 활동을 통해서 그들의 목표를 달성했다. 쇼와관의 경우, 일본 유족회는 박물관 건립을 요청하는 동안에도 지속적으로 정치적·관료적 프로세스를 지지했다. 정치적 영향력을 가진 보수주의 단체임에도 불구하고, 전사자에게 당연하다고 생각되는 기념비나 기념물을 오랜 기간에 걸쳐 어렵게 만들어냈던 것이었다. 2004년에 완공된 워싱턴의 제2차 세계대전 국립기념물National World War II Memorial 역시 퇴역군인들의 오랜 기간 동안의 노력과 정치인들의 애국적 레토릭을 지원받았다. 그러나 기념물이 건립될 수 있었던 결정적 계기는 이들 단체가 건설비용을 조달할 수 있을 만큼 충분한 민간자금을 모았기 때문이었다. 1억 8천만 달러 이상의 자금을 모을 수 있었던 것은 배우 톰 행크스의 적지 않은 후원 덕분이었다. 행크스는 그가 주연한 영화 〈프라이빗 라인〉을 통해서 제2차 세계대전의 영웅이야기가 가진 매력을 '발견'하고, 1990년대 후반부터 공식적으로 모금활동을 지원하면서 후원했다. 퇴역군인들은 항상 전쟁의 기념비나 기념물에 관심을 가지고 있었고, 정치인들은 가끔 선거에서 퇴역군인들로부터 이득을 얻어냈다. 그리고 이따금 적절한 순간에 영화계의 유명인사가 뛰어들었다. '아래로부터'의 활동에 힘입은 일상vernacular기억의 작용이란 이런 것이었다.

기억의 활동가의 끈질긴 노력은 그들 자신만의 힘으로는 공적 기억의 무게가 변동되지 않는다는 점을 보여주었다. 만약 그들만으로도 가능했다면, 수십 년 전 그들이 활동을 시작했을 무렵, 이미 기억의 무게는 변동되었을 것이다. 실제로 그들의 활동은 다양한 요인들과 결합하여 성공적인 효과를 얻어냈다. 가장 중요한 요인은 정치적 상황이었다. 모든 나라들에는 기억을 둘러싼 그들만의 '시간의 정치학Chronopolitics'이 존재했다. 그것은 국제적·국내적 정치를 변화시키고 시간을 거슬러 기억의 풍경에 변화를 가져오는 조건을 만들고 때로는 영웅이야기에 변화를 가져왔다. 너무나 뚜렷한 요인이기 때문에 말할 필요도 없다. 특히 메타기억의 영역에서 전쟁에 대해 다른 국가적 기억들을 비교할 때 간과되어온 부분이었다.

1985년 종전 40주년 당시 미디어의 주요 주제였던 일본과 서독의 비교가 좋은 예이다. 두 개의 상징적 국가 기념식의 순간이 두 나라 간의 비교를 고조시켰다. 8월 15일 일본의 나카소네 수상은 전후 처음으로 야스쿠니 신사를 공식적으로 참배했고, 5월 8일 서독의 바이츠제커 대통령은 연설을 통해 독일인은 이전 세대의 행위에 책임을 질 필요가 있다고 선언했다. 일본과 해외의 미디어 모두, '과거와 정면으로 마주선' 독일과 과거를 완강히 거부한 일본을 명확하게 대비하여 묘사했다. 공식적인 기억에 관해서 이러한 대비는 실제로 정확했다. 그러나 대부분은 기억이 두 국가에서 왜 그렇게 다르게 작용하는가에 대한 역사적인 분석은 놓치고 있었다.

두 국가에서 기억의 작용이 달랐던 주된 이유는 일본과 서독에서 기억을 둘러싼 서로 다른 '시간의 정치학'이 존재했기 때문이었다. 간단히 말하면, 전쟁에 관한 일본의 공식적 견해는 1940년대 기억의 '초기해결early mastery'과 함께 시작되었다. 그 결과 수십 년에 걸쳐 '동결된 기억'이 만들어졌다. 1980년대가 되어서야 비로소 동결된 기억에 금이 가기 시작했는데, 이것은 훗날 기억의 빙하적 붕괴의 표지가 되었다. 기억의 '초기해결'이 필요했던 것은 전후 일본이 과거의 나쁜 이야기 위에 구축되었기 때문이었다. 일본의 전후 개혁은 전쟁을 이끌었던 국내 구조를 변혁하고 뒤엎음으로써 과거의 나쁜 이야기를 수정하는 것이었다. 비극적인 전쟁을 인정하는 것이 '새로운 일본'의 전제였다. 정부, 미군정, 그리고 국민은 (각자가 각자의 이유대로) 이 변용이 성공리에 이루어지고 있다고 믿었다. 전쟁을 둘러싼 과거의 영웅이야기는 그 자리에서 동결되어 마침내 평화와 번영을 획득한 '현재'의 지점에서 마치 극지의 영구 동토층처럼 얼어 버렸다. 그러나 '잿더미 속' 이야기를 고스란히 동결시킴으로써, 지킬 수 있었던 것은 새로운 불사조의 출현이 아니라 국내 정치에서의 자민당의 장기집권과 냉전의 지정학에서의 미국과 일본의 관계였다. 평화와 번영의 유지는 일본의 보수주의자가 권력을 차지하는데 도움이 되었다. 그리고 전후 일본 재건의 신화는 전쟁의 역사로부터 단절된 채 유지되었다. 한편 냉전은 당초 태평양전쟁에 맞춰져 있던 미국의 초점을 더욱 더 강화시켰다. 그로 인해 중일전쟁의 원래 이야기가 사라지고 미국은 훗날 —공산주의가 되어 "잃어버린"— 중국 그 자체를 일미동맹의 정치적 경계의 외부라고 선언하게 된다. 이러한 정치적 편의에 따라서 아시아와 제국을 공식적 기억의 무대 밖으로 추방하고, 보수주의자와 미국인이 함께 '태평양 파트너십'을 수행했던 것이다.

아이러니하게도 좌파가 전쟁기억이 꽁꽁 얼지 않도록 투쟁하는 바로 그 순간, 반대쪽의 정치활동 역시기억의 한 부분을 오래도록 결빙시키고 있었다. 몇십 년 동안 진보파는 전쟁책임 문제를 공적 토론의 이슈로 만들려고 노력했다. 또한 만주사변을 시작으로 1945년 패전으로 이어지는 '15년 전쟁'의 이야기에 중국을 포함시키려고 노력했다. 그들의 노력은 다른 나라에서는 찾아볼 수 없는 '대항기억'의 일정한 공급원을 만들어 냈다. 이것은 기억의 활동가가 자신이 속한 특정 단체의 이익에 얽매이지 않고, 해당 문제의 전반적인 부분을 다루고 있었기 때문에 가능한 일이었다. 그러나 전후의 현재가 전전의 과거와 많이 닮아있다는 진보파의 집요한 비판은 그들의 의도와는 다르게, 1945년을 신화적 단절로 바라보는 인식을 강화시켰다. 물론 주류 보수주의와는 다르게, 그들은 단절은 있어야 했지만 단절되지 않았다고 생각하고 있었다. 그러나 그들 역시 여러 사건들로 인해 실망하고 있었지만 여전히 패배의 시대로부터 변화하기를 희망하고 있었다. 이처럼, 전전의 나쁜 과거는 더 좋은 전후의 현재에게 양보해야 한다는 보수주의적인 생각은 몇십 년 동안 여전히 전후의 정치에 단단히 뿌리내리고 있었다. 그리고 진보파의 입장도 그러한 방향으로 가는 것이 당연했지만, 그렇게 하지 않았다. 이러한 보수주의와 진보주의의 두 견해는 전쟁 영웅이야기의 초기 전제에 큰 반향을 일으켰다.

기억을 둘러싼 '시간의 정치학'은 서독의 경우, 1940년대와 1950년대 '초기의 평온함'으로부터 1960년대와 1970년대 '격렬한 세대의 도전'으로 변화하는 패턴을 그리고 있었다. 일본과 달리 독일은 패전 후 여러 점령지구로 분할되어 단일한 전후 개혁도, 포괄적인 과거의 '해결'도 경험하지 못했다. 민주화와 (1949년에야 실현된) 연방공화국의 수립이 정치적 최우선 과제였다. '해방'과 '영시zero hour'의 국민적 이야기는 1945년 8월 15일 이후의 '일본 재탄생'과 흡사했지만, 미국 주도하의 일본처럼 직접적인 개혁의 청사진은 아니었다. 서독인들은 전쟁 포로나 동독에서 추방된 전쟁희생자에게 공감했다. 나치즘이라는 용어를 회피했던 아데나워 수상은 과거에 안주하지 않았기 때문에 국민들의 칭송을 받을 수 있었다. 그러나 국제정치는 일본이 지정학적 방정식에서 아시아를 배제할 수 있게 했던 것과는 달리, 전후 독일의 외교관계에서는 '전쟁'을 그 중심에 놓아 회피할 수 없게 만들었다. 과거 독일의 점령으로 피해를 입었던 프랑스와 다른 여러 나라들은 독일이 서유럽으로 재편입되고 나토에 가입하는 과정에서 과거의 행동에 대한 주의를 요구했다. 서독의 정치가들은 '침묵의 죄'에 대해 다소 막연하게 말했을지도 모른다. 그러나 그러면서도 그들은 살아남은 유태인에 대한 배상과 이스라엘을 위한 기금을 지원하고 있었다. 모든 독일인이 히틀러의 희생자라는 영웅이야기의 레토릭에서조차, '초기의 평온함'은 '침묵'을 의미하는 것도 '해결'을 의미하는 것도 아니었다.

홀로코스트 범죄에 대해 자세하게 인식하기 시작한 것은 1960년대, 특히 1961년 아이히만 재판에서부터였다. 그러나 서독의 공적 기억의 진정한 폭발은 정치적 사건에 의해 촉발되었다. '68세대'가 민주주의의 단점을 공격하고 혁명적 변화를 외쳤을 때, 그들은 나치즘과 전쟁에 대한 책임을 회피했던 자신들의 부모 세대를 비난했다. 거대한 공적 물결이 과거와 대면하기 시작했던 것이다. 이것은 1950년대 초반 끝나가던 독일의 '전후'에 의해서가 아니라, 정치적 위기의 혼란 속에서 새로운 세대에 의해서 환기된 것이었다. 물론 세대교체는 일본에도 있었지만 정치는 변하지 않았다. 이것은 매우 중요한 지점이다. 일본의 '전후'는 몇십 년에 걸쳐서 지속되었다. 많은 부분에서 1968년 유럽에 필적할만한 1960년 일본의 안보위기는 새로운 정치적 세대를 만들어냈지만, 보수주의의 지배나 일미동맹을 전복시키고 얼어붙었던 전쟁기억에 균열을 만드는 계기는 되지 못했다. 일본과 마찬가지로 서독 역시 정치에 의해서 전쟁기억이 결정된 사례가 있었다. 1969년 서독 총리 빌리 브란트는 폴란드 바르샤바 게토 기념비 앞에 무릎을 꿇었다. 서독 총리의 이 유명한 행동은 공식적 기억에 대한 상징적인 의사표시로, 서독의 대동독정책의 새로운 출발을 의미하는 것이었다. 이런 점에서 볼 때, 1972년 일본과 중국이 국교를 회복할 때 일본의 수상 다나카 가쿠에이田中角榮가 했던 불명확한 느낌의 연설은, 미국의 보호아래 형성되어 그때까지 동아시아의 지정학적 변화에 도전받지 않았던 일본의 기억의 구조를 반영하고 있었던 것이다.

여러 문제들이 들끓었던 1980년대 일본은 1940년대 후반 이후 서독이 경험했던 것과 비슷한 지역적 재편 문제에 직면했다. 여기서는 자세히 설명하지 않겠지만, 히로히토 천황의 서거, 냉전의 종식 그리고 일본의 지정학적 어젠다에서 아시아가 부활하는 등, 1990년대 일본에서 일어난 일련의 공적 이슈가 우연히 겹쳐지고 이목이 집중되면서, 당시에 있었던 전쟁기억에 대한 폭발은 별 문제없이 완결되는 것 같았다. 그러나 1995년 '아시아-태평양전쟁'이라는 전문용어를 공공연하게 사용하게 된 것이나, 1996년 수정주의자들이 반동적인 열변을 토하며 일어난 것이나, '위안부'에서 노예노동에 이르기까지 일련의 전후보상 문제가 공적 기억의 논쟁에 불을 붙이는 등, 몇십 년 동안이나 이런 부분들이 계속 문제가 되어 온 것은 결코 우연이 아니었다. 한편 새롭게 통일된 독일에서는 또 다른 '시간의 정치학'이 출현하여 작용하고 있었다. 그것은 전쟁기억에 관한 불씨를 활활 타오르게 하기보다는 오히려 가라앉히고 있었다. 많은 이유가 있겠지만 베를린 장벽의 양쪽에는 분명히 서로 다른 영웅이야기가 존재했고, 갑작스럽게 기억을 통일하는 것은 불가능했기 때문이었다. 동독에서는 오랫동안 제2차 세계대전을 소비에트식으로 말해왔다. 즉 반파시스트 투쟁이었으며 파시스트에 대항해서 싸우고 승리했고, 홀로코스트의 책임은 나치에게 있다고 말해 온 것이다. 서독과 동독은 전쟁기억에 관해 국내정치의 입장과 지정학적 위치가 서로 달랐고, 특히 동독보다 서독에 홀로코스트에 대한 기억이 널리 퍼져 있었기 때문에, 1990년대에 영화 〈쉰들러 리스트〉나 논란이 되었던 책 『히틀러의 자

245

발적 집행인들』은 서독에서 더 큰 주목을 받았다.[18]

이와 동시에 냉전 이후 통일 독일과 폴란드, 체코 그 외 동유럽 국가들 사이의 지역관계에서 전쟁기억에 관한 새로운 지정학적 압력이 만들어졌다. 이렇게 1990년대 공산주의 붕괴 후 동유럽에서 형성된 기억에 관한 국제적 '시간의 정치학'은 냉전 이후 동아시아에서 형성된 그것과 서로 닮았다. 그 이유는 종전 후 50년이 지난 1990년대가 되어서야 독일과 일본 모두 각자 지역의 화해를 위해서 기억과 관련된 일련의 작업을 시작했기 때문이다. 독일이 가진 동유럽에서의, 그리고 일본이 가진 아시아에서의 과거 전쟁은 서독과 일본의 영웅이야기에 의해 오랫동안 가려져 있었다. 서독과 일본 모두 냉전 기간 동안 지정학적 위치로서의 '서쪽'만을 바라보고 있었다. 그러나 두 국가가 서로 달랐던 부분은, 독일은 1960년대 후반 이후 국내에 공식기억에 대한 정치적 기반이 확립되어 있었지만, 일본은 1945년 이후 동결된 공식기억이 국내의 정치적 기반과 상관없이 지정학적 요청에 의해서 '역사인식 문제'로 강요되었다는 점이다. 일본정부는 높아지는 국제적 압력에 계속 저항했지만 '외부로부터'의 압력은 금방 진정될 분위기가 아니었다. 또한 '외부로부터'의 압력은 일본 내부에서 기억을 바꿀 수 있는, 끈질기고 강한 대항기억에 힘을 실어주었다. 일본의 보수주의적 정치로 인해서 오랫동안 그대로였던 기억에 변화의 기회가 부여된 것이었다.

18 Daniel Goldhagen, *Hitler's Willing Executioners : Ordinary Germans and the Holocaust*, New York : Knopf, 1996.

4. 기억 속으로 들어가기

이에 대한 좋은 사례가 '위안부' 문제이다. 이 문제는 최근 일본에서 위안부들이 전개했던 것처럼 기억의 작용과 전쟁에 대한 새로운 초국가적 기억들의 광대한 유산을 아마 다른 어떤 문제들보다도 뚜렷이 보여주는 좋은 예일 것이다.

사실 1990년대에 위안부 문제가 더욱 두드러졌던 이유는 다른 여러 국가에서도 영웅이야기가 도전을 받는 상황이었고 예로부터 전쟁과 성폭력의 관계를 정당화했던 남성의 이야기를 뒤흔드는 현상, 즉 영웅이야기와 남성이야기가 점유하고 있던 기억 속으로 다른 이야기들이 끼어 들어가는 현상 때문이었다.[19]

'기억 속으로 들어가기'라는 의미는 전후 몇십 년 동안 '위안부'의 존재가 알려지지도 말해지지도 않았으며 잊혀져버렸다는 말도 아니다. 오히려 그 반대이다. '위안부' 여성들과 대부분의 병사들은 공적으로 여전히 침묵했지만, 분명히 그들 누구도 자신들의 체험을 잊지는 않았을 것이다. 공적 담론에서 위안소에 대한 언급을 피했던 것도 아니다. 많은 사람들이 봤던 〈인간의 조건〉 등 문학과 영화 속에도, 1940년대부터 1970년대에 걸쳐 일어난 비판적 폭로 속에도, 대표적으로 센다 가코千田夏光의 글 속에도 위안소에 대한 언급이 많이 있었다. 그뿐만이 아니었다. 1960년대 국회에서 있었던 전쟁피해자의 원호법援護

247

---

19 Laura Hein, "Savage Irony : The Imaginative Power of the 'Military Comfort Women' in the 1990s", *Gender and History*, July 1999, pp.336~372; Chungmoo Choi, "The Comfort Women : Colonialism, War, and Sex", *positions : east asia cultures critique* 5, no.1, Spring 1997, special issue; 高木健一, 『從軍慰安婦と戰後補償－日本の戰後責任』, 三一新書, 1992; 鈴木裕子, 『從軍慰安婦問題と性暴力』, 未來社, 1993.

法에 관한 토론 속에도 '위안부'는 존재하고 있었다. 731부대와는 달리 '위안부'는 비밀스런 사항이 아니었고 처음부터 공공연한 사실이었다.[20] 따라서 '기억 속으로 들어가기'란 침묵을 깨버리거나 숨겨둔 사실을 폭로하는 것, 그 이상의 의미였다. 오히려 영웅이야기를 공격하며 공공연하게 이야기된 전쟁이야기 속에서 자신들의 온당한 자리를 얻고자 하는 노력이었다. 그러나 온당한 자리를 얻는 것은 결코 쉽지 않았다. 항상 논쟁의 대상이 되기도 했고 때로는 노골적으로 부정되기도 했다. 1960년대 유럽에서 유일하게 넓은 감각 안에서 기억 속으로 들어간 홀로코스트처럼, 비록 몇몇의 부분에 대해서 아직 논란이 끊이지 않고 있지만, 전면적인 부정은 더 이상 없었다. 그 후 부정하려는 노력과 영웅이야기의 저항에도 불구하고 '위안부'는 공적이야기의 일부가 되었다. 그러나 공적 영역에서는 여전히 논쟁의 대상이다.

유럽에서 계획적 제노사이드와 맞서는 일은 대단히 어려웠다. 그러나 그것보다 아시아에서 '위안부'가 '기억 속으로 들어가는' 것이 더 어려웠다. 일본제국 육군 제731부대가 자행한 생체실험이라는 무서운 범죄행위는 군의 매매춘 시설에 비해 그 필요성이 덜 제기되었음에도, 당시 공적으로 서서히 그리고 차후에는 결국 법적 승인까지 정식으로 받았다. 이러한 사실은 일본만의 특별한 상황이 아니었다. 성sex을 관리하는 시설인 군대 매춘소는 여러 형태로 거의 모든 지역에 있었지만, 군대 밖에서 공공연하게 논의된 적은 거의 없었다. 매춘소를 조직했던 군대는 그 자체를 부정하고 덮어버렸다. 영국, 미국, 일본, 독일 등 모든 나라의 시민들은 국가의 매춘 사업을 이데올로기적으로 혹은 도덕적으로 부적절하게 바라봤다.[21] 군대는 병사를 성병

---

20   千田夏光, 『從軍慰安婦－聲なき聲 八万人の告發』, 双葉社, 1973; 千田夏光, 『從軍慰安婦』, 三─新書, 1978; 千田夏光, 『從軍慰安婦慶子─死線をさまよった女の証言』, 弘文社, 1981.

으로부터 지키고, 그 지역의 여성을 강간으로부터 지키고, 남성의 성적욕구를 충족시키고, 그리고 나치 독일의 경우 적어도 동성애를 방지하는 차원 등등, 다양한 이유로 매춘소를 정당화했다. 이러한 전시하의 '합리적' 정책은 여성을 노예와 같은 성적 대상으로 다루었을 뿐만 아니라 매춘을 상업적으로 보든 성노예로 보든 모두가 빈곤, 인종, 계급을 이용하는 것이었다. 그렇기에 이러한 여성들이 공적 기억의 장에 들어가는 것은 매우 어려웠다. 그것은 몇 세기가 지나더라도 불가능해 보였다.

그러면 '위안부'는 어떤 방법으로 기억 속으로 들어갔을까? 기억의 작용에 관한 분석에 의하면 일반적으로 군대의 매춘소는 영웅이야기에는 존재하지 않는 장소이다. 매춘부나 성노예는 본래 전쟁희생자의 체계 속에는 존재하지 않는다. 전쟁이야기 속에서 여성은 대부분 국기를 흔드는 애국적 여성이나 몸뻬를 입은 어머니로 변형되었다. 동시에 만주에서 소련군 병사에게 강간을 당한 일본인 여성 송환(귀환)포로들은 집에서 쫓겨나거나 망신을 당했다. (베를린에서 동일한 경험을 했던 독일인들은 얼마간의 공적 원조를 받았다.) 만약 이러한 일본인 희생자들이 '위안부'를 조금도 동정하지 않았다면, 그 많은 조선인 위안부는 첫째 젠더^{Gender}에 의해서, 그리고 둘째 제국과 인종을 은폐했던 망각에 의해서 이중으로 배제되었을 것이다. 그녀들은 낮은 '표현가능성^{effability factor}' 때문에 더욱 배제되었다. 이러한 정황은 생존한 아시아인 여성에게 그녀 자신들이 어떻게 견뎌냈는지, 또한 (모두는 아니지만) 군대 매춘소를 이용했던 일본인 병사들에게 그들 자신들이 그녀들을

21 Cynthia Enloe, *Maneuvers : The International Politics of Militarizing Women's Lives*, Berkeley : University of California Press, 2000, pp.49~107; Annette F. Timm, "Sex with a Purpose : Prostitution, Venereal Disease, and Militarized Masculinity in the Third Reich", *Journal of the History of Sexuality 11-1 and 2*, 2002, pp.223~255.

249

어떻게 대했는지 말하지 못하게 만들었다. 그러나 그 안에는 전쟁 중에 군대의 매춘소가 남성에게 필요하다고 생각하는 맹목적 정황도 작용하고 있다. 이러한 정황들은 일본인과 미국인 모두에게 '도덕'이란 것을 보이지 않게 만들었다. 아마도 연합국은 도쿄재판에서 자신들도 통상적으로 알고 있던 전쟁 중 행위에 대해서는 기소하려 하지 않았을 것이다. (네덜란드인 여성포로에게 매춘을 강요한 혐의로 바타비안 법정에 선 일본인은 성적 착취 이상의 인종적 일탈을 통해 서양적 인종의 경계를 침범했다.) '위안부'는 이러한 방식으로 수십 년에 걸쳐서 전쟁의 역사에서 자연스런 한 부분으로 취급되었지만, 그에 대해 어떠한 관심도 나타나지 않았다.

이러한 문제에 처음으로 관심을 기울였던 것은 일상vernacular기억의 영역에서였다. '위안부'의 경우, 페미니즘과 현대 젠더 문제에 자극을 받은 여성단체들의 운동에 의해서였다. 1986년 일본의 예술운동가인 도미야마 다에코富山妙子는 조선인 위안부가 고통받고 있는 이미지를 인상적으로 표현한 〈바다의 기억A Memory of the sea〉을 제작·발표했다.[22] 2년 후인 1988년 한국에서 '섹스관광'에 관한 회의가 열렸고, 일본과 한국의 참가자들은 전시 중 조선인 위안부에 관해 연구한 여성학자 윤정옥의 발표를 듣게 되었다.[23] 그 후 양국의 여성단체들은 '위안부' 문제를 거론하기 시작했다. 일본과 한국, 필리핀 각 정부가 생존한 위안부의 상황에 대해 공식적 기억의 차원에서 소홀히 대했던 점이 활동가들을 더욱 자극했다. 이렇게 여성단체들이 공적인 장을 만든 후에야 위안부 여성들은 정식으로 자신들의 개인적인 과거를 말할

22 Margaret D. Stetz and Bonnie B.C. Oh, "Tomiyama Taeko's A Memory of the sea", *Legacies of the Comfort Women of World War II*, ed. Margaret D. Stetz and Bonnie B.C. Oh, Armonk, NY : M.E. Sharpe, 2001, pp.201~208.
23 尹貞玉, 『朝鮮人女性がみた'慰安婦問題'』, 三一新書, 1992.

수 있게 되었다. 그리고 '표현가능성effability factor'은 오랜 시간이 흐른 후 마침내 시대의 변화뿐만이 아니라 다른 여성들의 지원에 의해서 변화되었다.[24] 남성들의 기여도 물론 있었다. 일본정부에 대한 한국과 필리핀 여성들의 집단소송에서 그녀들의 대리를 맡았던 일본인 변호사, 일본정부가 국가적으로 관여했음을 전적으로 부정할 수 없게 만든 공문서를 발굴한 역사학자 요시미 요시아키吉見義明, 그리고 한국인 여성들과 함께 1990년대 내내 계속해서 UN에 압력을 넣었던 국제 NGO의 일본인 남성 활동가도 있었다. 여성 활동가의 저항력이 젠더에 대한 관심에서 출발했다면, 일본인 남성의 헌신적 기여는 전쟁의 공식적 기억에 대한 오랜 동안의 확고하고 진보적 저항에서 시작했다. 그러나 확실히 한국인과 위안부 여성들 없이 진보주의만으로 중요한 변화를 만들어낼 수는 없었다.

만약 기억의 활동가들이 국경을 넘어 연대하지 않았다면 이 문제는 일본과 한국 사이의 난처한 탈식민지 관계에서 드러나는 국지적인 사건에 지나지 않았을 것이다. 그러나 1990년대는 초국가적 NGO가 급격히 성장하던 시대였다. 그중에서도 여성단체들이 두드러지게 활동하고 있었다. 1992년부터 위안부를 지지하기 위해서 서울, 도쿄, 마닐라에서 일련의 연대회의가 열렸으며, 이를 통해 그들의 운동은 순수하게 아시아의 트랜스내셔널한 노력으로 전환되었다. 1995년 중국 베이징에서 개최된 제4회 UN세계여성회의에서는 성노예제에 의해 희생된 사람들을 위해 보상을 촉구하는 '행동강령'이 채택되었고, 아시아의 위안부 여성들은 서양의 페미니스트, 아시아계 미국인, 인

251

24 1991년 후반, 일본정부를 상대로 소송을 제기했던 3명의 한국인 위안부 중 김학선 할머니가 일본 텔레비전에서 자신의 이야기를 한 후, 다른 사람들도 자신들의 이야기를 말하기 시작했다. Dai Sil Kim-Gibson, *Silence Broken : Korean Comfort Women*, Parkersburg, IA : Mid-Prairie Books, 1999 참조.

권활동가, 그리고 국제법 전문가들과 그 자리를 함께했다. 1년 전인 1994년, 제네바 협정에 의거한 국제법률가 위원회는 「위안부—끝나지 않은 시련」이라는 제목의 보고서를 출간했는데, 보고서의 한 저자는 중국 베이징 회의에서 국제법에 따른 정당한 보상을 주장하면서 '위안부' 문제에 대한 일본정부의 입장은 "전 세계 여성에 대한 모욕이다"라고 말했다.[25]

1990년대 중반까지 트랜스내셔널한 NGO의 활동은 공식적인 국제조직에 속해 있었다. UN인권위원회에 제출된 3개의 중요한 보고서들은 위안부의 강제매춘을 '군대의 성노예제'로 간주했다. 또한 보고서는 '군대의 성노예제'를 여성에 대한 범죄적 폭력으로, 단순히 그 지역이나 그 지방과 관련된 문제가 아니라 명백히 기본적 인권의 위배이며 국제법 위반, 전쟁범죄, 그리고 인도주의에 대한 범죄라고 기술하고 있다.[26] 동시에 국제노동기구ILO는 일본군의 매춘소가 1930년에 채택한 '강제노동에 관한 조약'을 위반한 것이라고 비난했다. 국제형사재판소가 1990년대의 구유고슬라비아와 르완다의 성범죄를 심리할 때, 위안부 제도를 무력충돌 상황에서 조직적으로 벌어지는 강간으로 정의한 것이 법적판례가 되었다. 이러한 것들은 기억의 활동가들이 일본뿐만 아니라 세계의 관심을 '위안부'에 집중시킨 지 10년

---

25 International Commission of Jurists, "Comfort Women : The Unfinished Ordeal", Ustinia Dolgopol, co-author with Snehal Paranjape of the report, in a speech to Internationl Symposium on Violence Against Women in War and Armed Conflict NGO Forum on Women, Beijing, September 4, 1995. 오스트리아 출신인 Dolgopol은 2000년 동경에서의 여성국제전쟁범죄법정에서 주임검찰관을 맡았다.

26 Linda Chavez, "Contemporary Forms of Slavery", 1995; Radhika Coomaraswamy, "Report on the Mission to the Democratic People's Republic of Korea, the Republic of Korea and Japan on the Issue of Military Sexual Slavery in Wartime", 1996; Gay J. McDougall, "Contemporary Forms of Slavery : Systematic Rape, Sexual Slavery and Slavery-like Practice during Armed Conflict", 1998.

도 되지 않아서 일어난 변화들이었다.

미디어는 일상vernacular기억의 '소비'만이 아니라 적극적 실천을 만들어내는 과정에서도 중요한 역할을 수행했다. 1992년 필리핀 여성 마리아 로사 헨슨Maria Rosa Henson이 처음으로 공적인 자리에 등장했다. 라디오에서 위안부 생존자를 찾는 방송을 들은 후 그녀는 커밍아웃을 결심했다고 한다.[27] 트랜스내셔널한 활동의 광범위한 네트워크는 1990년대를 통해서 출판, 방송미디어와 영화를 활용했으며, 더 나아가 인터넷을 이용해 다른 사람들과 대중사회에 자신들의 메시지를 전달했다. 일찍이 미디어의 관심이 촉발됐던 것은 위안부가 과거의 진실을 밝히기 위해서 고통스러운 자신들의 과거를 증언을 통해 드러내는 순간에도, 일본 당국자들이 여느 때와 같이 일관되게 과거를 부정하고 있었기 때문이었다. 『아사히신문』의 보도내용 조사에 의하면, '종군위안부'를 언급한 기사는 1992년에 622건으로 가장 많았고, 그 후 6년 사이에 대략 그 반으로 줄었다. 1995년 일본정부는 공식적인 기억의 영역에 대한 반응으로서 아시아여성기금을 설립하고 보상금 지급을 추진했다. 그러나 이것은 정치적 행위라기보다는 민간 차원의 보상이었기 때문에 정부가 책임을 지는 형태가 아니었다. 이에 대해 국내 및 아시아 전체에서 비판의 목소리가 거세졌고, 다수의 과거 위안부 여성들은 아시아여성기금의 보상금 지급을 거부했다. 이는 엄밀하게 말해서 일본정부가 책임을 회피하는 행위이기 때문이었다.[28] 1996년 이후 자유주의에 입각한 수정주의자들의 공세가 시작

253

---

27 【역주】 필리핀 아시아여성인권평의회AWHRC는 1992년 '필리핀 '위안부'를 위한 조사위원회'를 만들고, 같은 해 6월부터 라디오를 통해 생존자를 찾기 시작했다. 마리아 로사 헨슨 역시 AWHRC 라디오 방송을 듣고 커밍아웃을 결심했다. 그 라디오 내용은 "창피하다고 생각하지 마세요. 성노예가 된 것은 당신의 탓이 아니라 일본군의 책임입니다. 어서 일어나서 당신의 권리를 위해 싸웁시다"였다.

되었다. 그들은 군대의 매춘 문제에 시선을 집중하는 것, 특히 중학교 역사 교과서에 위안부가 등장하는 것에 격분했다.[29] 그들의 명확한 입장은 오직 일본의 공적 담론에서 위안부를 더욱 깊숙이 숨겨두려는 것이었다. 미디어가 위안부들의 증언과 그들에 대한 보상이 타당한지에 대해 신랄하게 토론하는 부분을 강조함으로써, 위안부는 메타기억의 영역에서도 자주 등장하게 되었다. 미디어는 정부의 공문서나 희생자들의 발언 중에서 우선순위를 정해야만 하는 공적 기억 자체의 특징을 중점적으로 다루었다. 왜냐하면 '위안부'는 단순한 문제가 아니었으며, 논쟁을 더욱 부추기는 것이기 때문이다.[30]

한편, 일본의 성노예제는 다른 국가의 미디어에도 자주 등장했는데, 대부분 당대의 3가지 관심사가 모두 들어있었다. 첫째는 젠더와 인권, 둘째는 전쟁 중의 고통에 대한 보상, 그리고 셋째로 아시아인들과 서양인들이 보기에 일본이 여전히 자신들의 제국주의의 과거를 직시하고 있지 않다는 점이었다.

기억을 변화시키는 요인은 '외부로부터' 즉 아시아, 트랜스내셔널한 움직임, 국제조직으로부터 일어났으며, 또한 '아래로부터' 즉 희생자, 여성단체, 페미니스트, 인권운동가, 일본이나 그 외에 기억의 활동가들이 속한 시민사회의 활발한 구성원들로부터 일어났다. 여기서 두 가지 점을 주목해야 한다. 첫째는 '위안부'가 공적 의식 안에서 그들의 자리를 확보했다는 것은 전적으로 일상vernacular기억의 영역이 만들어낸 노력의 결과였다는 점이다. 기억의 활동가가 없었다면 개별적인 개인의 과거라는 영역은 공적 시선에 노출되지 않았을 것이며,

---

28   大沼保昭, 『慰安婦問題とアジア女性基金』, 東信堂, 1998.

29   藤岡信勝, 「従軍慰安婦を中学生に教えるな」, 『新しい日本の歴史が始まる』, 幻冬舍, 1997, 76~90면; 俵義文, 『慰安婦問題と教科書攻撃』, 高文研, 1997 참조.

30   安丸良夫, 「'従軍慰安婦'問題と歴史家の仕事」, 『世界』 5월호, 1998, 137~147면 참조.

역시 메타기억에 관한 토론에서 위안부에 대한 관심도 그리 높아지지 않았을 것이다. 그리고 신문에서 인터넷에 이르기까지 이들 미디어가 없었다면 모든 기억의 활동들은 아무도 볼 수도 들을 수도 없이 사라져 버렸을 것이다. 요컨대 평소 큰 주목을 받았던 공식적 기억의 영역은 기억을 변화시키거나 변화를 일으키는 과정에서 그다지 중요하지 않았음을 의미한다. 한국정부조차 '위안부' 문제에 대응하는 면에서 매번 활동가에게 뒤지고 있었다. 일본정부는 '외부로부터', 그리고 '아래로부터'의 압력에도 불구하고, 항상 마지막에는 경직된 권력으로 저항하고 있었다. 그러나 기억의 역사는 일본의 공식적인 기억이 이러한 압력에 언제까지나 저항할 수 없음을 보여준다. 이미 일본의 고등학생부터 새로운 국제형사재판소까지 모두 누가 '위안부'였고, 그들이 전쟁 중에 제국주의의 손에 어떤 고통을 받았는지 '알고' 그리고 '기억하고' 있기 때문이다.

두 번째로 주목해야 할 점은 기억을 둘러싼 활동의 영역 그 자체에서 볼 수 있는 다양성이다. 활동가들에게 위안부 문제가 공통의 관심사였다고 해서 그들 모두가 동일한 동기를 가진 것은 아니었다. 그와는 반대로 각각의 활동가들은 각각의 '어젠다^agenda'를 가지고 있었다. 어떤 것은 국가적 문맥에 의해서, 또 어떤 것은 정치적 혹은 사회적 의무나 책임에 의해서 결정되는 것이었다. 그들이 사용하는 용어도 목적에 따라 다양했다. 한국의 단체들은 '정신대挺身隊'[31] 라는 용어를 사용하여 식민지적 강제를 강조함과 동시에, 최근 문제가 되고 있는 주

255

---

[31] 【역주】 정신대는 '어떤 목적을 위해 솔선해서 몸을 바치는 부대'라는 뜻으로 일제가 전쟁을 위해 동원한 인력 조직이었다. 남녀 모두 그 대상이 되었는데, 농촌정신대·보도정신대·의료정신대·근로정신대 등이 있었다. 이 중에서 여성으로만 구성된 경우를 여성정신대라고 불렀다. 그런데 이 여성정신대가 대부분 일본군 위안소로 연행됨에 따라 정신대라는 말은 자연스럽게 일본군 위안부를 지칭하는 용어로 굳어졌다.

한 미군기지 주변의 매춘부 문제와 구별하고자 했다. 위안부를 일반적인 반일감정과 연결하여 일본제국주의의 희생자로 표현함으로써 단순한 '여성 문제' 이상으로 주목과 관심을 받았다. 한국의 페미니스트들 역시 전쟁 중의 고통에 대한 보상 요구와 '유교적' 가부장제 전체에 대한 광범위한 저항을 연결하면서, 위안부에 관한 학술적 토론에서 '남성중심주의'라는 말을 사용했다.[32] 일본과 미국의 페미니스트들도 위안부와는 다르지만, 성희롱, 가정폭력 그리고 강간을 포함하여 자신들의 현대 사회 내부의 성적 차별을 비슷한 방식으로 연결시켰다. 인권법이나 국제법 전문가들은 '성노예제'라는 용어를 사용했다. 그들의 관심사는 여성에 대한 성적 폭력으로 국가가 처벌한 자에게서 법률적 면책특권을 없애는 것이었다. 헤이그 국제사법재판소의 주재 재판장이며 2000년 도쿄 여성국제전범재판의 재판장이었던 가브리엘 커크 맥도날드는 "국가는 정치적 합의나 화해에 의해서 개인에게 범했던 인도人道에 대한 죄를 무시하거나 소멸시킬 수 없다"고 말했다.[33] 이러한 논리는 오랫동안 법적 소추로부터 국가나 국가원수를 지켜왔던 주권자 면책특권의 근간을 뒤흔드는 것이었다. 이 논리의 직접적인 대상은 일본의 히로히토 천황이 아니라 칠레의 피노체트와 세르비아의 밀로셰비치였다. 그러나 2000년 도쿄에서 진행된 재판에서 "강간과 성노예로 유지·운영되는 범죄시스템을 알고 있었다"는 이유로, 천황에게 "개인과 상위 책임 둘 모두에" 대해 유죄판결을 내렸다. 이것은 당시 국제형사법에서 진행되고 있던 '지휘계통'에 관한 법적 논

---

32 Seungsook Moon, "Begetting the Nation : The Androcentric Discourse of National History and Traditional in Seoul Korea", *Dangerous Women : Gender and Korean Nationalism*, ed. Elaine H. Kim and Chungmoo Choi, New York : Routledge, 1998, pp.33~66.

33 Paul Rodgers, "Court Gives Ex-Comfort Women Symbolic Victory", *Women's E-News*, July 9, 2002에서 인용.

의에 따른 판결이었다.[34] 국제 법정에서 히로히토는 광범위한 역사적 억압을 암시하는 '천황제'와 결코 동일시되지 않았다.

아시아계 활동가들 역시 다른 접근방식을 보여주었다. 한국계 미국인과 한국계 캐나다 여성들은 인종과 젠더에 대한 이중 차별이라는 점에 초점을 맞추고 있었다. 위안부에 대해 그녀들이 가진 관점은 북미에서 자신들이 경험했던 민족과 성 정체성에 의해 배양된 것이었다. 소설『제스처 라이프*A Gesture Life*』는 식민지 시기 일본가정에 입양된 조선인으로 일본제국 군대에 복무한 뒤 전쟁이 끝나자 미국으로 이주한 한국계 미국인 남성의 디아스포라적 정체성을 섬세하면서도 애매모호하게 묘사하고 있다. 주인공은 전쟁 중 위안소에서 겪었던 잔인한 기억들로 인해 불안해하고, 한국인 이민자라는 출신 때문에 억압받는다. 자신들 세대 이전에 존재했던 홀로코스트를 재현하려했던 독일인 소설가처럼,『제스처 라이프』의 작가는 인간의 조건과 나약함, 그리고 사악함을 드러내기 위해 군 위안소의 잔인함을 묘사했다.[35] 이러한 관심사는 위안부들의 이야기와 공명했지만, '동일한 장소'에서 생겨난 것은 아니었다. 용감하게 앞에 나서서 이야기했던 한국과 필리핀의 할머니들은 극심한 개인적 고통을 말하는 대신에 "죽기 전에 정의를 보고 싶다"는 그들의 희망을 자주 표현했다.[36]

이와 같이 기억의 활동가들은 때때로 서로 협력하면서 그러나 종종 서로 다른 목적을 가지고, 위안부를 위한 정의를 위해 나아갔다. 이러

257

---

[34] "Transcript of Oral Judgment", *The Hague, The Netherland*, Dec. 4, 2001(http://www.iccwomen.org/tokyo/summary.htm).

[35] Chang-rae Lee, *A Gesture Life*, New York : Penguin Putnam, 1999(이창래,『제스처 라이프』 1·2, 랜덤하우스코리아, 2005).

[36] Maria Rosa Henson, *Comfort Women : A Filipina's Story of Prostitution and Slavey under the Japanese Military*, Lanham, MD : Rowman and Littlefield, 1999, p.91.

한 다양성은 그들이 큰 영향력을 가질 수 있었던 이유 중에 하나였다. 단일한 목적으로 활동하는 것보다는 목적은 다르지만 서로 협력하고 교차하여 함께 네크워크를 형성하며 활동하는 것이 공적 영향력을 더욱 효과적으로 생성할 수 있었을 것이다. 또한 대부분의 활동가들이 젠더에 대해 관심을 갖고 있는 페미니즘에 고무된 여성들이었다는 점 역시 다양성을 만들어냈다. 그녀들은 남성들이 지배하고 전통적인 원리원칙에 충실한 기성 그룹 그 이상의 일들을 해냈다. 일본평화학회의 한 남성 멤버는 전쟁 중의 성노예제가 문제로 떠올랐을 때, "솔직히 말해 일본평화학회는 아무런 기여도 못했다"고 고백했다.[37]

1990년대 위안부가 기억 속으로 들어갈 수 있었던 원인은 여성의 왕성한 활동 그 자체에만 있지 않았다. '시간의 정치학' 역시 결정적 역할을 했다. 1980년대 막바지, 한국의 국내정치의 민주화는 시민활동 세력에게 큰 힘을 부여했으며, 여성에게는 독재정치에서 허용되지 않았던 정치적 기회를 제공했다. 대만, 필리핀, 인도네시아, 그리고 나중에 동티모르처럼, 정권이 교체된 직후 기억을 둘러싼 활동을 방해하기도 했지만 대개는 도움을 주었다. 정치가들은 군 매춘소에 관한 토론에 자연스럽게 호의를 가지고 참여하지는 않았지만, 후보자로서 선거에 출마할 때면 무시하기 어려운 문제였다. 1992년 필리핀의 코라손 아키노 대통령은 이 문제를 감당할 수 없어 포기해버린 반면, 그녀의 후임자였던 피델 라모스와 글로리아 아로요는 일본과 외교접촉에서 최소한의 사죄와 보상을 요구하지 않을 수 없었다. 일본 자체에서도 1990년대 자민당의 공백기에 무라야마 내각에 의해서 위안부

---

37 Hayashi Hirofumi, "Survey of the Japanese Movement Against Wartime Sexual Violence", http://www.soc.nii.ac.jp/psaj/entxt/2001/hayashi.pdf. 일본평화학회는 2000년 가을, 처음으로 이 문제에 몰두했다.

문제가 잠깐 동안 공식적으로 표출된 적이 있었다. 그러나 1996년 이후 자민당이 그 이전의 기억의 정치형태를 재차 주장했을 때, 반대파 정치인들은 그 문제를 국회에 남겨둘 수밖에 없었다. 1990년대 후반 내각 대변인조차 아시아여성기금은 결국 아무 문제도 해결할 수 없었음을 마지못해 인정했다. 2002년 '보상금 지급'이라는 이름의 기금 배포는 한국과 대만, 필리핀에서 중단되었다. 1990년대 미국에서는 '정체성 정치identity politics'[38]가 활발했는데, 이를 바탕으로 중국계 미국인은 일본의 전쟁범죄를 선언하는 입법결의안이 통과되도록 노력을 기울였다. 1996년 미국 법무부는 6만 명 이상의 나치 전범들이 등록된 입국거부자 리스트에 16명의 일본인을 포함시켰다. 1997년에는 일본에게 한국인 위안부를 포함한 전쟁희생자에게 사죄하고 배상금을 지불하도록 요구하는 의회결의안이 제출되었다. 1999년 켈리포니아주 의회에서도 비슷한 법안이 채택되었다. 이것은 일본계 미국인 의원이 발의한 것인데, 그는 자신의 후원자였던 중국계 미국인 활동가의 요구에 응하지 않을 수 없었던 것이다. 이렇게 각 국가의 국내정치의 흐름은 위안부 문제를 필사적으로 세상에 알리려고 했던 여성들의 손에 이끌려 움직였고, 때때로 그녀들이 감당할 수 없는 곳으로 흘러가기도 했다.

259

그러나 '시간의 정치학'에서 지정학적 정세는 결정적으로 매우 중요했다. 냉전이 끝난 후 일본은 아시아로부터 '역사 문제'라는 새로운 압력을 받았다. 이 문제는 중국, 한국, 대만 그리고 그 외의 국가들과 일본 사이의 양자관계에 하나의 어젠다로 떠올랐다. 일본제국이 식민지 조선의 여성을 강제로 '정신대'로 끌고 갔다는 사실은 한국에게

---

38 【역주】어떤 사회의 구성원들이 경험했던 혹은 공유했던 부당한 취급이나 대우들을 바탕으로, 넓은 의미에서의 정치적 행위와 이론적 활동 및 태도를 보이는 것을 의미한다.

는 확장된 식민지적 압력으로 다가왔다. 그러나 동시에, 한국에서 탈식민주의적 적대의식은 어쩔 수 없이 탈제국주의적인 것이 되어야만 했다. 물론 김대중처럼 적극적인 지도자도 있었다. 1998년 김대중 정권은 위안부 여성들에게 정부차원의 지원금을 지급했다. 그러나 활동가들의 눈에는 아시아의 어떤 국가정부도 이 문제에 충분히 대응하지 않아 보였다. 필리핀 정치가들은 일본의 경제원조를 받아들였으며, 한국의 지도자들은 2002년 월드컵의 한-일 공동개최에 동의했다. 이것으로 그들이 말하던 정의는 사라졌다. 아시아 각 나라의 정부가 자신들의 순간적인 외교적 어젠다에 따라 대응했던 아시아여성기금 역시 거의 모든 곳에서는 여전히 정치적인 문제였다.

지역적 지정학의 범위를 넘어서 1990년대 초반 보스니아의 인종청소와 함께 일어난 조직적 강간 문제 역시 위안부를 국제적 담론 안으로 가져왔다. 보스니아의 조직적 강간 문제를 전쟁범죄로 강력하게 규정하려는 노력에 의해서, 과거 일본군의 매춘소는 점점 보스니아의 '강간 캠프'와 연결되었다. 전쟁 후 도쿄재판에서 일본군의 매춘소와 그 가해자들은 기소의 대상이 아니었지만, 구유고슬라비아 국제형사재판에서 '강간 캠프'의 가해자들은 반드시 기소되어야 할 대상으로 논의되었다. 보스니아와 르완다의 잔인한 성폭력의 공포가 아시아-태평양전쟁 중의 강제 매춘을 과거에서 현재로 그리고 아시아에서 세계로 가져왔던 것이다.

5. 위안부와 세계

우에노 치즈코上野千鶴子에 의하면 "여성으로서의 치욕"이 "남성의 성범죄"로 바뀌기까지 50년이 걸렸다고 한다.[39] 기억 속으로 들어가는 과정에서 위안부는 일본인 모두가 희생자였던 영웅이야기뿐만 아니라 전쟁에서 남성의 '성적 요구'라는 오래된 이야기에도 도전했다. 위안부는 "움직이는 비유traveling trope"가 되었다. 즉 시대와 장소를 불문하고 인류가 되풀이하여 경험한 어떤 특수하고 두려운 기억을 의미하는 비유적 의미가 된 것이다. 이렇게 탈영토화된 기억은 특수한 과거가 가진 특이성을 축소시키기보다 오히려 확대시켰다. 위안부는 홀로코스트처럼, 제2차 세계대전의 새로운 트랜스내셔널한 기억의 일부가 되었다. 그리고 나치의 홀로코스트가 점차 제노사이드라는 엄청난 악을 지시하는 대상이 된 것처럼, 아시아의 위안부는 여성에 대한 전쟁 중 성적 폭력이 지닌 '불가시성'을 종식시켰음을 의미했다. 이것들은 전세계가 기억해야 할 유산이 되었다.

이 유산에는 몇 개의 측면이 있다. 기억의 활동가들 가령 '한국정신대문제대책협의회', 마닐라의 '아시아여성인권센터', '전쟁에서 여성의 폭력에 반대하는 일본 네트워크', 뉴욕의 '젠더 정의를 위한 여성들의 모임' 등은 1993년 비엔나 인권회의 이후 위안부 문제를 "인권으로서의 여성의 권리"라는 국제적 캠페인에 포함시켰다.[40] 이것은 여성의 '명예'와 '존엄'(경우에 따라서는 '순결과 정조')을 지킨다는, 기존에 전

---

39 上野千鶴子, 「記憶の政治學―國民, 個人, 私」, 『インパクション』 103호, 1997. 6, 154면.
40 예를 들면, Julie Peters and Andrea Wolper, *Women's Rights, Human Right : International Feminist Perspectives*, New York : Routledge, 1995.

통적으로 설정되었던 언어를 포기하는 것이었다. 이 언어들은 강간의 가해자보다는 오히려 그 피해자의 측면에서, 그리고 어떤 학자가 '포주로서의 국가'라고 표현했던 매춘의 공식적 알선자보다는 매춘을 강요당한 여성의 측면에서 바라보는 것으로써, 피해자인 여성 그 자체가 불명예스럽다고 암시하는 느낌을 주기 때문이었다.[41] 이제는 섹스관광, 여성을 거래하는 것, 군의 매춘, 강간 등의 성적 폭력행위는, 남성이 정의했던 여성의 '명예'나 '존엄'이라는 언어를 대신해서 단순한 여성의 권리가 아닌 인류의 권리인 인권을 침해하는 것이라고 재정의된 것이다.

이러한 재정의의 구체적인 결과로서, 2001년 헤이그의 구유고슬라비아 국제법정에서는 강간을 인도에 대한 죄로 규정하여 제소하고 유죄판결을 내렸다. 어떤 법률학자 겸 활동가에 의하면, 이 '획기적인' 결과는 트랜스내셔널한 NGO의 압력과 구유고슬라비아와 르완다 국제법정의 여성판사의 상호작용에 의한 것이었다고 한다. 그러나 이러한 성공적인 결과들은 일본의 '위안소'가 "유례없는 성노예제의 산업화"였다는 사례를 근거로 한 것이다. 이것은 "여성에 대한 강간이 남성성의 기준을 나타내기 위한 전리품이나 보수였으며, 또한 군수품의 중요한 일부"였음을 밝히는 것이었다. 이처럼 위안부 이야기는 1990년대에 기억을 둘러싸고 벌어졌던 여러 사건들 속에서, 전쟁 중의 성적 폭력이 지닌 '불가시성'을 국제법상에서 사라지게 만드는 데 일정한 역할을 담당했다.[42] 그리고 이 새로운 젠더의 정의는 1998년 로마에서 승인된 국제형사재판소를 위한 법령에 포함되었다. 법

---

41 John Lie, "The State as Pimp : Prostitution and the Patriarchal State in Japan in the 1940s", *The Sociological Quarterly 38*, no.2, Spring 1997, pp.251~264.

42 Rhonda Copelon, "Gender Crimes as War Crimes : Integrating Crimes Against Women into International Criminal Law", *McGill Law Journal 46*, 2000, pp.217~240 · 223.

령에서 강간, 성노예제 그리고 강제적인 매매춘은 모두 전쟁범죄(제8조), 인도에 대한 죄(제7조)로 규정되었다. 이러한 법령이 그 자체로서 여성에 대한 비인도적 행위를 예방하는 것은 아니지만, 성적 폭력을 고문이나 제노사이드와 동일한 범주로 인식한다는 것 자체가 법적으로나 도덕적으로나 획기적인 것이었다. 50년 전에는 거의 생각조차, 상상조차 할 수 없던 것이었다.

또 다른 유산은 기억과 정의를 위해 자신들의 주장을 전개하는데 있어서 트랜스내셔널한 활동이 가져온 효과이다. 활동가들은 남한과 북한 사이를 포함하여 정치적 국경을 넘어 활동했다. 그들은 희생자들의 나라뿐만 아니라 잘못을 저지른 나라인 일본의 활동가와도 협력하면서, 그리고 마침내 전세계적 시민사회라고 불릴 정도로 많은 곳에서 협력하며 도덕적 구분까지 넘어섰다. 물론 모든 전쟁의 기억이 그러하듯이, 마치 영웅이야기 속의 국민들이 동일한 국민인 여성과 그녀들의 이야기에 의해서 도전받았던 것처럼, 이러한 운동들은 민족주의적 경향을 내포하고 있다.[43] 한국인 활동가의 탈식민지적 의도는 '일본인' 모두를 고발하는 것이었다. 그녀들은 결국 자신들의 동료인 일본인 페미니스트들을, 1995년 우에노 치즈코가 베이징에서 억울하게 느꼈던 그 균질화된 단 하나의 '나쁜 일본인' 속에 포함시켜 버렸다.[44] 일본인들도 때때로 UN이 한국의 뜻을 반영하여 일본을 비판할 때, 동일하게 모욕적 느낌을 받는다고 반응했다. 그리고 중국계 미국인들도 점차 모든 일본인을 전쟁범죄를 일으킨 국민적 가해자로 묶어 하나로 취급했다. 모든 국민이 가해자라는 생각은, 모든 국민이 희생자가 아니라는 생각만큼이나 역사적으로 구별하기 어렵다. 두

263

43　日本の戰爭責任資料センター 편, 『Nationalismと'慰安婦'問題』, 靑木書店, 1998.
44　上野千鶴子, 앞의 글, 170면.

가지 생각을 모두 이해하기에는 둘 모두가 너무 국가적이며 극단적이고 단순하며 적대적이다.

그럼에도 불구하고 많은 단체들은 트랜스내셔널하게 노력했다. 그리고 비록 실패했을지라도 '더 좋은 활동'이라는 교훈을 남겼다. '더 좋은 활동'이란 서로 다른 국민적·사회적·역사적 상황이 가진 감수성을 유지하면서도 공통의 기반, 즉 과거와 미래의 젠더의 정의를 탐구하는 것이다. 이러한 감수성은 서양의 페미니스트들이 아시아 사회를 비판할 때 부족한 부분이었다. 또한 한국인 여성들이 필리핀이나 인도네시아 여성들과 접촉할 때 놓치고 있던 부분이며, 일본의 진보파가 자신들의 지역적 논쟁에 참여할 때 간과했던 부분이다. '더 좋은 활동'이 남긴 유산은 위안부가 경험했던 특수한 고통의 원인을 인식하고 그녀들의 체험이 시대와 장소를 불문하고 비슷한 성적 폭력을 예방하는데 참조점이 되도록 하는 트랜스내셔널한 기억인 것이다.

그리고 또 하나의 유산은 전쟁의 집단적 기억 속 개인에 대한 부분이다. 위안부들은 과거 그녀들이 개인적으로 겪었던 고통에 대해 일본에게 사죄와 보상을 받기 위해 일본과 미국에서 최근 소송을 제기했다. 그녀들의 국가나 그녀들의 젠더가 아닌, 그녀들 개인이 중심이었다. 그렇기 때문에 어린 처녀시절에 끌려가서 집단폭행을 당했는지의 여부(이것은 많은 위안부들이 말한 것이다), 또한 그녀들이 스스로 매춘을 선택했는지의 여부, 그리고 성노동자가 되는 것을 스스로 선택했는지의 여부, 그녀들이 위안소에서 도망치려했을 때 강압적으로 저지당했는지의 여부가 중요한 문제이다. 남성의 심리상태 역시 문제이다. 일반화된 집단적 수준이 아니라 잔인함과 폭력성에 관한 남성 개개인의 심리상태가 중요한 문제가 되기 때문이다. 이러한 문제는 아직도 공적인 기억에서 거의 언급되지 않았다. 왜냐하면 공적 기억은 국가적일뿐 아니라 집단적이기 때문에 마치 모든 여성이 몸빼를 입은 어머니이거나 창부이거나, 그리고 모든 남성이 전장에서 성적 요구를 해결해야 하는 병사이어야만 했다. 아시아의 위안부가 다른 사람에 의해 대변된 비슷한 이야기 속에서 하나의 집단으로 취급되었기 때문에, 반대로 좋은 의미에서 봤을 때, 개인적 행동에서 배울 수 있는 교훈은 아직 남아 있다.

그리고 책임 역시 집단적이기도 하면서 개인적이기도 하기에, 위안부의 체험이 일본의 전쟁이야기들과 엮길 때까지, 또한 남성들과 여성들 개개인이 서로를 올바르게 바라볼 수 있을 때까지, 사회적 기억은 여전히 불완전할 것이다. 우리의 시대에 걸 수 있는 희망은 비록 한쪽에서 집단적으로 '잔인함'을 기억하더라도, 다른 한쪽에서는 개인적으로 그 기억을 거부할 수 있다는 점이다. 과거의 잘못을 고치는 것은 더 나은 미래를 만드는 첫 걸음인 것이다.

265

영문판(원본) : Carol Gluck, "Operations of Memory : 'Comfort Women' and the World" ⓒ 2002 by the author.
일어판 : 梅﨑透, 「記憶の作用－世界の中の慰安婦」 ⓒ 2002 by the translator.

일어판은 2002년 캐롤 글럭의 글을 번역한 것이다. 본 역자는 일어판을 한국어로 번역한 후, 2007년 출간된 *Ruptured Histories*에 실린 캐롤 글럭의 동일한 글을, 원저자가 추가한 부분을 참고하여 수정, 보완하였다.

전시하의 인종주의
제2차 세계대전기의 '조선 출신 일본국민'과 '일본계 미국인'[*]

다카시 후지타니 Takashi Fujitani

1. 소수민족과 식민지 출신 병사를 상기하는 것

선구적인 역사가이자 활동가인 우츠미 아이코^{內海愛子}는, 1991년에 기고한 이와나미문고 소책자에서 전후 일본에서의 유년 시절을 회상하며, 아시아 태평양 전쟁 시기 일본제국의 군인으로 전쟁에 참가했던 조선인과 대만인에 대한 공적 기억이 전혀 없었다고 쓰고 있다. 그녀는 전쟁 직후의 생활을 짜맞춰 겨우 당시의 일상생활을 떠올렸지만, 소수민족 및 식민지 출신병에 관한 유년 시절의 기억을 되살릴 수 없었다는 것이다. "'전쟁'은 아직도 일상생활 속에 남아 있다. 그러

나 일본 군대 안에 식민지 조선과 대만에서 징병된 사람들이 있었다는 것을 알지 못했다. 거리에 서있던 상이군인 속에 전후 일본정부가 일방적으로 일본 국적을 박탈하며 어떠한 원조도 하지 않았던 김재창 씨와 같은 한국인·조선인이 있었다는 것을 알 수가 없었다." 우츠미 아이코는 전쟁으로 파괴된 거리에서 그녀가 봤던 부상병과 상이군인 속에는 조선인병사도 섞여 있었을 것이라고 추측하지만, 스스로 말했듯이 그녀에게는 "보이지 않았"던 것이다.[1]

분명히 전쟁 후 반세기 이상이 지나는 동안, 많은 TV 프로그램 제작자, 작가, 역사가, 활동가들이 식민지 출신 병사들의 역사와 현상을 공적 시야로 이끌어내려고 노력해 왔다. 1960년대 후반 이후가 되자 몇몇 TV 다큐멘터리와 더불어 재일 한국인 소설가이자 시인인 오임준吳林俊과 같은 작가가 쓴, 자신의 체험을 바탕으로 한 픽션과 논픽션 작품이 발표되기 시작했다. 미야다 세츠코宮田節子는 1980년대 중반에 출판된 자신의 획기적인 저작에서, 조선인을 일본군에 동원하는 전쟁시기戰時期의 전략을 조선인을 제국에 동화시키는 광범위한 식민지 정책의 핵심으로 위치시켰다.[2] 그리고 1990년대에는 우츠미가 기고한 북레터와 같은 일반 독자를 대상으로 한 몇몇 2차 서적이 일본의 일반 대중에게 과거 식민지시대의 유산을 상기시켰다.

식민지 출신 군인에 관한 묘사는 산발적으로 출현했지만, 그것만으로는 그들을 둘러싼 광범위한 공적 담론을 형성하지 못했다. 역사가인 강덕상姜德相이 탄식했듯이, 1990년대 후반에 이르러도 학도 출진 50주년(대학생의 징병유예 조치는 1943년 후반에 철폐되었다)을 기념하는 TV 프로

1 內海愛子, 『朝鮮人'皇軍'兵士たちの戰爭』, 岩波書店, 1991, 38~39면, 인용부분은 39면.
2 吳林俊, 『記錄なき囚人』(復刻版), 社會思想社, 1995; 宮田節子, 『朝鮮民衆と'皇民化'定策』, 未來社, 1985.

그램 특집과 출판물의 홍수 속에서 전쟁에 동원되었던 조선인 학생에 대한 언급은 전혀 볼 수 없었다. 학도병 중 적어도 20명 중 1명, 즉 8~10만 명 중 5천 명이 조선인이었다는 사실에도 불구하고 말이다.[3]

더욱이 일본군 전역자戰役者의 혼을 위로하는 국민적 성지인 야스쿠니 신사靖國神社에 대한 전후戰後의 공적 담론에서도 소수민족과 식민지 출신 병사는 완전히 배제되어 있었다. 예상대로 전후 총리대신과 정부고관이 야스쿠니 신사를 참배할 때마다 일본의 좌파는 물론이고 국제사회의 항의가 빗발쳤다. 비판하는 자들의 입장에서 보자면, 야스쿠니 신사는 일본 군국주의와 제국주의의 상징이고 그곳을 참배하는 것은 과거에 대한 양심의 가책이 결여된 행위이자 현재에 대한 책임의 방기를 의미한다. 왜냐하면 도조 히데키東條英機를 비롯해 전쟁 범죄자로서 유죄를 선고받은 사람들이 전역자를 기념하는 시설war memorial에 안치되어 있기 때문이다. 그런데 공식적으로 20,636명의 조선인 병사와 27,656명의 대만인 병사가 야스쿠니 신사에 안치되어 있음에도 불구하고, 식민지 출신 병사에 대한 침묵은 계속되고 있다.[4]

이는 제2차 세계대전 중 미군의 일본계 2세 병사에 관한 전후의 공적 담론과 비교하면, 현저히 대조적이다. 일본계 미국인 병사는 전쟁의 '잊혀진 영웅'이라고 여러 차례 언급되었고, 반세기가 넘는 동안 여러 차례 거론되었다. 오늘날 그들은 가장 상기되는 동시에 가장 잊혀진 영웅이라고 말하는 편이 보다 정확할 것이다. 확실히 오늘날 미국에 살고 있는 모든 사람들이 제100보병대대와 제442보병연대(전투부대)의 군사적 위업—일본계 2세로만 이뤄진 이 두 부대가 미국 역

---

3 姜德相, 「もう一つの强制連行」, 『人間文化』 준비호·창간호, 1996.3, 25~37면.
4 國立國會圖書館調查立法考查局, 『靖國神社問題資料集』(1976.5), 戰後補償問題硏究會 편, 『戰後補償問題資料集』 제4집, 戰後補償問題硏究會, 1991, 153면.

사상 가장 많은 훈장을 받은 병대라는 것은 전설이 되었을 정도다—
에 대해 들었을 리 만무하다. 더욱이 번역자나 통역자로 태평양전쟁
에 참가했던 수천 명의 일본계 미국인에 대해서도 알려지지 않았다.
그럼에도 전후 반세기 동안 일본계 미국인의 군사적 영웅행위에 대
한 이야기는, 특히 그들이 경험했던 인종차별과 함께 미국의 지배적
기억 속에서 특정하게 자리 잡고 있다. 그리고 의심의 여지없이 이는
오늘날 거의 문제시되는 일이 없다. 1988년 레이건 대통령은 제442보
병연대에 관한, 미국 하원의회의 의안 'HR442'에 서명했다. 주지하듯
이 'HR442'는 이후 '미국 공민권법公民權論, American Civil Liberties Act'이 되었는
데, 이 법안은 과거 피억류자에게 1인당 2만 달러를 지불하고, 12억 5
천만 달러의 교육기금을 설립한다는 것이었다. 1990년대, 그리고 새
로운 세기에 이르기까지 전쟁 담론의 주류는 정부고관의 발언이든
대중미디어에서 언급되는 경우이든 간에 관례적으로 일본계 미국인
의 수용과 군사적 복무에 대해 논하고 있다. 1998년 완구회사 하스브
로Hasbro는 지 아이 조G. I. Joe 장난감 병대 컬렉션에 '제442보병연대 일본
계 미국인 전투병사'를 새롭게 추가했다.[5]

최근 워싱턴 DC 연방의회 의사당에서 불과 3블록 앞에 건립된 국
립 일본계 미국인 기념비National Japanese American Memorial는, 일본계 미국인의
수용과 군사적 영웅행위에 대한 이야기가 전쟁기억의 주류가 됐음을
보여준다. 2000년 11월에 제막식을 거행한 기념비는 제2차 세계대전
중 일본계 미국인이 보여준 애국심을 칭송하고 있다. 기념비 중앙에
는 청동으로 만든 학이 가시가 박혀있는 철사에서 벗어나려고 날갯

---

5   일본계 2세 병사에 관계된 전후 기억의 정치에 대해서는 다음 문헌을 참조. T. Fujitani,
     "'Go for Broke', the Movie : Japanese American soldiers in U.S. National, Military and Racial
     Discourses", *Perilous Memories : The Asia-Pacific War(s)*, eds. T. Fujitani, Geoffrey White, and
     Lisa Yoneyama, Durham, N.C. : Duke University Press, 2001, pp.239~266.

짓하고 있다. 그리고 화강암으로 만든 벽에는 나라를 위해 전사한 800명 이상의 일본계 미국인 병사의 이름이 새겨져 있다. 기념비의 취지는 명확하다. 공민권의 침해와 강제수용에도 불구하고, 일본계 미국인은 전장에서도 총후에서도 미국을 향한 충성심을 갖고 있었다는 것이다.[6]

어쩌면 지금까지의 나의 서술이 낯익은 이항대립과 대조적인 논법, 다시 말해 일본인은 전쟁과 식민지배의 책임을 망각하고 있다고 비판받지만 미국인은 민족적·인종적 소수자minority에 대해 과오를 배상했다고 칭송받는 식의 논법에 따르는 것으로 보일지도 모르겠다. 그러나 그것은 나의 의도가 아니다. 이와 반대로, 제2차 세계대전 중 미국과 일본에서 소수민족과 식민지 출신병에 대한 주류의 기억이 여러 가지 정치적 이유에 의해 근본적으로 다른 방식으로 처리되어 왔지만, 전시기의 두 국민적·식민지 제국의 입장이 분명하게 유사하다는 점을 논하고자 한다. 내가 분명히 하고 싶은 점은 미국과 일본이 모두 총력전 상황과 근대 자본주의적 국민국가 공통의 논리에 의해, 결과적으로 식민지 피지배자와 소수자에 대해 매우 유사한 정책을 전개했다는 것이다. 더욱이 양 국민의 대다수의 인종에 관한 공통감각은 대략 '비교가능comparable'한 것으로 변화하기 시작했다. 구체적으로 두 나라에서는 인종차별이 일상적으로 실천되고 있음에도 불구하고, 특히 전쟁 말기에 가까워지면서 민족과 인종에 관한 지배 담론은 일관되게 그 차별을 부인하고 있었다. 소수민족과 식민지 출신 병사는 인종주의에 대한 부인이 가장 가시화되었던 장場의 하나였다.

---

6 2000년 11월 9일의 제막식을 전후로 하여 전 미국의 미디어는 이 기념비에 대해서 보도했다. 예를 들면 다음의 신문기사를 참조. *Los Angeles Times*, 2000.11.7. 전미 일본계 미국인 재단의 웹사이트(http://www.njamf.com)에는 기념비의 역사적 경위와 그 중요성을 상세하게 기록하고 있다.

소수민족 공동체에 대한 폭력과 잔인한 행위가 계속되고 있었음에도 불구하고, 식민지 출신 병사들은 양국의 전시체제가 기본적으로 비차별적이며 비인종주의적이라는 것을 표명하는 역할을 수행했다. 학문적 논의나 일반적 상식에서 보자면, 전시 중 미국은 민주주의적이며 평등주의적이고, 일본은 파시즘적이며 전체주의적(식민지 신민의 억압자)이라고 파악하는 것이 통례이다. 하지만 실상 두 전시체제는 많은 점에서 비슷하다. 특히 식민지 신민과 소수화된 사람들 및 그들에 대한 담론에서 보자면, 구조적으로 매우 유사했다는 것을 제기하고자 한다.[7]

나는 의식적으로 '비교가능' 혹은 '비교가능성'이라는 말을 사용하고 있다. 이는 전시 중(혹은 그 밖의 시기도 포함해) 일본과 미국의 유사성을 궁극적인 동일성sameness으로 환원하지 않고 고찰할 수 있는 개념이기 때문이다.[8] 그러므로 '비교가능성'은 미국과 일본 양국의 소수민족과 식민지 출신 병사의 경험이 완전히 동일했다든가 한 쪽의 체제를 이해하면 다른 쪽의 체제도 다 이해할 수 있다는 것을 의미하는 게 아니다. 또한 미국 내 백인의 주류의 경우와 유사하다고 지적함으로써 일본 내 주류의 명예회복을 도모하고자 하는 의도도 물론 아니다. 나의 의도는 정반대다. 나의 목표는 양 체제를 비판적으로 파악할 수 있는 한에서 전시 중 일본과 미국에서의 인종 담론과 모든 실

---

7 나의 입장은 두 체제를 대조적인 것으로 간주하는 논리를 문제화하는 것이다. 나의 논의는 아래의 중요 논문집의 논의와 어느 정도 유사하다. 山之內靖·빅터 코슈만·成田龍一 편, 『總力戰と現代化』, 柏書房, 1995.

8 '비교가능성comparability'에 대해서는 1997년 9월 컬럼비아대학에서 발표한 "On Comparabilities : Discourses on Ethnic and Colonial Soldiers in the U.S. and Japan"을 참고하길 바란다. 미국과 일본의 공동 연구회를 조직했던 히로타 마사키와 캐롤 글럭에게 감사한다. 더욱이 1997년 3월 7~18일, 노스웨스턴 대학에서 행해졌던 워크숍, 'The 'Modern' in East Asian Studies'에서도 '비교가능성'에 대해 발표할 기회를 가졌다. 마사오 미요시와 브루스 커밍스에게 감사한다.

천의 비교가능성에 주목하겠다는 것이다.

물론 조선인 일본병사를 유럽 여러 제국의 아프리카계·아시아계 식민지 출신 병사와 비교하는 편이 적절하다고 반론할지도 모르겠다. 그것도 분명히 의미 있는 연구가 될 것이다. 그렇지만 '비교식민지'적 방법을 채용했던 연구는 이미 존재[9]하고, 그러한 연구도 여전히 필요하다고 생각한다. 그러나 일본의 국민적·식민지 체제와 스스로의 식민지주의를 자주 망각하는 미국과 같은 국민국가를 아울러 포착함으로써, 식민지체제와 스스로 리버럴하다고 일컫는 체제에서 진행되었던 동화정책의 '비교가능성'을 검토하는 작업도 의미 있을 것이다. 에티엔느 발리바르, 프란츠 파농, 데이비드 골드버그, 우다이 메타, 사카이 나오키酒井直樹 등의 논의는 역사적으로나 이론적으로 볼 때 자유주의·인간주의·보편주의가 인종주의와 모순되지 않음을 명징하게 보여준다.[10]

지금 설명한 논점은 막연하지만, 나는 아래의 제한된 지면에서 두

---

[9] 예를 들면 프린스턴대학 출판회에서 출판한 일본 식민지주의와 제국주의에 관련된 세 권의 책을 참조. Ramon H. Myers and Marx R. Peattie eds., *The Japanese Colonial Empires, 1895~1945*, Princeton : Princeton University Press, 1894; Peter Duus, Ramon H Myers, and Mark R. Peattie eds., *The Japanese Informal Empire in China, 1895~1937*, Princeton : Princeton University Press, 1989; Peter Duus, Ramon H Myers, and Mark R. Peattie eds., *The Japanese Wartime Empire, 1931~1945*, Princeton : Princeton University Press, 1966.

[10] 물론 유사한 입장의 연구가 다수 존재한다. 관련 있는 문헌을 모두 열거하는 것은 불가능하지만, 대표적인 것을 아래 열거해 둔다. Etienne Balibar and Immanuel Wallerstein, *Race, Notion, Class*, trans. Chris Turner, London : Verso, 1991(若森章孝 외역, 『人種·國民·階級』, 大村書店, 1997(1995)); Franz Fanon, *Racism and Culture, in Toward the African Revolution*, trans. Haakon Chevalier, New York : Monthly Review Press, 1967, pp.29~44(北山晴一 역, 「人種主義と文化」, 『アフリカ革命に向けて』, みすず書房, 1984); David Theo Goldberg, *Racist Culture*, Oxford : Blackwell Publishers, 1933; Uday Mehta, *Liberalism and Empire*, Chicago : University of Chicago Press, 1999; Naoki Sakai, "Ethnicity and species : On the philosophy of the multi-ethnic state in Japanese imperialism", *Radical Philosophy* no.95, 1999.5·6, pp.33~45(酒井直樹, 「日本人であること—多民族國家における國民的主體の構築の問題と田辺元の'種の論理'」, 『思想』, 1997.12).

국민적·식민지 제국의 역사를 병치하는 포스트 국민주의적 방법을 제시하고자 한다. 포스트 국민적 역사 기술이 갖는 의미는 다양하지만, 여기서는 내셔널한 축의 어느 쪽과도 관련되지 않는 방법을 강조하고 싶다. 앞으로 아시아 태평양 지역에서 헤게모니를 다투는 두 주요 제국의 내셔널리즘, 식민지주의, 인종주의의 관계를 묻는 트랜스내셔널transnational한 시각을 채용하려 한다.

2. 병역에서의 인종주의에 대한 부인 - '일본계 미국인'

제2차 세계대전 중 미국의 인종관계에 관해 널리 보급되었던 신화 중 하나는 다음과 같다. 미국의 민주주의는 인종과 출생국을 묻지 않고 모든 사람은 평등하다는, 이 위대한 원칙에 의거하여 일본계 미국인은 군대에 지원할 수 있고, 후에 징병자격을 갖게 되었다는 것이다. 이는 1943년 2월 1일 제442 보병연대를 편제했던 시기 프랭클린 D. 루스벨트 대통령의 유명한 발언에서 나타난다.

충성스러운 미국 국민이라면 누구나 조상이 누구인지 상관없이 국민으로서 책임을 행사하는 민주적 권리를 부정할 수 없다. 아메리카니즘은 정신과 마음의 문제이며, 그 원칙을 바탕으로 건국됐고, 통치됐다. 아메리카니즘은 인종과 조상에 좌우되지 않으며 일찍이 그러한 적도 없다. 훌륭한 미국인이란 이 나라와 우리들의 자유와 민주주의의 신조에 충실한 자다. 모든 충실한 미국 시민은 각자의 능력을 발휘할 수 있기에 이 나라를 위해 공헌할 기회가 주어질 수 있을 터이다. 우리들의 군대, 군수사업, 농업, 공무, 그 외에도 전쟁에 꼭 필요한 책임이 있으면 무엇이든지.[11]

　그러나 정부 문관과 군관들이 일본계 미국인의 입대를 결정하게 됐던 과정을 조사해 보면, 그 평등이라는 추상적 원리가 이차적인 것에 지나지 않았음이 분명해진다. 일본계 미국인의 입대는 미국이 인종 평등을 대표하는 국가임을 증명하기 위한 국제적 프로파간다 작전에 일본계 미국인을 제대로 이용하자는 충분히 계산됐던 결정이었던 것이다. 구조적으로 보아도 미국의 국민을 구성하는 인종화된 사람들(아프리카계 미국인, 멕시코계 미국인, 아시아계 미국인 등)을 효과적으로 동원하기 위해서, 정부와 군은 스스로 인종주의를 부인하고 있음을 분명하게 증명해야 했다. 그렇지 않으면 그들이 미국을 위해 싸우는 것이 스스로에게 이익이 된다고 믿지 못했을 것이다. 또한 앞으로 분석할 자료는 미국의 대일對日 전쟁이 서양과 백인의 우위를 지키기 위함이 아니라, 모든 사람들의 자유와 평등의 이름을 걸고 싸우는 '좋은 전쟁'이라는 것을 백인 이외의 사람들에게도 보여준다는 점에서, 일본계 미국인은 이용가치가 있다고 강조하고 있다. 그것은 세계의 비非백인, 특히 아시아 지역 사람들을 연합국의 아군으로 순조롭게 끌어당기려는 전략이었다. 즉 일본계 미국인이 지원하고 그 후에는 징병제도에 따라 강제적으로 복무하도록 허용된 것은, '평등' 원리의 본질적인 힘에 의해서가 아니라 평등의 원리 자체가 전쟁의 승리를 위

11　이 글의 애국 담론 속에서 일본계 미국인 병사, 특히 일본계 2세 퇴역군인과 그 지원자들의 우상적 지위를 확립하기까지의 과정을 볼 수 있다. 지금은 공식적 역사가 된 전쟁 중 일본계 미국인의 모습은 아래 문헌을 참조. United States Commission on Wartime Relocation and Internment of Civilians, *Personal Justice Denied*, Seattle, WA : University of Washington Press, 1997, p.191.

해 반드시 필요하다고 간주했기 때문이었다.

진주만 공격 당시 미국 육군 지휘 아래에는 약 5천 명 정도의 일본계 미국인이 있었는데, 그들 중 대다수는 징병된 자였다. 헌병 사령국Office of the Provost Marshal이 편집한 문서에 의하면, 선발징병제Selective Service System는 인종과 출신에 의해 차별받지 않고, "모든 국적을 동일하게" 하여 병역에 임하게 하고, "추축국樞軸國과 대전할 가능성이 높아지고 있음에도 불구하고 국적을 묻지 않고 육군에 징집모집徵募했다." 그러나 진주만 공격 이후 일본계 미국인이 병역에 나갈 가능성은 점차 제한됐고, 육군에 있던 병사 중 다수가 설명도 없이 제대하게 됐다. 선발징병제는 일본계 미국인을 병역에 복무하게 할 것인지의 여부를 각 지자체의 징병위원회의 자유재량으로 맡겨두었는데, 1942년 겨울에서 봄에 걸쳐 그들은 일본계 미국인의 채용을 한층 더 주저하게 됐다. 1942년 6월 육군성은 미국 시민권의 유무에 관계없이 일본계는 모두 징병자격을 갖고 있지 않다고 명확하게 선언했다. 1942년 9월 14일 육군참모 내 위원회는 이후 일본계 미국인을 기용하지 않도록 권고했다. 이처럼 군에서는 일본계를 배제했다. 유일하게 군정보부가 필요로 한 통역 및 번역가들과 하와이 국민군National Guard 분대인 제100대대는 예외였다. 후자는 진주만 공격이 있은 지 불과 며칠 후, 같은 하와이 출신자로 이루어진 보충병과 분리되었던 하와이 태생의 일본계 2세로 편성된 특별 대대였다. 이 2세 부대는 1942년 6월 미국 본토에서 훈련을 시작했다.[12]

12 이 일련의 사건에 대해서는 이하의 문헌을 참조. *Ibid.*, pp.187・253~256; Masayo Duus, *Unlikely Liberators*, Honolulu : University of Hawaii Press, 1987, pp.18~21・54~57(ドウス昌代, 『ブリエアの解放者たち』, 文藝春秋, 1983); Offce of the Provost Marshal General, "World War II : A Brief History", no date(ca. November 1945), pp.247~249 and for the quote, p.247; Records of the Office of the Assistant Chief of Staff, G-2(Intelligence), Historical Studies and Related

1942년 10월, 육군성 안팎에서 일본계의 군사적 기용을 정지·권고했던 육군참모본부의 의견이 반대로 바뀌었다. 일본계 미국인의 권리가 간혹 주의를 끌기는 했지만 그다지 관심을 받지 못했던 때에, 이렇게 정책의 전환을 불러일으킨 결정적인 요인은 모든 권리에 대한 미국 시민의 관심(이 점 또한 때때로 언급되었지만)이 아니라, 오히려 프로파간다 전쟁에서 일본계 병사가 가질 수 있는 가치에 있었다. 1942년 10월 2일, 전시 정보국장Director of OWI 엘마 데이비스는 대통령에게 국가에 충실한 '미국 시민인 일본인American-citizen Japanese'을 육해군에 입대시켜 그들을 이용한다면, 아시아를 향해 이 전쟁은 인종대립이라고 주장하는 일본의 프로파간다에 대항할 수 있다고 전달했다. 데이비스는 지원 병역의 허가에 따라 '미국 시민인 일본인'의 사기가 올라간다고 생각했던 것과 동시에, 그러한 활동이 '필리핀, 미얀마 외기타 지역'에서 벌이는 전시 정보국OWI의 프로파간다 작전에 큰 도움이 된다고 강조했다. 그는 또한 대통령에게 "충실한 미국시민을 위한 (…중략…) 성명"을 발표할 것을 의뢰했다.

그리고 10월 13일 전시 정보 준국장 M. S. 아이젠하워는 데이비스에게 동의한다는 내용을 담은 편지를 육군차관보 존 J. 맥클로이에게 보냈다. 나아가 10월 15일 아이젠하워는 데이비스의 의견을 지지하는 메모를 육군장관 헨리 스팀슨에게 보냈다. 맥클로이의 견해는 일본계 미국인의 '육해군 특별부대의 입대'가 허가되어야 한다는 것으로, "이 같은 배치는 프로파간다적 가치가 크고, 그들은 우수한 병대가 될 것이라고 생각한다"는 것이었다. 더욱이 그는 육군참모본부 내의 일본계 미국인의 군대 이용 불가능이라는 당초의 권고를 지지하

Records of G-2 Components, 1918~1959; Box 31-Miscellaneous Files, Records of the Army Staff, Record Group 319(RG319), National Archives at College Park, College Park, Md.(NACP).

지 않는다는 것을 명확하게 기록하고 있다. 맥클로이는 10월 13일 아이젠하워의 연락에 대해 긍정적으로 회신하면서 오로지 프로파간다라는 요인에 대해서만 언급하고 있다. "일본계 미국인 부대는 극동의 구석구석에 이르기까지 프로파간다로 커다란 이용가치가 있다."[13]

---

13 이 단락에서 참고한 자료는 마지막 인용 이외에 모두 이하의 문헌을 참조. "Enlistment of loyal American citizens of Japanese descent into the Army and Navy", 17 December 1942; 291.2 Army-AG Classified Decimal File 1940~42, Entry 360, Box 147; Records of the Adjutant General's Office, 1917~, Record Group 407(RG 407); NACP. 맥클로이가 1942년 10월 15일에 아이젠하워에게 보낸 편지에 대해서는 다음을 참조. Records of the Office of the Director and Predecessor Agencies, Records of the Director, 1942~45, entry 1, box 1; Records of the Office of War Information, Record Group 208(RG 208); NACP. 맥클로이의 편지 전문은 다음과 같다.
"13일에 당신의 메모를 읽고, 엘마 데이비스가 10월 2일에 대통령에게 보냈던 편지에도 눈이 갔습니다. 그가 제안한 것처럼 대통령이 일본계 미국인을 위해 성명 발표를 하는 것에 매우 찬성합니다. 당신도 알고 있듯이, 나는 이들 시민을 군에 동원하는 것은 아주 좋다고 생각합니다. 그러나 지금 거기에 관련된 몇 가지 문제가 있어, 그 문제를 해결할 수 있을 지 없을 지 시험해 보고 있습니다. 일본인 부대를 프로파간다로서 이용하는 가치는 극동 전체에 있어 큰 가치가 있다고 생각합니다."
일본계 미국인 병사에 대한 획기적 연구인 도우스 마사요ドウス昌代의 저작은 이 문서와 프로파간다적 요소를 근근이 언급하고 있다. Duus, Ibid., p.57(ドウス昌代, 위의 책, 87면). 도우스가 재차 말했던 것은 양의적兩義的인데, 그러한 프로파간다적 가치가 일본계 미국인의 군대 지원 문제를 결정함에 있어서 결정적인 요인이었다고 읽을 수 있다. 브라이언 니야는 자신이 편집한 훌륭한 백과사전에서 분명히 그와 같이 도우스를 해석해, "이 결정(2세부대)의 가장 중요한 요인은 이미지와 프로파간다의 문제에 관련된다"고 단언하고 있다. Japanese American History : An A-to-Z Reference from 1868 to the present, New York : Facts On File, 1993, p.137. 그러나 거기에는 관련 일차 사료가 인용되어 있지 않다. 전시 중 일본계 미국인의 공적 역사가 됐던 Personal Justice Denied에는 프로파간다의 위상이 언급되어 있으나 중요한 것은 빠져있고, 일본계 미국인 징집 문제를 결정함에 있어서의 '인종주의적인 기조'가 강조되어 있다. 거기서 '인종주의'라는 것은 주로 일본계 2세의 충성심과, 시민으로서 봉사하는 그들의 권리에 관련한 정책 결정자의 인식이었다. 그러므로 엘마 데이비스는 "전쟁 프로파간다의 하나로서 문제라 하는 특징은 가장 중요한 검토와 제가 프로파간다였다는 것이 아니라 전시정보국 관여의 정당성을 확립하기 위함"으로 설명하고 있다(p.189). 내가 강조하고 싶은 것은 그 반대이다. 결국 사료 안에서 '인종주의적 기조'를 어떻게 찾느냐는 문제는 일본계 미국인이 프로파간다의 소재로써 유용하다는 논의에 비하면 2차적인 것에 지나지 않는다. 일본계 미국인의 군대 징집 결정에 관련된 종래의 연구(특히 United States Commission on Wartime Relocation and Internment of Civilians, op. cit., pp.199~191)가 갖는 문제점 중 하나는, 제442 보병연대 형성과 관계된 공

277

사실 1942년 봄부터 여름의 막바지에 걸쳐 육군성이 일본계 미국인을 군에서 배제하는 방향으로 움직이기 시작했던 시기, 미국의 정책 입안에 관계된 사람들 중에는, 전쟁에서 일본계 미국인 병사가 프로파간다로서 중요한 역할을 맡을 수 있다고 논한 사람이 있었다. 1942년 5월이라는 이른 시기, 육군성 군정보부의 심리전쟁 과장 오스카. N. 솔버트 대좌는 자신의 지도와 서명하에 초안草案된 프로파간다 계획에서, 미국이 인종차별을 부인하는 국가라는 것을 국내외에 보여주기 위해 아프리카계 미국인과 일본계 미국인을 이용하자고 제안하고 있다. 솔버트의 주장은 미국이 "유색인종, 특히 흑인the negro에 대해 갖는 백인 미국인white Americans의 뿌리 깊은 인종편견을 해소"하기 위해 노력해야 한다는 것이었다. 그것은 미국의 인종주의가 "태평양전쟁을 인종주의자에 의한 범아시아 전쟁으로 바꾸려고 하는 일본의 프로파간다를 의도치 않게 촉구하는 효과를 가지지" 않기 위함이었다. 다른 사람들과 마찬가지로 솔버트의 가장 큰 관심은 인종차별의 폐지 자체가 가치 있는 목표이기에 인종주의를 종결시키자는 것이 아니라, 전쟁에 승리하기 위한 수단으로써 인종주의를 부인하자는 것이었다. 일본계의 강제수용에 대해서는 언급하지 않았을 뿐만 아니라, 그것을 종결시킬 필요성으로 나가지 않았던 한편으로, 그는 "일본계 미국인이 행했던 가치 있는 임무를 선전하고, 일본계 미국인의 처우를 개선하는 국내 활동이 일본에서의 프로파간다와 놀라울 정도로 관련이 있다"고 기록하고 있다. 솔버트 계획의 최초의 초고에는 "징집 모집하여 제복을 입히고, 일본인으로 이루어진 (중국 해방에서

─────────

적 발언(특히 육군장관 헨리 H. 스팀슨과 루즈벨트 대통령의)과 내부 자료를 적절하게 구별하지 않는다는 것이다. 물론 스팀슨과 루즈벨트가 일본계 미국인을 군에 등용하는 것이 글로벌-프로파간다 작전의 일부라는 것을 공식적으로 발언한 것은 아니었다.

일본인 부대와 연휴連携했던) 일본 해방부대Free Japanese Corps를 설치装備"할 것을 권하는 내용까지 포함되어 있다. 이들 미국의 일본인은 "명목은 전투를 위해서이지만, 현실에서는 프로파간다에서의 상징적 이용을 위해 동원된다"고 노골적으로 서술되어 있다.

그런데 솔버트의 프로파간다 계획 수정안에는 일본인으로 구성된 부대에 프로파간다로서의 기능이 있다는 아이디어가 제외됐다.[14] 아마 솔버트의 제안은 당시 육군성이 일본계 미국인을 군사적으로 이용하려는 방침과 거리가 있었기 때문일 테다. 그러나 그 아이디어는 정책결정에 관계된 다른 사람들 사이에서는 널리 퍼져 있었다. 의사결정 과정에서 아이젠하워의 역할은 결정적이었다고 보인다. 훗날 대통령의 막내 동생인 M. S. 아이젠하워는 일본계 미국인과 프로파간다를 연결짓는 특이한 위치에 있었다. 그는 전시정보국으로 옮겨가기 전, 퇴역한 일본계 미국인의 관리에 관여했던 문민기관 전시이주국War Relocation Authority의 초대국장을 지냈다.

아이젠하워가 맥클로이에게 보낸 편지에는, 전시정보국이 특히 이 문제에 관심을 갖고 있는 이유가 상세하게 설명되어 있다. 1942년 6월에 설립되었던 전시정보국은 '보도통신기관, 라디오, 영화 등의 방법'을 통해 나라 안팎의 사람들에게 전쟁 상황과 목표에 관련된 정보를 전달하는 역할을 맡고 있었다. 그리고 시간이 지나면서 해외에서

---

14 육군성 군정보국 심리전쟁과의 계획은 1942년 5월 23일 자 「일본 계획Japan Plan」의 초고를 참조, 인용했다. 1942년 5월 13일 자의 최초 초안은 「일본제국을 향한 상세한 프로파간다 계획의 준비Basic for a detailed plan for propaganda into the Japanese Empire」라고 불린다. 이 문헌은 거의 솔버트가 집필한 것이며, "정부 관계기관의 여러 전문가의 코멘트"를 받아 다시 수정해서 확대한 것이 5월 23일 자 초고이다. 이 두 원고의 제안은 흡사하지만, 첫 번째 원고가 18면인 반면 두 번째 원고는 34면으로 논의가 확대되어 있다. 이미 언급했지만, 일본계 미국인 부대에 대한 논의는 수정판에서는 삭제되어 있다. 초고에 대해서는 이하를 참조. "Records of the Historian, Historian's Records of the Psychological Warfare Branch", 1942~45, Entry 6G, Box 5; RG 208; NACP.

의 프로파간다와 심리전쟁의 요소를 보다 분명히 갖게 되었다.[15] 아이젠하워는 편지 서두에 육군성이 일본계 미국인의 징병을 그만둔다는 이전의 결정을 번복할지의 여부를 한창 검토하는 중에 있음을 이해한다고 쓰고 있다. 또한 전쟁에서 가능한 인적 자원을 동원해 "이 나라에서 태어나 교육받은 다수 일본인"의 충성심을 보증할 필요성을 서술하면서, 프로파간다 전쟁에 있어서 군에서부터 일본계 미국인을 배제하는 것이 적에게 인종이라는 비장의 카드를 주게 됐다고 지적하고 있다. 그는 독일계 미국인, 이탈리아계 미국인처럼 일본계 미국인에게도 징병 자격을 줘야 할 필요성을 역설했다. "일본인을 징병하지 않는다는 결정은 반드시 인종 문제를 일으킬 것이다. 우리들을 분열시키려는 적을 눈앞에 두고서, 그 같은 결정은 하지 말아야 한다"고 경고했다. 아이젠하워는 다음과 같이 정리했다. "충성심을 가진 일본인이 징병된다면 일본계 2세의 부모들의 사기는 높아지고, 이제 적은 우리들이 소수자를 차별하고 있다고 주장할 수 없게 된다. 그리고 일본계 미국인의 참가라는 기막힌 내용으로 적을 압박함으로써, 기회가 무르익으면 일본 해방운동의 기반이 될 것이다."[16]

일본계 미국인과 일본계 미국인 병사를 프로파간다에 이용하는 것에 대한 가장 분명하고 노골적인 논의는 1942년 9월 에드윈 O. 라이샤워가 기록한 메모라 할 수 있다. 나는 이 메모에 대해 이미 일본어로 논한 적이 있는데, 거기에는 전모를 기록하지 않았다. 전후 미국

280

---

15 전시정보국OWI에 대해서는 다음을 참조. Allan M. Winkler, *The Politics of Propaganda : The Office of War Information, 1942~1945*, New Haven : Yale University Press, 1978.
16 1942년 8월 22일 부로 밀턴 S. 아이젠하워가 존 J. 맥클로이에게 보낸 서간. "일본인(일본계 미국인)에 관해서는 당신과 같은 생각이고, 이미 참모 본부에 내 의견을 표명했다'라고 맥클로이는 판단하고 있다. Records of the Office of the Director and Predecessor Agencies, Records of the Director, 1942~45, entry 1, box 1; RG 208; NACP.

의 일본 연구 창립자 중 한 명으로 후에 주일駐日 미국 대사가 된 라이샤워는, 앞의 사람들처럼 일본이 이 전쟁을 "백인종으로부터 자유를 획득하기 위한 황색·갈색 인종의 성전"으로 바꿀까봐 두려워했다고 기록하고 있다. 라이샤워가 제안한 대항수단은 일본계 미국인을 국제적 프로파간다 작전에 이용하자는 것이었다. 그에 따르면 "아시아에서 백인의 특권을 지키기 위한 인종전쟁이 아니라 인종을 초월한 모든 사람들에 의해 보다 나은 세계질서를 확립하기 위한 전쟁"임을 증명할 수 있다고 생각했다. 그는 일본계 미국인이 전쟁에 공헌할 수 있는 가장 효과적인 방법은 군대에 참가하는 것이라고 생각했다. 미국을 위해 목숨을 걸고 전쟁함으로써 미국이 인종주의적이지 않다는 것을 그들 스스로 증명해주기 때문이다. 이러한 시위는 아시아의 '황색인종과 갈색인종'을 순조롭게 연합국 측으로 끌어들이는 데 중요한 요소가 될 뿐만 아니라, 전후 일본인을 끌어들인 이후에도 도움이 될 가능성이 있었다. 후자와 관련해서 미국이 인종주의적인 국가가 아니라는 것을 일본이 알게 되면, 전후 미국의 권익에 따른 정치체제를 확립하기 쉬워진다는 것이다. 라이샤워 또한 이미 언급했던 다른 사람들처럼, 강제 수용되었던 일본계 미국인에 대해 동정을 드러내는 대신, 오로지 국가전략의 관점에서 논의하고 있다.[17]

군사적·인적 자원으로서 일본계 미국인의 유용성도 중요한 원인이었음은 틀림없지만, 프로파간다의 전쟁 도구로서 일본계 미국인의 중요성이 결과적으로 그들의 입대와 결부되었음은 분명하다. 1943년

281

---

17 이 메모에 관해서는 다음 논문의 분석을 참고했다. T. フジタニ, 「ライシャワーの傀儡天皇制構想」, 『世界』 3월호, 2000, 137~146면. 일본계 미국인을 병적兵籍에 넣기까지의 결정과정에 대해서는 『世界』에 실린 위의 논문의 논의를 더욱 발전시켜 발표한 다음의 논문을 따른다. "The Reischauer Memo : Mr, Moto, Hirohito, and Japanese American Soldiers", *Critical Asian Studies*, 33-3, 2001, pp.379~402. 「라이샤워 메모」의 원문은 여기에 수록되어 있다.

2월에는 지원병제도에 의해 일본계 미국인이 병역에 지원할 수 있게 되었고, 1944년 1월에 이들은 징병 대상이 되었다. 이러한 일련의 흐름 속에서, 일본계 2세 병사는 프로파간다 계획에서 실제로 역할을 맡게 되었다. 예컨대 허스트의 뉴스 영화 중 한 편인 〈재패니즈-양키 부대가 프랑스에서 미국군에 합류했다〉는, 일본계 2세 병사가 자국을 위해 싸우는 모습을 영화화한 것이다. 영화에서는 "미국에서 태어난 일본인이 자유를 위해 싸우고 있다"고 설명하고 있다.

육군성과 전시이주국은 전쟁 말기에 공동으로 『군복을 입은 2세』라는 제목의 소책자를 발행했다. 이 책자에서도 아메리카니즘이 인종적이지 않으며, 그 정신에 입각해 있음을 보여주기 위해 루스벨트의 말을 인용하고 있다. "추축국을 타도하기 위해 싸우고 있는 젊은 미국인 중에는 우리나라 사람들을 구성하는 모든 인종과 국민이 표현되어 있다." 나아가 이 소책자는 "미국의 헌신과 용감한 행위는 인종에 따른 눈의 모양 차이와 피부색에 의해 결정되는 것이 아니다"라고 명확하게 서술하고 있다.[18] 전시정보국 '일본과日本課'는 1944년 7월이 되면서 일본을 향해 〈Nisei, U.S.A〉라는 라디오 프로그램 방송을 시작했다. 이 프로그램은 하루 10분 동안 일본계 미국인의 전쟁 공헌, 특히 그들의 군사 활동의 공헌을 제재로 다루었다.[19]

---

18 허스트의 뉴스 영화의 한 장면. 〈Japanese-American troops〉, UCLA Film and TV Archive(ca. 1944); U.S. Department of the Interior, War Relocation Authority, in collaboration with the War Department, Nisei in Uniform, 1945.

19 "Outline HIstory of Japan Division, Overseas Division, Office of War Information, San Francisco, covering period from Dec. 9, 1941 to October 1, 1945", no date(ca. October 1945); Records of the Historian, Draft Historical Reports, 1941~48; entry 6H, box 2; RG 208; NACP.

3. 병역에서의 인종주의에 대한 부인 – '조선 출신 일본국민'

일본군에 동원되었던 조선인의 정확한 숫자에 대해서는 여러 의견이 있지만, 그들의 대략의 역사에 대해서는 이미 많은 연구가 나와 있다.[20] '육군특별지원병령'은 1938년 4월 3일(神武天皇祭)에 공식적으로 시행되었다. 그리고 수년 후인 1943년 8월 1일에는 해군특별지원병 제도가 시행되었다. 1942년 5월 8일에는 징병제를 조선인에게 확대한다는 내용이 발표됐다. 이에 따라 국민, 문관, 무관, 조선인 남성을 징집하기 위한 여러 시책이 시행되었다. 공식 기록에는 1944년과 1945년에 매년 4만 5천 명의 조선인이 육군으로, 또한 1만 명이 해군으로 징병됐다고 한다.[21] 이 11만 명에 덧보태, 1938년부터 1944년까지 징병제가 개시되기 전까지 입대했던 사람 수를 합하면 대략 14만 명의 조선인 병사가 있었다고 추정해도 무리가 없다.[22] 그들은 독자 부대로 배속되지 않고 군대 전체에 분산되었는데, 주로 조선군에 배속됐다. 여기에 더해서 대략 15만 명의 조선인 민간인이 일본군 밑에서 노동했다. 그들은 군속임에도 불구하고 운전수, 통역, 가이드, 노동자, 건설 노동자, 형무소 간수 등 통상적으로 병사와 마찬가지로 위험한 조건하에서 일했다.[23] 합산하면 약 36만 명의 조선인이 일본제

283

---

20 '황민화'와 조선인 일본군 병사에 대한 선구적 연구는 히구치 유이치樋口雄一의 『皇軍兵士にされた朝鮮人』, 社會評論社, 1991; 宮田節子, 앞의 책; 內海愛子, 앞의 책. 황민화운동에 관련해 영어로 쓰인 글은 없다. 이 주제에 관련된 주요 영어 논문은 기본적으로 일본의 연구동향을 따르고 있다. Wan-yao Chou, "The Kominka Movement in Taiwan and Korea : Comparisons and Interpretations", *The Japanese Wartime Empire, 1931~1945*, eds. Peter Duus, Ramon H. Myers, and Mark R. Peattie, Princeton : Princeton University Press, 1996, pp.40~68.
21 內海愛子, 위의 책, 45면.
22 이 숫자는 위의 책의 44면에 따른 것인데, 대략적인 숫자이다.

국군 속에서 군인과 군속으로서 일했던 것이다. 이와 비교해보자면 1939년 미국 군대에는 겨우 45만 8천 명이 근무하고 있었다.[24]

물론 일본계 미국인과 조선 출신의 일본국민이 저마다 군대에 징집됐던 상황은 현저하게 다르다. 가장 큰 차이점은 진주만공격이 있었을 때 미국 본토와 식민지 하와이에 거주했던 일본계 미국인은 비교적 소수(본토에는 12만 명, 하와이에는 15만 7천 명)였던 것에 비해, 조선은 2,300만 명 이상의 인구를 가진 거대한 식민지였다는 점이다.[25] 그럼에도 불구하고 국가와 모든 사업, 농업에서 최대한의 인적 자원이 요구됐던 총력전 상황하에서, 강제 수용됐던 일본계 미국인의 존재는 군사적으로도 민간에서도 무시할 수 없었다. 이미 1942년 5월에 강제 수용될 예정이었던 15명의 일본계 미국인이 계절노동자로서 농업에 종사하는 것이 일시적으로 인정됐고, 같은 해 10월까지 1만 명 이상의 억류자가 농업부문에서 일하기 위한 '휴가'를 얻었다. 더욱이 이듬해에는 수만 명의 억류자가 엄격한 충성 심사를 받은 후 석방되어 일반 사회로 다시 돌아가 일을 했다.[26] 반대로 조선인의 인구규모는 군사적으로도 민간에서도 노동력으로서 유용했음이 분명하다. 그들은 또한 프로파간다 작전에도 동원됐다. 특히 일본군 속 조선인은 일본계 2세 병사와 마찬가지로 충성심뿐만 아니라 자신의 의지에 의해 싸우고 있다고 묘사됐다. 조선인 병사는 일본계 미국인의 경우와 마찬

---

23 樋口雄一, 앞의 책, 1991, 12~17면.

24 William L. O'Neill, *A Democracy at War*, Cambridge : Harvard University Press, 1993, p.9.

25 Dennis M. Ogawa and Evarts C. Fox, Jr., "Japanese Internment and Relocation : The Hawaii Experience", *Japanese Americans, from relocation to redress*, eds. Roger Daniels, Sandra C. Taylor & Harry H. L. Kitano, Salt Lake City : University of Utah Press, 1986, p.135; 伊藤亞人・大村益夫・梶村秀樹・武田幸男 감수, 『朝鮮を知る事典』, 平凡社, 1986, 217면.

26 United States Commission on Wartime Relocation and Internment of Civilians, *op. cit.*, pp.180~184・202~203.

284

가지로 일본의 포용력과 일본 국민이 인종주의를 부인하고 있음을 표상하게 됐다. 국가는 인종주의에 대한 부인 없이 식민지 피지배자를 전쟁에 동원하는 것을 바라지 않았던 것이다.

프로파간다는 일본군의 복무와 함께 그 가족의 지원을 재촉했다. 군복무는 내지인과의 완전한 평등을 인지함에 따라 가능해진 둘도 없는 기회라고 설명했다. 1930년대 말부터 전쟁이 끝날 때까지 조선인은 소년이든 소녀든, 성인 남성이든 여성이든 계급, 지역, 젠더 및 연령을 불문하고 그러한 텍스트와 시각적 프로파간다의 홍수 속에 있었다. 예를 들면 1944년에 조선인 학동용으로 발행됐던 『소국민을 위한 병대 이야기』는 독자인 '어린' 남자 아이를 대상으로 군대생활을 소개하고 있다. 그것은 일본적 생활양식에 완전히 동화해 일본인이 되어, 이미 병사가 된 형제를 도와서 스스로 일본병사로 성장할 것을 장려하고 있다.[27] 나아가 조선인 지원병이었던 이인석李仁錫의 인생이 영웅의 생애라며, 조선인이 실제로 일본인임을 증명했다.[28]

또한 조선인 병사의 용감함과 충성심, 일본인다움을 주제로 한 영화가 조선에서 널리 상영됐다. 1941년부터 1945년 사이에 일본인·조선인 감독이 제작했던 그러한 영화는 알려진 것만 7편이다. 그중 하나를 예로 들면, 1943년 도요다 시로豊田四郎의 〈젊은 모습若き姿〉은 조선의 영화관에서 상영되었을 뿐만 아니라, 군인을 모집하러 다니는 사람들이 조선인 학생들에게 감상하게 해서 '학도병'에 지원하도록 장려하고 있었다.[29] 여기서 상세하게 논하지는 않겠지만, 〈젊은 모습〉은 훈련소 입소를 위한 군의 시험에 합격하기 위해 조선 중학교

27 渡邊克巳, 『少國民のための兵隊さんものがたり』, 京城 : 國民總力朝鮮連盟, 1944.
28 內海愛子, 앞의 책, 47~48면.
29 姜德相, 『朝鮮人學徒出陣』, 岩波書店, 1997, 112면.

에서 실시되는 군대식 교련을 묘사하고 있다. 그 밖에 등장인물은 일본인 병사, 조선인 지원병, 일본인과 조선인 학교 교사, 교장, 조선인 여성, 조선인 청년의 친구들이다. 이야기는 전반적으로 조선인이 일본어를 말하고 일본 이름을 짓는 등 많은 점에서 내지인과 거의 다르지 않음을 강조하고 있다. 사실 강한 규슈九州 발음을 갖고 있는 일본인 교사는 일본어를 말하는 조선인 학생을 일본인으로, 그리고 조선을 규슈와 같은 일본의 한 지방으로 자연스럽게 만드는 역할을 하고 있다. 영화에서는 불결과 태만이라는 조선인의 스테레오 타입을 전혀 찾아 볼 수 없다. 그들은 근면하고 '예의바르며' 충성심으로 가득 차있다. 조선 청년은 군사교련을 통해 남자다움뿐만 아니라 일본인다움도 몸에 익히게 된다.

이외에도 일본이 민족차별을 부인하는 데 조선인 병사를 이용했던 프로파간다는 많다. 그러나 지금까지 조선인 병사에 대한 연구 중 다수는 그러한 평등을 주장하는 프로파간다의 위상에 대해서 강조하는 것이었다. 따라서 여기서는 이 이상의 연구는 필요하지 않을 것이다. 그런데 그 같은 연구는 조선인과 대만인을 군인으로 징집하는 정책에 골몰했던 일본의 정치 지도자와 군부 지도자들의 공리주의적 '의도'를 지나치게 강조하고 있다. 그렇게 함으로써 조선인을 새로이 전쟁에 동원하는 것이 실제 생활에 미치는 담론적 '효과'와 물질적 '효과'를 분석하는 데에는 불충분했다는 결론이 나온다. 이는 식민지시대 말기 일본제국의 조선정책과 자유민주주의 제국 미국의 전시기 소수자 정책에 분명한 유사성이 있음을 인지하지 못했기 때문이다. 요약하면 일본과 미국의 전후 기억관리에 대한 상이한 정치의 결과로, 일본계 미국인에 대한 연구에서는 병사의 징집이 가진 프로파간다의 위상이 제대로 평가되지 않은 반면(그것은 미국 민주주의와 일본계 미국인의 충성심과 관련된 지배적 담론에 문제를 일으킬 것이다), 일본군의 조선인 병사에 대한 연구는 프로파간다의 유용성을 지나치게 강조함으로써 그러한 부인이 낳은 구체적인 효과를 충분히 검증하지 못했다고 볼 수 있다.

4. 인종주의와 그 부인의 귀결−조선인에서 일본인으로

조선인의 군사동원에 대한 지금까지의 논의는 이 현상을 소위 황민화운동, 곧 "식민지 피지배자를 제국신민으로 개조하는 운동"이라는 커다란 문맥 안에 위치시켰다는 점에서 제법 설득력이 있다. 황민화운동에 관한 연구에 의하면, 1937년 중일전쟁 발발 이후 제국 확장에 필요한 노동력 및 군사상의 요청으로 내지의 인적 자원은 피폐해졌다. 당시 식민지에서는 일본의 국익을 위해 수천만에 이르는 식민지인들을 동원하는 것이 고려되었다. 따라서 일본 국가는 대만인과 조선인을 충성심을 가진 충순忠順한 일본제국의 신민으로 개조하는 야심찬 동원에 골몰했다. 바꿔 말하면, 그들이 내지의 식민지 지배자가 내건 목표를 실현하는 데 적극적으로 참가하는 신민／주체가 되도록 골몰했던 것이다.

황민화운동은 다음과 같은 네 가지의 주요 개혁 프로그램으로 구성되어 있다. 첫 번째는 토착 종교와 신앙을 신도神道로 전환시키는 종교개혁이고, 두 번째는 정신의 일본화와 일본어 교육을 강조하는 교육개혁이며, 세 번째는 창씨개명, 마지막으로 식민지 신민을 군사력으로 포섭하는 일이다. 이 같은 일본적인 것으로의 동화운동은, 일반적으로 식민지화됐던 사람들의 독자적인 문화적 생활과 전통을 모두 없애려는 시도로 이해되어 왔다. 그리고 황민화의 문맥에서 식민지 피지배자의 입대는, 비록 그것이 군사적 동원의 필요를 충족시키는, 절박한 공리적 기능을 달성하기 위한 것이었음에도 불구하고, 일본이 조선인과 대만인을 평등하게 다룬다는 것을 그들에게 보여주려는 시도로 설명하는 경우가 많았다.[30]

이처럼 소수민족 신민, 식민지 신민을 일본군으로 포섭하는 것과 관련한 종래의 해석에서 배울 수 있는 것은 많다. 그러나 동시에 그러한 프로파간다와 캠페인이 단순한 프로파간다에 머무르지 않을 가능성에 대해서도 진지하게 고려해 볼 필요가 있다. 지배자는 동등하지 않은 신민을 모멸하고 그들에 대해 차별적 자세를 가짐과 동시에, 식민지 권력은 식민지 피지배자에게 식민자와 천황은 조선인과 대만인이 일본인과 근원적으로 평등하다고 믿는다고 납득시키려 했다. 여기에도 많은 진실이 포함되어 있다. 이미 오늘날 알려진 바와 같이, 최소한 수만 명의 조선인과 대만인 여성은(타국에서 온 여성도 함께) 성노예가 되도록 강제당했다.[31] 또한 일본의 식민지와 중국에서 수십만 명의 남성은 자신의 의지와는 반대로 제국 각지의 탄갱과 건설 등 군사전략상 중요 산업에 징용되어, 몸서리치도록 위험한 노동조건하에서 일해야 했다.[32]

---

[30] 주 20에서 거론했던 선구적인 연구들을 참조하길 바란다.

[31] 예를 들면 다음을 참조. Yoshimi Yoshiaki, *Comfort Women : Sexual Slavery in the Japanese Military During World War II*, trans. Suzanne O'Brien, New York : Columbia University Press, 2000(吉見義明,『從軍慰安婦』, 岩波新書, 1995); Chungmoo Choi ed., "The Comfort Women : colonialism, war, and sex", special issue of *positions 5-1*, Spring 1997.

[32] 朴慶植,『朝鮮人强制連行の記錄』, 未來社, 1965.

나아가 추밀원枢密院이 조선인 지원병을 허락하도록 법 제정을 검토했던 시기, 조선총독부는 추밀원 심의에 제출되고 상정된 모든 문제에서 보이는 일련의 의혹思惑에 대한 만족스러운 대응을 내밀하게 준비하고 있었다. 총독부는 육해군을 조선인에게 열어두면 머지않아 식민지인들에게 참정권을 주게 되는 것은 아닐까 하는 점이 추밀원의 관심사 중 하나라고 추측했다. 그러나 총독부는 추밀원에게 그렇지 않다고 단언하고 있다. "참정권 문제는 본 건(지원병제도)과 별개로 고려되어야 할 사항에 속한다."[33]

한편으로 "뻔히 들여다보이는 앞뒤가 안 맞는 논의"라고 부를 수 있는 이 해석은, 두 가지 중요한 점에서 오해를 초래하고 있다. 먼저 그것은 일본의 인종주의를 불변의 것으로 조정措定한다는 점이다. 그 경우 인종주의는 인종주의 그 자체로, 그 안에 있는 역사적 제조건의 변용에서 벗어나고 만다. 더욱이 이 논의는 소위 '허위의식'의 논의에 말려들어 출구도 없는 나락으로 떨어져 버린다. 달리 말해 이 테제에 따르면, 그렇지 않으면 피지배자가 말을 듣지 않고 반항적으로까지 될 수 있는 것으로 동원하기 위해, 분명히 진실이 아닌 평등 이데올로기를 전적으로 공리적이고 착취적인 방식으로 이용하게 된다. 솔직하게 표현한 것은 드물지만, 이는 "뻔히 들여다보이는 앞뒤가 안 맞는 논의"인 전제에 의거해 있다. 그것은 공적 이데올로기에 말려든 식민지 피지배자는 식민지 권력과 그리고 어쩌면 일본인에게 속고 있다는 것에 대해서, 식민지 관료나 제국의 도처에 산재해 있는 일본인은 이 이데올로기에 감화되지 않고, 그것이 허위임을 충분히 눈치채고 있었음을 전제로 하는 것이다.

289

---

33 朝鮮總督府, 「朝鮮人志願兵制度施行ニ關スル樞密院ニ於ケル想定質問及答弁資料」, 戰後補償問題研究會 편, 『戰後補償問題資料集』 제3집, 戰後補償問題研究會, 1991, 87면.

나는 이러한 기계론적이고 일방통행적인 방식으로는 이데올로기와
식민지 관계를 이해할 수 없다고 생각한다. 설령 지배 엘리트의 거짓
말(조선인에 대한 차별적인 태도를 확실하게 유지하는 동시에 평등이라는 언어와
프로그램을 사용한다는 의미에서 봤을 때)일지라도, 그들은 자신들이 추진하
는 평등 담론에 휩쓸리지 않을 수 없었다. 유럽의 식민지주의에 대한
최근의 가장 흥미 있는 연구가 논하고 있듯이[34] 일본 내지가 식민지
를 개조하려고 하는 가운데, 내지 또한 바로 그 제국의 프로젝트에 의
해 항상 개조되었던 것이다. 조선인 남성을 전쟁에 동원하기 위해 평
등 담론을 사용하는 식민지 정책이 분명히 공리적인 의도로 시작됐던
것은 아니다. 그러나 그 담론이 식민지 신민에게는 믿을 수 있는 것임
과 동시에 식민지화한 측에서는 뻔한 거짓말처럼 잘 정리하는 일은
불가능했다. 특히 1937년 이후가 되면, 그 이전보다도 더욱 총력전을
위한 물질적 제조건에 의해 식민하는 쪽과 식민지화된 쪽 쌍방—어
떤 문제도 없이 자신을 일본인으로 생각하는 사람들과 일본인화된 사
람들—을 포함해 인종과 민족을 둘러싼 일련의 모순적 담론이 해방
되었다. 결국 지배 엘리트는 인종에 대한 새로운 공통적인 감각을 낳
고 유통시키는 데 공헌했다. 그 공통적 감각에 따라 평등을 선언하는
것이 다음 차례에는 필수가 됐고, 나아가 그들 자신과 다른 제국신민
에 대해서도 노골적으로 인종주의를 표현하는 것이 어려워지게 됐다.

우선적으로 서술해야 할 것은 조선인 군대의 징집과 관련해 차별의
부인이 조선인만을 향한 것이 아니었다는 점이다. 1938년부터 1945년
까지 관료제의 문관과 무관 및 제국 안에 산재한 일본인의 대다수(내

---

[34] 예를 들면 Frederick Cooper와 Ann Laura Stoler가 편집한 다음의 논집, 특히 편자의 "Intro-
duction"을 참조할 것. *Tensions of Empire : Colonial Cultures in a Bourgeois World*, Berkeley :
University of California Press, 1997.

지인을 포함하는)도, 조선인과 일본인이 본질적으로 동일하다는 프로파 간다의 홍수 속에 있었다. 조선인을 대상으로 하는 출판물과 함께 일본의 주요 신문, 잡지, 라디오, 그리고 영화까지도 "조선인과 일본인의 일체성"을 진실로서 표현하고 있다.

예를 들면 1942년 5월에 1944년부터 징병제도를 조선인에게도 확대한다는 것을 각의에서 결정해 공포한 이래, 조선인 징병에 대한 공적 담론에서는 징병에 지원해, (신문기사에 기록되어 있듯이) '지금이야말로 진정으로 일본인'이 되고 싶은 식민지 신민의 커다란 욕망이 강조되어 있다.[35] 그들에게는 징병제도를 자신의 열렬한 애국심을 실현하고 대동아공영권의 확립이라는 고매한 목표에 참가하기 위한 기회가 주어지고 있다고 전하고 있었다. 이 기사와 기타 미디어는 정부가 일본이 수행하는 전쟁에 조선인이 동등한 입장으로 참가함을 인정하는 것에 대해 감사하는 조선인의 편지를 게재했다. 정부의 결정을 전하는 『도쿄아사히신문東京朝日新聞』의 표제는 "팽배하는 민심에 응하다"라고 기록하고 있다.[36] 같은 판의 다른 기사에는 용감하게 일어나는 애국심과 함께 "내선일여內鮮一如, 불덩어리가 되어"라고 쓰여 있으며, '조국애'라 불리는 친애의 정情이, "적성赤誠이 반도 곳곳에 끓어오르다"라고 전하고 있다. 그리고 기자는 1938년 특별지원병제도가 도입된 이래로 병역에 지원하는 조선인의 수가 크게 늘어 1942년에만 대략 25만 명에 이르는 것을 "조선 동포의 충성이 정말로 치열하여 대동아공영권의 건설전에 매진하는 열의를 보여주는" 증거로 지적하고 있다. 또한 기자는 이미 전쟁터에서 싸웠던 조선인의 용감함을 칭찬하고 있다. 그들은 식민지 출신 병사의 모범으로 묘사됐다고 할 수 있을 것이다. 그들은 '내

---

35 『東京朝日新聞』, 1942.5.15.
36 『東京朝日新聞』, 1942.5.10.

지의 장정과 비교해도 전혀 손색도 없이', '제1선에서 활약'한다, 죽은 자는 '충렬한 전사戰死를 달성한 홍아興亞의 초석이 됐고,' 그 외 많은 이들이 전지에서의 무용을 인정받아 금치훈장金瑪勳章을 받았다는 등 조선 출신 병사들의 영웅적 이야기는 이렇게 이어지게 된다.

또한 '모범적인 식민지 출신 병사'로서 조선인을 묘사하는 공적 의식은, 조선인과 일본인이 동일하다는 담론이 조선인뿐만 아니라 내지인 사이에서도 유포되도록 의도했다. 그러한 공적 의식의 대부분은 조선뿐만 아니라 일본 대도시에서도 이루어졌다. 특히 도쿄와 오사카에서 거행된 것은 가장 중요하다고 생각된다.[37] 1943년 8월 1일 새로운 징병령이 발효됐을 때, 경성, 도쿄, 오사카에서 대중집회가 열렸다. 도쿄에서는 조선인과 내지인을 합해 1만 명 이상의 청년이 야스쿠니 신사에 모여서 도내를 궁성의 외원外苑까지 행진했다.[38] 이 집단 행진은 조선인과 일본인이 하나라는 현실을 살리는 표현이었다. 또한 1944년 8월에는 도쿄 하비야日比谷공원에서 정부가 주최하는 대중집회가 열렸다. 이것은 조선인 징병제 도입의 개시를 축하하기 위한 것이었다. 전직 조선총독 미나미 지로南次郎가 연설을 했고, 조선인 징집병은 일장기와 메이지신궁明治神宮의 호부護符를 받은 후에 거리를 행진했다.[39]

작가들이 군대 안의 조선인에 대해 썼던 글은, 민족에 관계 없이 식민지 조선의 신민과 함께 내지인도 겨냥하고 있었다. 예컨대 일본 문단에서 최초로 일본어 작품으로 인정받은 조선인 작가로 여겨지는 장혁주張赫宙는, 조선지원병과 관련해 몇몇 짧은 작품을 썼다. 그는 공적 담론에 따라 군대 제도가 조선인에게 열려있다는 사실은 제국이 평등

---

37 예를 들면 다음의 기사를 참조. 『大阪朝日新聞』, 1943.8.2.
38 『大阪朝日新聞』, 1943.8.2.
39 樋口雄一, 앞의 책, 1991, 64면.

을 존중하고 있는 증거이고, 또한 조선인 남성의 입장에서 보자면 스스로 일본인다움을 증명하고 남성스러움을 회복하기 위한 기회라고 적었다. 주요 일간지인 『마이니치신문每日新聞』은 이 주제와 관련해서 장혁주의 작품 중 가장 유명한 『이와모토 지원병岩本志願兵』을 연재했다. 또한 1943년 8월 '대일본방송협회'는 조선인 징병을 기념하기 위한 주간 특별 프로그램의 하나로, 〈출발出發〉이라는 별도의 작품을 방영했다. 마지막으로 조선 출신의 군인과 병사가 되기 위해 훈련을 받는 젊은이의 충성심과 영웅전을 그리는 몇몇 전시 영화도, 소위 '반도의 동포' 뿐 아니라 내지의 일본인을 겨냥하고 있었다. 실제로 문부성은 1941년과 1943년에 조선인 히나츠 에이타로日夏英太郎 감독의 영화 〈너와 나君と僕〉와 앞서 언급한 〈젊은 모습若き姿〉을 각각 문부성 추천영화로 선정했다.[40]

나아가 조선인에 대한 인종주의의 부인은, 프로파간다와는 그다지 관련이 없는 텍스트에서도 조선인을 어떻게 이해하고 다루어야 하는가라는 문제에 대한 공식적인 태도와 관련한 모든 것을 발견할 수 있다. 예컨대 준準 공식적인 협조회의 연구회가 작성한 '반도인 문제'에 관한 보고서는, 국가 관료와 비즈니스 리더가 현실의 물질적 귀결을 야기하는 모든 정책을 한번 입안했다고 한하면, 그들 자신이 만든 프로파간다의 신빙성을 높이는 방향으로 가는 것 이외에 다른 방향이

293

---

40 장혁주와 허영에 대해서는 특히 식민지주의 담론의 젠더화라는 점에서 논한 적이 있다. 다음의 문헌을 참조하길 바란다. T. Fujitani, "The Masculinist Bonds of Nation and Empire : The Discourse on Korean 'Japanese' Soldiers in the Asia Pacific War", Takashi Fujitani, Umesao Tadao, Kurimoto Eisei, ed., Japanese Civilization in the Modern World : Nation-State and Empire, a special issue of *Senri Ethnological Studies*, vol.XVI, Suita Japan : National Museum of Ethnology, 2000, pp.133~161(タカシ フジタニ, 「國民國家と帝國の男性主義的な紐帶 ーアジア太平洋戰爭における朝鮮人'皇軍兵士'にかんする言說」, 山路勝彦・田中雅一 편, 『植民地主義と人類學』, 關西學院大學出版會, 2002, 313~342면).

없을 거라고 거의 무의식 속에서 환기하듯 제기하고 있다.[41] 다음으로 그들은 마치 자신들이 내지인과 조선인의 근원적 평등을 믿고 있는 것처럼 조선인에게 행동하고, 말하지 않으면 안 된다고 느끼게 된다. 그뿐만 아니라 쌍방 간 또한 내지인에게도 똑같이 말할 필요에 직면하면, 심지어 자신들을 평등하게 취급해 달라는 조선인의 요구에까지 응하게 되는 것이다. 이것은 식민지시대 말기 조선과 조선인을 이해하는 태도에 대한 순진하고 좋은 표현으로 이해해서는 안 된다. 또한 마찬가지로, 그것은 일본인의 성실함에 대한 증거도 아니다. 폭력의 지속이 인종적 차이를 부인하는 것과 양립하지 않는다고 생각해서는 안 된다. 오히려 다음과 같은 사실로서 인식할 수 있다. 즉 일단 평등과 관련된 담론이 널리 퍼지면, 이 담론과, 현실의 차별 및 잔인한 행위의 실천 사이에서 생기는 분명한 모순에 대해 어떤 형태로든 대처하지 않으면 안 된다는 것이다. 그렇게 하지 않으면 지배 엘리트들은 식민지 말기 인적동원 정책의 성공을 기대할 수 없었다.

그러므로 '반도인 문제' 보고서는 여러 현상, 가령 어떤 조선인들이 가진 높은 학문적 소질과 전반적인 체격의 우수함, 특히 "치아와 눈이 아주 좋다"는 것, 국민학교에서 교육받는 조선인과 일본인의 표정을 구별하는 것이 점점 어려워진다는 것, 조선인 교육의 유효성 및 그 지속의 필요성 등 조선인이 '내지 생활'에 차차 동화해 갈 수 있음을

---

41 思想對策係, 「半島人問題」(1944.8), 水野直樹 편, 『戰時期植民地統治資料』 제7권, 柏書房, 1998, 274~324면. 미즈노 나오키가 지적하듯이 이 서류에는 연구회의 소속에 대해 자세하게 기록되어 있는데, 협조회의 촉탁이었던 니시 미노루西實의 이름으로 제출되어 있다(「解說」, 같은 책 제1권, 27면). 그리고 이 서류가 법정대학 대학원 사회문제연구소가 소장한 협조회 문고에서 발견되었음을 떠올려봐도, 이 연구회가 협조회 슬하에 조직되었던 것은 틀림없이 보인다. 협조회는 관료와 비즈니스 리더로 이루어진 싱크탱크think tank였고, 사회 정세를 조사해 정부에 사회정책을 자문함으로써 노자관계勞資關係의 '협조'를 목적으로 한 단체였다.

보여주는 모든 징후를 논평한 뒤, 조선인 중의 '적임자'가 그에 걸맞은 지도적 입장에 설 수 있을 것이라고 말한다. 나아가 징병제에 대해서도 언급하며 "현재 조선에 징병을 선포하게 되었기 때문에, 장래에는 어떻게 해서든 사실상 반도인을 신용하지 않으면 안 된다"라고 결론짓고 있다.[42]

물론 이것은 인종주의의 부인과 조선인을 공공연하게 차별하는 것에 대한 새로운 생각이지, 차별의 해소를 의미하는 것은 아니다.

『조선 출신병의 교육 참고자료』(이상『조선 출신병』이라고 약기)를 상세히 보면, 식민지시대 말기에 인종주의와 그 부인이 긴장과 공존관계에 있었다는 것이 분명히 드러나 있다. 지금까지 분석했던 텍스트와 마찬가지로,『조선 출신병』은 프로파간다에 직접적으로 도움을 주는 것으로 고안된 것이 아니라, 오히려 병사로서 그리고 잠재적인 일본인으로서 조선인을 어떻게 파악해야 하는가라는 질문에 대한 군부의 공식적 입장을 반영했던 것으로 보인다.『조선 출신병』은 1944년 군대 교육에 관한 지도를 지휘하는 국가 최고 기관인 교육총감부에 의해 소형판 2권으로 출판됐다.[43] 상세한 문헌목록과 그 내용을 보건대, 이 출판물은 조선인과 그 역사에 대한 방대한 오리엔탈리즘적 지식의 축적에 기인하고 있으며 조선병을 훈련하는 일본인 장교를 위한 안내서로 이용하도록 작성됐음을 분명하게 알 수 있다.

텍스트는 '일시동인一視同仁', '황민의식의 앙양' 등 조선인이 대동아를 실현하는 데 특별한 사명을 가질 수 있음을 강조하는 극적 프롤로

---

42 思想對策係, 「半島人問題」(1944.8), 위의 책, 318~319면.

43 教育總監部, 『朝鮮出身兵ノ教育參考資料』 전2권, 教育總監部, 1944. 다음의 논의와 인용 페이지는 2월에 간행되었던 제1권 참조. 8월에 간행되었던 제2권은 1권의 기본적 논점을 발전시킨 것이다. 교육총감부에 대해서는 다음을 참조. 大濱徹也·小澤郁郎 편, 『帝國陸海軍事典』, 同成社, 1984, 59~60면.

그로 시작하고 있다. 단 '일본인'만이 동아의 지도적 입장에 있으며, 다른 제국신민은 그 아래의 적절한 '곳'에 위치하게 된다는 사고에 대해, '전언'은 "(조선인 병사는) 대동아의 지도 민족의 일원으로서 세계사의 전환에 중대한 사명을 져야 한다"고 선언하고 있다.[44]

그러나 조선인이 이 사명을 이룰지의 여부는 "교육자의 식견과 열의 여하에 달려있다"고 쓰고 있다. 교육자에게 중요한 것은 조선인 병사가 "차별적 대우"에서 벗어날 수 있고, "민족적 특성과 조선의 현황에 대해 충분한 인식과 이해를 갖는 것"이 극히 중요한데, "서출庶出에 대한 선입 관념에 사로 잡혀 혹은 일반적 경향으로 개인을 관리하는" 것도 피하지 않으면 안 된다. 나아가 이 안내서는 조선인의 '성격, 사상, 특성 등'에서 보이는 결점에 대해 주목하는 경향에 대해서, 정도의 차이는 있어도 같은 결점이 내지인에게도 널리 발견된다며 주의를 촉구하고 있다.[45]

『조선 출신병』은 인류학자, 민속학자, 역사가, 언어학자, 경제학자, 그리고 국가 기관에 의한 여러 연구를 통합해, 저자들이 간주하는 조선인을 내지인으로부터 식별하는 특성을 개설槪說하고 있다. 그들은 그러한 차이는 역사를 초월하는 것이 아니라, 특수한 지정적 요인과 구체적인 역사적 경험의 산물이라며 논의를 계속한다. 조선 반도는 고대부터 일본 내지와 피로 맺은 문화적·정치적 관계에 있음에도 불구하고, 역사적으로 두 지역으로 나뉘어져 조선인은 특수하게 위치지어졌던 것이다. 안내서에 의하면, '내선일체론內鮮一體論'과 '일선동조론 日鮮同祖論'의 장구한 학문적 계열에 따라서 일본인과 동일한 기원을 가진 조선인은 역사적으로 퇴화했다. 조선은 '지나와 몽고'라는 강대한

---

44 예를 들면 다음을 참조. John W. Dower, *War Without Mercy*, New York : Pantheon Books, 1986.
45 教育總監部, 앞의 책, 1~3면.

권력에 인접한 불운한 지리적 위치 때문에 언제나 위협받았으며, 완전하게 독립할 수 없는 위치에 놓여 있었다. 이 같은 상황 때문에 보다 강한 것에 대한 과잉 복종 및 약삭빠른 기회주의적 태도가 생겨났고, 그러한 태도는 외국인과의 교제의 차원을 넘어 널리 퍼져 있었다는 것이다. 안내서는 이것을 '외향적 성격'형이라고 명명한다.[46]

조선시대 국내 정치가 불안정하고 조정이 인민을 끌어당기는 것에 실패했기 때문에, '자기 보존적이고 자가 중심적'인 생각과 태도가 양성됐다. 더욱이 당쟁이 정치생활 전반으로 확대되어, '민족적 고질' 이를테면 무엇보다도 자기 방위를 우선시하는 경향, 극단적 회의를 특징으로 하는 성격 유형이 생겨났다. 정치사회의 엘리트인 양반과 중인은 당쟁으로 인해 자신의 직위가 늘 불안정했기 때문에 관직에 나가서 부패에 빠졌으며, 동시에 일반인들에게는 가혹한 세금을 부과했다. 그리고 일반 민중의 다수는 '극도로 원시적'인 자족자급 경제 속에서 살아가는 극빈한 농민이었다. 양반을 신뢰할 수 없었기에 서민은 자기 보존의 전략을 생각하지 않을 수 없었다. 그러나 그들은 자신들의 운명을 개척하려는 노력을 하지 않고, 문맹의 농민은 운명론이나 악마, 귀신, 풍수, 점복과 같은 전통적 신앙을 추종했다.[47]

이처럼 『조선 출신병』은 조선인을 자신들의 역사에 의해서 후진적인 민족이 된 것으로 묘사하며, 보호와 자비의 담론을 통해서 일본에 의한 조선 지배를 정당화했다. 그러나 식민지 이전의 역사가 그 후진성으로부터 유래하는 것에 비해서, 일본제국의 일부로서 조선 근대사의 줄거리는 진보의 이야기였다. 지금까지 실현되지 않은 그 진보

297

---

46 근대조선의 내셔널리즘을 방해했던 현상으로서 '사대'에 대한 논의로는 다음을 참조. Carter J. Eckert, *Off-spring of Empire*, Seattle : University of Washington Press, 1991, pp. 226~228.

47 敎育總監部, 앞의 책, 11~14면.

의 궁극적 목표는 '대동아공영권의 지도적 국민'의 일원으로서 완전하게 동화하는 것이었다. '신조선'의 역사는 겨우 시작했을 뿐이고, 그것이 확립하려면 '사상, 신앙, 성격, 풍습'이 개조되어야 한다. 다른 표현을 쓰면, 만약 조선의 차이를 만들어냈던 것이 역사라면 역사는 일본인으로서의 동일성도 만들어 낼 수 있는 것이다.

『조선 출신병』 역시 조선인이나 조선인 병사에 대한 여러 문서와 마찬가지로, 앞으로 서술할 특징을 식민지 피지배자의 관습과 기질로 부여하고 있다. 먼저 안내서는 총독부가 간행한 무라야마 지준村山智順의 대규모 민족지 연구를 바탕으로, 조선의 종교와 신앙을 후진적이라고 묘사하고 있다. 그것이 논하는 바에 따르면, 조선시대의 지배적인 믿음信條 체계였던 유교는 효 개념을 과도하게 중시했기 때문에 왕에 대한 신민의 충성을 가볍게 만들었다. 또한 동학은 '유사종교'로 묘사되어 '근로정신'을 방해하여 사회운동과 조선의 민족의식을 선동하는 미신이라고 서술하고 있다. 마찬가지로 이미 언급했던 민간 신앙 즉 귀신, 풍수, 점복과 같은 '저속한 미신적 신앙'은 '원시적이고 유치한 신앙'으로 기록하고 있다. 그것은 또한 "외부의 힘에 의지해 생활을 지배한다"라는 운명론적인 관념에 기초하고 있다. 그러므로 『조선 출신병』은 미신과 운명론을 없애고, 합리화와 '세계의 탈마술화'를 권하는 막스 베버의 근대화 이론과 매우 흡사한 논리와 말투로, 조선의 종교와 믿음 체계는 대부분 가치가 없다고 결론짓는다.[48] 따라서 일본정신이야말로 '반도인'의 정신적 기반이 되어야 하고, 실제로도 그렇게 되어가고 있다는 것이다. 근대과학의 정신이 산업과

---

[48] 동아시아의 전통에 관련된 고전적인 텍스트는 물론 막스 베버의 『중국의 종교』이다. 여기에서는 중국의 종교에서 생겨난 윤리가 퓨리타니즘(청교도주의)에서 생겨난 자본주의의 정신과는 대조적인 것으로서 제시되어 있다.

교육시설을 통해 미신을 파괴한다는 것이다.

안내서는 조선인은 우월한 점도 가지고 있지만, 역사가 그 성격에 너무나 많은 결점을 만들어냈다고 강조한다. 그러면서 조선인은 '이기적'이고 동조同調해서 행동하는 능력이 약하다고 단언하고 있다. 조선인은 '책략'적이고, '말하고 행하는 바가 불일치'하고, '불성실'하며, '책임 관념이 희박'하다고 쓰고 있다. 그들은 강자에게는 아첨하고 약자에게는 오만무례하게 행동한다. 그들은 중국과의 긴 역사적 관계 때문에, 단순히 타자를 모방할 뿐 창조성이 부족하다. 동학조차 유교, 불교, 도교의 절충과 모방에 지나지 않는다. 유교는 문예를 중시하고 무예를 소홀히 한다. 그 때문에 조선인은 '문약文弱'하게 되었다. 조선인은 빈곤으로부터 벗어나는 것을 단념했고, 그러한 관용과 빈약한 과학적 지식이 '불결'과 아름다움에 대한 감수성을 낮추어 왔다. 그들은 수다를 떨면서 경박하게 논의하기를 좋아하고, 행동하려고 조차 하지 않기 때문에 논의의 대부분이 탁상공론으로 끝나버린다.

『조선 출신병』의 다음 장에는 조선인의 습관, 의례行儀작법과 언어가 상세하게 기록되어 있어, 그것은 결혼식부터 언어 사용에까지 걸쳐 있다.[49] 그러한 민족지적인 테마를 여기서 요약할 필요는 없지만, 다음의 것은 확인해둬야 할 것이다. 설령 문화적 차이를 비방해서 동화를 강제한다고 할지라도, 이 안내서는 기본적으로 문화적 차이에 대한 내지인의 이해와 감수성을 호소하는 방식으로 제시되어 있다는 점이다. 따라서 조선인이 일본어로 말할 때 경칭敬稱의 접두어 'お'를 생략하는 것, 이것은 분명히 무례한 일이라고 할 수 있지만, 조선의

---

[49] 가족 및 친족관계에 대해서는 다음과 같이 논하고 있다. 조선인은 특히 가부장적이고, 친족집단 내에서 상부상조의 의식을 강하게 갖고 있다. 대체로 어린 나이에 결혼하는데, 군사훈련소 지원자의 반은 이미 결혼했다. 내연관계도 일반적으로 보인다.

언어에는 이에 대응하는 접두어가 없기 때문에 내지인은 그들이 존경어를 사용하지 않는다고 분노하면 안 된다. 또한 마찬가지로 조선인들은 손윗사람을 대하여 손아랫사람이 자신이 먼저 말거는 것을 실례라고 생각한다. 내지인은 이를 이해해야 할 것이며, 또한 가만히 있다고 해서 붙임성이 없거나 호의가 없다고 생각해서는 안 된다. "물건을 받아도 감사하다고 하지 않는 것이 보통이다" 등등. 관습과 의례 작법에 대한 이 장의 결론은, "내지인의 풍습에서 살펴보면 대단히 실례라고 느껴지는 것도 조선의 풍습에서는 이상하지 않은 경우가 적지 않기에" 알지도 못하면서 멋대로 판단하거나 분노해서는 안 된다. "찬찬히 타일러서 우리나라의 풍습을 가르치는 교정矯正 지도 작업이 필요하다."

안내서의 마지막에는 현재 혹은 과거에 일본군에 입대했던 조선인의 행동이 기술되어 있다. 우선적으로 조선인 병역의 성적은 전반적으로 우수하며, 전장에서도 수훈을 세워서 다수가 용감하게 전사했다고 적혀 있다. 「부기付記」에는 그들의 무용담에 대해서도 기록하고 있다. 그럼에도 불구하고, 안내서는 조선인 병사는 그 조선적 특성을 버리고 개조되어야 한다고 계속해서 강조하고 있다.

마지막으로 『조선 출신병』은 19세기 후반 이후 조선에 관한 인종주의적 지식에서 중요한 요소를 형성하고, 식민지시대 전체를 특징지어왔던 인종주의적 공통 감각의 어떤 핵심이었던, 일상생활의 관습상의 차이에 대해서 주의를 환기하고 있다. 특히 세기 전환기 이래로, 조선을 방문하는 일본인이 가졌던 조선의 이미지는 조선을 후진적인 것으로, 나아가 미개하고 불결한 것으로 구축해갔다.[50]

---

50 피터 듀스는 세기 전환기 일본에서의 '불결하고 비속하며, 나태'한 조선이라는 담론에 대해 생생하게 기록하고 있다. Peter Duus, *The Abacus and the Sword : The Japanese Penetration*

『조선 출신병』은 이러한 위생 담론 및 불결에 대한 조선인의 둔감함이 빈곤으로 귀결되었다는 식의 논의로부터, 조선인 병사의 저급한 식생활 방식과 "위생관념이 극도로 저열"한 것에 주의하자고 논의를 전개한다. 조선인은 밥에 국을 말아 게걸스럽게 먹고, 밥을 흘리기도 한다. 또한 습관적으로 같은 통을 사용해 식사와 세안, 청소를 해결한다. 그러니까 '식판'이 곧 '세면기'이고 '걸레 양동이'이다. 그들은 마루를 청소하고 탁자를 닦는 데 같은 행주를 사용한다. 그들은 입욕이나 세탁 및 청소를 좋아하지 않고, 사람들 앞에서 가래를 뱉거나 코를 푸는 것도 혐오하지 않는다. 파리나 이도 신경 쓰지 않는다.

그러나 조선인 병사에 대해 이렇게 특정지우는 것이 대단히 경멸적이며 인종주의적인 것일지라도, 습관과 의식은 역사적인 것이지 생물학적인 것은 아니라는 관념과, 그들은 개조가능하고 개조되어야 한다는 관념으로 그것들을 상쇄하고자 했음을 지금 다시 한 번 확인해 두는 것은 중요한 일이다. 여기서 상세하게 기술할 수는 없지만, 그렇기 때문에 '훈련소'라 호명된 장소에서 조선인 병사를 훈련시키는 첫 걸음은 전투기술의 습득과는 거의 관계없었다. 그 대신에 훈련소에는 조선인에서 일본인으로 바꾼다는 중요한 목적을 위한 실습이 기다리고 있었다.

301

of Korea, 1895~1910, Berkeley : University of California Press, 1995, pp.399~406.

5. 문화적 인종주의의 새로운 단계

지금까지 전쟁을 위해 조선인을 동원하려는 실용상의 필요가 일본 주류에서 인종, 민족성, 문화 담론에 깊은 영향을 미치기 시작한 것을 논했다. 대다수의 일본인이 접하는 신문과 라디오, 영화와 문학 작품은 조선인 특히 조선인 병사의 이미지를 본래적으로 — 항상 문화적인 것은 아니지만 — 일본인과 평등하다고 유포시켰다. 나아가 내가 『조선 출신병』을 읽고 제시하려 했던 것은 이 텍스트가 단순히 조선인을 동원하는 프로파간다로서 의미를 가질 뿐만 아니라, 군대의 일본인(및 조선인)에게 조선인과 그 문화와 역사에 대한 정보를 주고, 조선인이 일본인이 될 능력을 갖고 있음을 항상 긍정하며, 차별에 대해서 경고하고 있다는 점이다. 그리고 또한 민족별로 부대를 만들지 않는다는 군대의 결정에서도 명백히 알 수 있듯, 일본군은 차별하지 않는다는 정책을 공식적으로 채용하고 있었다.

그러나 식민지시대 말기에 걸쳐, 인종주의를 공적으로 부인하려는 노력은 군대를 넘어서 미디어와 국가의 조선정책의 보다 큰 변화 속에서도 드러난다. 1930년대 말에 이미 '선인鮮人'과 '불령선인不逞鮮人'이라는 경멸적인 호칭이 사용금지 되기 시작했다. 이전에 널리 사용되었던 이들 용어 대신, 일반적으로 '반도동포半島同胞', '반도인半島人', '반도출신半島出身'이라는 회유적인 명칭을 사용하게 됐다.[51] 간사이關西 지역 또한 다른 지역과 마찬가지로, 1930년대 후기까지 『오사카마이니치大阪每日』나 『오사카아사히大阪朝日』 같은 주요 신문은, '신문, 잡지 기사 중

---

51 樋口雄一, 『協和會』, 社會評論社, 1986, 231~239면.

302

내선인의 차별적 취급을 절멸絶減한다'고 공식적으로 발표했다.[52]

더욱이 전쟁 말기에 가까워지면서 식민지 및 본국 관료들은 조선인과 대만인의 생활환경, 노동조건, 국민으로서 권리 개선에 대한 근원적 개혁을 향한 로비 활동을 했다. 물론 이것들로 인해 조선인과 대만인에 대한 잔인한 행위가 종결되었음을 의미하는 것은 아니다. 다만 잔인한 행위에 대한 부정이나 식민지 피지배자에 대한 차별적인 처우 그 자체를 향한 비난도, 마음으로부터 우러나는 것은 아닐지라도 고조되어 있었던 것을 알 수 있다. 특히 1944년 말 전 조선총독 고이소 구니아키小磯國昭 수상하에서, 내무성이 기초한 '조선과 대만 동포에 대한 처우개선에 관계된 건'이 각의에서 결정됐다.[53] 이 각의 결정안은 식민지 신민의 대우를 개선함으로써 그들을 보다 전면적으로 전쟁에 관여하게 하는 공리적인 기능을 드러내면서도, 그와 동시에 모든 일본인에 대해 일본인 자신이 조선인과 대만인의 '일상적 처우'를 개선하도록 계발을 촉구하는 것이었다. 거기 열거되어 있는 항목에는 '내지로의 도항을 제한하는 제도의 폐지', '근로관리의 개선', '흥생興生 사업의 쇄신', '취직 알선', 조선인의 '내지전문학교 이상으로 진학'하는 일이 포함되어 있다. 일본 주재 조선인에게는 일정한 조건 하에서 본인이 희망하는 '내지로 이적移籍'할 수 있게 하는 내용도 제언하고 있다. 이 마지막 항목은 일본인과 일본 재주 조선인의 모든 법적 구별을 없애도록 하는 것이다. 치안에 대해서는 "각 반般에 걸쳐 극력개선 방법을 강구하고 노력하여 차별감이 생기지 않도록 배려함과 동시에 다른 보호지도기관과 협력해 조선동포 보호에 만전을 기

---

52 新聞用語研究會, 『朝鮮同胞呼称並新聞雜誌記事取扱座談會』, 1939.
53 「請議案」(1944.12.22), 水野直樹 편, 앞의 책 제1권, 130~146면. 이 각의 결정은 이전부터 알려져 있지만, 한층 더 논의와 분석 가치가 있다고 보인다. 미즈노 나오키는 이 「청의안 請議案」의 여러 초고를 수집하는 훌륭한 작업을 남겼다(34~129면).

할 것'이라고 쓰여 있다.

　이 각의 결정이 있은 후, 얼마 되지 않아 종전을 맞이했으므로 현실에서는 대부분의 항목이 구체적으로 실행될 수 없었다. 그러나 여기서 지적하고 싶은 것은, 각의 결정의 실행 유무보다도 오히려 종전에 가까워지면서 일본의 공적 공간에 평등과 동등성에 관계된 담론이 지배적이 되기 시작했다는 점이다. 더욱이 종전 무렵에는 7명의 조선인과 3명의 대만인이 귀족원貴族院 의원으로 지명되었으며, 만약 전쟁이 끝나지 않았다면 중의원衆議院에도 식민지 출신 의원의 의석이 탄생했을 것이다.[54] 조선인과 조선인 병사에 관한 담론에서 보자면, 내지의 일본인이 아니라 동화주의적 모든 이념에 반항하는 조선의 강력한 민족의식을 가진 사람들이야말로 진정한 차별주의자라고 주장하기에 이르렀다. 바꿔 말하면 조선의 민족 내셔널리즘은 민족적 차이를 승인해 고정화한다는 점에서, 오늘날 소위 '역逆인종주의'라고 비난받게 되었던 것이다.[55]

　일본계 미국인의 사례로 되돌아가면, 일본계 미국인을 병사와 노동자로 동원하기로 결정한 후, 나치스 독일의 인종주의와 야마토민족大和民族 지상주의자에 대한 대항으로서 일본계 미국인은 국내외에서 미국의 인종주의에 대한 부인을 수행해야만 했다. 게다가 일본계 미국인과 그 밖의 인종화된 소수자에 대해서 당초의 대규모 수용소 정책 및 너무 명백한 인종주의적 법률을 유지하는 것은 어려워졌다. 그런데 가장 중요한 것은 서부 방위사령부 지휘관인 존 드위트 중장 같은 유력한 인물의 노골적인 인종주의적 논의―국가를 향한 충성심을

54　水野直樹, 「解說」, 위의 책, 16~17면.
55　조선총독부가 작성한 군사적 징용에 대한 조선의 반응을 전하는 보고서에는, 신체검사에 합격하지만 '민족적 편견'을 가진 젊은 조선인 남성이 있음을 지적하고 있다. 朝鮮總督府 편, 『朝鮮總督府帝國議會說明資料』 제9권, 不二出版, 1994, 120면.

가진 일본인과 그렇지 않은 '잽Jap'을 구별할 수 없기 때문에 그들을 모두 수용소에 수용하자는 것—처럼, 격심한 증오를 가지고 있음에도 불구하고 정부 내 논의에서의 강조점重心이 변했는데, 이것은 전후에 일어난 것이 아니라 전쟁 중에 일어났다는 것이다. 1943년 초까지 징병 대상이 될 수 있는 수용소 내 성인 모두에게 충성심사 프로그램을 실행하도록 결정되었다. 이 프로그램은 1943년 2월에 시작해 전시 중 수만 명에 이르는 억류자의 해방 및 일반 사회로의 재정착, 수용소에서 미국군으로의 남녀 입대, 충성심이 부족하다고 판단되는 자의 툴리 레이크Tule Lake로의 격리, 서부 모든 주에서 일본인의 법적 배제를 폐지(1944.12)하는 것과 연계되어 진행되었다.[56]

프란츠 파농이 다른 문맥에서 예리하게 관찰했듯이, 전쟁 말기 일본과 미국은 모두 최소한 '생물학적 형태에 기반을 둔 통속적인 인종주의'가 위장을 강제받는 역사적 단계에 들어섰다.[57] 알제리 민족주의자가 자신들의 해방을 찾아 프랑스의 식민지 지배와 투쟁했던 1956년에 파농은 파리에서 다음과 같이 썼다.

> 인종주의가 화장하지 않은 채 민낯으로 드러나는 일은 없다. 인종주의는 자기 자신을 부인하는 것이다. 그리고 인종주의자가 몸을 숨기지 않으면 안 되는 상황이 점점 늘고 있다. 일찍이 동료를 '느끼고' '간파하자'고 주장했던 사람이, 지금은 거꾸로 표적이 되어 응시 받으며, 심판받고 있는 자신을 깨닫는다. 따라서

---

56 국가를 향한 일본계 미국인의 충성심을 정의하는, 정부 입장의 이러한 전쟁 중의 반전反轉은 잘 알려져 있다. 예를 들면 다음을 참조. United States Commission on Wartime Relocation and Internment of Civilians, op. cit., pp.185~243. 이 반전에 대한 해석은 전적으로 나 자신의 것임을 밝힌다.

57 Frantz Fanon, "Racism and Culture", Toward the African Revolution, trans. Haakon Chevalier, New Evergreen Edition, New York : Grove Press, 1988, p.35(ファノン, 北山晴一 역, 「人種主義と文化」, 『アフリカ革命に向けて』, みすず書房, 1984, 38면).

인종주의자의 의도는 꺼림칙한 마음에 늘 달라붙어 있는 그것이다.[58]

나아가 파농은 논의를 계속한다.

어느 시기 사람들은 인종주의의 소멸을 믿을 수 있었다. 이 경사스러운 반현
실적 인상은 단순히 착취 형태가 진전된 결과에 지나지 않았다. (…중략…) 사실
은 체제의 엄격함 때문에 우월감을 일상적으로 확인하는 것이 여분의 일이 되었
던 것이다. 여러 가지 차원에서 원주민native의 참가와 협력을 요청할 필요가 있
었기 때문에 인간관계가 황폐하지 않은 방향, 한층 뉘앙스를 담은, '세련된' 방향
으로 수정됐던 것이다. 게다가 이 단계에서는 '민주적이고 인간적인' 이데올로기
가 나타난 것도 드문 일이 아니다.[59]

파농은 후의 발리바르의 지적을 선취한 것처럼, 이 시기는 문화가
인종을 대신해, '문화적 인종주의'라고 부르는 것이 새로운 지배력을
획득했던 시기였다고 쓰고 있다. 파농은 그러한 상황하에서는 "상당
히 의외의 일이지만, 인종주의자 그룹이 피억압자에게서 인종주의를
발견하고, 그것을 고발하는 사태마저 일어났다"고 논하고 있다.[60]

---

58 ファノン, 위의 책, 38면.
59 위의 책, 39면.
60 위의 책, 39면.

6. 최종고찰

내 논의의 주요 논점의 하나는 미국과 일본 쌍방에서 소수민족 및 식민지 출신병의 존재가 인종주의와 차별에 대한 국민적 부인의 장場으로 활동하고 있었다는 점이다. 어느 문맥에서 보더라도 정부는 그들의 입대를 적극적으로 인정했고, 그들의 일부는 전투에 참가하기를 공공연하게 희망했다. 바로 그것들이 차별이나 인종주의를 양국이 실천하지 않았다는 것의 증거로서 제시되었다. 발리바르에 따르면, 이런 인종주의의 부인은 근대 국민국가와 식민지 제국의 일반 논리의 일부라고 말해도 좋다.[61] 특히 노동력이나 군사적인 인적자원이 대규모로 필요한 시기를 맞아서, 차별받는 집단의 성원은 자신들이 국민이나 내지의 경제적·국민적 안전보장의 기획에 동일화할 가치가 있다고 믿지 않으면 안 되었다.

이들 병사의 가시성은 그들이 소속됐다고 여겨졌던 특정 민족 집단이나 인종집단을 훨씬 넘어선 것이었다. 일본과 미국은 모두 아시아 태평양 지역 전체(및 그 이상)의 헤게모니(협력을 포함해)를 추구하고 있었기 때문에, 자신들이 아니라 자신들의 적이야말로 진정한 인종주의자라는 것을 세계를 향해 증명하고자 기를 썼기 때문이다. 전시정보국은 라디오나 영화 및 인쇄물을 사용해서 일본계 미국인이 충성심을 갖고 자국을 위해 싸우고 있다는 이미지를 — 미국 내뿐만 아니라 아시아 태평양 전역에 — 유포시켰다. 같은 시기, 조선인 병사는 일본의 국민적 영웅이 되었고, 영화나 기타 미디어는 충성심으로

307

---

61 Etienne Balibar, "Racism and Nationalism", Etienne Balibar and Immanuel Wallerstein, *Race, Nation, Class*, trans. Chris Turner, London : Verso, 1991.

가득 찬 조선인 일본군 병사의 이미지를 제국 전체에서 창조해냈고 선전했다. 양쪽 모두 인종과 민족의 차이에 관한 상식적 관념은 급속히 변화해, 국가가 인종차별과 민족차별을 공공연히 용인하는 것은 점차 부적절하게 되었던 것이다.

한 마디로 말하면, 일본과 미국이라는 두 제국은 총력전 과정에서 점차 식민지의 소수자들을 거의 유사한 방식으로 다루는 것으로 변화했던 것이다. 그들을 일단 전쟁에 동원하고 국내외의 프로파간다 캠페인에 이용하고자 함에 따라서 그들의 처우에 대한 구체적이고 물질적인 개선을 요구하는 압력이 높아졌다. 전쟁이 진전됨에 따라 인종주의의 부인은 국가정책과 한층 더 광범한 공적 담론 및 실천에서의 현실 생활에 걸맞은 여러 변화를 가져오는 효과를 낳았다. 전시 중 그들을 포섭하며 인종주의를 부인하는 쪽으로 변해간 것은 두 제국이 얄궂게도 흡사했다. 그런데 전쟁의 종결은 각각의 소수자나 식민지 주민을 전혀 다른 상황에 두게 했다. 즉 전쟁에 승리한 제국인 미국은 일본계를 사회의 주류로 부득이 포섭하지 않을 수 없었다. 1946년 7월 백악관 앞뜰에서 트루먼 대통령은 제442 전투부대에게 표창을 수여했다. 이것은 (백인) 미국인이 일본계 2세 병사를 인정한다는 인식 중 가장 상찬 받은 사례의 하나다. 트루먼은 연설에서 국가와 세계에 대한 일본계 2세 병사의 공헌에 축사를 하며, "제군은 적에 대해서 뿐만 아니라 편견에 대해서 싸웠으며, 제군은 그것에서 승리했다"라고 말했다.[62]

1951년 영화산업은 전설적인 일본계 미국인 부대 제442 전투부대의 영웅적 행위를 제재로 한 〈목숨을 걸고Go For Broke〉(일본어 제목은 〈二世部

---

[62] *New York Times*, 1946.7.16. 트루먼의 연설은 2세 병사의 기념 출판물에 대부분 인용되어 있다.

隊))라는 영화를 제작했다. 이미 전쟁 중, 그리고 전쟁 직후부터 팜플렛, 신문과 잡지 기사, 뉴스 영화는 전투하는 일본인 남성이라는 공적 이미지를 만들기 시작했다. 그러나 〈목숨을 걸고〉는 당시 일류 배우였던 벤 존슨 주연의 할리우드 영화로, 이전에는 있을 수 없었던 2세 병사＝시민의 이미지를 유통시켰다.[63] 그리고 1952년에는 '맥컬린 월터법'에 의해 일본인의 미국 시민으로의 귀화가 사상史上 처음으로 가능해졌다. 1960년대 이후 미디어의 주류로 사용됐던 용어로 말하면, 일본계 미국인은 미국의 '소수자 모델'의 길을 걷고 있었던 것이다.

이와는 대조적으로 도쿄와 오사카의 거리에서는 전쟁 말기에 있었던, 조선인 황군병사의 퍼레이드는 더 이상 행해지지 않았다. 오구마 에이지小熊英二의 최근 연구에서 알 수 있듯, 일본의 패전은 다민족의 포섭이라는 지난날의 주장을 대규모로 망각하는 결과를 가져왔다.[64] 일본의 경우, 패전과 미국과 일본의 보수적인 정치 엘리트의 협조관계 속에서 조선인의 전면적인 탈국민화가 실시되었다. 그들은 일본 국민으로서의 법적지위를 빼앗겼고, 그에 따라 일본인은 평등과 포섭이라는 전쟁 시기의 담론을 망각하는 것이 가능하게 됐다. 전시 중 일본에서 평등과 차이를 둘러싼 담론 간의 명백한 모순은 때마침 공적 담론의 가장자리로 추방당했고, 유사 이래로 일본은 단일민족사회라는 신화가 그것을 대신하게 됐던 것이다.

당연히 내가 전시 중 일본과 미국의 유사성을 지나치게 강조하고 있다고 누군가는 반론을 제시할 수도 있을 것이다. 일본에서 야마토 민족이나 지도적 민족이라는 말이 끊임없이 나오는 것을 생각해 보면, 결국에는 현실에서의 제약이 얼마나 있다손 치더라도, 인종의 평

63 Mike Masaoka, *They Call Me Moses Masaoka*, New York : Morrow, 1987, p.216.
64 小熊英二, 『單一民族神話の起源』, 新曜社, 1995.

등이라는 관념은 일본보다도 미국에서 훨씬 고매한 것이었다고 말할수 있을 지도 모른다. 전시 중 인종관념을 둘러싼 일본의 담론은, 미국의 그것과 비교하면 보다 특수주의적이고, 보편주의와 포섭의 정도가 낮았다고 말할 수 있다. 그러나 우리의 주의를 추상적인 보편주의와 휴머니즘으로부터 현재 역사적으로 존재해온 여러 보편주의와 휴머니즘으로 돌리는 순간, 미국과 일본의 대조는 빛을 잃고 만다. 미국의 리버럴 / 진보적인 인종 이론가의 고매한 담론은, 1944년 군나르 뮈르달의 논의 속에서 결정을 이루고 있다. 그는 생물학적 인종주의에 반대해 아프리카계 미국인의 민주주의, 평등, 정의의 확장을 옹호하는 한편으로, 동시에 넌지시 상정된 백인의 미국에 동화함으로써 비로소 흑인문화의 '병리적' 위상이라고 불리는 것이 교정된다는 생각을 계속하고 있었다.[65] 게다가 전시 중 및 전후 양국의 여러 가지 차이에도 불구하고, 내가 여기에서 논해온 전쟁 시기의 어떤 유산에 양쪽 모두 아직 사로잡혀 있다. 파농이 말하는 야만적 인종주의자는, 오늘날에도 일본과 미국에서 자신들의 정체를 감추고, 자신은 인종주의자 따위는 아니라고 주장하고 있는 것처럼 보인다. 전쟁시기 미국과 일본에서 그랬듯이, 인종주의와 그 부인이 갖는 쉽게 풀리지 않는 불온한 적합성 / 호환성이 오늘날에는 다른 방식으로 양국을 계속 고뇌하게 만들고 있는 것이다.

Takashi Fujitani, "Racism under Fire : 'Korean Japanese' and 'Japanese American' in WWII" ⓒ by the author.

---

65 다음 문헌에 인용되어 있다. Michael Omi and Howard Winant, *Racial Formation in the United States*, second edition, New York : Routledge, 1994, pp. 16~17.

오키나와, 굴절하는 자립[*]

도베 히데아키 戸邊秀明

1. 들어가며

류큐처분琉球處分이라는 정복당한 경험에서 근대를 시작해야만 했던 우치난츄沖繩人에게 있어서, 오키나와 근현대사는 자립을 구하는 갈등 안에 항상적으로 존재한다. 더구나 그것(자립)이 '일본인이 되는' 동화의 과정에 저항한 오키나와인들 내부에서 드러났던 것도, 순수하게 오키나와적인 것이나 전통 등이라고 말할 수 없고 이미 근대 사회 안에서 마지못해 변화된 것이었다. 오키나와인의 근대의 갈등이란 전통과 근대라던가, 오키나와와 일본이라는 대립의 경계에 있는

---

[*] 이 글은 최정옥이 번역하였다.

것이 아니다. 오히려 근대성이 낳은 문제를 극복하고자 한, 스스로도 어떻게 할 수 없이 근대성을 발견해 버리고 만 소외의 곤란함 그 자체였다. 그렇지만 그 안에서도 이하 후유伊波普猷의 '개성'에 관한 논의에서 전형적으로 드러나듯이, 자립을 향한 물음은 지속적으로 제기되었다. 자립이라는 주제가 상정되기 힘든 전시戰時 중이나, 전장戰場 뒤後에서 부흥을 시작한 점령 초기에도, 여전히 시행착오는 다양한 형태로 계속되었고 또한 몽상되었다. 이 시리즈가 대상으로 삼은 시기(1938~55)에 자립을 지향한 오키나와인에 의한 주체화는 어떻게 영위되었고, 그것을 어떻게 탐구할 수 있을까. 본고에서는 이 과제를 총력전 시기의 '문화의 동원'과 관련해서 접근해 보고자 한다.

선행 연구에서 이미 지적되었듯이, 총력전 시기에는 '지방문화' · '근로문화' · '생활문화' 등, 종래 문화와 대극에 있다고 간주되었던 사회 영역에서 문화가 발견되었고, 이것은 국민동원의 중요한 자원으로서 조직화의 대상이 되었다.[1] 더구나 문화는 총동원에서 없어서는 안 되는 주체의 자발성을 환기하는 장치가 됨으로써, 사람들이 공공 공간에서 무엇인가를 요구할 수 있는 정당성을 얻기 위한 기호가 되었고, 이해利害를 불러들일 장場으로서 기능했다.[2] 지금까지 폄하되었던 가치가 동원을 위해 국민문화 리스트의 말석에 등록되었다. 그것은 실제로 재편성에 의한 억압이었음에도 불구하고, 종래 발언할 수

---

[1] 1940년대의 문화를 둘러싸고는, 赤澤史郎, 「戰中・戰後文化論」, 『岩波講座 日本通史19─近代4』, 岩波書店, 1995가 총괄적인 그림을 보여준다.

[2] 본고에서 말하는 '이해利害'란, 생사에 관련된 선택까지 포함한 광범위한 것이다. 특히 식민지 지식인에게 있어서 문화를 논의하는 것은 식민지 권력과의 '접근전接近戰'을 하기 위해서는 불가결한 것이었는데, 그것은 동시에 협력과 저항의 경계가 가장 애매하게 되는 국면이다. 宮本正明, 「戰時期朝鮮における'文化'問題─國民總力朝鮮聯盟文化部をめぐって」, 『年報日本現代7─戰時下の宣傳と文化』, 現代史料出版, 2001; 尹海東, 藤井たけし 譯, 「植民地認識の'グレーゾーン'─日帝下の'公共性'と規律權力」, 『現代思想』 31권 6호, 2002.5; 駒込武, 「臺灣長老教中學神社參拜問題─踏繪的な權力の樣式」, 『思想』 915호, 2000.9를 참조.

없었던 자에게도 발언을 할 수 있는 기회나 상승과 이의신청을 할 수 있는 가능성을 기대하게 만들었다. 이것은 오키나와에서는 특히나 중요한 의미를 갖는다. 전간기戰間期의 '소철지옥'에서 지속된 경제적 궁핍과 끊이지 않는 차별에 괴로워했던 오키나와에서는, 총력전 안에서야말로 자신들의 새로운 활동 영역을 창조하고자 하는 시도를 낳을 수 있었던 것이다.

자립을 향한 실천은 반드시 저항이라고 부를 수 없는 언동言動에도 존재한다. 오히려 나는 통합／협력 안에서 오키나와 지식인의 자립을 향한 바람이 어떻게 굴절되어 드러났는가, 그리고 그것이 어떻게 좌절될 수밖에 없었던 문제를 잉태하고 있었는가에 주의를 기울이고 싶다. 더구나 이러한 관심을 점령 초기까지 연장해서 본다면, 일본으로부터의 자립, 그리고 미국으로부터의 자립이라는 과제 역시 복잡한 위상을 갖고 있음에 틀림없다.

문화의 동원에 관한 논의가 주체에 따라서 전개된다면, 다음 두 가지 사항에 대해서 특히 주의해야 할 것이다. 하나는 문화는 단적으로 아이덴티티의 영역에만 관련되는 것이 아니라, 경제적 위상·신체적 위상 등 물질적인 영역과 불가분의 관계를 맺는다는 점이다.[3] 아이덴티티의 부흥이 마이너리티minority에게 중요한 과제가 되어 왔던 것은 말할 필요도 없다. 이와 동시에 문화는 경제발전이나 상품화 문제와 밀접하게 연관되어 있다. 다른 하나는 식민지 제국일본의 공간 안에서 나아가 냉전하 동아시아의 지역구조 안에서, 자립의 시도가 서로 휘감겨져 '포개진 폭력'[4]을 떨치고 일어나고자 할 때, 어떤 폭력을 발

---

3 이 점은 테사 모리 스즈키의 여러 논문에서 시사를 받았다. 특히 「偽りのアイデンテイテイ への權利－あるポストコロニアルの物語」, 栗原彬 외편, 『越境する知6－知の植民地：越境する』, 東京大學出版會, 2001을 참조.
4 駒込武, 「日本の植民地支配と近代－折り重なる暴力」, 『トレイシーズ』 2호(『思想』 별책), 岩

동시키는가라는 점이다. 제국의 편성원리가 중층화되고 착종하는 가운데, 문화의 동원을 둘러싸고 행해진 여러 주체와 권력의 교섭이 같은 모습일 수는 없다. 이 글에서 검토하는 오키나와인의 모습은, '일본인'의 국민동원에도, 식민지에서의 대일협력에도 들어맞지 않는 불안정한 위치에 있다. 이미 지적됐듯이, '방언박멸方言撲滅'이 외쳐졌다는 사실만을 갖고 전시하 오키나와를 조선·타이완의 전시하 '황민화'와 같은 선상에서 취급한다면, 오키나와와 식민지의 차이는 애매하게 될 것이다.[5] 아시아·태평양전쟁 시기, 남방진출에 걸었던 오키나와인의 욕구는 명확히 억압자의 입장에 있었다. 더구나 중요한 것은 그 폭력이 스스로 폭력을 당한 위기를 회피하기 위해 발동되었음에도 불구하고, 폭력의 연쇄를 보다 깊게 하는 방향으로 작동했다는 점이다.[6] 그것은 형태를 바꾸어 부흥운동에까지 연결되었다. 또한 폭력은 재본토 오키나와인과 재향토 오키나와인의 교류·긴장·균열에서도 잉태되었다.

아래에서 거론할 것은, 중일전쟁 시기의 언어논쟁, 아시아·태평양전쟁 시기의 역사해석, 미군 점령하의 교과서 편수와 같은, 지금까지 개별적으로 다뤄져왔던 3개의 삽화이다. 그러나 이것들을 서로 연결지어 살펴보면, 굴절과 모순을 반복하면서 변주되는 오키나와인의 자립을 향한 실험을 읽을 수 있다. 오키나와전쟁은 오키나와 역사에서 커다란 균열 지점이 되어 왔기 때문에, 오키나와의 근대사와 현대사에

波書店, 2001.

5 '황민화' 개념의 오키나와에의 적용을 둘러싼 문제점에 대해서는 屋嘉比收, 「基礎資料整備と方法的摸索－近代沖繩思想史研究の現狀と課題」, 『史料編輯室紀要』 25호, 沖繩縣敎育委員會, 2000, 14~15면을 참조.

6 이 점은 富山一郎, 『暴力の豫感－'沖繩'という名前を考えるための序論』, 栗原彬 외편, 『越境する知2－語り：つむぎだす』, 東京大學出版會, 2000 참조. 본고의 폭력을 둘러싼 과제설정은, 도미야마 이치로와 고마고메 다케시의 연구에 힘입은 바가 크다.

다리를 놓는 작업은 쉽지 않다.[7] 이 글은 1940년대를 줄곧 지속했던 오키나와인의 의지에 시선을 맞춰, 이상의 과제에 응답해보고자 한다.

2. '오키나와방언논쟁' 재고

1) 궁핍 아래서의 문화 재편성

'오키나와방언논쟁'은 1940년 1월 우치나구치沖繩口(방언)의 옹호를 둘러싸고, 오키나와를 방문 중이었던 야나기 무네요시柳宗悅 등 일본 민예협회 동인과 오키나와현 당국 사이에서 시작되었다. 논쟁은 다음해 전반기까지 계속되었다. 야나기 등은 오키나와에서 표준어 장려운동勵行運動이 상승하고 있는 상황을 보고 현縣당국의 방침을 비판했고, 현청 측은 이에 강하게 반발하면서 '논쟁'이 일어났다. 그 후 '논쟁'은 중앙논단에까지 파급되었다. 이런 이유로 방언논쟁은 오키나와역사 연구에 국한되지 않았고, 전시기戰時期 일본의 언어·문화·아이덴티티 문제를 고찰할 때에 빈번하게 언급되어 왔다. 또한 이에 대한 탐구는 그 연구 성과의 폭과 축적이 상당한 상태다.[8]

315

---

7 오키나와전쟁의 전체상에 대해서는 최근의 노작, 林博史, 『沖繩戰と民衆』, 大月書店, 2001을 참고하길 바란다. 오키나와전쟁의 시점에서 어디에 있었는가라는 물음은, 1940년대 오키나와인에게 결정적으로 중요하다. 지면의 사정에 따라 각각의 인물의 상세한 궤적에 대해서 할애하고 있다.

8 '오키나와방언전쟁'에 대해서는 연구가 다수 있기 때문에, 현재의 수준을 보여준다고 생각되는 1990년대의 연구만을 거론하겠다. 富山一郎, 『近代日本社會と'沖繩人'-'日本人'になるということ』, 日本經濟評論社, 1990; 富山一郎, 『戰場の記憶』, 日本經濟評論社, 1995; 小

그렇다고 해도, 종래의 연구가 총력전하의 문화통합이라는 면에서 '논쟁'의 내용에 관심을 집중시켜왔고, 그 결과로 오키나와인의 발언이 음미되기는 했지만 1930년대 이래의 오키나와 측의 동향과 입장에서 고찰되는 일은 적었다. 이러한 분석에서는 오키나와인이 당초 야나기 등의 발언에 왜 그렇게까지 반발했던가를 충분히 이해할 수 없다. '논쟁'은 1930년대 후반의 오키나와의 발전 전략과 민예운동을 확대하고자 한 의도가 교착한 지점에서 일어난 사건이다.[9] 여기에서는 '논쟁' 자체보다도 오히려 거기에 도달하기까지의 문맥을 검토하면서 이 글의 과제에 접근하고 싶다.

우선 언어통제에 대해서 살펴보자. 이민·돈벌이·징병과 관련해서 오키나와에서는 확실히 표준어 사용에의 압력이 일관되게 내리누르고 있었다. 하지만 1930년대에 들어와서도 '방언박멸'을 외칠 정도의 상황은 아니었다. 가령 1930년대 중반 생활개선운동에서 표준어 장려를 실천요강에 기입했던 모범부락은 없었다. 전적으로 합리적인 생활양식의 도입에 관련해서 습속을 교정하는 것이 문제가 되었고, 국기게양이나 경신敬神관념 증진이 선전되었지만, 그것이 반드시 언어통제로 연결된 것은 아니었다. 신문보도만 한정해서 보면, 이 단계에서의 표준어 장려는 학교교육 범위에 머물고 있었다.[10]

熊英二, 『「日本人」の境界』, 新曜社, 1998, 제15장; 安田敏郎, 『帝國日本の言語編制』, 世織書房, 1997; 安田敏郎, 『「國語」と「方言」のあいだ-言語構築の政治學』, 人文書院, 1999. 이러한 연구들은 모두 한편에서는 어떠한 형태를 취해 야나기 무네요시의 논리를 비판적으로 검토하고, 다른 한편에서 오키나와인 측에서도 복수의 의견이 있었음을 적확하게 파악하고 있다.

9   본고에서 논하지 않은 민예운동의 활동에서 '논쟁'을 재검토하는 작업은, 불충분하나 戶邊秀明, 「民藝運動の沖繩-「方言論爭」再考に向けてのノート」, 『早稻田大學大學院文學研究科紀要』 48집, 2003.3에 간행될 예정인 글에서 논했다.

10   『知事事務引繼書 昭和十年』 안의 學務部社會科編纂資料(沖繩縣 公文書館 소장). 표준어 장려 관련의 기사검색에 대해서는 名護市史編纂室 편, 『「教育史」關係新聞記事目錄-戰前

이 상황을 크게 변화시킨 것은 국민정신총동원운동하에서 일어난 각종 운동단체의 연대와 조직화이다. 일반적으로 저축장려·시국선전·자유주의와 개인주의 배척에 덧붙어, 개성改姓장려·맨발 금지·유타ユタ 단속·경신관념의 철저화·'촌연극' 등의 습속금지가 외쳐졌다. 표준어 장려도 이러한 시책의 일환으로 생활개선운동 속으로 말려 들어갔고, 생활 전반에서 감시와 공순恭順이 일상화되었다. 개성운동은 오히려 현외縣外의 오키나와인으로부터의 목소리와 이것에 호응하는 교육계의 움직임에, 현 당국이 응하는 형태였다.[11] 재 오사카 '지명사知名士'들의 향토 비판 대부분이 교육과 그것에 의한 갱생·자주노력을 구했던 까닭은 그들이 바로 교육·학력을 자원으로 해서 입신한 자들이었기 때문이었다.

이러한 시책을 전시동원에 즉각적으로 응하는 현민 조직으로 규합한 것이 1938년 8월에 발족한 오키나와 생활갱신협회이다. 현 측의 중심인물은 학무부學務部 사회교육 주사主事인 요시다 시엔吉田嗣延이었다.[12] 1937년 후반에 고향으로 부임한 요시다는 종래의 '생활개선'은 소극적이었다면서, 보다 적극적인 활동을 벌이자며 새롭게 '생활갱신'이라는 단어를 고안했고, 협회의 설립과 운영을 배후에서 지원했다.

요시다의 '생활갱신'이 오키나와 특유의 관습·문화를 단순히 파괴하고자 한 것은 아니었다. "현민의 생활은 순연한 미未가공품이다,"

編』(增補改訂), 名護市史編纂室, 1991을 특히 참조.

11 屋嘉比收, 「古日本の鏡としての琉球—柳田國男と沖繩硏究の枠組み」, 『南島文化』 21호, 沖繩國際大學男島文化硏究所, 1999, 165면 참조. 생활개선운동에서 널리 표준어 실행을 도입하도록 말을 건 것은 가고시마 등 규슈를 시찰한 "교장校長이나 시학視學 출신의 지위가 높은 사람들"이었다. 吉田嗣延, 「私の戰後史 3」, 오키나와타임즈사 편, 『私の戰後史』 3, 오키나와타임즈사, 1980.

12 吉田嗣延에 대해서는 吉田嗣延, 위의 글; 吉田嗣延追悼文集刊行委員會編集本部, 『回想吉田嗣延』, 吉田嗣延追悼文集刊行委員會, 1990을 참조.

"진정으로 본 현민은 생래生來의 소박한 미질美質 위에 어떠한 곳에도 가공을 하지 않았다"라고, '가공'의 용이함을 강조하는 말투에는 목민관적인 자각과 더불어 오키나와에의 차별을 극복할 수 있다고 역설하는 오키나와인으로서의 긍지가 배어난다. 더구나 "생활의 합리화에 그치지 않고 더욱이 그 규율화에까지 나아가고 싶다"라고 말한 데에서 운동이 가열하게 진행됨을 엿볼 수 있다. 한편으로는 현민의 '우월성'으로서 '해외웅비'와 '류큐고古문화'를 들어, "본 현이 가진 우월성을 펼쳐가고, 보다 높은 문화로, 보다 착한 생활로의 건설을 꾀하는 것입니다. 이 점에서 삼가야 할 것은 진보라는 미명美名 아래에서 무모한 파괴에 빠지지 않는 것이겠지요"라고 쓰고 있다. '규율화'에는, 오키나와 특유의 것일지라도 선택적으로 자원으로 활용할 수 있는 '우월성'을 가진 것이라면, 파괴로부터 그것을 지키고 육성해 나가는 것도 포함되어 있다. 같은 발언 속에서 요시다는 '류큐고문화'에 기대를 보이는데, 당시 현을 방문 중이었던 '야나기 씨'의 발언에 의거해서, "가령 민예의 우수함 등은 펼쳐가야 하는 바의 하나"라고, 민예운동을 평가하고 있다.[13] 또한 그는 생활개선운동의 측면에서도 현민이 자신들의 '우월성'을 재발견할 수 있도록 정신 진작作興에 기여하는 자원으로 '민예 습속'을 중시하고 있다.[14]

그러나 실은 요시다야말로 '논쟁'에서 야나기와 정면으로 대립한 현 측의 중심인물이었다.

---

13 이상 吉田嗣延 述, 『縣民生活變更問題に就て世帶調査記錄』, 那覇地方裁判所・那覇地方檢事局 작성, 1939.9(沖繩縣公文書館岸秋正文庫(G00019270B)).

14 吉田嗣延, 「生活改善雜感」, 『新生活』 창간호, 沖繩生活更新協會, 1939.3, 6면. 민예협회의 동인에게도, 민예가 생활개선운동에 유효할 것이라는 이해가 있었다. 式場隆三郎의 발언, 「'座談會'民藝を語る」, 『月刊民藝』, 1권 5호, 1939.8, 22면 참조.

2) 산업개발에의 기대와 딜레마

'방언논쟁'이 일어난 1940년 1월에 야나기 등의 민예 동인이 오키나와에 왔던 이유는 무엇일까. 의문을 풀 열쇠의 하나는 논쟁의 발단이 된 장소가 '오키나와 **관광과 문화**를 말하는 좌담회'(강조는 필자)였다는 점이다. 그들은 오키나와방언을 옹호하기 위해 오키나와에 몰려 온 것이 아니었고, 오히려 오키나와에 지도와 조언을 하는 위치에 서서 발언하고 있었다. 단적으로 말하면, 그 지도란 공예와 관광의 개발에 있었다.

야나기는 이때가 세 번째 오키나와 방문이었다. 최초의 방문은 1938년 말, 당시 현 학무부장이 야나기를 초빙한 것이 계기가 되었다. 현은 야나기 일행에게, 현 특산 공예품의 판로를 확보하고 수출상품의 우량화를 향한 조언이나 관광개발을 위한 기폭제가 되어주길 기대했다.

현의 이러한 생각 배후에는 1930년대 후반에 높아진 레저 열풍이나 취미의 대중화, 지방문화의 상품화와 같은 광범한 현상을 지적할 수 있다. 이와 관련해서 극히 간단하게 개괄해서 말하면, 군수경기를 배경으로 도시를 중심으로 다음과 같은 세 가지 흐름이 있었다. ① 식민지까지도 시야에 넣은 관광산업의 발전과 국가에 의한 건강증진・사상통제 등의 목표에서 관광 붐[15]이 선동되어 일어났다. ② 백화점의 각지 공예직판회와 물산전物産展이 성행했는데, 여기서 전형적으로 지방물산 붐과 공예품 붐[16]이라는 두 가지 붐이 팽창했다. 이런 상황

319

---

15 高岡裕之,「觀光・厚生・旅行-ファシズム期のツーリズム」, 赤澤史郎・北河賢三 편,『文化とファシズム』, 日本經濟評論社, 1993을 참조.

16 민예운동은 산업화나 모던 디자인과 깊은 관계를 갖고 있다. 金谷義和,「文化の消費-日本民藝運動の展示をめぐって」,『人文學報』77호, 京都大學人文科學硏究所, 1996; 長田謙一,「'新日本美'の創生-戰時下日本における民藝運動」,『批評空間』Ⅱ기 19호, 1998을 참조. 또한

속에서 ③ 문예·연극·무도(그 대표적인 예가 일본극日劇인 '일본민족무용' 레뷰) 등[17] 대중문화 안에서도 오키나와의 표상이 각광을 받고 있었고, 그것은 오키나와 붐이 한껏 드러나는 계기가 되었다. 이 세 개의 흐름은 한데 뒤얽혔다. "총력전의 임팩트가 대중문화상황을 촉진"[18] 하는 가운데, 오키나와 측에도 그것에 호응하는 움직임을 보였다. 지금까지 단순히 '민도民度'의 낮음의 표징으로서 '개선'의 대상에 지나지 않았던 습속이 '지방문화'로서 갑작스럽게 각광을 받았던 것이다. 오키나와인의 입장에서 보자면, 자기의 긍지를 재발견할 계기였음과 더불어, 긍지를 확증할 수 있는 현실의 산업개발과 연계될 수 있는 가능성이 넓어진 것이었다. 또한 새로운 이해利害가 발생하는 장이기도 했다. 당연히 거기에는 물질적인 욕구의 문제와 사람들의 아이덴티티의 문제가 분리하기 힘들 정도로 연결되어 있었다.

여기에서 특히 관광에 대해서 주목해본다면, 1936년 8월에 오키나와 관광협회가 조직되었고, 관민이 협력하여 관광산업에 주목하기 시작했다. 지역에서는 특히 그때까지 개발이 늦었던 오키나와 본도 북부의 관광화가 유망하다고 여겨졌고, 현 내에 최초로 골프장을 개발하거나 해변과 등산로를 정비하는 등의 계획이 빈번하게 솟아올랐다.[19] 1937~40년이라는 시점에서 보자면, 표준어 장려나 습속(특히 '맨

北河賢三, 「戰時下の地方文化運動―北方文化聯盟を中心に」, 赤澤史郎·北河賢三 편, 위의 책에 수록된 것은, 민예운동과 익찬문화운동과의 관련성을 지적함과 더불어 민예운동이 지방문화운동에 창조적 역할을 담당한 예를 실증하고 있다. 민예운동과 각 지역이 만났던 방식은 다양하게 있을 수 있었음에 주의해 두고 싶다.

17　일극日劇 '일본민족무용日本民族舞踊' 레뷰에 대해서는 鷲谷花, 「李香蘭, 日劇に現る―歌ふ大東亞共榮圈」, 四方田犬彦 편, 『李香蘭と東アジア』, 東京大學出版會, 2001을 참조.

18　高岡裕之, 앞의 글, 48면.

19　이하의 『大阪朝日新聞』 鹿兒島沖繩판(이하 『大朝』 鹿沖이라고 간략히 말함) 기사에 따른다. "진정한 오키나와의 모습을 내외에 선전 / 오키나와관광협회 생기다"(1936.8.30), "오키나와현 나고名護에 골프장 건설 / 약 10만 평을 개척"(1935.7.18), "관광객 유치에 오키나

발跣足')의 개변도 관광대책의 일환으로 언급되고 있는 실정이었다.[20]

오키나와 측이 관광에 기대를 걸게 된 데에는 직접적인 계기가 있었다. 1937년 초엽, 오키나와-오사카 간, 오키나와-고베 간 정기 항로를 운항하는 오사카상선이 당시 64시간 걸리던 운항시간을 50시간으로 단축할 수 있는 선박 2척을 새로 건조하여 취항함으로써, 그때까지 돈벌이하러 가는 항로라는 이미지를 불식했고, 또한 물리적으로도 관광개발을 위한 조건이 개선되었다. 앞에서 서술한 관광협회도 이 새롭게 건조한 배를 통해 한몫 잡으려고 결성되었다. 게다가 오사카상선도 항로 PR을 겸해서 관광시찰단을 모집했고, 동 회사의 선전잡지인 『우미海』에 저명인의 오키나와 기행문을 빈번하게 게재했다. 일주일 남짓한 기간 동안의 시찰단의 여행은 매회 만원 모집 사례를 보였다고 한다.[21] 물론 시찰단에 참가할 수 있었던 자들은 의사나 변호사, 일부 교원 등에 한정되어 있었지만, 홋카이도 등 각지에서 손님이 모여들었다. 게다가 본토-타이완 간 항공기의 취항으로 국제관광지가 될 것이라는 기대까지 부풀어 올랐다.

이런 상황 속에서 야나기는 현의 기대를 짊어지고 오키나와에 등장했던 것이다. 1939년 두 번째 체류에서 그는 하마다濱田庄司 등 다수

와 전 섬 공원화 / 현산림회県山林会의 제계획"(1936.3.11), "만자모万座毛를 중심으로 관광지대 설치 / 오키나와현의 계획"(1936.9.20).

20 가령 "맨발로는 걷지 마라 / 다만 학동学童은 그 범위에 들지 않는다 / 오키나와가 기이한 습관奇習과는 안녕." 『大朝』鹿沖, 1940.10.24.

21 오키나와 시찰단은 1940년 5월까지 23회 실시되었다. 7박 8일의 여행일정은 다음과 같다 (제2회의 예). 1일째 : 오전 고베 출항. 3일째 : 나하 입항. 곧장 자동차로 波上宮과 護國寺 참배, 系滿으로 刳船競漕 구경, 밤은 辻에서 연회. 4일째 : 자동차로 공업지도소 시찰, 識名園・수리성・향토박물관(여기에서 일동 기념촬영)・円覺寺・泡盛공장・尙侯爵邸・桃原農園을 각각 시찰, 밤에는 저녁식사 후에 고전극 구경. 5일째 : 자동차로 万座毛・嘉手納製糖工場・투우를 시찰 구경, 후에 자유행동. 6일째 : 오전 나하 출항. 8일째 : 고베 도착. 『우미』66호, 1937.3, 45면.

의 공예가와 동행하여 츠보야壺屋 등 각지에서 그 지역의 직인이나 현 공업지도소와 교류했고, 그들을 지도했다. 관광 면에서도 향토협회가 '풍치보존좌담회風致保存座談會'를 주최했고, 야나기 일행을 둘러싸고 "현하縣下 각 방면의 명사"가 모여들었다. 이것을 받아서 슈리首里・나하那覇 풍치지구 설치, 관광도시로서의 시설정비, 사적명승지 보존회 등의 설치를 제창했다.[22] 또한 실현되지는 않았지만, 관광협회가 오사카상선과 협력하여 『우미』의 오키나와 관광특집호를 발행하여 "우리나라 민예계의 권위자인 야나기 무네요시 씨 일행과 함께 남도 예찬의 좌담회를 개최"해서 지면을 장식할 계획도 있었다고 한다.[23] 이렇게 오키나와에서는 현 당국에 국한되지 않고, 민예 관계자와 긴밀하게 연계를 맺어 '관광입현觀光立縣'으로 향하려는 움직임이 있었다.

그러나 새로운 산업개발을 향한 기대는, 오키나와인 지도층이 막무가내 식으로 추진한 생활개선 사업과 모순되는 측면을 갖고 있었다. 그것은 오키나와를 관광한 여행자들의 감상에 잘 드러나 있다. 오키나와의 최대 매력은 "내지에 이 정도로 대단한 곳이 남아있는가"라는 놀라움에 있었다.[24] 관광단을 모집하는 표어에서 춤추는, "우리나라 유일의 관광 처녀지"/"일본 국내이면서도 먼 남쪽에 편재하기 때문에, 독특한 남양정서를 가득 채우고 있는 오키나와 섬"/"남명南溟의 왕국으로서 고래로 수많은 기이한 역사로 키워져 온 오키나와는, 이제 신흥문화의 치장을 새로 하고 우리의 남방을 향한 관심선상에 선명하게 떠오르고 있습니다"라는 글귀도, 이국정취를 흩뿌리며

---

22 두 번의 '風致保存座談會'에 대해서는 「月刊日誌」, 『月刊琉球』 3권 2호, 1939.2, 1면; 「사무실 통신事務室だより」, 『新生活』 2호, 1939.5, 8면. 오키나와 측은 "풍치구보존 더욱 구체화"(『琉球新報』, 1939.5.3)로 대응했다.
23 「沖繩だより」, 『大朝』 鹿沖, 1939.4.15.
24 辻井浩太郎, 「沖繩觀光の思ひ出」, 『海』 80호, 1938.5, 28면.

호기심을 북돋우고 있다.[25] '내지' 안에서 '남방정서'를 담고 있는 이곳은, "하얼빈은 옛날의 모습을 점차 잃어가고 있지만, 오키나와는 그런 일이 없도록" 기원하였기에, 식민지 도시보다도 오히려 이향성異鄕性을 더 남겨, 관광객의 눈을 기쁘게 만드는 것으로 비춰졌다. 따라서 "앞으로 100년도 풍속습관에 특이성이 잃어버리는 등의 일이 없도록 기원하고 싶다"고 대범하게 발언할 수 있었던 것이다.[26] 여기에서 '특이성'이란 물론 선택적인 것이다. 여행자에게 불쾌함을 주는 습속('맨발'이나 '돼지 변소' 등)은 개량하면서도, 보존해야 할 습속으로 지정되었다. 가령 "여자의 머리모양과 의복結髮衣類을 일부러 도쿄와 오사카 지방풍으로 바꿔야 할 필요는 없다. 이 풍채가 있어야 오키나와의 정서가 있다"라고, 생활개선의 중요 항목으로 거론된 류장폐지琉裝廢止와 충돌하는 의견이 등장했다.[27] 후술하겠지만 오키나와에 대한 이러한 이해는 민예협회의 동인에게도 찾을 수 있다.

이것이 오리엔탈리즘의 오키나와판임은 말할 것도 없다. 다만 '내지'의 시선에 노출되어 있으면서도, 그것을 모방해서 적극적으로 이익을 구하는 오키나와인의 능동성이 대쌍對을 이루는 관계인 이상, 양자의 관계가 결정적으로 불평등하다고 해도, 전간기에 그 시선이 호기심거리를 향한 단순한 시선이었던 것과는 다르다. 대중화가 일정정도 진척되었고, 또한 식민지까지 포함해 '향토/이향異鄕'의 표상이 상품화되는 1930년대 특유의 문맥을 의식하지 않으면, 총력전 시기가 되어 한층 더 앙진昂進하는 오키나와 측과 '내지' 측의 욕망의 상관관계를 이해할 수 없다.

323

---

25 각각 『海』 66호, 1937.3, 45면; 『海』 88호, 1939.1, 72면; 『海』 101호, 1940.2, 35면.
26 「沖繩を語る座談會」, 『海』 68호, 1937.5, 25면.
27 若山茂雄, 「観光客の眼に映じた沖繩」, 『月刊琉球』, 2권 1호, 1938.1, 19면.

1930년대 말, 현 당국뿐만 아니라 오키나와의 지도층·지식인과 야나기 등 민예협회동인들은 서로 동상이몽의 관계에 있었다.

3) '방언논쟁'을 / 이 규정하는 문맥

1940년 1월, 야나기는 세 번째로 오키나와를 방문했다. 이때에는 관광산업 관계자나 영화제작 담당자도 참가하는 등 폭넓은 인재를 대동한 방문이었기에, 오키나와 현지의 기대가 높았다.[28] 하지만 오키나와인의 모순도 깊어갔다. 무언가 어떤 계기가 주어진다면 야나기 등을 향한 비판이 아주 쉽게 분출할 수 있는 단계에 달해 있었던 것이다.

예를 들면 이미 1939년의 시점에서 요시다는 민예협회 동인에게 기대를 걸고 있는 한편, 이름을 거론하지 않았지만 오키나와의 특수성을 과장한 책임자로서 "관광단과 기타 본현의 내유자來遊者"를 들면서 다음과 같은 노골적인 불신과 불쾌감을 표명했다. "현인縣人을 완전히 이족성異族性의 것으로 생각한다거나 혹은 저급한 미개인종과 같이 평가한다는 식으로 생각하면, 다른 한편에서는 세계에 비유比類가 없는 문화를 갖고 있다던가, 너무나도 풍부한 민예의 왕국이라는 식으로 선동되었다."[29] 생활개선으로 차별을 불식하여 '훌륭한 일본인'이 되는 것과 문화자원의 유효한 활용으로 현縣 산업의 개발을 양립

---

28 일본민예협회 주최의 방문단 26명의 진용은, 민예협회동인 9명 / 민예판매사무 담당 2명 / 사진관계 3명 / 영화관계 2명 / 관광사업관계 2명/그 외 8명. 더 상세하게는 田中俊雄 편, 「問題の推移」, 『月刊民藝』 2권 3호, 1940.3, 4면을 참조하길 바람. 야나기는 참가자인 水澤澄夫(國際觀光局)에게 이번 오키나와 방문의 목적은 "엽서와 도록圖錄과 안내기와 영화를 만드는 것"이라고 말하고 있다. 水澤澄夫, 「沖繩の風物と觀光」, 『月刊民藝』 2권 3호, 54면.
29 吉田嗣延 述, 앞의 책, 14~15면.

시키고 싶어 했던 요시다는 여기서 근본적인 딜레마에 부딪혔다. 더구나 양쪽 모두 '내지' 측에 판단의 기준이 있었기에 자신들이 자유롭게 할 수 있는 일이 아니었다.

이러한 감정은 요시다의 경우에만 한정되지 않았다. 오히려 재본토 오키나와인의 경우 한층 더 응고된 형태로 드러났다. 오사카에서 살았던 어떤 오키나와인은 오키나와를 예찬하는 풍조를 "로맨틱하기에 또 어느 순간에는 모욕적인 언사로 표변할 가능성을 다분히 가지고 있다"고, 이러한 (오키나와-역자 주) 붐이 오키나와인의 응답을 배척해서 만들어진 환상에 지나지 않기에, 언젠가 그것이 타자화된 오키나와인을 향한 폭력으로 변할지도 모른다고 예리하고 경고했다.[30] 또한 고베神戶 제일중학교一中의 교유教諭이자 오키나와 연구자이기도 한 오쿠자토 쇼켄奥里將建은 "얼토당토않은 민예파의 회고懷古적 칭양稱揚"(강조는 원문)에 속지 않고 '현대적 감각'을 받아들인다면, 오키나와의 공예산업은 "현외의 소비시장에서 영원히 내버려둬 질 것이다"라고 민예협회 동인의 '술책가倆ひ'를 거론하며 비판했다.[31] 흥미로운 것은 오쿠자토도 '현외의 소비시장'에 민감했고, 산업발전에 기대를 걸고 있었기 때문에 가능했던 민예 비판이었다는 점이다.

이에 대해서 야나기 등의 동인이 가졌던 전망은 낙관적이었다. 좌담회 당일 그들의 발언에서도 기존과 마찬가지의 오키나와관을 엿볼 수 있다. "현지는 관광지로서도 우수한데, 요사이 향토의 긍지를 충분히 인식해서 적극적으로 관광설비를 서둘러줬으면 좋겠다"(야나기 무네요시) / "고대의 일본문화를 어디에서고 볼 수 있다"(式場隆三郎) / "츠보야 전체가 관광지대이다"(濱田庄司)[32] / "오키나와의 생활은 다도

30 玉城哲也, 「琉球か沖繩か」, 『大阪球陽新報』(이하 『球陽』이라고 약칭) 43호, 1939.8.1.
31 奧里將建, 「美術館の創設と沖繩の工藝政策 上」, 『球陽』 49호, 1939.11.1.

다, 차의 생활이고, 차의 주거이다"(濱田庄司, 河井寬次郎)[33] / "외부에서 오신 손님은 일본 관광을 끝내면 조선과 만주로 향하는 데 돈을 쓴다, 그것을 현지에 떨구도록 하고 싶다"(井上昇三, 일본여행협회).[34] 오키나와 문화의 찬양에서 보였다 안 보였다 하는 것은 사람들의 일상생활과는 괴리된 어떤 것이고, 그 찬양은 즉각적으로 시장가치를 꾀할 수 있는 것이었다. 이와 같은 장면 속에서 오키나와방언을 옹호하자는 주장이 말해졌고, 이에 대해서 요시다는 오키나와를 "관상용 식물 혹은 애완용 동물"로 취급하는 것이라면서 쌓였던 불쾌감을 드러냈다. 이로서 '논쟁'이 시작됐다.

지상紙上 논쟁은 요시다의 감정적인 비판을 계기로 벌어졌는데, 이것이 나왔던 애초의 시점에서 야나기는 그 말투에서 요시다가 오키나와인이라고 생각하지 않았음을 보여준다. 현 학무부의 공식적인 반박문이 나왔던 단계에서, 야나기는 요시다의 전언前言을 겸해서 비평했을 즈음에도 "요시다 씨는 의외로 현인縣人"이었다면서 놀라움을 숨기지 않았다.[35] 확실히 당시 표준어 장려가 '과도'하게 진행되는 것을 비판한 오키나와인은 문화인을 중심으로 전무했던 것은 아니었다. 민예 동인은 그들에게 기대하고 있었다. 그러나 현 내 문화인 대부분은 교직에 있었고, 스스로 표준어 장려를 강력하게 추진하는 존재였다.[36] 또한 현의 시책에 가장 반대한 문화인은 히가시온나 간쥰東恩納寬惇 등

---

32 이상 「柳宗悅氏らの感想」, 『大朝』鹿沖, 1940.1.11.

33 「柳らの批評に懸當局か仮駁 / 沖繩文化に注目すべき問題」, 『大朝』鹿沖, 1940.1.12.

34 「觀光座談會 · 論戰賑ふ / '墓地と方言の保存'特色を生かせ / 觀光客の立場から」, 『沖繩日報』, 1940.1.8.

35 田中俊雄, 앞의 글, 12면. 인류학과의 유비가 허락된다면, 야나기의 이 말에는 이른바 정보제공자의 반역反逆인 요시다에 대한 놀라움이 깔려 있는 것이 아닐까.

36 야나기를 옹호한 일로 직장에서 잘렸다고 하는 재향토문화인 · 오키나와학의 중심적 인물인 시마부쿠로 젠파쓰島袋全発조차, 공적인 장면에서는 교원으로서 생활개선사항의 제일 항목에 '언어의 문제'를 거론하지 않으면 안 되었다. 『新生活』, 2호, 1939.5, 3면.

현외에 거주하는 자들로, 이미 향토를 떠난 지 오래된 그들과 재향토 오키나와인 사이에는 거리가 있었다.[37] 더구나 히가시온나에 대해서는 현외의 젊은 세대로부터도 비판이 행해지고 있었다. 히가시온나는 식민지와 오키나와의 차이를 강조하며 관료의 독선을 비판했고, '오키나와인으로서의 자존심'을 체득해야 한다고 역설했고 "애향심이 없는 자 가운데에는 애국자가 없다"고 단정했다.[38] 이것에 '요시타케생よしたけ生'이라는 익명인은 강하게 반발했고, 오키나와 출신이 알려져 파탄에 이른 결혼 문제를 예로 들면서, 히가시온나를 향해서 "우리 오키나와어를 사랑하지 않기 때문이 아니다. 오키나와 현민縣民을 더 사랑하기 때문에"라며 갈파하고 끝맺고 있다.[39] 오키나와인 사회 내부에서도 '논쟁'에서 보였다 사라졌다 하는 형태로, 세대나 거주지 등 입장의 차이에 따라서 갖가지 균열이 생겼던 것이다.

　민예협회 동인과 관계를 끊은 뒤에도, 오키나와에서는 여전히 공예와 관광 개발을 향한 기대가 지속되었다. 신체제운동과의 관계에서 '지방문화'가 각광을 받는 가운데, 1940년을 통틀어 이러한 기대가 증진되었음을 자료를 통해서 확인할 수 있다.[40] 그러나 어쨌든 이 무

37　야카비 오사무屋嘉比收는 오키나와학의 세대론적 검토를 근거로 하여, 시마부쿠로 젠파쓰島袋全発 등 재향토 오키나와학 제2세대가, 이하 휴냐 히가시온나 등 재경 오키나와학 제1세대에 대해 동경과 자부가 한데 섞여 들어가 있는 복잡한 거리감을 갖고 있었음을 지적한다. 屋嘉比收, 앞의 글, 122면 참조.

38　東恩納寬惇, 「표준어 장려 結構 / 그러나 향토문화를 뒤엎어서는 안 된다」, 『球陽』55호, 1940.2.15; 東恩納寬惇, 「愛鄕心ない者に愛國者なし」, 『球陽』69호, 1940.11.15.

39　よしたけ生, 「標準語と方言 / 何れを主張すべきか(續き)」, 『球陽』71호, 1941.1.1.

40　오키나와의 논조로서는, 屋宜宣勇, 「地方文化 中央進出雜感 1・2」, 『琉球新報』, 1940.8.22~23; 大濱信恭, 「琉球的エスプリに就て─中央に於ける琉球文化紹介を繞り」1~4, 『琉球新報』, 1940.1.5~8 등이 있다. 이것들은 신체제운동 속에서 오키나와문화가 평가되는 것을 환영해, 오키나와인이 '자기소개'를 할 절호의 기회라고 파악했다. 이와 동시에 이것이야말로 "그 마땅한 바를 얻게 만드는" 황도주의라고 보고 '국가적 의무'에 접속하는 회로를 발견하고 있는 등, 1930년대에는 눈에 띄지 않는 논리가 전경화前景化되어 있다. 다만 大濱은 일극日劇 도호東宝의 류큐 레뷰를 "백치적인 구경거리", "류큐춤의 레저화"라고 혹평하고 있고, 오

렵부터 전시체제하의 산업통제·민수품民需品 핍박으로 어쩔 수 없이 좌절됐다고 생각할 수 있다. 공예 부분에서 보자면, 1940년에는 원재료를 손에 넣기 힘들게 됐고,[41] 유흥 관계의 수요가 저하됐으며, 이 뒤를 따라 수출 진흥이 두절됐다. 관광 부분에서 보자면, 설비를 정비할 새도 없이 전시통제가 강요됐고, 대도시에서조차 대중적인 수요를 맞추지 못해, 기대는 속도를 잃지 않을 수 없었다.

이렇게 산업개발이 붕괴됐을 때, 기대는 일찍이 요시다가 현민의 '우수성'으로 거론한 다른 하나의 자원, 즉 '해외발전'으로 고양됐다. 그리하여 오키나와인의 시선은 '남방'으로 단숨에 몰렸다. 히가시온나 세대가 구했던 '자존심'과는 다른 '문화'관에서 '자존심'의 회복이 외쳐졌다.

3. '해외발전'의 꿈

1) 『오키나와해양발전사沖繩海洋發展史』의 구상력

물론 '해외발전'의 기치는 오키나와인이 자신을 고무할 때 단골로 구가됐던 것이다. 그때까지도 '해외발전'은 많은 장면에서 구가되었다. 그러나 '발전'의 현실은 이민이나 돈벌이로 나가는 것으로 체현된 '노동력 상품'이고, 그 상황은 대개 열악했다. 특히 신탁통치령으로,

---

키나와적 표상의 착취에 대한 비판적 태도는 지속하고 있다.
41 「漆器の原料漆の入手難 / 業者が商工省に陳情」, 『球陽』 55호, 1940. 2. 15.

일본이 제1차 대전에서 획득한 남양군도를 향한 이민을 보면, 오키나와인 이민은 조선인 이민보다도 열세의 위치에 놓여있었다. 이들은 '자팡카나카'로서 식민지인들과 같은 선상에서 취급되는 것에 공포와 굴욕을 맛봤다. 그곳에서 '해외발전'은 과거의 환영에 불과했다.

그런데 '대동아공영권' 구상이 발표되고, 남양도(1939.2)・북부 프랑스령 인도(1940.9)로 일본군의 침략이 시작됐다. 무력에 의한 '남진' 국책이 진행되면서, 이민의 중요성이 현격하게 상승했다. 이제 오키나와는 제국의 주변에서 일본 본토와 남방을 연결하는 중요 접점이 되었다. 점령지가 확대되면서 열대熱帶 경영의 필요성이 대두되면서 그 개발을 담당할 주체로서 오키나와인에게 최적의 일본인이라는 위치가 부여됐다. 오키나와인 이민의 모습은 '발전'의 첨병으로 덧칠되어갔다.

그러나 오키나와인 전부에게 '지도민족'으로서의 자격이 주어졌을 리 없다. 여기에서도 언어는 그 자질을 판정하는 유력한 표징으로 지목됐다. 이 단계에서 표준어 장려가 '방언박멸'로 속도를 더해갔고, '방언논쟁'의 여파로 이론異論이 일소된 현 내에서는 '대동아의 지도민족'으로서의 첫 번째 자질로 '대동아공통어'＝표준어의 습득이 거론되었고, 이는 힘차게 추진되어 갔다.[42]

이 새로운 '해외발전'의 기회를 역사적으로 정당화하는 것이 『오키나와해양발전사』이다. 1939년 말, 현 학무부 사회과社會課는 황기皇紀 2600년 기념사업으로 『오키나와해양발전사론』 발간을 계획했고, 그 일 담당에 약관 28세의 사범학교 교유인 아사토 노부安里延를 위촉했다.[43] 당시의 '방언논쟁'을 염두에 두면서 탈고되었을 거라고 여겨지

329

---

42 近藤健一郎,「國家總動員體制下の沖繩における標準語勵行運動」,『南島史學』49호, 1997 참조.
43 이에 대한 선전의 문구를 보면, "현학무부・이천육백년기념사업, 동아의 제해권을 쥔 오키나와인의『해양발전사』, 남자男師 교유教諭인 아사토 노부 씨가 집필 탈고"(『琉球新報』, 1940.6.24)라고 되어 있다. 아사토 노부에 대해서는 유감스럽게도 연구가 없다. 그 이유

는 작품⁴⁴은, 1941년 3월에 현 해외협회로부터『오키나와해양발전사
－일본남방발전사서설沖繩海洋發展史－日本南方發展史序說』이라는 제목으로
출간되었다. 초판 500부가 하와이의 현인회縣人會의 주문으로 다 팔렸
기 때문에, 새롭게 보급판을 간행했다(같은 해 11월, 三省堂). 그 무렵, 책명
이『일본남방발전사－오키나와해양발전사日本南方發展史－沖繩海洋發展史』로
바뀌었듯이,⁴⁵ 본서는 기획의 경위와도 얽혀서 '남진' 국책을 사전에
단단히 준비한 작품으로 볼 수 있다. 확실히 그것은 '전통의 창조'와
다르지 않다. 그러나 본서는 당시 중앙문단에서 유행한 남양사南洋史
나 민족론과는 달리, 어디까지나 **오키나와인의** '발전사'에 주안점을 뒀
다. 따라서 주목해야 할 것은 전시하의 오키나와인이 자신의 '발전'
가능성을 **제국일본 안에서** 표명하고자 했을 무렵에 필요했던 입론立論
이다. 본서는 그것을 드러내고자 한다.

본문이 515면에 달하는 이 책의 특징은, 무엇보다도 그것이 오키나
와인의 해외발전통사라는 점으로, 고대에서 현대까지 전4편 29장으
로 구성되어 있다. 중세기를 서술한 것으로는 이미 비슷한 책이 있었
지만, 이 책의 특색은 현대까지 관통해서 오키나와인이 "해외발전으
로 어떤 민족성을 배양했는가"에 관심사에 두고 궤적을 좇아갔고, 스
스로도 다른 연구서와 차별화하고 있다는 점이다. 다만 서설의 '현대

는 1913년생인 이 소장역사가・교육자가 활약한 시가가, 오키나와사에서도 가장 사료가
적은 시기에 해당하는 것과 깊은 관계가 있다.

44 아사토는 보급판『日本南方發展史』범례의 말미에, "특히 중지전선에 있는 요시다 시엔
씨의 두터운 정과 열의는, 일생동안 잊을 수 없는 일이어서, 본서가 공간公刊될 수 있었던
것은 전부 요시다 씨의 격려와 편달 덕분이다"라고 요시다에게 최대한의 감사를 다하고
있다(같은 책, 10면). 구체적인 교우관계는 불명이지만, '생활개선'과 '해외발전'이라는 2
대 목표의 관계가 여기에 시사되어 있다.

45 또한 초판과 보급판의 상세한 비교는 금후의 과제이지만, 나의 짧은 생각으로는, 다른
것은 서명과 범례가 개정되었고, 히로시마문리과文理科 대학교수인 栗田元次의 서序가 붙
어있는 것 외, 본문 면수도 바뀌지 않았다.

구분'이나 사료를 개설한 부록 및 상세한 도표로 상징되듯, 그 서술은 학술적인 스타일로 일관하고 있고, 또한 『역대보안歷代寶案』이나 『오모로사우시おもろさうし』그리고 중근세의 유럽외교사료도 구사하고 있어, 현재에도 그 실증적 수준은 높이 평가할 만하다. '전통의 창조'는 단순한 '이야기'에 그치는 것이 아니라, '학문적인 앎學的知'에도 들어갈 수 있는 자격을 구비하지 않으면 안 된다.

서술은 '해양민족'으로서 생기가 흘러 넘쳤다고 여겨진 중세 류큐인의 영광을 활사活寫하는 데에 중심을 뒀다. 실은 전체 8할이 그 영광을 실증하는 데에 쓰였다. 이에 반하여 지면도 아주 협소하게 할애된 근세는 사츠마薩摩의 침공 이래, 민족성이 퇴영하는 시기로 간주되었다. 게다가 메이지유신의 '폐번치현廢藩置縣'으로 '강건웅위剛健雄偉의 중세정신'이 부활했다고 파악되었다. 이하 휴유의 오키나와역사에 대한 이해를 답습하고 있긴 하지만, 이하가 구했던 제국 내에서의 '개성'의 발양이라는 근거에서 역사의 의의가 남방에서의 오키나와인의 미래의 꿈을 고무하는 것으로 변모해 있다.[46]

그러나 여기에서 어려운 문제가 생겨났다.

우선 오키나와인(류큐인)과 일본인의 괴리를 들 수 있다. 야마다 나가마사山田長政보다도 200년 더 빨리 동아시아에서 동남아시아에 걸쳐 제해권制海權을 쥐고 있었던 중세의 류큐인을 생생하게 그려내면 그려낼수록, 당시 일본인과의 거리나 소원한 관계를 지적하지 않을 수 없고, 오히려 (오키나와인을―역자 주) 특수하게 바라보는 시각을 조장할 가능성이 있었다. 이 일본인과의 관계를 증명하기 위해서, 아사토安里

46 아사토의 오키나와사 인식의 틀이 이하의 고류큐사의 반복이라고 보는 점에 대해서는, 富山一郎, 「ユートピアの海」, 春日直樹 편, 『オセアニア・オリエンタリズム』, 世界思想社, 1999, 207~210면 참조. 본고의 『발전사』의 독해에 대해서는, 같은 글; 富山一郎, 「赤い大地と夢の痕迹」, 複數文化研究會 편, 『複數文化のために』, 人文書院, 1998에서 많은 시사를 얻었다.

331

는 중세 일본의 여러 권력과의 통교通交를 힘써 그려내는 일 이외에
도, 몇 개인가의 레토릭을 더 구사했다. 첫째, '남도 일본인'이라는 어
휘의 도입이다. 류큐인으로 일관할 수 있는 곳에서도, 의식적으로 '남
도 일본인'이라는 말을 붙였고, 그러므로써 양자의 거리를 매꾸려고
시도했다. 둘째, 중국과의 관계를 집요하게 불식하려고 했다. 동아시
아에서의 오키나와인의 무역활동을 용감하고 장엄하게 묘사하는 만
큼, 메이지 시기 이래로 경계의 대상이 되었던 '일지양속日支兩屬'의 이
미지도 겹쳐졌다. 아사토는 '류큐왕국'이라는 말은 중국과의 관계에서
형식적으로 불리고 있었던 호칭에 지나지 않는다고 보고, 류큐국왕을
항상 번왕藩王이라고 불렀다. 그뿐이 아니었다. 본서를 포함해서 일반
인을 향한 책을 보면, 가장 상징적으로 의미를 갖고 인용되는 슈리城
정전正殿 앞에 있는 대종大鐘에 새겨진 "류큐국은 남해의 승지勝地로서"
'대명大明'과 '일역日域'의 "이 둘 사이에 있고, 용출湧出하는 봉래蓬萊의 섬이
다'라는 문언을, "지나와 밀접한 관계를 맺고 **일본 본토와는 동신일체**同身
一體의 관계이다"(강조는 인용자)라고 풀어 보여줘, 명확하게 의미를 왜곡
하고 있다.[47] 셋째, 특히 '중세 류큐인의 일본적 의식'이라는 장을 만들
어놓고 있다. 이것은 현 학무부로부터의 요청인 것 같은데, 『오모로사
우시』의 시詩나, 「미나모토노다메토모 전래전설源爲朝渡來傳說」이 믿어져
왔던 것 등, 갖가지 문화적 표상이나 내력을 구사해서, '일본적인 것에
서 살았'던 중세 류큐인을 증명하려는데 힘을 기울이고 있다.

　　다른 하나의 곤란함은 중세와 근대를 접속시키는 부분에서 보이는
'무역에서 이민으로'라는 비약이다. 과거의 영광을 그리면 그릴수록,

47　安理延, 『海外發展史 南洋諸島の話』, 學習社, 1942, 12~14면(오키나와현 公文書館 岸秋正文
　　庫(T00013768B)); 安理延, 『沖繩縣人南方發展史要綱』(南洋資料 제106호), 南洋經濟研究所,
　　1942, 6~7면(오키나와현 公文書館 安秋正 文庫(T00007642B)). 금후 아사토의 역사 서술의
　　검토에는 동시기의 중세사・아시아 연구와의 조합이 필요할 것이다.

현재의 고난과의 골은 메우기 어렵게 된다. 진취적인 정신과 웅비의 의지를 아무리 역설해도 이 골은 메워지지 않는다. 그래서 아사토는 50면에 걸쳐서, 당시로서는 가장 체계적으로 근대 오키나와의 이민사를 정리하고 있다. 거기에는 근세까지의 해외발전은 "단순하게 여러 나라와 무역을 영위할 뿐"으로 식민을 하지 않았음이 결함이라고 여겨져, "세계 각지에 웅비해서 영구적 세력을 부식扶植"하는 '대전개'가 찬양되었다. 이민처에서 발생했던 수많은 '수난'도, 지금부터의 발전의 기초로서 부각되었다. 현상적으로는 무역의 주체가 되진 않았지만, 농광農鑛 개발의 노동력으로서의 이민이 그 실태라면, 이것은 발전의 역사를 미래에 던질 무렵에 반드시 필요한 논법이었다.

게다가 현실의 발전 가능성이 일본군의 무력에 의해서 열렸다는 사실은 다음과 같이 회피되었다. 중세 류큐인의 영광은, 유럽에 의한 식민지화가 진척되기 이전에 오키나와인의 무역이 낳은 유대에 의해서 각 민족이 공존공영했던 시대에 놓여졌다. 더구나 오키나와인의 활약은 유럽의 패권과 같은 사리私利의 추구가 아니라, 상호 번영을 의도한 무역이었고, 폭력에 의한 통합을 넘은 이상적인 모델이 되었다. 앞에서 서술한 '이민'을 중시하는 것과 모순됨에도 불구하고, 여기에서는 '대동아공영권'의 역사적 필연과 그 기원을 증명하는 작업이 기대되고 있었음을 분명히 볼 수 있다. 바야흐로 유럽의 패권이 사라지고, 여기에 다시 각 민족이 공존공영하는 시대가 왔다. 이 말은 물론 일본의 제해권 안에서 가장 자유롭고 활달하게 그 자질과 지도성을 발휘할 수 있었던 일본인은 오키나와인을 제외하고는 달리 없었다는 의미가 된다.

333

2) 흘러넘치는 남방에의 욕구 – 역사에서 주인이 된다는 것

이렇게 해서 남방이 새롭게도 과거에 확고한 근거를 갖고, 그리고 가
장 손에 넣기 쉬운 성공의 가능성으로서 비춰졌다. 그 분위기는 『오사
카마이니치신문大阪每日新聞』오키나와판(1942년 2월에 가고시마鹿兒島섬 오키
나와판에서 오키나와 하나의 현판縣版으로 독립한 것으로 추정된다)의 지면 구성
에 잘 드러나 있다. 당시 오키나와판 편집을 한 손에 쥐고 있었던 자는
같은 신문의 나하 통신국장通信局長인 도요히라 료켄豊平良顯이었다.[48] 다
양한 요소를 배치해야 하는 현지의 현縣 신문과는 달리, 『오사카마아니
치신문』의 오키나와판은 도요히라가 자신의 창의적인 생각을 전면적
으로 전개할 수 있는 독무대獨擅場였다. 지면의 특색은 좌담회나 칼럼
등을 활용해서 기동적인 구성을 만들고, 현장의 살아있는 목소리를 반
영시킨 점에 있었다. 더구나 현장의 목소리에는 정치·경제 관계자보
다 지역의 교원이나 중견인물이랄 수 있는 농촌의 지도층 등이 많았다.
또한 문화 방면의 기사가 현저하게 늘어나 있는 것도 놓칠 수 없다. 좌
담회는 많은 경우 도요히라가 사회를 맡아서 적극적으로 논의를 구성
해갔고, 그는 '향토자랑鄕土自慢' 즉 지방문화를 발양함으로써 오키나와
인의 자부심을 회복하며, 이것을 남방발전의 가능성에 접속시키는 일
에 부심하고 있었다. 이런 식으로 지면을 구사하여, 남방을 향한 오키
나와인의 욕구가 정당하고, 또 역사적으로 증명할 수 있음을 호소해갔
다. 여기서는 그 가운데에서 두 가지 경향을 들어보자.

첫째, 남방발전에 더불어서 역사의 대규모 수정과 다시 읽기가 전
개되었다. 전형적으로는 『오모로사우시』의 독해가 변화해갔다. 그때

---

48 豊平良顯에 대해서는 眞久田巧 집필, 「人物列傳·沖繩戰後新聞の軌跡 24~35 / 豊平良顯
1~12」, 『沖繩タイムス』, 1998.6.16~9.1 참조.

까지 고古일본의 정수를 담고 있는 고어古語의 집성으로서 순연한 일
본 고전의 측면이 강조되어 왔던 오키나와의 고전문학은, 이제는 거
기에서 읊어진 신을 향한 염원의 언어를 가지고 '대동아공영권'의 필
연성을 증명하는 역할을 담당하게 됐다.[49] 게다가 이것은 '학문적인
성과'에 의한 정당화로서, 마침내 남방과의 관계까지도 '발굴'하기에
이른 것이다. 하네지손羽地村의 고요古窯유적을 발굴한 결과, 그때까지
조선 도공의 도래로 시작됐다고 알려져 왔던 오키나와의 도업 역사
가 그 이전 시기 남방계의 기술이 전파된 것으로 밝혀졌다. 조선·중
국과의 역사적 관계가 배제되고, 남방과의 관계가 물질적으로 확증
된 것이다.[50] 야나기타 구니오柳田國男의 훈도를 받은 미나모토 다케오
源武雄는 '대동아 민속학'을 제창했는데, 그 역시 마찬가지의 흐름에 위
치하고 있다고 말할 수 있다.[51]

둘째, 신문지면을 살펴보면 국가나 현 당국이 추진하는 '남진'에 응
해서 사람들이 거기에 어떤 꿈을 기탁하고 있는지, 그 일단을 살필 수
있다. 당시 좌담회를 보면, 교육·공업 등과 관련한 '향토자랑'과 나
란히 남방에의 기대를 말하는 좌담회도 열렸다. 「남방으로 가장 먼저
들어가는 좌담회南方一番乗り座談會」라는 제목이 붙은 연재를 보면, 남방
발전의 꿈을 실현하기 위해서 어떠한 폭력이 상상되고 행사되려고
했는지를 여실하게 알 수 있다.

335

「世禮二中教論談 / 大東亞共榮圈建設の歌 / 五白年前 おもろ にうたはれている」,『大朝』오키
나와판, 1942.8.5.

「南方系古陶器 發掘 / 沖縄陶業史を覆へすに足る好資料」,『大朝』오키나와판, 1942.9.6.

源武雄의 궤적에 대해서는 屋嘉比收, 앞의 글이 자세한 사정을 있는 대로 논하고 있다.
또한 민속학자가 야나기타 구니오의 의도를 넘어서 '대동아민속학'을 제창한 것과 마찬
가지로, 민예운동도 야나기의 의도를 넘어 '대동아공영권'의 민예에 적극적으로 가담하
고 있다. 金谷美和,「「民衆的工藝」という他者形象—植民地狀況下における日本民
藝運動」,『民族學研究』64권 4호, 2000; David Coates, "Japan's Mingei Movement and The
Pacific War",『京都精華大學紀要』6호, 1994를 참조.

그때까지 남방에서는 미영인美英人이 '주인'이고 일본인은 '손님'이었지만, "이번 전쟁에서 완전히 바뀌어서 일본인은, 주민의 입장에서 말하면, 주인이 되었다"라고, 현 경제부장은 어업자漁業者를 송출하는 포부를 말하고 있다. 여기에서의 '주인'은 이중의 의미를 갖고 있다. '손님'에서 '주인'이 됨과 동시에, 노예를 가짐으로서 오키나와인은 '주인'이 될 수 있다는 것이다. '손님'이라는 표현에는 구미인은 지배권을 쥐고 있을 뿐만 아니라, "그쪽 주민과 같이 일을 시킬 수 있는 토인土人으로 취급"되는 현실이 있고, 자신의 힘으로 어선漁船을 새로 건조해도 '토착주민의 소유명의'라는 '치욕'을 감내하지 않으면 안 된다는, 원망과 한탄이 현지의 주민들에게도 향해져 있다.

그러나 '공영권'의 지도민족으로서 제국의 후원자와 폭력을 배경으로 오키나와인이 다시금 남방에 모습을 보였을 때, 이러한 복수復讐의 감정은 굴절해서, 애무의 시선으로 변모했다. 오키나와인은 자신들이 '주인'이 되기 위해 행사할 폭력을, 말하자면 사전에 망각한 것이다. 가령 필리핀에서 어업을 하다가 일미관계의 악화로 고향으로 돌아와야 했던 어느 사람은, "지금 자랑할 만한 건설 전사의 한 사람이 되어 배에 올라타게 되어 왠지 모르게 필리핀 섬사람들比島人이 사랑스럽게 느껴져, 그들과도 친밀하게 융화로서 서로 함께 동아를 개척하자라는 생각이 들었습니다"라고 거리낌 없이 서술했다. 이것은 필리핀에서 돌아온 다른 사람들이 말한 "앞에서 주민에게 괴롭힘을 당했던 것을 돌이켜서 일본인으로서의 명예를 회복하고 싶다"라는 발언과 동시에 욕구될 수 있었던 것이다.

더구나 '건설전사'의 사명은 구래의 권리를 회복하는 데 있었던 것이 아니라, '주인'이 되는 현실의 기반에서 구해졌다. "노동력만을 제공하는 것이 아니라 자금도 배도 스스로 갖고 있어서 그것으로 개척해 가는 방법"을 모색하거나, 어민을 착취하지 않고 어업조합조직에 의한 경영을 희망한다는 발언 등을 볼 때, 어민들의 바람이 어디에 있었는지 명확하게 알 수 있다. 그들에게 있어서 '주인'이 된다는 것은 노동자의 지위에서 벗어나, 그것이 공동共同이던 상관없이 경영자·자본가 즉 자신이 주인이기를 지향하는 것이었다.[52]

하지만 남방을 향한 욕구는 제해권의 상실 등 전국戰國이 악화되자 급속히 현실감을 잃어갔다. 그 경위는 무엇보다도 아시아·태평양전쟁 시기에 아사토의 이동이 잘 상징하고 있다. 아사토는 1941년, 『오키나와해양발전사』의 간행과 동시에 문부성 도서감수관보에 발탁되어, 도쿄에서 교과서 조사에 종사하게 됐다. 이어서 다음해에는 남방사정관으로 필리핀에 부임했는데, 그는 입신과 웅비를 동시에 체현한 인물이라고 할 수 있다. 그러나 1944년 7월, 지방시학관地方視學官·오키나와현 교학과장으로 오키나와로 되돌아온 그가 직면했던 것은 오키나와전쟁으로 붕괴된 향토였다.

337

4. 민족의 멸망을 예감한다

1) '신오키나와 건설'의 내실 — 오키나와의 독자獨自적 교과서에 쓰여진 것

오키나와전쟁으로 오키나와 본토는 중남부를 중심으로 하여 괴멸

---

52 이상 「南方一番乗り座談會 1~4」, 『大朝』 오키나와판, 1942.5.14~17.

적일 정도의 타격을 입었다. 폐허에 선 오키나와인들은 누구나 할 것 없이 부흥은 요원한 일이라고 생각했을 정도였다. 더구나 패전으로 식민지·점령지로부터 많은 사람들이 귀환했으며, 규슈九州 등 각지에서 소개疏開됐던 사람들도 속속 귀환했다. 오키나와인에게 있어서 물질적인 궁핍함은 정도가 심해지면 심해질수록, 이 난국을 타개하기 위한 정신적인 고무가 요청되었다.

이 아이덴티티의 부흥 작업은, 특히 교원에게는 심각한 과제였다. 전시 동안, '귀축영미鬼畜英美'를 제창했고 '방언박멸'의 파수꾼이 되었던 교원이 이번에는 적이었던 미군의 점령하에서 꿋꿋하게 살아갈 긍지와 구체적인 방도를 가리켜 보여주지 않으면 안 되었다. 물론 교원이 새로운 환경에 순응하고자 한다면, 그것은 민중에게는 증오해야 할 배반이고, 자신에게서도 일본 국가 안에서 구축했던 삶을 부정해야 하는 것이었다. 그러면 이렇게 곤란한 상황 속에서 교원은 어떠한 문화의 재구축을 지향했던 것일까. 그리고 거기에는 전시 경험이 어떤 형태로 그들을 규정짓고 있었을까.[53]

교원이 만든 신생 오키나와의 모습은, 점령 초기에 미군의 명령으로 편수된 오키나와의 독자적인 교과서에 결정화되어 있다. 여기에서는 편수의 책임자였던 나카소네 세이젠仲宗根政善이 남겨둔 글을 통해서, 그들의 의도를 읽어내고자 한다.[54]

교과서 편찬에 즈음해서 나왔던 방침에 따르면, 새 교재는 "그 대

---

53 점령 초기의 교육제도에 대해서는 우선 오키나와현교육위원회 편·발행의 『沖繩の戰後敎育史』, 1977. 川井勇, 「戰後沖繩敎育'再建'の意識と構造」, 『沖繩大學紀要』 10호, 1993을 참고하길 바란다.

54 나카소네 세이젠에 대해서는 아래를 참고하길 바람. 長元朝浩 집필, 「相思樹に吹く風—仲宗根政善と時代」, 『沖繩タイムス』(연재), 1991.6~1992.4(제1부)·1993.9~12(제2부); 오키나와언어센터 편·발행, 『追悼·仲宗根政善』, 1998.

부분을 오키나와 관계에서 제재를 취한 오키나와의 길道, 즉 신오키나와 건설의 정신을 체득하게 만들어 오키나와건설의 의기로 타오르게 만들고자 한다"는 입장에 주의해서 작성되었다. '오키나와의 길'에 대해서 나아가 부연하기를, "오키나와의 역사를 꿰뚫어 일관된 정신은 배와 노舟楫로 나루터와 다리津梁로 삼는 발전정신이다. 사해四海를 집으로 삼고 여러 외국의 장점을 섭취해 용해시켜 자기 약롱藥籠의 것으로 만들어 세계문화의 앙양에 노력했던 것이다. / 이 발전 포용의 정신을 교재에 구체화하는데 노력하고, 덕육德育이라는 이름에 숨겨져 위축퇴영畏縮退嬰하는 백성民을 만드는 그런 교재는 없애도록 노력하고, 명랑 활발하게 해서 실천력이 왕성한 성격을 배양하게 만들고 싶다"고 목표를 설정하고 있다.[55]

여기에 아사토의 『오키나와해양발전사』의 그림자를 쉽게 발견할 수 있다. 실제로 오키나와전쟁에서 살아남아 오키나와인 민정기관의 문교부 지도과장이라는 요직에 있었던 아사토는 교과서 편찬에도 깊이 관여했다. 나카소네의 만년의 회상에서도 편찬방침이 아사토의 전쟁 중의 관심을 변주한 것이었음을 확인할 수 있다.[56] 더구나 아사토의 관여와 영향력은 방침 수준에서 그치지 않았다. 중세 류큐왕국시대의 류큐인의 용감함에 마랏카왕이 감탄하는 장면이나, 근대에 들어와 필리핀의 벤겟트 도로 건설에 공헌했던 오키나와인 이민 이야기 등 등사판으로 인쇄된 속성교과서의 기술을 보면, 『오키나와해양발전사』 속의 삽화나 사료를 번안한 부분을 분명하게 찾을 수 있다.[57]

339

---

55 「教科書編纂方針」(1946), 琉球政府文教局 편, 『琉球史料 제3집·教育編』, 琉球政府, 1958에 수록, 247면.
56 류큐대학 부속 도서관 소장 나카소네 세이젠의 언어자료(이하 나카소네문고라고 약칭), 「太く短く安里延君」, 『日記(昭和62年)』, 238면.
57 가령 「マラッカへの船」(4학년용)에는 『發展史』의 273~274면이, 「沖縄船とポルトガル船」(8

거기에는 전시戰時의 꿈이라는 문맥이 기입되어 있다. '해외발전'의 이념과 욕구는, 이렇게 오키나와전쟁을 넘어서 지속됐다. 설사 그것이 이번에는 미국이 의도한 비일본화·류큐화에 의한 일본-오키나와 이간책離間策에 영합한 것이었다고 해도, 거기에 담겨진 '자주자율의 정신'을 구하는 바람은 독자적인 것이었다. 나카소네는 메모에서 다음과 같이 흥분한 기색으로 결의와 포부를 쓰고 있다. "이번에는 오키나와의 아이들만을 위한 교과서를 만들었다. 우리가 바랐지만 (교과서를−역자 주) 만드는 일은 허락되지 않았는데, 지금 그 허락되지 않은 것이 우리에게 맡겨진 것이다. 교육이 그 지방 지방에 의해 특수성을 가져야 하는 것은 말할 필요도 없다. 그 특수성을 가지고 있어야지만 진정으로 아이들은 자랄 수 있는 것이다."[58]

그런데 "현재 우리 섬 전체는 망으로 둘러쳐져 있다"[59]라는 탄식 가운데에서 교육자들은 어떻게 꿈을 추구할 수 있었을까.

340

학년용)에서는 『발전사』 369~371면이 대응하고 있다. 교과서의 기술에 대해서는 「教科書の文例」, 中野好夫 편, 『戰後資料 沖縄』, 日本評論社, 1969, 31~34면을 참조. 아사토가 벤겟트 도로공사의 기술을 제안한 점은 나카소네문고, 위의 글, 239면 참조. 다만 벤겟트 도로 건설 노동자를 차지한 오키나와인 이민의 실제는, 그 총수의 1할이 되지 않는다. 早瀨晋三, 『「ベンゲット移民」の虛像と實像』, 同文館, 1989, 131~133면. 교과서에는 이 이외에도 전전의 오사카 돈벌이를 암시하는 것 등, 분석을 필요로 하는 몇 개의 모티프가 채용되고 있고, 편수자들이 담은 생각을 읽어낼 수 있다.

58 나카소네문고, 『新教育への歩み』, 48면. 본 자료는 그 작성경위나 내용에서 1946~47년경의 메모로 추정할 수 있다. 또한 나카소네의 이 기술은 "일본에서 떨어져 모두가 오키나와적인 것(교과서−필자 주)을 만들겠다는 강한 결의가 있었던가라고 말한다면, 그것은 없었다고 나는 생각한다"라는 그 자신의 복귀 후의 증언과 명확히 모순된다. 나카소네 세이젠, 「美軍占領下の教育裏面史」, 新崎盛暉 편, 『沖縄現代史の証言』 하, 오키나와타임즈사, 1982, 193~194면.

59 나카소네문고, 위의 책, 56면.

2) 지속하는 해외발전론, '문화적 자원'으로서의 언어

교과서의 내용을 설명하기 위해 전 섬의 여러 군데에서 개최된 강습회에서, 나카소네는 '오키나와의 길'을 변주하며 반복했다.

우선 첫째로 '해외발전의 정신'이 여기에서도 고취되었다. 중세의 오키나와인은 "배와 노를 나루터와 다리로 삼았다. 이러한 적극적인 정신으로 충만해 있었다. 이것이 항상 우리의 정신을 고무하고 격려하는 문화적 자원이 되었다"고 이해되었고, 교육에서는 이 정신을 활성화하자는 요청이 항상 반복되었다.[60] 확실히 여기에는 어느새 일본제국의 남방 '지도민족'으로서의 오키나와인의 적절성이 찬양되어 있거나, 중세 류큐인의 '제해권'이 그대로 제국의 세력권으로 상상되어 있지 않았다. 문제는 그러한 분식粉飾이 제국의 붕괴와 미군의 점령으로 사용될 수 없음에도 불구하고, 그 핵심에 있는 오키나와인에게 권능을 부여하고자 하는 의지는 여전히 건재했다는 점이다. 더구나 나카소네는 해외발전을 향한 '적극적인 정신'을 '문화적 자원'이라고 바꿔 말하고 있다. 이것은 총력전 시기의 문화 동원을 뚫고 나간 후가 아니고서는 할 수 없는 말이고, 1940년대를 일관한 오키나와의 궁핍에 대해서 문화를 '자원'으로 파악해, (그것을—역자 주) 적극적으로 활용해가고자 하는 의지였다.

게다가 지적해 둬야 할 것은, 이 궁핍했던 시기의 문화 동원이 어떠한 폭력을 낳았는가 하는 점이다. 1940년대 후반의 오키나와에서는 일본에서 분리됨으로써 류큐처분 이래로 일본의 차별과 오키나와전에서의 '우군'·'동포'의 잔학함이 비판의 대상이 되었다. 그래서 오

---

60 위의 책, 34면.

히려 자신들을 구식민지의 인민과 같은 입장으로 사고하는 장면도 있었다.[61] 그러나 다른 한편에서 곤란한 상황에서 탈출하기 위한 방책을 필사적으로 구한다면, 그런 태도와 모순되는 발언까지도 행해질 수 있었다. 발전의 방향은 오키나와의 귀속 문제와 밀접하게 결부되어 있다고 나카소네는 시사했고, "일본에 돌아간다면 남방을 향해서는 한 발짝을 내딛는 것조차 지금은 허락될 수 없기" 때문에, '일본 본토'에로의 이주를 장려하고, 개척사업에 참가하지 않으면 안 된다고 관측했다. 한편 "만약 미국인에게 붙으라고 한다면 우리는 이 남양의 미개척지를 반드시 오키나와인에게 주도록 ~~조르고 졸라서~~(가운뎃줄은 원문) 생활해 가지 않으면 안 될 것이다." 그것은

> 삶의 권리이다. 그렇게 해서 지나 대륙으로도 건너가지 않으면 안 되었다. 해외발전은 침략주의도 다른 무엇도 아니다. (…중략…) 우리는 억누르는 이 **괴로움**을 다음의 **비약의 근거**로 삼는 것이 절대적으로 필요하다. 언제까지나 우리가 이 섬의 철망 안에 감금되어 있어서는 안 된다. 무언가 이 섬의 철망을 풀어내지 않으면 안 된다. 이것을 구해 가는 것은 지상에서 생명을 받은 존재의 당연한 권리라고 생각한다.[62](강조는 원문)

'해외발전의 정신'이란 발전을 위한 자원이 오키나와 내부에 없기 때문에 구축된 관념이고, 일본제국의 중심에서 살고자 한 지식인이 짜낸 남양사관南洋史觀과는 다르다. 그러나 그 때문에 생존권의 주장은, 전후 이전에 자신들이 '해외'에서 무슨 짓을 했고, 그 결과가 어떻

---

61 鳥山淳, 「'沖繩の自治'への渴望—戰後初期政黨關係史料にみる政治意識」, 『沖繩縣史硏究紀要』 4호, 沖繩縣敎育委員會, 1998을 참조.

62 나카소네문고, 『新敎育への步み』, 74~75면.

게 됐는가를 잊게 만들었으며, 그리하여 전적으로 자신들을 피해자적인 관점에서 사고하는 틀이 되었다. 나카소네의 "해외발전은 침략주의도 다른 무엇도 아니다"라는 절규에 가까운 발언은, 허위의 정당화일리 없다. 그것은 전시하의 곤경과 총력전 시기의 문화 동원 안에 그들이 구했던 세계관, 즉 폭력까지도 마다하지 않은 결단의 기초 그 자체였다.

'해외발전의 정신'이 '문화적 자원'이라고 명명될 수 있다면, 다른 하나의 중요한 문화적 자원은 언어이다. 지금까지의 연구에 따르면, 점령 초기의 교원은 전전 '황민화'교육에서 가졌던 의식을 그대로 갖고 전후에도 어떠한 미혹됨도 없이 일본어(표준어)를 선택했고, 복귀운동에서도 그것이 유입되었다고 한다.[63] 그러나 점령 초기의 그들의 선택은 그렇게 단순하지 않았다.

나카소네는 왜 오키나와방언이 아니라 '표준어'를 장려하지 않으면 안 되는가라고 자문자답하는 가운데, 오키나와는 많은 '문화재文化財'를 일본을 통해서 손에 넣지 않으면 안 되었는데, 그 '문화재'를 오키나와에 이입할 무렵의 도구가 표준어였다고 말했다. 나카소네는 "물론 방언은 우리의 생활과는 따로 떼어놓을 수 없는 것이고, 또 종래와 같이 그렇게 죄악시해야 할 것도 아니고 멸시해야 할 것도 아니다"라고 인정하면서도, "방언을 중심으로 한 언어생활은 자기 자신의 생활권을 축소하는 일이다"라고 했다. 여기서 그가 오키나와방언으로는 오키나와인의 발전 가능성을 빼앗긴다고 걱정했던 것을 알 수 있다. 그것은 단순히 사용할 수 있는 범위의 문제가 아니었다. 앞에서 서술한 '문화재'와의 관계에서 보자면 '문화인으로서의 생활'에 이바지하

343

---

63 가령 川井勇, 앞의 글.

기 위해서는 표준어 사용이 필수적이라고 생각되었고, 민족적 귀속 문제보다는 일종의 계급문화로서 언어가 상정되었던 점을 알 수 있다. 이러한 사고는 '방언논쟁'에서의 오키나와 측의 반발을 상기시키면 흥미롭기 그지없다.

나카소네가 일본어를 선택한 논거는, 일본어와의 밀접한 관계를 전제로 해서 자기의 의지를 표현하는 데 새롭게 영어를 받아들이는 것보다도 일본어 쪽이 효과가 높다고 생각했던 바에 있다. 그 근저에는 "인간의 언어풍습습관은 ~~전적으로 다른 것을 취해~~(가운뎃줄은 원문) 언어를 받아들일 때 도대체 몇 년을 거쳐야지만, 과연 진정으로 자신의 사상을 낳을 수 있을까. 영어로 자기 자신의 사상감정을 충분히 표출할 수 있기까지 도대체 몇 년이 걸릴까"라는 식의 반어적 물음이 있다. 게다가 그 물음에는 다시금 찾아온 피정복 = '세상의 바뀜世替わ り'에 의해서, 과거에 고심해서 얻은 '재산財'이 무효가 되는 것에 대한 원망과 한탄 및 공포가 깊이 묻어 있다.[64] 더구나 이 선택에는 단순히 기능적인 가치의 경중에 의한 판단이 아니라, 미군에 대한 강한 비판이 깔려 있다.

3) 노예화의 공포

'신오키나와 건설'의 대극에서 예감할 수 있는 것이 '오키나와민족'의 '멸망'이다. '멸망'의 구체적인 모습은 오키나와인이 기지 노무자가 되고, 오키나와 전체가 미군을 위한 노동력 공급지가 되는 것이었다.

---

[64] 나카소네문고, 『新教育への歩み』, 38~44면 참조.

남양군도에서 돌아온 정치가 중에는 장래의 '훌륭한 자본가'를 노려서 지금은 '일개 노동자'로서 갱생하고자 한다고 노래하는 자도 있었지만,[65] 현실의 기지노동에서 그러한 전망을 발견하기란 불가능했다. 기지는 일할 수 있는有爲 젊은이를 상대적으로 높은 임금으로 흡인하며, 또 농지를 빼앗아 지역을 붕괴시키는 존재에 지나지 않았다. 더구나 기지야말로 영어가 노골적인 폭력에 의해서가 아니고, 경제에 의해 오키나와를 지배하는 상징적 장소이다. 미군의 '영어교육'에 관한 성명은 점령하의 '영어'의 가장 중요한 기능을 증명하고 있다. "류큐가 자주경제를 획득하기 위해서 류큐인이 갖고 있는 가장 중요한 것"은 '노동력' 이외에는 아무 것도 없었다. "노동력은 현재는 물론 장래에도 진주군進駐軍에게 팔릴 것이다." 따라서 노동력을 "보다 효과적이고 보다 능률적으로 사용하는 데에는 류큐인이 배울 수 있는 영어어학실력英語力의 정도 여하에 달렸다."[66] 이런 '류큐인'이란, 미군에 의해서 일방적으로 수급관계가 결정되는 상황에서 노동력을 팔아서 생활하는 것 이외에는 다른 방법이 없었던 존재로서 타율적으로 규정된다. 그래서 그들의 존재 근거는 그 노동력의 효과적인 사용에 한정되어 갔다.

게다가 교원의 봉급삭감안이 나오게 되자, 나카소네는 드디어 '멸망'을 예감했다. 봉급이 삭감되면, 오키나와의 부흥을 지지하는 지식인이 대거 기지 노동력으로 흘러갈 것은 필연적 사실이고, 교육의 질

345

---

65 1947년 5월 5일에 개최된 「沖繩の建設 懇談會」 기록에 大宜味朝德의 발언, "현재야말로 우리는 일개 노동자이지만 장래는 반드시 훌륭한 자본가가 될 수도 있기 때문에 노동자도 잘 그 점을 자각해서 노동에 대한 관념을 바꾸지 않으면 안 됩니다." 오키나와 현립도서관 향토자료실 比嘉春潮文庫, 『沖繩の現狀報告』(SK312・N42). 더욱이 여기에서도 어떻게 해서 '주인'이 되는가라는 전시戰時 시기 오키나와인의 관심이 스며 나오고 있는 것에 주의하고 싶다.

66 「琉球人の英語力は勞働條件に重要な關鍵／'英語教育 軍の方針明示」, 『沖繩タイムス』, 1951.3.14.

저하로 귀결될 것이어서 영원토록 현재의 상태에서 위로 오를 수 없게 되기 때문이다. 나카소네는 삭감안을 '우민정책'이라고 비판했고, 이대로 가다가는 "오키나와는 단지 노무자의 공급지에 지나지 않고, 새로운 평화의 시대에 서서 문화사회를 건설해 세계와 나란히 세계 인류의 복지증진에 공헌하고자 하는 우리의 이상은 전적으로 사라져" 버리고 만다고, 그 말로를 걱정했다. 주목해야 할 것은, 나카소네가 계속해서 "다만 남양의 토인과 등수를 가릴 수도 없는 지경에 이르는" 것은 아닐까라고 두려워했다는 점이다.[67] 여기에는 전전 남양군도에서 받았던 오키나와인에 대한 차별적 대우가 겹쳐져서, 식민지화의 공포가 기억에 의해서 더 강고하게 되는 과정이 반영되어 있다.

교원의 시선으로 본 일본으로부터의 '해방'이란 대략 이러한 것이었다. 군정하의 오키나와인 민정기관(오키나와 자순회諮詢會)에 참가했던 정치가들(다만 그들 가운데 교원 출신자도 적지 않았지만)처럼, 미군하에서의 '자치'에 류큐왕국의 부흥을 몽상하는 일 따위는 있을 수 없는 일이었을 것이다. 나카소네는 미군정에 과대한 기대를 기탁한 사람들은 "미국의 품에 따뜻하게 안겨 있는 것 같은 착각"을 가졌다고 가차 없이 비판했고, "오키나와는 실은 한층 더 비참한 오키나와가 되고 있고 한층 더 작은 오키나와가 되고 있다"고 절망했다.[68]

이렇게 해서 교원들은 미군에 대한 비판적인 태도를 간직해 갔다. 나카소네는 또한 미군의 명령으로 작성한 교과서를 설명하는 강습회임에도 불구하고, 반복해서 자주성을 역설했다. "우리는 미국의 지배하에 있지만, 우리의 생각조차 미국의 지배를 받아서는 안 된다"[69]고,

---

67 나카소네문고, 『新教育への步み』, 155면.
68 위의 책, 43면.
69 위와 책, 39면.

애써 미군과 거리를 두고 있었다. 여기에서 그들은 전전의 자신들의 언동을 모두 부정하는 것이 아니라, 오히려 미군과 미국과의 대비를 통해서 "당연 일본으로 붙어야 할 이치理"[70]의 불가피성을 강조해 갔다. 이에 앞에서 말한 언어의 선택이 맞물려 관련되어 있는 것이다.

그러나 1940년대 후반의 오키나와인에게 있어서 일본인은 **우리를 죽인 '우군友軍'**이었다. 나카소네는 '일본에 붙기' 위한 최대의 장애에 대해서 다음과 같은 말로 설득하고자 했다.

> 전쟁 중 우리들 (마음-역자 주) 속에서 부글부글 끓어올랐던 열정 그 자체는 결코 잘못된 교육의 결과만으로 생각할 수는 없다. 국가의 위급함에 즈음해서 일본인이 가졌던 기분이 우리에게도 가득 차서 넘쳤던 것이다. 우리의 가슴에는 타국을 위해 자신이 전쟁하고 있다는 의식은 조금도 없었다. 우리가 일본 국민의 충량한 신민임에는 조금의 틈도 없었던 것이다. 그것으로 족했지만 스파이라고 부르는 것에 우리 현민縣民의 한 사람 한 사람이 격앙했던 것이다.[71]

몇 겹의 해석을 필요로 할 이 표현에서, 적어도 미군의 폭력에 저항하기 위해서 일찍이 진정한 국민이었던 기억을 재활성화 하고자하는 시도를 읽어낼 수 있다. 오키나와의 독자적인 교과서에 대한 기대와 사명감은 위기 속에서 망각되어 갔다.

347

---

70 위와 책, 38면.
71 위와 책, 39면. (상세하게는 별도로 논하지 않으면 안 되겠지만) 나카소네가 본 자료에서 사용하고 있는 '민족'은, 몇 개인가의 사용례에서 '오키나와민족'을 의미하고 있음을 알 수 있다.

5. '복귀'를 향한 도약

이상과 같은 오키나와인의 착종된 바람은, 두 가지 조건에 규정되어 있었다. 하나는, 이때까지 오키나와의 지위가 애매했다는 점이다. 다가올 강화조약까지 (오키나와의−역자 주) 주권이 어디에 귀속되는가 하는 문제는 이도 저도 아닌 채로 방치되어 있었다. 이것이 바로 자치와 자립을 모색하여 다양한 선택지를 두고 논의할 수 있는 바탕이 되었다. 둘째, 동아시아의 국제질서가 어떤 형태로 귀착될 것인가에 대해서 예상을 할 수 없었던 점은 '해외발전'이라는 꿈의 지속 여부와 불가분의 관계에 있었다. 일본에 의한 국제질서의 폭력적 파괴 속에서, 오키나와인이 틈으로 살짝 엿봤던 남방에의 발전 가능성은 패전으로 상실됐다. 그렇다고 하더라도 일본제국의 붕괴에서 아직 안정적인 질서를 전망할 수 없는 1940년대 후반의 아시아에서 수년 전의 경험을 오키나와 지도층이 꿈꾸는 것은 여전히 가능했다.

그러다 1950년 전후, 자치와 발전을 둘러싼 상황에 결정적인 전기轉機가 찾아왔다. 조선반도와 중국이 분단된 채 국민국가로 형성되자, 미국은 1949년 후반부터 오키나와 전 섬의 요새화를 목적으로 항구적인 기지 건설을 개시했다. 이것에 조선전쟁 발발이라는 현실적인 뒷받침을 받자, 이로부터 오키나와(의 기지 건설−역자 주)의 중요성이 샌프란시스코 강화조약 제3조로 드러나듯 미국의 배타적인 통치 요구로 현실화되었다. 오키나와는 '국가 없음Stateless의 고정화'(鹿野政直)로 '고도의 자치'는커녕, 전전에 누렸던 '제국신민'의 시점에도 이르지 못하는 예속상태를 강요받게 되었다.

'해외개발'을 몽상할 수 있었던 1940년대의 트랜스내셔널한 공간이 파괴되었고, 농지는 기지에 빼앗겼으며, 사람들은 미군을 위한 노동력으로서 간주되었다. 어느새 미국 아래에서는 '멸망'밖에 없다는 위기에 직면해서 전시 중의 구조적인 유산에서 자기를 유지해 왔던 오키나와 지식인과 지도층은 최종적으로 전회轉回를 결단했다. 선행 연구에서 명확히 밝혀졌듯이, 그때까지 자치·민주화·부흥을 개별적으로 구하고 있었던 정당이나 부인·청년·교원단체 등은 1950년의 군도지사 선거·다음해의 강화회의에 맞춘 복귀서명운동을 계기로 해서, 일제히 해방을 향한 자신들의 바람을 '복귀'에 기탁해서 운동을 조직해갔다.[72]

이럴 때에도 역사가 문제되었다. 더구나 이번에는 '자이니치在日 선배'에 의한 공감과도 닮은 외침으로 문제가 불거졌다. 미군이나 오키나와인 민정기관과 부흥·민주화의 방식을 둘러싸고 충돌했던 일을 위시하여, 일본을 탈출해 마침내 재본토 오키나와인 복귀운동의 대표적인 인물이 됐던 나카요시 료코仲吉良光는「오키나와 동포에게 보냄沖繩同胞に寄す」이라는 제목의 인쇄물에서, "치자治者가 될 것인가 피치자被治者가 될 것인가, 운명의 갈림길에 있는 오키나와다"라며 '동포'에게 복귀 진정陳情을 일으키도록 압박했다.[73]

나카요시는 "오키나와는 일찍이 일본 이외의 어느 나라에도 영유된 적이 없다"라며 일본에의 복속服屬이 당연하다고 생각했다. 그는 동포 가운데 "독립국 건설을 제창하는 것"은 "부강국 보호 아래에서의 독립론"을 그리고 있는 것에 지나지 않는다고 폭로했다. 그러나

349

---

72 鳥山淳,「復興の行方と沖繩群島知事選擧」,『一橋論叢』125권 2호, 2001.2; 森宣雄,「東アジアのなかの沖繩の日本復歸運動－臺灣·沖繩·韓國の脱冷戰·民主化運動」,『インパクション』103호, 1997 등을 참조.
73 仲吉良光에 대해서는 納富香織,「仲吉良光論－近代を中心に」,『史料編輯室紀要』25호, 沖繩縣教育委員會, 2000을 반드시 참고하길 바람.

그것은 이미 사츠마의 류큐 침공 이래로 "삼백 년 동안 이미 경험했던" 것이고, 수많은 압제로 말미암은 것은 아니었을까.

> 명목상의 독립제獨立制란 대략 이와 같다. 일본신헌법하에서 '오키나와현'을 부활하고 독립자치제하의 자유민임이 바람직하다. (…중략…) 명목상의 독립제나 신탁통치하에서는 자유로운 정신이 있을 수 없다. 오키나와 동포여, 우리와 우리 자손의 운명이 걸려 있는 강화회의가 다가온다. 조금도 주저해서는 안 된다. 즉시 일본복귀의 희망을 표명하는 진정서를 제출하시오.

사츠마 지배와 유비된 미국의 지배에 대한 나카요시의 비판은 날카롭다. 그러나 그런 그가 전망한 '자유민'에의 길은 일본에 다시 '영유'되는 일이었다. 이 역사의 무의식적인 선택에는 이하 휴유의 '메이지유신 = 노예해방'이라는 사고틀이 반복되고 있다. 그것은 나카요시가 다음처럼 간절하게 말하는 바에서 알 수 있다. "사이판 등처럼 신탁통치령이 되는 것은 오키나와인으로서는 탐탁하지 않을 터였다. 남양 제도諸島와 거리를 가지면서, 우리 오키나와는 문화 수준이 높고, 또한 자활自活하는 민족이다. 그들 남양 제도 사람들과 같은 위치에 떨어지는 것은 우리 조상과 선배님께도 송구스런 일이고, 우리의 교양을 비하하는 일이 됨과 더불어, 차대次代 현민縣民을 협소한 세계에 빠지게 만들 두려움이 있다." '피치자'로 전락될까 두려워하는 마음이 그 공감과 간절한 바람의 저변을 이루고 있는 것이다.[74]

---

74 이상 仲吉良光,「沖繩同胞に寄す」(1951.1), 나카소네문고,『雜記−教育關係』, 156~263면. 나카요시의 어투에서는 재본토 오키나와인의 '知名士'들이 재향토 오키나와인에 대해서 갖는 강고한 헤게모니를 엿볼 수 있다. 점령 초기에 있어서 재본토 오키나와인과 재향토 오키나와인과의 관계에 대해서는 戶邊秀明,「(史料紹介)戰後沖繩における政治活動の出發−比嘉春潮文庫資料『沖繩の現狀報告』の意義と射程」,『沖繩タイムス』, 1955.7.29.

'복귀'로의 비약은 나카소네 등의 교원에게도 나타났다. 조선전쟁 발발 약 1개월 전에, 사고로 아사토가 급사한 일은 상징적인 일처럼 보인다. 이것과 마치 쪼개진 징표를 맞춘 듯 야라 쵸뵤屋良朝苗 등 점령기 오키나와 교육의 중심적 인물이 등장했고, 교원집단은 오키나와 교직원회에 집결해서 복귀운동의 중핵으로 성장해갔다. 교원집단의 복귀 지향의 선택과 더불어, 아사토의 중요성은 사람들의 기억에서 옅어졌고 그는 단지 『오키나와해양발전사』의 저자로만 사람들에게 기억되었다. 그것은 나카소네 등이 교과서를 작성하면서 오키나와의 독자성을 그 속에 써넣고, 가열하게 생존권을 주장한 기억을 봉인해야지만 복귀운동의 지도성을 확보할 수 있었음을 말하고 있다. 복귀운동은 반폭력·인권사상을 근저로 하면서도, 오키나와인의 바람을 '일본인이 되는' 것에 수렴시켜 갔다.

그 영향은 '해외발전'의 꿈이 그 후 어떻게 변했는가를 살펴보면 잘 드러난다. 1955년 『오키나와 타임스』 사설은 이민정책에 충실하라고 류큐 정부에게 요구했고, "오키나와 이민의 우열優劣이 오키나와 및 오키나와인의 운명을 좌우"하기 때문에, 이민을 추진할 때에는 사전에 충분한 지도와 훈련이 급무라고 역설했다. 그러나 해외이민은 1957년을 정점으로 해서, 이후 감소로 뒤바뀌었다. 그리고 바로 이 해부터 오키나와는 본토로 향하는 집단취직이 시작됐다. 앞에서 말한 사설의 제언도 해외이민의 감소에 의해서 의미를 잃은 것이 아니라, 이 새로운 이민을 부르짖게 되었다. 더구나 사설은 '주민대중' 전체를 상정해서, 일상생활의 "후진성을 제거해 이국異國에 나가도 이상히 여겨지지 않는 '근대생활을 확립'"하는 것이야말로 '오키나와인의 운명'에 결정적인 의미를 갖는다고 호소했던 것이다.[75]

351

6. 결론을 대신하여

복귀운동의 출발에는 3중의 망각이 작동하고 있다. 첫째 망각은, 오키나와전쟁하의 '우군'에 의한 주민학살의 기억이 봉인됐다는 것이다. 나카소네의 말에 따르면, 그 망각은 미군에 저항하기 위해 필요한 (재)국민화를 행하는 데 있어서 필수적인 과정이었다. 문제는 '일본인이 되는' 것을 선택했던 것보다도 훨씬 깊게 저항과 자립의 거점에서 '국민임' 이외에는 선택할 수 있는 다른 어떤 것도 없었던 총력전을 거친 사회의 편성 그 자체에 있다. 두 번째의 망각은, 오키나와인 자신이 근대, 특히 아시아·태평양전쟁 시기에 식민지나 남방을 향해 어떤 욕구를 몽상했고, 폭력을 발동시켰는가의 기억이다. '피치자'의 입장에 놓여진 오키나와인은 일찍이 어떠한 의미에서 주인이 되려고 했던가를 봉인하지 않고는, 노예화의 공포 속에서 저항의 주체다움을 확보하기 어려웠다. 그리고 세 번째의 망각은 점령 초기에 안고 있었던 자립의 희망과 경험에 관련되어 있다. 일본으로부터의 강제적인 이간離間에 의해서든 아니든, 거기에서 오키나와인이 살짝 엿본 것은 미군의 '류큐인' 상像과는 다른 것이었다. 그렇다고 해도 자립을 향한 욕구는 전쟁 시기 '발전'을 노렸던 꿈과 밀접하게 연결되어 있었다.

그러나 이 망각에는 세 개의 주注를 붙여야 한다.

하나는, 망각은 미군정하의 궁핍과 폭력이 타자의 입장이나 책임의 문제를 논하는 계기를 봉해버렸다. 그 억압상황은 같은 점령이라

---

75 「(社説)輕蔑される沖縄移民」, 『沖縄タイムス』, 1955.7.29.

고 해도 본토와 비할 바가 아니다. 즉 점령하의 전쟁책임·식민지 지배책임의 논의구성도 저절로 독자적 위상을 갖지만, 오키나와에 '탈제국화'(駒込武)의 과제는 부과되지 않았다. 일본과 미국의 합작에 의한 미군의 직접 지배는, 무엇보다도 이러한 과제를 전후의 출발에서 오키나와인 자신이 극복할 계기를 박탈한 점에서 문제의 핵심이 있다.

둘째, 복귀운동은 망각에 의해 시작됐으면서도, 오늘날 기지 반대운동에 이르는 오랜 발걸음 속에서, 이 망각을 내파하는 힘을 키웠다. 그 과정은 본고의 과제 범위 바깥에 있지만, 전시·점령 초기의 자립에의 굴절된 바람과 (노예를 갖지 못하고) 자신의 주인이 된다는 현재의 과제와 연관되어 있다고 말할 수 있다.

그리고 셋째로 이 망각의 순간에도, 말해지지 않았던 기억과 감정이 전후의 많은 오키나와인의 흉중에 소용돌이치고 있었음을 지적하고 싶다. 본고에서 주목한 나카소네는 스스로의 표현을 한창 정리하고 있었을 때에도, 히메유리(ひめゆり) 학도대(學徒隊)의 인솔교사로서 생환한 여학생을 방문해 수기(手記)를 모으고 있었다.[76] 이 두 개의 나카소네 상(像) 사이를 가득 채우고 있는 침묵을 지금의 나로서는 도저히 꿰뚫어볼 수 없다. 여기에는 언어화되지 않은 아주 많은 단층이 끼어 있다. 오키나와 현대사는 그러한 역사(인식)의 임계점을 뒤적거리는 행위를 의연하게 우리에게 계속적으로 요구하고 있다.

353

---

[76] 'ひめゆり'상(像)의 변화와 오키나와 전후사와의 연관에 대해서는, 극히 간단하지만 戶邊秀明, 「沖繩」, 成田龍一·吉見俊哉 편, 『20世紀日本の思想』(思想讀本5), 作品社, 2002에 정리되어 있다.

쿵쾅쿵쾅과 번쩍 쾅[*]
'부흥'의 정신과 '점령'의 기억[**]

가와무라 미나토 川村湊

1. 쿵쾅쿵쾅의 전후

다자이 오사무太宰治의 「쿵쾅쿵쾅」이라는 작품이 있다. 26세의 청년이 다자이 오사무와 같은 소설가에게 보내는 서간체 소설로, 1945년인 쇼와 20년 8월 15일에 군대에 있었던 주인공인 '그'가 천황의 종전 선언 방송을 듣는 것으로 시작하고 있다. 그는 최후까지 항전을 계속하고 자결했다는 용맹스러운 젊은 중위의 이야기를 듣고 죽음을

---

[*] 【역주】쿵쾅쿵쾅의 일본어 표기는 'トかトントン'으로 망치소리의 의성어이다. 번쩍 쾅은 'ピカッドカン'으로 원자폭탄을 지칭하는 속어이다. 원자탄이 번쩍ピカッ하는 순간에 쾅ドカン 하고 터졌다는 데서 비롯되었다.

[**] 이 글은 임미진이 번역하였다.

생각하며 죽음만이 진실이라고 생각하던 시기에 "등 뒤의 군 막사 쪽에서 누군가 쇠망치로 못을 두드리는 소리가 미미하게 쿵쾅쿵쾅이라고 들렸다"고 말한다.

그 이후 "어떤 일에 감격해서 분발하려고 하면 어디선가 미미하게 쿵쾅쿵쾅 하는 쇠망치소리"가 들려오는 듯하여 그때마다 그는 "눈앞의 풍경이 일순간 변해버려서 마치 영사가 갑자기 중단된 뒤 하얀 스크린을 멀뚱멀뚱 바라보는 것처럼 뭔가 허무하고 바보 같은 기분이 든다"라고 쓰고 있다.[1]

환청인 '쿵쾅쿵쾅'은 '신주불멸神州不滅'이라든가 '팔굉일우八紘一宇'라든가 '멸사봉공滅私奉公'이라는 공허하고 관념적인 군국주의와 황국주의의 언설에 냉수를 끼얹는 효과음이라고 할 수 있다. 소설 속의 그는 시골의 3등 우편국에서 일하는 인물이다. 잠이 부족한 눈을 가슴츠레 뜨고 노동은 신성한 것이라는 말이 떠오른 순간, '쿵쾅쿵쾅'이라는 소리가 그에게 들려왔다. 그러자 그는 모든 것이 어리석어 보여 자신의 방으로 돌아와서 이불을 덮고 자버렸다.[2]

물론 그것은 패전 후의 허무감이다. 귀환병사와 특공대 패전병들이 폐허와 암시장에 득실거리는 야쿠자가 되어 거들먹거리면서 사는 찰나적 삶의 방식, 그 허무한 심정과 사고방식과 그다지 다르지 않았다. 믿고 있었던 것, 너무나도 굳게 믿고 있었던 것이 헛되고 공허한 것에 지나지 않았다는 괴로운 각성. 다자이 오사무는 교묘한 대화체로 사카구치 안고坂口安吾가 「타락론堕落論」에서 말한 '전후의 정신'을 구체적인 말로써 보여준 셈이다.

355

---

1   太宰治, 「トカトントン」. 초판은 1947년 『群像』 1월호에 발표. 이 글에서는 『비용의 아내ヴィヨンの妻』(新潮文庫), 新潮社, 1998(92쇄), 38면에서 인용.
2   위의 글, 40면.

사카구치 안고는 "천황을 위해 죽으리라"고 노래하면서 꽃이 지듯이 죽은 젊은이, 전쟁에서 살아남은 그들의 동료는 암거래 상인이 되고, 남자들을 보내면서 "천황을 지키는 군대로 가는 당신과 약속하나니"라고 노래한 여자들은 위패를 모실 새도 없이 다른 남자의 가슴에 안긴 상황을 지적하였다. 그리고 그는 이러한 '타락'이 인간의 본질이라고 갈파했다.[3] 그러한 빠른 변신, 전신轉身의 분명함이야말로 인간의 본성으로, 안고는 그것을 '전후의 정신'이라고 본 것이다. 그러나 ('전후의 정신'을) '타락'이라는 종교적이며 명백하게 마이너스적인 이미지를 가진 언어로 말한 점에서 오히려 사카구치 안고의 역설적인 반시대성이 있다고 볼 수 있다. 안고는 '타락'을 전면적으로 긍정하고 있었던 것일까. 전면긍정이라면 '타락'이라는 언어를 사용할 리 없다. 그것은 변화이며 현재에 대한 적자생존의 '적응'으로, 굳이 무시무시하게 들리는 '타락'이라는 언어를 사용할 필요가 없다.

다자이 오사무가 말한 '쿵쾅쿵쾅'은 이른바 '건설(재건)의 망치소리'이다. 나는 다자이가 건설적이며 미래지향적인 '명랑함'에 대한 적의敵意, 또는 그렇게까지는 아니더라도 빈정거리며 야유하는 감정을 어느 정도 가지고 있었다고 생각한다. 항상 건강하고 현실적인 인간이 있다. 전쟁종결의 조서방송을 들으면서 소리 높여 운 후에 태연하게 군의 창고에서 식료와 모포 등을 잔뜩 가지고 나와서 고향으로 돌아간 사람들. 그러나 어찌할 바를 몰라서 망연하게 8월 15일 태양의 한가운데에 우두커니 서 있었던 다자이는 '쿵쾅쿵쾅'이라는 부흥과 건설의 '망치소리'와는 대극에 놓여 있는 존재였다.

공습이 있을 때마다 방공호에 숨어서 어린 누이에게 '딱딱 산かちかち

---

3   坂口安吾, 『墮落論』. 초판은 1946년 『新潮』 4월호. 이 글에서는 『坂口安吾全集』 제4권, 筑摩書房, 1998, 52~60면에서 인용.

山'과 '꽃 피우는 할아버지花咲爺' 등 옛날이야기를 하는 것 이외에는 그 어떤 것도 할 수 없었던 무능력한 아버지. 소개疎開를 가는 열차 안에서도 아이들에게 먹이는 주먹밥을 거지처럼 받을 수밖에 없었던 중년 남성.[4] 다자이가 패전 직후에 재빠르게 변신하여, 날렵하고 교묘하게 행동하여 일본의 부흥과 재건에 나섰다고는 도저히 생각할 수 없다. 그런 짓을 할 수 없었을 뿐만 아니라, '일억총타락一億總墮落'이나 '일억총변신一億總變身(變心)'을 비스듬하게 괴롭게 보고 있었던 사람이 전후의 다자이 오사무라고 생각한다. 요컨대 다자이는 전후의 '부흥정신' 그 자체를 혐오했던 것이다.

이러한 생각에 이르자 나는 하나의 문제에 부딪치게 되었다. 전후 일본은 '부흥'해야만 했던가. '쿵쾅쿵쾅'과 부흥의 망치소리를 명랑하게 울리면서, 원폭의 잿더미에서 판잣집을 짓고 도로를 보수하며 전봇대를 세우며 '거리'를 복원하고 부흥시키는 것이 과연 진정 필요했을까? 물론 그러한 의문은 전후사회에 그리고 아마도 지금까지 단 한 번도 추궁되지 않은 질문일 것이다. 전쟁의 피해와 피재에서 일어서서 '부흥'하는 것은 당연한 일이며 '평화일본'을 재건하는 것은 전후라는 시대·사회에서 가장 중대한 과제였기 때문에 그 누구도 이것에 의문과 의심을 품지 않았다. 그러나 다자이에게서 볼 수 있는 청개구리 같은 비뚤어진 심사를 생각하면, 우리는 좀 더 깊이 "패배를 껴안고"(존다워), 원폭의 잿더미와 폐허에서 잠시 멈춰 있었어도 괜찮지 않았을까. 아니 잠시 멈춰서 있었을 수는 없었을까, 라는 의문이 든다.

---

4   다자이 오사무의 『오토기조시お伽草紙』의 각 편에는 전중과 전쟁 직후의 그의 생활을 보여주는 문장이 쓰여 있다. 그것을 기초로 서술했다.

2. 진주進駐와 검열

　　1945년 8월 6일 히로시마는 한 발의 원자폭탄으로 궤멸상태가 되었다. 피해는 사망자, 부상자를 합쳐 40만 명으로 당시 히로시마의 인구의 90% 이상에 달했다. 그러나 그것은 직접적인 피해자를 추정한 수에 불과하고, 간접적 피해자인 태내胎內 피폭에서 유전성 장해까지 합치면 셀 수 없을 정도로 방대한 수에 달한다. 물론 인적 피해뿐만이 아니다. 붕괴되고 불타버린 건물과 건축물, 공장, 학교, 관공청사와 다리, 그리고 공원과 시설 게다가 동식물과 교통기관, 전봇대, 전선, 케이블 등 도시의 기반시설을 합하면 당시의 금액으로 몇억 엔, 몇십억 엔이라는 막대한 피해를 입었다.

　　원폭피해가 보도되었을 때, 사람들은 히로시마가 70년(혹은 75년) 이상 죽은 마을로, 또다시 부흥하는 일은 없을 거라고 말했다. "초목은 물론 모든 생물은 서식 불가능"이라는 미국의 설명이 신문에 보도되었다.[5] 방사능 피해의 심각성이 서서히 드러남으로써 70년 이상 생물이 자라지 않을 것이라는 '70년 생물불모설'과 같은 비관적인 견해는 강세를 띠면 띠었지, 결코 약해지지 않았다. 동식물의 피폭, 토양과 지하수의 오염, 생체실험과도 유사한 방사능장애가 새롭게 발견되었고, 발병과 발증도 일어났다. 히로시마는 '죽음의 섬'이라는 이름으로 불려도 이상하지 않았다.

　　원폭투하의 장본인인 미국정부는 일본의 포츠담선언 수락 후, 일본에서 점령정책을 실행했다. 1945년 8월 28일 점령을 위한 진주군으

---

[5]　中國新聞社 편, 『ヒロシマの記錄―年表・資料篇』, 未來社, 1966a, 10면.

로서 우선 연합국군 제8군 제11공정空挺사단과 제27보병사단이 선견대로 일본에 들어왔다. 30일에는 연합국군 최고사령관 맥아더 원수가 도착하여 GHQ미태평양군총사령부를 설치하는 동시에 일본전토에 점령군이 진주하기 시작했다. 히로시마 지구에는 시버트 소장을 군단장으로 한 제10군단 41사단 제162보병연대가 10월 6일 히로시마 만에 상륙했고, 제1대대가 구레吳 지역의 해군공장을 접수했다. 그리고 7일에 나머지의 연대가 구레의 잠수함기지로 들어왔다. 제181보병연대는 가이타海田시에 진주하고, 8일에는 군국장 시버트 소장이 구레에 상륙했다. 제10군단 41사단, 제163보병연대의 각 사령부가 가이타, 히로시마 지구를 장악한 것이다. 처음에 구레에 설치되었던 영연방英連邦 진주군 사령부는 1946년 5월에 구일본해군병학교가 있는 에타지마江田島로 옮겼다.[6]

이러한 히로시마 지구로의 진주는 다른 지역에 비교해서 특별히 늦은 것은 아니었지만 빠른 것도 아니었다. 원폭피재지인 히로시마와 나가사키에 대한 특단의 배려와 고려가 있었다고 생각되지 않는다. 이런 경우, 적절한 언어일지 어떨지 모르겠지만, 일본의 점령과 진주는 조용하고 담담하게 행해졌던 것이다.

진주군과는 별개로 1945년 9월 8일 파렐Farrell 대장을 단장으로 하는 과학자, 의사들로 이뤄진 조사단이 히로시마에 파견되었다. 인체와 자연환경, 그리고 사회환경과 인간관계, 사회조직에 미친 원폭의 영향과 이로 인한 변화, 변용에 관한 조사가 이어졌고, 이 조사에 많은 의학자, 자연과학자, 사회학자가 동원되었다. 미국학사원이 ABCC원폭상해조사위원회를 설립한 것은 1947년이다. 원폭피해를 연구재료로 다루

---

6 미군의 일본주둔의 과정에 대해서는 竹前榮治의 『占領前後事』(岩波現代文庫), 岩波書店, 2002, 27~33면에서 인용.

기는 해도 결코 치료대상으로 삼지 않았다는 비난 아래, 미국은 방사능피해와 관련한 방대한 인체실험 데이터를 입수하고 있었던 것이다.

그것과 동시에 GHQ는 원폭투하와 원폭피해에 관련한 증언과 보도를 검열하고 언론을 통제했다. 이러한 사실은 호리바 기요코堀場清子의 『원폭 표현과 검열』, 『금지된 원폭체험』 등에 그 개요가 명백히 나타나 있다.[7]

GHQ 아래에 만들어진 CCDCivil Censorship Detachment, 민간검열지대가 도쿄에 사령부를 설치하고 언론 통제 역할을 맡았다. 구체적으로는 신문·출판·연예·방송 등의 사전검열과 사후검열을 PPBPress, Pictorial, Broadcast Division, 출판·연예·방송과가 담당했다. 소우다 시노에正田篠枝의 『산화さんげ』가 "점령군에게 발견되면 사형당한다"는 풍설 속에서 비장한 결의하에 비밀리에 자비 출판되었고, 구리하라 사다코栗原貞子의 시집 『검은 알黒い卵』은 일부 작품이 삭제된 후 발행을 허가받았으며, 미카와 기요美川きよ의 소설 「그날 일あの日のこと」을 게재한 1946년 7월호 『여성공론女性公論』은 발매금지(작품을 바꾸어 발행되었다)를 당했던 것도 PPB의 활약에 의한 것이었다.[8]

물론 GHQ(CCD)의 의도는 원폭의 피해를 은폐할 것인가, 아니면 그 피해를 '최소한도'로 그치게 할 것인가(물론 사실이 변하는 것은 없다. '기록'이나 '통계'를 개찬·수정하고자 한 것이다)에 있었다. 원폭에 대한 소문과 유언비어를 방지하는 것으로, 피폭 직후 함구령을 선포한 일본군의 다이혼에이大本營와 마찬가지로, 점령군도 출판물, 영화, 사진 등의 검열을 강화함으로써 '히로시마'의 참상에 대해서 일본의 눈은 물론이

7　堀場清子, 『原爆 表現と檢閱―日本人はどう對應したか』(朝日選書), 朝日新聞社, 1995a; 堀場清子, 『禁じられた原爆体験』, 岩波書店, 1995b.

8　위의 책, 1995b, 3~12면.

고 세계의 눈까지도 가리려고 했던 것이다.

그러나 CCD와 PPB에 의해서 실제로 삭제당한 예를 『금지된 원폭체험』에서 보면, 원폭체험 그 자체나 막대한 피해가 강조되고 있다기보다는 "원폭의 참화가 원폭 이후에도 여전히 계속되고 있다"는 것을 일본국민(히로시마 시민)이 알게 됨으로써 원폭을 투하한 미국을 증오하고 그 전승자에 의한 점령정책에 커다란 장애가 되는 것을, GHQ는 더 두려워하고 있었다는 단락을 발견할 수 있다. 가령 미카와 기요의 「그날 일」에는 검열관의 코멘트가 다음과 같이 덧붙여져 있다고 한다. "이것을 발매금지해야 한다는 것에 동의한다. 원자폭탄으로 자식을 잃어버린 모친의 슬픔이 상세하게 기술되어 있다. 그것은 고통스런 감정을 불러 일으켜 다시금 전면적인 원한을 요동시킬 것이다"라고.[9]

그러나 얼마 안 있어 CCD의 미국인 검열관이나 GHQ의 첩보 고위관계자들이나 맥아더 장군은 (그들에게는) 기묘한 현상과 현실을 감지한다. 그것은 앞의 코멘트에 있는 "모친의 슬픔(원폭피해) = 고통스런 감정 = (미국에 대한) 전면적인 원한"이라는 그들이 세운 '감정의 공식'이 일본인의 경우에 반드시 일치한다고 말할 수 없다는 것이다. 원폭투하 직후의 히로시마의 비참함과 잔혹함은 이루 말할 수도 없었다. 그 지옥도地獄圖는 매우 처참하고 잔혹하고 혹독하게 묘사할지라도 결코 완전히 표현할 수 있는 것이 아니었다. 그러나 미국인들이 두려워한 것은 그러한 고통과 슬픔이 미국인에 대한 복수심이 되고 보복감정이 되는 일이지, 고통과 슬픔의 깊은 심연과 표현의 심각함은 아니었다.

극단적으로 말하면 그 '원한'의 창끝이 미국인에게 향해지지 않는다면, 원폭의 비참함은 아무리 강조되어도 상관없었던 것이다. 그것

361

---

9   위의 글, 20면.

은 1945년 8월 6일과 9일에 끝난 것이며, 일본인이 매우 심각하게 그 비극을 받아들일지라도, 그것이 『추신구라忠臣藏』와 같은 '복수극'으로서 미국에게 향하지 않는 한, 방치해둬도 별 상관없는 것이었다(이와 반대로 GHQ가 『추신구라』를 비롯한 시대복수극에 예민하게 신경을 곤두세웠던 까닭은 이것을 역증명한다). 소우다 시노에와 구리와라 사다코는 자신들이 기술한 원폭의 비참함과 가혹함이 미국점령군에게 기피되었다고 생각했지만, 그것은 오히려 기우였다. GHQ와 CCD는 일본인의 정신에 잔존하는 원망하는 마음, 복수, 보복과 관련된 것이 소생하는 것을 두려워하고 있었다. 그리고 이들은 원폭의 비참한 표현이 반드시 그런 것들과 관련이 없다는 것을 '학습'하고 있었던 것이다.

3. '원자탄'과 '평화의 비둘기'

원폭피해 1년 후의 히로시마에서는 GHQ와 PPB에 의한 이른바 원폭피해의 은폐공작과 다자이 오사무가 말한 '쿵쾅쿵쾅', 즉 부흥의 망치소리가 화려하게 울려 퍼졌다. 1946년 1월 1일 퇴위하지 않은 쇼와천황은 '신일본건설에 관한 조서'를 발표했다. 이른바 천황의 '인간선언'이다. 물론 "짐과 그대 국민들과의 유대는 항상 상호신뢰와 경애에 의해 맺어진 것이지, 단순한 신화와 전설에 의해서 생겨난 것이 아니다"라고 했지만, '신화와 전설'을 날조하고 교육칙어, 어진영御眞影, 임행行幸 등 모든 수단을 사용하여 그것을 국민에게, 또는 비국민(국가적 반역자, 식민지인 등)에게 보급하고 강요했던 자가 누구였는가에 대해서

는 전혀 언급하지 않았다.[10]

1946년 1월 4일 GHQ는 '인간선언'의 부족함(불만)을 보충·해소하기 위해 군국주의자를 공직에서 추방하는 지령을 내렸다. 이로써 초국가주의 단체의 해체가 실현되었다. 그러나 쇼와 천황의 전쟁책임을 면책하는 것에 대한 위장이 '인간선언'이라고 말할 수 있듯, 거기에는 전중의 군국주의와 초국가주의의 최대·최고 '책임자'가 면책되었다는 것에 대해 사람들이 갖는 큰 불만을 감추고자 하는 의도가 작용했다.

그해 2월에 농지해방이 실시되고, 5월에는 메이데이가 부활하여 노동자들이 권리획득을 요구했다. 황궁 앞 광장에서는 '식량데모'가 일어났는데, 그중 "짐은 배불리 먹고 너희 인민은 굶어 죽어라, 천황의 서명날인ギョメイギョジ"이라고 쓰인 플랜카드를 가지고 데모에 참가한 노동자는 전후의 최초이자 최후의 불경죄 혐의로 구속되었다.

전쟁범죄자를 재판한 극동군사재판은 5월 3일에 개정되었다. 도죠 히데키東條英機, 이타가키 세이지로板垣征四郎 등 A급 전범 28인이 제소되어 재판을 받은, 이른바 도쿄재판이 시작된 것이다.

그 연장선상에서 1946년쇼와21 8월 6일 히로시마 시에서는 원폭투하 1주년 추도의식이 거행되었다. 구리하라 사다코栗原貞子는 당시 기하라 시치로木原七郎 시장의 인사를 그의 저서에서 인용하고 있다.[11]

우리 시市가 입은 희생이야말로 전 세계에 널리 평화를 가져온 일대 동기를 만들어냈음을 상기해 보면, 우리 민족의 영달을 보지保持하기 위해 또는 세계 인류의 항구적 평화를 위해 제물人柱이 된 십만 시민 여러분의 영전을 향하여 벅찬

---

10 鶴見俊輔·中川六平 편, 『天皇百話』 하권(ちくま文庫), 筑摩書房, 1989, 192~195면.
11 栗原貞子, 『核·天皇·被爆者』, 三一書房, 1978, 10면. 단 『ヒロシマの記錄―年表·資料篇』 22면의 같은 문장의 인용에 의하면 어구 일부가 다르다. 가령 "벅찬 눈물과 더불어熱き淚をそそぐとともに"가 "벅찬 눈물을 쏟으면서熱き淚をそそぎつつ"로 되어 있다.

눈물과 더불어 그저 감사와 감격으로써 이 날을 맞이하지 않을 수 없습니다.

히로시마의 원자피해자가 "우리민족의 영달을 보지하기 위해 또는 세계 인류의 항구적 평화를 위한 제물"이 되었다고 말하는 히로시마 시장의 말은, 원폭투하는 "세계 인류의 항구적 평화"의 수립을 위해서는 "어쩔 수 없는" 게다가 "피할 수 없는" 선택이었다고 한 미국 측의 주장과 "우리 민족의 보지"를 위한 "위대한 희생"이었다는 두 개의 전후 담론의 원형이 되었다. 피폭된 지 불과 1년 후에 '평화도시'로서의 히로시마는 '부흥'의 길을 걷기 시작한 것으로 거기에는 원폭을 투하한 미국에 대한 '원한'과 '복수심'이라고 할 만한 것은 찾아 볼 수 없었다. "세계 인류의 항구적 평화"의 "성지"로 히로시마를 정립하는 작업이 이 시기부터 시작된 것이다(1945년 9월 히로시마 현 지사는 히로시마 시의 부흥 상담소 설치를 결정, 1946년 8월 5일에는 히로시마 부흥사업 기공식이 행해졌다).

구리하라는 이렇게 쓰고 있다. "점령하 1946년쇼와 21 8월 6일, 피폭자의 고통과 유족의 슬픔을 제쳐둔 채, '원폭을 잊고 부흥하자'라니, 도대체 어떤 야단법석이 일어났던 걸까. 지역주민회町内會는 북과 징을 울리고, 장식수레를 끌고, 다와라모미俵もみ,[12] 가장행렬 등을 행하며 '번쩍 하고 빛난 원자탄에 펄쩍 뛰어 오른 평화의 비둘기여'라면서 3일 간 춤추고 노래했다"라고.[13]

초토화된 히로시마의 거리에 피리와 북소리를 울리고 노래 소리가 울려 퍼지며, 꽃전차가 달리고, 장식수레가 쏟아져 나와 가장행렬이 행진하면서 춤추고 노래했다는 것은, 뭔가 악몽 속의 환상 같지만 사

---

12 【역주】 마을 청년들이 신위를 모시는 가마에 쌀을 올리고 마을을 한 바퀴 돌며 오곡풍작을 기원하는 것이다.
13 栗原貞子, 앞의 책, 83면.

실이었다. 중국신문사에서 나온 『히로시마의 기록―연표·자료편』에
는 1946년 8월 6일경에 "꽃전차, 장식수레가 계속 나왔으며 7일까지
연예대회 등이 열렸다"라고 쓰여 있다. 또한 8월 2일경에는 '가요 히
로시마'의 당선 발표가 있었고, "누가 알아챘던가 그날 후 원자 사막原
子沙漠의 마을 이름을 지금은 오래된 이야깃거리 망초 공주님 이야기
전쟁을 잊은 망초 공주님"[14]이라는 야마모토 기요코山本紀代子의 작품
이 일등작으로 당선되었다고 기록되어 있다.[15]

"번쩍 하고 빛난 원자탄"은 마치 요술처럼 그 안에서 '평화의 비둘
기'를 날아오르게 했고, 그것은 "전쟁을 잊은 망초 공주님의 이야기"
를 하고 있는 사람들이 담당했다. 그것은 마술이며, 사기술이었다.
원자폭탄이라는 '인간 최대의 병기'가 '세계 인류의 항구적 평화'를 만
들어 냈다는 마술. 그러나 히로시마에 남아서 살아가는 시민들(일본인
들)은 그러한 미국과 일본의 지배층이 공동 제작한 거대한 마술에 박
수갈채를 보내지 않을 수 없었다.

평화공원은 아직 만들어지지 않았으며, "감사와 감격"이라는 히로
시마 시장의 인사말이 있었던 추도식 행사는 나카지마 신마치 지센
지비中島新町慈仙寺鼻 즉 지금의 평화공원의 북측 한 모퉁이에서 행해졌
다고 구리하라는 책에서 쓰고 있다. 시장이 말한 "감사와 감격"은 도
대체 누구를 향한 "감사와 감격"인 걸까. 설마 미국점령군은 아니겠
지(아니 어쩌면 그럴지도 모른다). 하지만 평화의 "제물"로 여겨진 "십 만
시민 제군의 혼령"을 향한 것이었다고 하더라도, 사리에 어긋날 것이
다. 그들/그녀들이 "세계 인류의 항구적인 평화"의 건설을 위한 초

365

---

14   【역주】여기서 '망초'는 히로시마 원폭 이후 가장 먼저 자란 풀이다. 히로시마인들은 망초
      를 보면서 희망을 가졌다고 한다.
15   中國新聞社 편, 앞의 책, 1966a, 21~22면.

석이 되기 위해 죽었을 리 없기 때문이다. 원폭투하라고 하는, 진정으로 인류적인 전쟁범죄에 의해 '살해당한' 것이며, 그런 사람들의 죽음을 '제물'로 받아들이려는 것 자체는 미국의 원폭투하라는 전쟁범죄와 이를 결과적으로 불러온 일본의 전쟁범죄를 은폐하고자 한 것에 지나지 않는다.

추도식 행사가 있기 하루 전날인 5일에는 옛 고코쿠 신사護國神社 앞 광장에서 '평화부흥제平和復興祭'의 첫째 날 순서로 참가자 7천 명이 '평화부흥 히로시마 시민대회'를 개최하여 다음과 같은 선언과 결의를 채택했다.[16]

> 우리 히로시마 시민은 원자사막의 한복판에 서서 과거의 모든 것을 청산하고 서로를 의지하고 서로를 헤아려 하루 속히 모든 것이 파괴된 시민생활을 평화적으로 재건하고 지방자치의 민주화를 기도하고 불타오르는 전시민의 부흥의욕을 결집하여 시민대회를 개최한다(선언).
> 포츠담 선언의 충실한 이행履行으로 평화일본을 건설하는 초석이 되리라. 원자사막이 된 향토를 부흥시키는데 전력을 기울려 적절한 대책을 신속하게 수립하고 그 실현에 매진한다(결의).

이러한 선언과 결의, 가요와 신민요 중에 GHQ와 CCD가 우려한 미국에 대한 복수심과 보복감정은 조금도 없다는 점에 주목을 요한다. 오히려 포츠담 선언은 '평화와 민주주의'의 초석이며, 원폭투하는 평화와 민주의 히로시마(일본)를 재건하고 부흥하기 위해서는 없어서는 안 될 조건이었다고 하는 '백치적'인 '부흥정신'이 넘쳐흐르고 있었다

---

16 위의 책, 22면.

고 말할 수 없을까.

그동안 이러한 담론에 대해 미국점령군의 검열과 강권을 두려워한 '의태擬態'였다고 해석해 온 맥락이 있다. 그러나 그러한 히로시마 시민들의 선언·결의·가요를 마음에도 없는 것으로 일축할 수는 없다. 분명히 히로시마 시민(의 일부만)은 점령군의 의도를 앞질러서 자신들에게는 복수심과 보복감정 따위는 전혀 없으며 단지 히로시마의 '평화적 건설'과 '부흥'을 염원할 뿐이라고, 노래하고 춤추며 그것을 표명하고 있었던 것이다.

4. 히로시마 부흥계획

GHQ는 일본인들의 복수심과 보복감정에 의한 공격, 즉 '앙갚음'을 두려워했다. 물론 결정적으로 타격을 입은 일본의 군대와 병사들이 조직적으로 진주군에 맞선다고는 생각조차 하지 못했을 것이다. 그러나 일본에는 폭탄삼용사爆彈三勇士[17]가 있고, 가미카제정신이 있으며, 자살전법自殺戰法이 있었다. 허리띠 안에 폭탄을 장치한 게릴라가 진주군의 주둔지에서 터진다면 분명 큰 피해가 나기 마련이다. 원폭에서 끔찍한 죽음을 본 유족들. 부상을 입어 자포자기한 피폭자. '귀축미영鬼畜米英'의 배외적인 미망迷妄사상에서 아직 회복되지 않은 초

---

17 **【역주】** 만주사변 이듬해인 1932년 2월 중국 19로군과 일본육군독립공병 제18대대가 벌인 제1차 상해대전에서, 4미터의 철조망을 파괴하기 위해 몸 전체에 폭탄을 둘러매고 적진으로 돌진한 세 명의 일등병 에시타 다케지江下武二, 기타가와 스스무北川丞, 사쿠에 이노스케作江伊之助를 말한다.

국가주의자와 과격한 우파들. 미국에 대해 '복수'라는 문자를 일기에 쭉 써놓은 의학생 야마다 세이야山田誠也(후에 야마다 후타로山田風太郎로 개명)와 같은 청년. 미국인들은 원폭피해를 가능한 한 작게 보여 그 영향이 미래까지 미치지 않도록 강조했다. 미국 원자폭탄 피해조사단의 프랑스 단장은 원폭에 의한 히로시마의 피해가 "보면 볼수록, 열면 열수록 그 피해는 몹시 커서 놀라고 있다"라고 인정했다. 다만 동행의 모리슨박사는 "최근에 빈번하다고 말해지는 사망자는 우라늄방사에 의한 심부장해로 인한 것으로, 독가스와 유사한 종류의 작용은 아니다. 피해는 폭발순간으로 인한 것이다"라며 방사능피해는 인정하지만 '폭발 순간'에 한정되었다는 것을 주장하고, 폭발 후에 히로시마에 들어간 사람들, 말하자면 2차 재해와 태내피폭, 유전성 장해 가능성 등은 아직 확인되지 않는 단계로 사전에 부정했던 것이다.[18]

GHQ가 히로시마와 나가사키가 원폭으로 큰 피해를 입었다는 사실 자체를 부정하거나 은폐하려고 조직적, 적극적으로 행했다는 증거 자료는 없다. 히로시마와 나가사키뿐만 아니라 일본 전토의 주요 지방도시는 모두 미군의 공습을 받았으며, 원폭뿐만 아니라 그 공습 피해의 크기와 비참함에 대해 어느 정도 점령군이 일본인의 입을 막았다고 해도 그런 것은 일본인 누구나 체험적으로 알고 있는 자명한 사실이었기 때문이다.

1965년 히로시마 시 관공서 창고에서 먼지를 뒤집어쓴 채 노랗게 변색된 책이 발견되었다. 그것은 피폭 5년 후인 1950년 8월에 간행된 『원폭 체험기』였다.[19] 1947년 당시 히로시마 시장 하마이 신조우浜井信三의 발안에 의해 히로시마 시민들로부터 광범위한 원폭체험의 기

---

18 위의 책, 12면.
19 초판은 廣島市民生局社會教育課 편, 廣島平和協會 발행, 비매품, 1966.

록을 모집했다. 응모 총수 164편, 그 일부인 18편을 소책자로 만들어 1,500부 인쇄 제본하였지만, "점령정책으로 인하여 결국 세상에 내놓을 수 없었다"(浜井信三, 「시작하며」)라고 한다.[20] 창고 안에서 오랜 기간 동안 잠자고 있던 소책자의 존재를 안 『아사히신문』의 히로시마 지국장 마츠이 이치로松井一郎는 이것을 다시 인쇄 제본하여 세상에 내놓고자 했다. 1965년 7월 20일 아사히신문사에서 간행된 『원폭체험기』가 그것이며, 피폭자 자신에 의한 원폭 체험기집의 출판은 이것이 효시였다. 권말에 『히로시마 노트』를 쓴 젊은 소설가 오에 겐자부로大江健三郎가 쓴 에세이 「무엇을 기억하고, 계속 기억해야 하는가?」가 새롭게 첨부되었다. 10년 후인 1975년에도 신장판新裝版이 아사히선집 중 하나로 출판되었다(내용은 동일).

그 에세이에서 오에 겐자부로는 다음과 같이 쓰고 있다.[21]

이 글들은 원래 1950년쇼와 25 여름, 히로시마 시가 출판하려고 한 것이었습니다. 1948년에 피폭자들로부터 원폭의 참화 체험기를 모집하여 총 164편을 모았습니다. 그중 18편과 발췌한 16편을 130페이지로 정리한 것을 소책자로 인쇄하여 제본했습니다만, 발간되지 못했습니다. 직접적인 이유로는 점령군에 의해 배포금지에 처해졌기 때문입니다. 점령군은 솔직하게 사실을 이야기하고 조심스럽게 진실을 말한 에세이집을 "피폭의 상황이 지나치게 생생하고 반미적"이라고 여겼다고 합니다.

인용문 마지막에 "점령군에 의해 배포금지에 처해졌다", "'피폭의

---

20 廣島市民原爆体験記刊行會 편, 『原爆体験記』, 朝日新聞社, 1965. 여기에서는 朝日選書版(1975년 초판) 5면 인용.

21 大江健三郎, 「なにを記憶し, 記憶しつづけるべきか?」, 『原爆体験記』(朝日選書版), 朝日新聞社, 1975, 249면.

상황이 지나치게 생생하고 반미적'이라고 여겼다고 합니다"라는 문장은 빠르게 확산되어 『원폭체험기』는 발매금지당한 책이었다는 설이 유포되었다. 그러나 발안자의 한사람이었다고 생각되는 하마이 시장은 "점령정책으로 인하여"라고 다소 애매한 표현으로 이 에세이집이 햇빛을 보지 못했다고 말하고 있고, 점령군(GHQ)이 '직접'적으로 개입했고 '배포금지'를 당했다는 '사실'에 대해서는 언급하지 않았다. 오에 겐자부로는 거듭하여 "15년 전, 이 서적물에 가해진 부당한 처사는 오로지 점령군에 그 책임을 돌릴 수 있습니다. 그러나 지금 여기에 출판된 체험기를 만일 우리가 재차 부당하게 취급해버린다면 그 책임은 전적으로 우리에게 있습니다"라고 쓰고 있다. 그는 '우리'가 전쟁과 원폭, 그리고 점령의 '기억'으로서 무엇을 '기억'해야 하는가를 묻는 것과 동시에 점령군에 의한 발매금지설을 다시 한 번 확인했던 것이다.[22]

그러나 피폭자이자 원폭문학의 연구자인 도요다 기요시豊田淸史는 오에 겐자부로의 이 문장에 관해서 점령군에 의해서 발매금지되었다는 것은 증명할 수 없으며, 점령군의 검열에 의한 발매금지 조치를 의심 없는 사실로 전제하여 비판하고 있는 오에의 문장은 "양심을 의심하지 않을 수 없다"라고 쓰고 있다.[23] 오에 겐자부로는 누구로부터 "'피폭의 상황이 지나치게 생생하고 반미적'이라고 여겼다"는 정보를 얻은 것일까. "~라고 합니다"라고 쓰고 있는 이상 그것은 누군가로부터 전해들은 것으로, 자신 스스로 『원폭체험기』가 발매금지 조치를 받았던 까닭, 그 이유를 확인하고 확신한 상태에서 나오지는 않았을 것이다. 아

---

22 위의 글, 255면.
23 豊田淸史, 『原爆文獻誌』, 崙書房, 1971, 70~77면; 豊田淸史, 『廣島の遺書』, 蒼洋社, 1987, 257~263면.

마도 그는 히로시마 시 관공서의 창고에서 누렇게 변한 소책자가 재발견된 당시의 각종 신문의 정보에 의한 '검열-발매금지'를 사실로 받아들이고, 앞의 문장을 쓴 것일지도 모른다. 왜냐하면 당시의 각 신문사는 다투어서 이 '발매금지'된 기록집의 존재를 기사로 내보냈기 때문이다(특히 『아사히신문』은 후에 개정 복각본을 낼 정도로 이 뉴스에 열을 올렸다).

그렇다면 사실은 어떠했을까. 중국신문사 편의 『화염의 날로부터 20년－히로시마의 기록 2』에 수록된 「폐허로부터의 길－히로시마 부흥의 이면사裏面史」는 확실하게 "발매금지한 사실이 없다"[24]고 되어 있다(앞의 도요다 기요시도 그렇게 주장하고 있다). 힌트는 최초로 간행되었을 때의 '편집자의 기록編者記'으로 되어 있는 「간행의 말」에 있다. "응모 164편, 이 중 어떤 것을 읽어도 피눈물이 나겠지만 피폭당시의 환경, 실태, 거리적 관계 등의 관점에서 원문 그대로의 18편과 특색 있는 체험을 발췌한 16편을 여기에 담는다. 다른 원고는 평화도시 히로시마의 더없는 보배로서 **머지않아 태어날 평화기념관에 보존될 것이다.**"[25]

"머지않아 태어날 평화기념관"은 난산難産이었다. 평화기념관뿐만 아니었다. 평화도시 히로시마의 상징으로서 평화공원을 건설하겠다는 계획과 건설 과정 그 자체가 난산의 끝을 보여주었으며, 부자연스럽고 복잡괴기하기 짝이 없는 것이었다. 그것은 또한 '평화도시'로서의 히로시마에 어울리지 않는, 정말로 일본의 지방도시에서나 볼 수 있는 지방보스의 지배에 의한 담합정치와 이권유도利權誘導의 추잡한 싸움의 결과로 만들어진 것이었다. 그렇다면 「폐허로부터의 길－히로시마 부흥 이면사」에 따르면서 그 경위를 저술해 보자.

1946년 2월부터 7월에 걸쳐 히로시마의 부흥심의회는 '히로시마 전

24 中國新聞社 편, 『炎の日から二〇年－廣島の記錄二』, 未來社, 1966b, 261면.
25 廣島市民原爆体驗記刊行會 편, 『原爆体驗記』(朝日選書版), 朝日新聞社, 1975, 4면.

재戰災 부흥도시 건설계획'의 원안을 마무리했다. 여기에는 당시 조역助役이었던 하마이 신조우의 발안에 의한 '시 중앙부의 대공원' 계획이 있었다. 그 계획은 시 중앙부인 나카지마中島 지구를 평화공원으로 하여 시내를 동서로 가로지르는 100미터 도로를 만든다는 것으로, 공원 중앙에 원폭위령비를 세우고 100미터 도로를 따라서 평화기념관, 원폭자료관, 시공회당을 나란히 놓는 것이었다. 이 기본구상은 1949년에 공모하여 일등으로 입선한 것으로, 당시 도쿄대의 건축학 조교수였던 단게 겐조우丹下健三를 중심으로 한 그룹의 안이었다. 하마이 신조우는 전중戰中 히로시마 시 상공과장을 할 때에 '만주국'의 펑텐奉天(지금의 선양瀋陽)과 신징新京(지금의 창춘長春)을 시찰하고 신징의 도시계획에 강한 자극을 받았다고 한다. '평화도시건설계획'에 만주국의 수도 신징의 도시계획이 영향을 주었다는 것은 역사의 장난일까. 전후 국제적으로도 굉장히 유명해진 건축가 단게 겐조우는 구 히로시마고교 출신자로, 1946년 가을에는 지방의 전재도시 시찰원의 일원으로 히로시마를 방문하여 2주간 정도 조사하였다. 부흥심의회 전문위원으로서 당시 도쿄대 교수인 기시다 히데토岸田日出刀가 있었는데, 보스로서의 그의 지배적인 권력이 '제자'인 단게 겐조우에게 '평화공원'의 설계자라는 직무를 준 것으로 알려져 있다.[26]

그러나 하마이와 단게에 의한 '평화공원'의 건축설계는 쉽게 진전되지 않았다. 1949년 8월 6일에는 '히로시마 평화기념 도시 건축법'이 공포되어 법적 사항이 정비되었고, 구 군용지도 불하되었지만 전후 재정권이 그 건설계획을 실현하는 데 발목을 잡았다. 5개년 계획 총계 276억 엔의 사업계획은 초균형예산을 강행하는 도지플랜Dodge Plan

---

26 中國新聞社 편, 앞의 책, 1966b, 244~251면.

에 의해서 10분의 1까지 축소되었다. 따라서 원폭자료관은 예산부족으로 3년간 공사 중단이라는 고초를 겪어야만 했다. 단게의 계획은 그 규모가 너무나도 웅대했던 것이다.

원폭위령비의 건설도 제대로 되지 않았다. 처음에는 위령비에 납골하는 계획이었다. 그러나 정식명칭 '히로시마 평화도시 기념비'에 실제로 유골을 납골하는 것은 공원법에 저촉된다는 간섭으로, 분쟁 끝에 과거장 납입過去帳納入이라는 방식으로 취했다(이것은 기본적으로 야스쿠니靖國 신사에서 '영령英靈'을 제사 지내는 방법과 동일하다). 또한 위령비의 디자인은 처음에는 이사무 노구치Isamu Noguchi의 안이 제출되었지만, "미국인이 만든 비碑"에는 배례할 수 없다는 이유로, 갑자기 단게의 디자인으로 바뀌었다. 이사무에게 설계를 의뢰한 것은 단게였는데, 여기에는 단게의 '스승'인 기시다의 개입이 있었다. 또한 이사무와 그의 처였던 야마구치 요시코山口淑子와의 교섭은 싸움의 연속이었다(한편 하마이 시장이 '신징'의 도시계획의 영향을 받은 것과 전후 초대 시장인 기하라 시치로木原七郎가 '만주국'의 공화회共和會 출신이었던 것, 전 '만영滿映' 간판스타 리샹란李香蘭인 야마구치 요시코가 위령비의 디자인에 관여했다거나 하는 일 등은 전후 '평화도시 히로시마'와 '만주'와의 관련성을 은폐하거나 드러내거나 한다. 이는 별개로 다룰 주제일 것이다).

게다가 "편안히 잠드소서 잘못은 되풀이되지 않을 테니까"라는 비문도 문제가 되었다. 그것은 사카이 미츠요시雜賀充義 히로시마대학 교수의 손에 의한 것이었지만(비문과 글), 그것을 본 인도의 팔Radhabinod Pal 박사는 "원폭투하의 죄악에 대해 일본인은 미국인에게 알리지 않으면 안 된다"라고 항의했다. 이는 1952년 8월 6일 위령비가 완성된 후 4개월이 지난 시기였다. 그 후 우익의 가야 오키노리賀屋興宣, 고다마 요시오兒玉譽士夫, 하야시 후사오林房雄 등에 의해 '비문을 바로잡는

모임'이 만들어졌다. 이들은 비문 다시 쓰기와 위령비 철거, 그리고 원폭 돔 해체를 주장했다.[27]

원폭자료관, 평화기념관 공사도 '느림보 공사'였다. 가장 빨리 완성된 것은 호텔에 딸린 공회당으로 1953년 11월에 착공되어 1955년 3월에 완성되었다. 그 사이에 설계자는 단게에서 그 지역의 시로토白土 건축설계사무소의 시바타 나리오柴田齊男로 대체되었다. 건설비용을 기부로 조달한 히로시마 현지 경제인들이 조기완성을 강하게 요청하면서 설계자가 변경된 것이다. 모더니즘 양식의 평화기념관은 같은 해 5월에 준공되었다. 착공 후 3년만이었다. 총 공사비 1억 4천만 엔을 들인 평화공원이었지만, 완성 당시 '냉담한' 처우를 받을 수밖에 없었다. 단게의 '위대한 구상의 평화공원'을 실현하고자 했던 하마이는 시장선거에서 낙선했고, 100미터 도로를 50미터로 하고 주택을 증가하겠다고 공약한 와타나베 다다오渡辺忠雄가 당선되었기 때문이다. 히로시마 시민들은 상징으로서의 '평화공원'보다도 실질적인 '부흥'의 실현을 선택했던 것이었다.

히로시마 시는 1948년쇼와 23부터 "비참한 원폭체험을 히로시마 시민의 손으로 직접 글을 써서 세계에 평화를 호소하자"라고 부르짖고 있었다. 그리고 이 귀중한 기록은 1950년쇼와 25 8월에 출판되었다. 6백 편 정도 모인 기록을 출판을 위해 정리한 것이 30편이었다. 그러나 모든 기록은 "평화도시 히로시마의 더없는 보배로서 머지않아 태어날 평화기념관에 보존 된다……"라고 출판된 책 앞부분에서 응모자에게 약속하고 있었다.

너무나 긴 공사로 이 약속은 잊혔고 전후 히로시마에서 가장 빨리 피폭자 자

---

27 栗原貞子, 앞의 책, 83~84 · 123~114면.

신이 손으로 완성한 『히로시마의 기록』도 시 관공서의 지하실에 아무렇게나 방치되어 있었다.

1959년쇼와34에 복귀한 하마이 시장이 이 기록을 떠올린 것은 1965년 봄. 어찌된 착각인지, "미점령군으로부터 배포금지를 당했다"라고 하는 것이 오랫동안 세상에 나올 수 없었던 이유로 거론되었던 것이다. '점령하의 발매금지본'이라며, 출판사는 재간행을 둘러싸고 격전을 벌였다. 그러나 발매금지는 사실이 아니다.[28]

이것이 『원폭체험기』의 발매금지 소동의 전말이다. 『중국신문』의 기자 쑹푸량松浦亮이 쓴 신문연재 칼럼을 신용하는 한, 오에 겐자부로가 말한 미점령군으로부터 배포금지를 받았다는 '사실'은 존재하지 않는다. 문제는 오히려 히로시마 시내(일본 국내)에 있어서의 '원폭 기록'인가, 그렇지 않으면 '부흥'인가, 라는 양자택일의 문제설정에 있었다. 즉 원폭의 피해자들을 잊지 말고 그 비참한 죽음과 파괴를 역사적 유물로서 어떻게 남기고 기억할 것인가, 그리고 그러한 참극과 비극으로부터 한시도 빨리 '부활'하고 '부흥'하는 것 사이에 있다. 원폭돔은 얀 렛트르Jan Letzel가 설계한 히로시마 산업장려관 건물이었는데, 누구나 할 것 없이 어느 틈엔가 '원폭 돔'으로 불려졌다. 원폭돔은 원폭피해의 최대 상징으로서 '세계유산'의 하나로 지정되었지만, 그때까지 몇 번이나 보존할 것인가 철거할 것인가라는 존폐론의 대상이 되었다는 사실은 점차 기억에서 희미해지고 있다. "싫은 기억은 이제 지워버려도 좋지 않을까"라는 철거론을 뒷받침하고 있는 것은 철거하여 확보한 부지를 합해 히로시마의 중심 거리를 어떻게 '부흥'시킬 것인가 하는 지방경제의 '경제적 원칙'이었다.

375

---

28 「廢墟からの道―廣島復興裏面史」, 中國新聞社 편, 앞의 책, 1966b, 261면.

히로시마의 '평화계획', 즉 '부흥계획'에 미점령군이 적극적으로 관여했다는 증거자료는 없다. '평화'인가 '부흥'인가라는 것은 어디까지나 히로시마 시내, 일본 국내의 문제였다. 미국 또는 GHQ는 원폭투하의 '책임추급'과 반미적인 것으로 파급되지 않는다면 그것은 굳이 관심을 기울일 문제가 아니었던 것이다. 게다가 원폭위령비의 "편안히 잠드소서 잘못은 되풀이되지 않을 테니까"의 비문에서 상징적으로 보여지듯, 일본의 '평화론'은 원폭을 투하한 장본인인 미국의 전쟁책임과 원폭책임을 묻는 것이 아니라 모든 것을 '일억총참회'로 동화시키는 것이다. 따라서 원폭 피해의 비참함을 아무리 강조해도 그것이 반드시 반미 시위와 미국 그리고 점령군에 대한 테러리즘과 직결하고 있었던 것은 아니었다. GHQ가 안심하고 『원폭체험기』를 유포시킬 만한 여지는 확실히 존재하고 있었던 것이다.

5. 쇼와 천황의 히로시마 임행

1947년 8월 6일, 이 해 6월에 설립된 하마이 히로시마 시장을 회장으로 하는 히로시마 평화제협회는 매년 8월 6일에 평화제를 거행하기로 결정하고, 제1회 평화제를 시내 각지에서 행했다. 전년과 동일하게 북과 징소리, 꽃수레, 가장행렬이 시내중심을 누비며 축제로 도시가 떠들썩해지자, 시민들로부터 "저런 소란스러운 축제를 벌이는 것은 당치도 않다", "엄숙한 축전은 하나도 보이지 않았다"라고 비판하는 투서가 평화제협회에 쇄도하는 소동이 있었다. 어쨌든 "히로시마시의 중심부 핫쵸보리八丁堀 부근에는 급조한 가설극장이 빽빽하게 들어서고 목쉰 레코드 감상에 빠진 사람들로 거의 모든 가설극장은 북적거렸다. 상점거리는 평화등불을 걸고 대매출을 올리고, 환락가 신텐지新天地의 여자들 70여 명이 꽃모자를 들고 평화장단에 춤추는 교바시京橋 거리는 가장행렬로 대혼잡했다. 정오의 인파는 평일의 다섯 배에 달했다"라고 한다.

미국의 잡지 『라이프』도 이 평화제를 "미국남부 미개척지에서의 카니발"이라고 혹평했다. 이 비판에 대해서 평화제협회는 "외견적으로 소란스런 축제로 느껴진다고 하더라도 그것을 행한 사람들의 심정은 고인의 영혼을 위로하는 마음에서 나온 것으로, 선의로 해석하고 싶다"라고 변명했다.[29]

제1회 평화제에서는 비록 실현되지 않았지만 한 가지 큰 이벤트가 계획되었다. 바로 쇼와 천황의 임행이다. 평화제협회의 회합 자리에서 나카무라 도우타로中村藤太郎 히로시마 상공회의소 회장이 발의하여 전원일치로 결의되었고, 하마이 시장과 나카무라 회장이 구스노세楠瀬 히로시마 지사와 협력한 후, 상경하여 궁내부에 천황의 평화제 임석을 요망한 것이었다. 궁내부로부터의 대답은 "8월 6일에 평화제에 임행한다는 것은 사정상 불가하지만, 적당한 기회에 히로시마 현국민의 부탁을 들어주도록 추진"한다는 것이었다. 그리고 머지않아 츄고쿠 지방中國地方[30]을 순행한다는 내보가 전해졌다. 1947년 12월 5일부터 8일까지 히로시마 현의 각 도시를 순행한다는 것으로, 5일에는 미야지마宮島를, 7일에는 히로시마로 들어와서 구레吳, 오노미치尾

377

---

29 위의 책, 89면; 中國新聞社 편, 앞의 책, 1966a, 29~30면.
30 【역주】일본의 츄고쿠는 야마구치山口, 돗토리鳥取, 시마네島根, 히로시마, 오카야마岡山 네 개의 현이 있는 지방을 말한다.

道, 후쿠야마福山 등을 순례한다는 일정이었다.[31]

12월 5일, 쇼와 천황은 미야지마에서 히로시마 현으로 들어왔다. 6일에 미야지마에서 휴양하고 다음날 7일 아침에 히로시마 내로 들어온 것이다. 첫 예정지로 오전 9시 55분에 히로시마 현 수산水産시험장을 시찰한 후, 10시 30분에 히로시마 시민 봉영장奉迎場에서 열린 봉영회에 임석했다. 10시 38분에는 동포 원호회, 수산授産 공동작업장, 후쿠로마치袋町 소학교, 제5중학교, 제1중학교를 시찰한 후, 11시 35분에 관공서, 12시 15분에 현청, 그리고 13시 25분에 히로시마 역에 도착하여 13시 30분에 다음 순행지인 구레로 향하는 열차로 출발했던 것이다. 숙박지인 미야지마의 이와소 료칸岩惣旅館을 나온 후 히로시마 내에서 쇼와 천황이 머무른 것은 실질적으로 3시간 반이었다. 마치 무언가를 두려워하여 분주히 도피한 것처럼 쇼와 천황은 히로시마 시내를 통과하여 허둥지둥 구레로 향한 것이다.[32] 히로시마와 군항軍港 구레를 같은 날 임행하고, 그 두 곳의 시내에서는 숙박하지 않았다. 다음날 8일 태평양전쟁의 선전宣戰 초서를 낸 기념일에는 미하라三原의 데이코쿠인견帝國人絹, 도요東洋섬유, 미쓰비시三菱중공업 공장 등을 시찰하였다. 시간이 몇 년간 앞으로 소급된 것처럼 전 '군수공장'을 일본군의 전 군사원수大元帥가 방문한 것이다.

1947년 12월 7일 오전 10시 30분, 이날 히로시마 시민 20만 명과 그외 근교로부터 약 5만 명이 히로시마 역에 내렸으며 시내 수백 곳의 숙박시설은 전부 만원으로 빈방이 없다는 팻말이 세워졌다고 한다.

---

31 天皇陛下と廣島 編纂部, 『天皇陛下と廣島 —昭和の御代に感謝のまごころを』, 天皇陛下御在位六十年廣島奉祝委員會, 1987, 75~76면.

32 쇼와 천황은 전후 3회 히로시마를 방문하고 있다. 1947년 12월과 1956년 10월, 그리고 1971년 4월로, 모두 단기간이다. 1960년 8월 6일 원폭투하 15주년 기념식전에는 황태자부부(현 천황)가 출석하였고 원폭위령비에 화환을 드렸다. 栗原貞子, 앞의 책, 99~100면.

구사츠쵸草津町의 수산 시험장을 출발한 천황의 차는 후루에古江, 고이己斐, 아사히바시旭橋를 천천히 지나 시내로 향했다. 주위는 아직 원폭 피재의 흔적을 고스란히 지니고 있는 판잣집 거리였다. 오전 11시 25분, 천황이 탄 차는 아이오이相生 다리에 접어들었다. 2년 전인 8월 6일 오전 8시 15분, 이 다리 상공 50미터 위에서 세계 최초로 원자폭탄이 폭발했던 바로 그곳이었다. 시속 4킬로인 느린 속도로 아이오이 다리를 통과했는데, 다리의 난간은 기울어진 채 50센티 정도 구멍이 뚫려 있었다. 그때, 평화의 탑 위에 있는 '평화의 종'이 울렸다. 그해 8월 6일에 설립되어 원폭 2주년 평화제에서 울린 이래로 2번째 종소리였다. "아이오이 다리는 그 순간 감격의 도가니였다. 다리를 메운 사람들은 순간 확! 차로 밀고 들어가면서 만세! 만세!를 외쳤다. 이 만세! 소리가 종소리와 섞이며 천지에 울려 퍼졌다"라고 『전후 히로시마 순행사巡幸史』는 기록하고 있다.[33]

그러나 그때 쇼와 천황의 심중은 결코 평온한 것이었다고 생각하지 않는다. 사람들이 쇼와 천황이 탄 차를 향해서 우르르 무너져 내리듯 몰려들었을 때 쇼와 천황은 자신이 공격당한다! 라는 망상을 품었던 것은 아닐까. 물론 쇼와 천황이 그러한 '피해망상'을 품을 만한 충분한 근거가 있다. 재위 50년 기념 기자회견에서 기자의 "전후종결에 있어서 원폭투하를 당한 것을 어떻게 받아들였는지요?"라는 질문에 대해 "원자폭탄이 투하된 것에 대해서는 유감스럽게 생각하고 있습니다. 다만 이러한 전쟁 중이었기 때문에 히로시마 시민에 대해서는 불쌍히 여기고 있지만, 어쩔 수 없는 것이라고 생각합니다"라고 대답했다.[34] 전쟁을 일으킨 것이 누구이고 누구의 이름에 의해 선전

---

33 天皇陛下と廣島 編纂部, 앞의 책, 126면.
34 위의 책, 56면.

의 초서가 나왔다는 것을 잊어버린 척, "이러한 전쟁 중"이라는 표현을 한 것도 진지하지 못한 말이지만, "불쌍히 여기고 있지만, 어쩔 수 없다"라고 하는 것은 결과적으로 미국의 원폭투하를 용인한다는 말이다. 그것은 '국체수호'의 보증을 위해서 포츠담 선언의 수락을 늦췄기에 결과적으로 히로시마와 나가사키에 원자폭탄이 투하되었다는 자신들의 '종전공작'의 실패를 은연중에 인정할 수밖에 없었음을 의미한다. 미점령군이 히로시마 피해자들, 피폭자들의 '앙갚음'을 두려워한 것처럼, 쇼와 천황도 히로시마 시민에 의한 테러리즘이 두려운 충분한 이유가 있었던 것이다.

1946년 즉 쇼와 21년 2월 요코하마橫兵를 시작으로 하여 1954년 홋카이도北海道에 이르기까지 쇼와 천황은 9년간 총 행정 3만 3천 킬로, 전국 1,411개 장소의 전국순행을 행했다. 그것은 "짐과 그대들 국민과의 유대"를 확인하는 여행이며 "상호 신뢰와 경애"를 증명하기 위한 여행으로, 폐색의 위기에 있는 천황제를 연명시키고 일본 전후를 '부흥'하는 데 도움을 준 것으로 현재에는 여겨지고 있다. 그러나 당시 그것은 천황과 일본정부, 그리고 점령군에 있어서도 '모험'이었다. 절대적인 권력을 내려놓은 천황에 '불경죄'와 '대역'을 기도하는 자들이 나올 수도 있었던 것이다. 천황의 명령 아래서 전쟁, 죽음, 부상, 불구, 과부, 고아, 독거노인이 된 일본인, 또는 재일 조선인과 대만인은 일본 국내에도 많이 있었다. 즉 쇼와 천황은 '신뢰와 공경'을 받는 동시에 '증오와 원한'을 사고 있었던 것이다. 많은 사람들 중 단 한사람이라도 천황의 신체를 상해할 계획을 가졌다면 경찰과 관리들이 그것을 완전히 방지하기는 어려웠을 것이다. 하물며 전전과 전중의 원망을 가진 사회주의자와 공산주의자, 혹은 초국가주의자들이 조직적으로 일을 진척시킨다면 어떤 사태가 일어날지 아무도 모르는 일이었다. 8월 6일이 아닌, 12월 7일에 시내에서 3시간 밖에 머물지 않는다는 고식적인 '히로시마 임행'을 계획한 것이 궁내부와 공안당국이었는지, 또는 쇼와 천황 본인이었는지 알 수는 없지만, 어쨌든 그것은 진땀을 흘리게 만드는 위험이었음에 틀림없다.

> 이번에 모두 열렬히 환영을 해주어서 기쁘다고 생각한다.
> 오늘은 친히 히로시마 시의 부흥의 발자취를 보아서 만족으로 생각한다. 히로시마시가 받은 재화災禍에 대해서 동정하여 마지않는다.
> 우리들은 이 희생을 헛되어 하는 일 없이 평화일본을 건설해서 세계평화에 공헌하지 않으면 안 된다.[35]

위 기록은 쇼와 천황의 히로시마 시 봉영회장에서의 '말씀'이다. 그 내용이 공허한 것을 새삼스럽게 왈가왈부한다고 해도 어쩔 수 없지만, 여기에는 종전의 조서에 있는 "새롭게 잔학한 폭탄을 사용해서 빈번히 무고한 이들을 살상하니, 이 참상이 어디까지 이를지"라는 구절에서 보이는 '폭탄(원자폭탄)'이라는 말도 없고, 반대로 '부흥'이라는 말이 채워져 있다. 옛 고코구 신사 앞 광장에 가설된 봉영회장에 백목白木으로 만들어진 단상 위에서 쇼와 천황은 친숙한 모자를 벗어서 흔드는 퍼포먼스를 보였다. 당시 그 평범한 뒷모습을 찍은 사진에는 천황의 눈앞으로 원폭 돔 건물이 확실히 찍혀 있다. 그 앞의 판잣집과 불탄 거리 그리고 광장을 메운 수만 명의 사람들의 얼굴까지도.

> 아아 히로시마 평화의 종도 울리기 시작하나니, 다시 일어서는 것이 눈에 보

---

35 위의 책, 130~131면.

여 기쁘다.

이 〈어제가御製歌〉는 히로시마 임행 27년 후인 1974년쇼와 49에 출판된 『여명집あけぼの集』에 처음으로 발표되었다. 땡, 땡 하고 울린 '평화의 종' 소리는 쇼와 천황에게는 평화도시 히로시마의 '부흥'을 알리는 망치소리 '쿵쾅쿵쾅'으로 들리고 있었던 것이며, 그것은 그에게 있어서 듣기 좋은 울림이었음에 틀림없다. 왜냐하면 그것은 전후의 상징천황제의 복구이자 부흥의 '쿵쾅쿵쾅'이었고, 전쟁 범죄인인 쇼와 천황과 원폭피해자이자 피폭자인 히로시마 시민과의 '화해'의 배경음악이었기 때문이다. 히로시마 시민들은 미국의 원폭투하라는 '전쟁범죄'와 자신들의 이름으로 개전開戰했고 또 종전을 결정한 쇼와 천황의 여러 가지 '전쟁책임'까지 모두 물에 흘려보내고 경제의 부흥, 도시의 부흥이라는 경제적인 '실리'를 취한 것이다.

382

쇼와 천황의 천황제복구를 향한 행각은 이 히로시마 임행을 끝으로 일단 고비를 넘겼다. 물론 그 후에도 쇼와 천황은 남으로는 규슈九州, 북으로는 홋카이도까지 참회와 화해의 여행을 계속했다. 그리고 메이지시대 이래로 국내식민지였던 홋카이도 순행을 통해 전국적 행각, 즉 전국순행을 마쳤다. 그러나 쇼와 천황은 최대의 현안지懸案地였던 오키나와沖繩에 끝내 그 족적을 남길 수 없었다. 히로시마, 나가사키 시민들과는 '화해'할 수 있어도 쇼와 천황이 미국에 '팔아치운' 오키나와는 쇼와 천황과의 '화해'를 끝까지 응하지 않았기 때문이다. 또한 쇼와 천황도 위험을 무릅쓰면서까지 오키나와를 순행하는 '책임'을 회피하고 있었기 때문이다.

6. 히로시마의 지장보살

현재 히로시마는 '70년 생물불모설'이 도대체 무슨 의미였냐고 신기하게 생각할 정도로 '부흥'하고 있다. 밤에 시내중심가를 걷고 있으면 반세기 전에 정말로 이곳이 원자폭탄으로 쑥대밭이 되었던 곳일까 하는 의심스러운 생각이 들 정도다. 화려한 조명과 번쩍거리는 거리와 건물들, 거리를 질주하는 전차와 자동차는 밤을 대낮처럼 밝히고 있기 때문이다. 예외라고 한다면, 그건 전찻길에서 한 걸음정도 떨어져 서있는 원폭 돔뿐이다. 원폭 돔은 스포트라이트를 받으며 히로시마 밤하늘에 파랗게 떠올라 있는 것처럼 보이지만, 그 헐벗은 머리 덮개의 철사와 너부러진 콘크리트의 파편, 텅 빈 틈으로 몇 개의 눈구멍과 같은 창은 히로시마에 떨어진 원자탄의 울림 '번쩍 쾅'을 떠오르게 한다.

383

앞서 서술한 것처럼 이 원폭 돔도 유네스코의 '세계유산'으로 순조롭게 지정된 것은 아니다('세계유산'으로 원폭 돔이 지정된 것은 히로시마 출신의 일본화가이자 전 도쿄예술대 학장인 히라야마 이쿠오平山郁夫가 유네스코와 열심히 교섭한 결과로 알려져 있다. '평화도시 히로시마'는 정치가가 아닌 히라야마와 단게와 같은 '예술가'에 의해서 만들어졌다고 해도 과언이 아니다). 여러 번 철거와 해체가 기획되었는데도, 그때마다 살아남을 수 있었던 것은 조금 오랜 된 신문과 잡지, 그리고 책을 보면 분명히 알 수 있다. 원폭 돔을 세우기 전에는 "싫은 기억은 빨리 사라져도 좋지 않을까"라는 피해자 감정이 있었지만, 그 이면에는 항상 히로시마 도심의 재개발 '부흥'을 향한 실리적인 의도가 있었다고 생각한다. 도시의 중심부에 평화공원과 자료관, 평화기념관 등 어떤 생산성도 가지지 않은 건물이 있는 한, 산업자본가와 산업진흥을 담당한 관료는 마음껏 자본의 논리대로 토지를 유효하게 이용하고 재개발할 수 없는 것이다. '세계 인류의 항구적인 평화'의 도시 히로시마라는 칭호도 어떤 특정 사람들에게는 달갑지 않은 '명예칭호'에 불과한 것일지도 모른다. 적어도 그런 사람들에게 있어서 원폭 돔은 그 전에 있던 히로시마 시민구장 정도의 돈조차도 벌 수 없는 '쓸모없는 장소'이며, 평화만을 부르짖는 표제어로는 불황의 시대를 살아갈 수 없었기 때문이다.

물론 '평화'냐 '부흥'이냐, 또는 '위령'이냐 '번영'이냐라고 하는 양자택일에 놓여 있다면, 우선 '평화'와 '위령'을 선택할 시민은 적지 않을 것이다. 그러나 그것은 실제로 충분히 '부흥'과 '번영'의 '실리'를 얻은 뒤의 일이다. 구 군용지의 불하, 원폭으로 인한 슬럼가의 강제적 철거, 복구자금의 도입이라고 하는 난폭한 '부흥'은 도에이東映의 야쿠자 영화 〈인의 없는 싸움仁義なき闘い〉 시리즈에서 묘사된 것처럼 야쿠자 조직과 폭력단체의 등장, 그리고 항쟁이라는 뜻밖의 부산물을 만들어 내면서 히로시마를 츄고쿠 지방의 굴지의 대도시로 발전시켰다. 그것은 원폭 돔, 평화공원을 중심으로 한 '평화 순례 여행'을 관광화하고 적지 않은 관광객을 히로시마로 불러들인 것에서 기인한다. 수학여행, 천 마리의 학, 그리고 '평화의 불'과 "편히 잠드소서, 잘못은 되풀이 되지 않을 테니까." 과연 꽃마차나 꽃전차와 가장행렬은 없어졌음에도 불구하고, '위령의 날'에는 영혼을 띄우는 등롱이 강을 따라 흔들거리면서 끝없이 반짝였다. 이것은 이제 히로시마 여름의 풍물시風物詩라고 말할 수 있다.

그러나 거기에는 뭔가가 부족한 것이 아닐까? 증오할만한 '번쩍 쾅'에 대해서 이성과 지성과 양식으로는 억누를 수 없는 공포와 분노 같은 것. 원념怨念과 복수심이라고 말해도 좋으며, 폭력적이고 동물적인 보복감정이라고 해도 좋을 뭔가 충동적이고 어둡고 암담한 것이 부족한 것이 아닐까.

피폭 1년 후의 여름, 히로시마 시민은 북과 징소리를 울리며, 장식수레, 꽃마차를 타고 가장행렬을 하면서, 3일간 "번쩍 하고 빛난 원자탄에 펄쩍 뛰어 오른 평화의 비둘기여"라고 노래 부르며 춤췄다. 무너진 건물 또는 아직 묻혀있는 사체 위에서 사람들은 정말로 축제로 들썩거렸던 것인데, 그것은 "아무래도 좋잖아"라는 춤처럼 일본인에게 때때로 발생하는 아나키적인 혼란으로 무의미한 광기로 가득 찬 열광이었던 것은 아닐까. 물론 그것은 히로시마 근교의 가이타와 구레에 주둔한 미국과 영국의 점령군에 의해 감시당하고 있었다. 도道에 지나친 것처럼 말해도, 점령군과 일본정부에게 위험성이 없는, 어디까지나 질서 안의 무질서이며 억제되었던 아나키적인 감정의 발로였다. 히로시마 시민들은 그러한 감정을 이윽고 '평화공원'의 건설, 원폭자료관, 평화기념관, 원폭위령비의 건설과 같은, 문자 그대로 '건설적'인 방향으로 방향을 전환시켰던 것이다.

평화공원 안에 있는 각종 위령비. 잠시 논란이 있었던 조선인(한국인) 피폭자의 위령비도 공원 내의 부지로 옮겨져 세워졌다. 위령의 '평화의 불'은 지금까지도 꺼지지 않고 타오르고 있다. 영원한 평화와 안녕을 비는 것처럼 …….

일본 최초의 인터넷 출신 소설가라고 불리는 다구치 란디田口ランディ는 "히로시마의 거리는 지장보살이 없었다"라고 쓰고 있다.[36] 그녀는 지장보살을 좋아하여 낯선 거리를 갈 때마다 골목을 서성거리면서 지방보살을 찾는다고 한다. 그녀는 수학여행 이후 20년 만에 히로시마

36　田口ランディ, 「ハチロクの廣島」, 『新朝』 11월호, 2000, 102면.

를 방문했다. 그런데 히로시마에는 종교색이 없는, 말하자면 무색투명한 '기념비祈念碑'는 있어도 지장보살도 오곡의 신稻荷도 관음보살도 없었다고 한다. 그녀는 "딱 하나 발견한 작은 지장보살은 원폭 돔의 기념비 뒤쪽에 남모르게 숨겨져 있었다"라고 말한다. 나아가 "숨겼다고 하기보다도 숨김을 당한 것일 테지. 지장보살은 원폭 돔에 부적합하지만 버릴 수도 없기에 뒤쪽에 두어졌던 것 같았다"라고 하고 있다.

히로시마 식의 오코노미야끼 가게가 모여 있는 빌딩의 어느 가게 주인은 히로시마 출신으로, 동생과 모친이 피폭자로 이미 죽었다고 한다. 그녀는 이렇게 말한다. "그렇지만 나는 그 평화기념공원에서는 기도하지 않아요. 왜냐하면 거기에 들어간다면 죽은 사람이 불쌍해지니깐 말이죠. 거긴 너무 더워요"라고.

문자 그대로 불에 타서 죽은 사람들을 위로하기 위해 '평화의 불'을 점화한다는 발상도, 그러고 보니 위령시설로서 그다지 어울리지 않을 뿐만 아니라 콘크리트와 화강암으로 만들어진 평화공원의 시설은 전부 숨 막힐 듯이 답답하다. 이 '주인'의 말에 다구치 란디도 공감하고 있다. 주인은 거듭 말한다. "히로시마 사람들은 모두 저곳을 좋아하지 않아요. 그렇게 생각해요"라고. 평화공원의 콘셉트가 당시 소장건축가였던 도쿄대 조교수 단게 겐조우에 의한 것이었으며, 이후 그가 도쿄 올림픽의 주경기장이 된 요요기代々木의 국립경기장을 설계하는 등(그는 전중에는 대동아건설기념조영계획이나 태국과 방콕의 일본문화회관 디자인 대회에서 일등으로 입선했다), 진정으로 일본을 대표하는 '국민적 = 국제적'인 건축가가 될 수 있었던 계기가 바로 '평화도시계획'이었다는 것을 주인은 몰랐을 것이다.[37] 그러나 100미터 도로, 도시를 상징

---

[37] 鈴木博之, 「丹下健三」, 『現代日本'朝日人物事典』, 朝日新聞社, 1990, 1032면.

하는 기념물, 근대적인 건축물이라고 말해지는 모더니즘적인 평화공원은 '부흥'의 정신과 마찬가지로 난잡한 것과 비합리적인 것, 저속하고 무시무시한 것을 배제한, 합리적이고 과학적인 정신에 관철되고 있음을 이 오코노미야끼 가게 '주인'처럼 히로시마의 서민들은 처음부터 간파하고 있었던 것은 아닐까.

다구치 란디는 주인이 가르쳐 준 시가지에서 차로 10분 정도 걸리는 '미타키三瀧'라는 장소로 갔다. 산기슭에 미타키지라는 절이 있는데 돌산으로 일종의 성지가 되어 있었다. 절도 있고 신사도 있으며, 부동명왕不動明王도 있고 텐구天狗도 있었다. 수백, 수천의 지장보살이 있고, 관음보살도 아기 지장보살도 조상님의 무덤도 나치스에 죽임을 당한 유태인 공양탑 등, 어째서 거기에 있는지 알 수 없는 것들이 많이 있었다. 다구치 란디는 "히로시마라는 국제평화문화도시에 둘 수 없는 괴상한 것은 전부 이 산에 있는 것이 아닐까, 라고 할 정도였다"라고 쓰고 있다. 평화공원이 표면에서 점잔빼듯이 '위령'이나 '진혼'만을 위한 토지라고 한다면, 미타키 산은 그 뒷면의 숨겨진 영적인 장소이다. 그것은 어쩌면 합리적·과학적 정신으로 만들어진 '원자폭탄'이라는, 과학적인 제작물에 의해서 죽임을 당한 사람들의 혼을 위로하기 위해서는 비합리, 비과학의 잡다한 신불神佛이나 영혼의 가호에 의지할 수밖에 없음을 시사하거나 암시하고 있는 것일지도 모른다.

무엇을 기억하고, 무엇을 계속 기억해야 할까? 오에 겐자부로의 글을 빌려 나는 한 번 더 이 질문을 던지려고 한다. 히로시마에서 무엇을 기억하고, 계속 기억해야 할까. 평화공원의 위령비에 새겨져 있는 "편히 잠드소서, 잘못은 되풀이 되지 않을 테니까"라는 비문일까? "번쩍 하고 빛난 원자탄에 펄쩍 뛰어 오른 평화의 비둘기여"라는 무분별한 신민요의 가사일까? 혹은 "아아 히로시마 평화의 종도 울리기 시작하나니, 다시 일어서는 것이 눈에 보여 기쁘다"라는 쇼와 천황의 어제가御製歌일까? 그렇지 않으면 어디까지라도 언제까지라도 귓가에서 떨어지지 않는, 저 '쿵쾅쿵쾅'하는 소리일까? 점령의 시대는 끝났지만 우리 마음을 점령하고 있는 '부흥'정신은 아직 쉽게 종언을 맞이했다고 생각하지 않는다.